喻园新闻传播学者论丛

张昆自选集

（全四卷）

SELECTED WORKS OF ZHANG KUN
(FOUR VOLUMES)

卷 三

政治传播研究

RESEARCH ON
POLITICAL COMMUNICATION (Vol.3)

张 昆 著

社会科学文献出版社
SOCIAL SCIENCES ACADEMIC PRESS (CHINA)

目　录
CONTENTS

宣传过程中的逆反心理

最近一个时期来，"逆反心理"成了一个时髦的名词。无论是报纸杂志，还是广播电视，甚至在人们的日常生活中，这个名词所使用的频率，都呈现出日渐增加的趋势。然而，对于"逆反心理"的内容，理解的深度和广度，有很大的差异。本文只试图分析作为宣传过程中一个环节的逆反心理。全文分五个部分：第一，宣传、宣传对象、逆反心理；第二，逆反心理的五种效应；第三，逆反心理产生的内在机制；第四，外部环境和诱发外因；第五，对宣传者的建议。

一 宣传、宣传对象、逆反心理

宣传是以传播某种主义、主张、思想、观点以改变特定对象的思想态度和行为的活动。宣传是否成功，它的目的能否达到，取决于宣传内容在多大程度上、在多广范围内，赢得了宣传对象的共鸣，并为他们所接受。那么，宣传对象是否无条件地接受宣传的内容，相信所宣传的观点呢？现实的宣传活动，对此做出了否定的回答。在许多场合，报纸、广播等宣传媒介所宣传的有些内容并不能为宣传对象所接受，与此相反，它们可能会引起宣传对象的反感、抵制，这种反感和抵制还会随着宣传内容的增加而日趋强烈。这种现象使我们不能不研究宣传对象及其接受心理。

就接受者对宣传内容的心理倾向而言，大致可分为两大类，理智型接受者和感情型接受者。理智型接受者在受外来宣传信息的刺激时，总要对信息内容进行一番理智的分析，并以历史和现实与之相验证，有取有舍，存善去恶。感情型接受者又分为两种，一种是顺应型，另一种是逆反型。顺应型接受者，在受到宣传信息刺激时，无论信息内容的真假、对错，不考虑自己的主观倾向与信息内容的异同，总是不假思索地加以接受。这种接受者，又可称为盲从型接受者。逆反型接受者则相反，只要是宣传内容与他们已有的态度有较大的差距，或信息内容过量，或宣传者没有权威性，那他们就会对这些宣传内容加以抵制。这种抵制有时是无意识进行的，有时是有意识地进行的，在大多数场合，还会随着信息量的增加而加强。

我们要研究的，就是逆反型接受者在阅读报纸时的心理状态。这种心理状态，就是逆反心理现象。很显然，这种支配逆反型接受者抵制报纸宣传的心理的含义，跟日常生活及报纸杂志上所频繁使用的逆反心理的含义是不尽一致的。笔者认为，逆反心理就是宣传对象对来自外部、威胁到自己态度体系的稳定与和谐的宣传内容，受其态度倾向（主要是情绪）的支配，而自发地进行抵制的心理。这种抵制实际上是宣传对象态度体系的一种"自我防御"。

为了理解这一概念的内容，我们首先必须解决下面两个问题：这种来自外部并威胁到宣传对象态度体系的稳定与和谐的宣传信息，是否包括与宣传对象已有的态度倾向相一致和不相一致的两种内容？是否包括正确的和错误的两种内容？也就是确定诱发逆反心理的信息内容的范围。

有人认为，引起逆反心理反应的，只是与宣传对象已有态度倾向不一致、与宣传对象现有的观点相矛盾的宣传信息。这固然正确，但只答对了一半。从宣传工作实践中，我们发现大量的例子能够证明，与宣传对象已有态度倾向相一致的宣传内容，在信息量超过了一定限度的情况下，也会引起宣传对象的反感、拒绝。因此，与宣传对象的态度倾向相一致和不相一致的两种内容都可能引发逆反心理。

有人认为，只有对正确的宣传内容的心理抵制，才是逆反心理，而对错误、虚假的内容的抵制，则不管它是理智的，还是感情用事地进行的，都不能算是逆反心理。这就意味着，逆反心理纯粹是一种消极的心理现象，是"堵塞传播、影响报纸宣传效果的一个严重障碍"①。我不赞成这种观点，因为逆反心理的关键是抵制反应本身。如果把错误的宣传信息排除在外，势必缩小逆反心理刺激源的研究范围；另外，如果以信息内容的对错作为确定逆反心理的依据，则难免混淆理智的批判、拒绝与逆反心理之间的界限。何况信息内容的正确、错误，对于宣传者和接受者来说是一个永远纠缠不清的问题。真理有时在读者那里，有时在传播者那里；现在认为是正确的，将来看未必正确。由此看来，这种把对错误的抵制排除在外的做法是不甚妥当的。我认为，判断宣传对象逆反心理最重要的标志，应是宣传对象拒绝或抵制某一信息内容的方式。不管信息内容正确与否，只要是感情的、片面的、狭隘的抵制，就是逆反心理。从这个意义上看，逆反心理也不能被说成一种纯粹消极的心理现象。如果一定要说它有消极的一面，那么也要知道它也有积极的一面，因为它在抵制拒绝正确宣传内容的同时，也拒绝了错误的宣传内容。

根据上面对接受者的分类，具有逆反心理的接受者，只是感情型接受者的一部分。这种接受者在我们的报纸读者群中是否确实存在？若存在又占有多大比例？1986 年 4 月，我和《中国法制报》的张新庆同志一起就这个问题进行了问卷调查。在北京、武汉、重庆、成都 4 个城市共 11 所大学的在校大学生、研究生中，发放问卷 284 份。据对收回的 258 份有效问卷的统计，理智型接受者有 136 人，占对象总数的 52.7%，而感情型接受者中的逆反心理接受者竟达 99 人，占对象总数的 38.4%。应该指出，当时对逆反心理接受者的确定，只是限于对报纸宣传跟自己态度体系不一致的内容进行抵制的接受者。而对逆反心理效应的测定，也只限于"对报纸上的宣传不予理睬"，"试图驳斥报纸上的观点"。至于其他的几种效应（见下文分析）还没有涉及。可以设想，要是以现在的标准去检测，逆反心理接受者在全部调查对象中的比例，可能会高于 38.4%。

当然，上面的数据只能说明这些学校的部分大学生、研究生读者的一些情况，有很大的局限性，不能涵盖全体大学生、研究生，更不能代替对其他接受者的分析。日本著名新闻学家小野秀雄认为，受众的文化素养，

---

① 卢纯田：《逆反心理的分析》，《新闻与成才》1986 年第 2 期。

与他们对待宣传信息的心理倾向有关联。文化水平高的人，多属于理智型受众，而知识水平不高的人，则多数属于感情型受众。固然，文化水平低的人常常易于随大流，但他们由于保守、固执而时常难以被说服。可以设想，在我们的受众群里，逆反心理受众是存在的。

逆反心理受众的存在，直接影响到宣传活动的效果。从整个宣传过程来看，逆反心理宣传对象越多，抵制越强，报纸宣传的实际效果就越小。反之，逆反心理宣传对象越少，抵制越弱，报纸宣传的效果就可能大。有鉴于此，我们还应该深入地讨论逆反心理的具体效应和机制。

二 逆反心理的五种效应

既然逆反心理是宣传对象对外来的威胁自己态度体系的宣传内容的抵制，是宣传对象态度体系的自我防御，那么这种抵制或自我防御，主要有一些什么方式？换言之，逆反心理主要有哪些外显的效应呢？我们认为，逆反心理的具体效应有五种。

第一，对外来威胁到自己态度体系的宣传信息不予理睬。国外社会心理学、宣传心理学的实验表明，在被试受到外部信息刺激时，"人们会本能地避开那些和自己尖锐地对立的见解"①。我们的调查证实了这一点，当报纸宣传的观点和读者不一致时，有 22.3% 的调查对象会"对报纸的宣传不予理睬"。同时，人们本能地注意那些符合自己态度倾向的思想见解。但是这种合于接受者原有的态度倾向的思想见解的信息量，只有保持在一个合理的水平内，才能有效地发挥作用，过度的信息量会使人们避开它。

对外来宣传信息不予理睬，是逆反心理接受者自我防御的第一道防线。利用这道防线，可以将大量的外来刺激挡在接受者态度体系之外，有人认为这就是逆反心理的全部内容，我对此种看法不以为然。我认为，"不予理睬"仅是逆反心理外显系列效应的开端。逆反心理还表现在接受者与外来信息"作战"的全部过程中，正如机体的自卫不仅表现在对外部

① 〔苏联〕肖·阿·纳奇拉什维里：《宣传心理学》，金初高译，新华出版社，1984，第29页。

威胁的回避，而且还应该表现在与外部威胁力量的"战争"上一样。事实上，我们还会发现有些信息内容会突破第一道防线，这就必然会引起下一个抵制性效应的产生。否则，接受者的态度就会处于直接的威胁之下。

第二，驳斥对方宣传论点。对于突破第一道防线的外来宣传信息，接受者显然不能再以回避的方式对待之。在国外心理学的实验中，当被试受到外部对立观点的威胁时，他们会极力寻找一些足以驳倒外来信息并能巩固自己观点的论据，一旦他们找到这些论据，就会给反对或抵制外来宣传信息提供特别有利的基础。当然，这种驳斥不一定要形诸语言、书面，在许多场合，它是一种论战性的思想活动。在我们的调查中也发现了类似现象，在被我们视为有逆反心理反应的受众中，有近 40% 的人，试图驳斥报纸上宣传的某些观点。

第三，歪曲或误解外来信息的内容。这是人们常用的一种抵制方式。它主要通过两种途径进行：其一，对宣传内容做完全错误的理解，将对方的观点无限夸大，使之变得荒唐可笑，从而减少对方给自己造成的压力。例如，大地主大资产阶级为了抵制共产主义的宣传和革命运动的发展，歪曲共产主义概念，污蔑共产党"共产共妻"，以此支持自己的态度体系。其二，断章取义，按照自己的主观想象重建、再现其他部分。或者是把它改扮成自己的同类，以与自己的态度、观点同时并存。这种歪曲、误解大多是无意识地进行的。当然也有一种有意的歪曲，我们在宣传活动中经常可以看到这种情景。

第四，贬损信息来源。这种效应是接受者通过否定信息来源的可靠性，来类推外来宣传信息的无价值。这样，接受者就可以安然地无视这种外来信息了。苏联心理学家解释这种情形时说："毫无威信的卑鄙无耻的敌人所表现出来的敌意，并不能引起人们非常难受的不和谐之感。在这种情况下，人们的基本的否定的反应集中到信息的来源、宣传的主体，他们对宣传员的定势完全向着否定方面改变，这样往往也就不会对那种不能接受的立场表现出多余的神经过敏了。"[1] 在现实生活中的逆反心理读者，

---

[1]〔苏联〕肖·阿·纳奇拉什维里：《宣传心理学》，金初高译，新华出版社，1984，第79页。

有一部分是以这种途径来保护自己，免除多余的紧张的。

第五，寻求社会支持。社会心理学的研究成果表明：在一个人处于恐惧心理情境中时，会产生一种寻求"社会支持"的趋向。在新闻宣传活动中，我们也看到了一种类似的情形：当外来宣传信息威胁到接受者态度体系的和谐与一致时，接受者也会产生一种寻找这样一个人或这样一个集体——他们对这个问题持有相似的观点——的意向。人们之所以产生这种趋向，并不是由于这样的"个人""集体"会帮助他寻找和形成反对宣传观点的理由，而是由于这些"个人"或"集体"能够成为自己的后盾，减轻自己能感受到的心理压力，并坚定自己对抗外来宣传信息的信心。

这四种效应一同构成了接受者信息态度体系的第二道防线。当外来信息突破第一道防线而进入第二道防线时，这四种效应就会产生，它们或者是独自发生作用，或者是相互联系着共同发挥抵制、自卫的功能。可见，逆反心理的外在效应是复杂的，是有层次、成系列出现的，其中每一种效应都有其独特的优势，同时又与其他效应处于一种互补关系之中。当一种效应不足以抵制外部宣传内容时，其他效应就会出现。如果这些效应大多数被动员起来，那宣传活动本身就很难有什么效果了。

三　逆反心理产生的内在机制

上述逆反心理的效应，显然不是凭空产生的，必然有其产生的内在机制。要理解内在机制，必须从受众的态度着手。

美国社会心理学家克特·W. 巴克在其主编的《社会心理学》一书中说：态度是"对人、思想或物体的心理倾向，它包括认知、情感和行为的成分在内"。一般认为，认知成分由人们对态度对象的信念或知识组成；情感成分指人对于对象的情绪反应；行为成分包括人对物或对人的外显行为。

根据心理学的基本原理，态度的产生，乃是人们的内部需求和外部环境及刺激因素发生作用的结果。而态度一经产生，就会给人们的活动以一定的规定性。在人们的活动按一定的态度多次实现时，这种态度就会在人的身上固定下来，并决定今后行为的趋向。

既然态度是在个体的内部需要和外部刺激的相互作用下，对环境中的各种对象产生的，那么一个人就一定有为数众多的态度，因为客观世界和现实生活是复杂多样的。这些不同的态度，各依其相关程度组成相近的态度群，进而组成一个完整的态度体系。在一般的情况下，这个体系中的各种态度是互相联系、互相支持的，而且在逻辑上也是一致的、合理的，用认知心理学的术语来说，就是平衡的、协调的。但有的时候，由于外来的异端观点的刺激，或现实世界的发展变化证明原先的某种态度所依据的事实是不可靠的，人们的态度体系就会处于矛盾的、不协调的状态。不过，从发展的角度来看，人们的态度体系总是趋向于平衡和协调的。

基于这一原则，接受者在具备了协调一致的态度体系以后，仍会寻求外界跟自己已有的态度倾向相一致的刺激内容。美国心理学家利昂·费斯廷格的"认知不和谐论"认为，人们之所以要寻找能支持他们态度行为的信息，例如，为什么一个决定购买一辆豪华汽车的人仍然要看关于这种牌子的汽车的广告，或者希望听到别人赞成这种牌子的汽车的意见，并且不愿去看介绍他已决定不买的较廉价的汽车广告，其重要的原因，就是"试图消除他们对已作的决定和可能作的另一种决定之间的不和谐的感觉"[1]。但是，他忽略了问题的另一面，即这种与接受者已有态度相一致的信息也不能过量，而要保持在一定的范围内，因为人们的态度多种多样，如果把信息大量地集中于支持其中某一态度，事实上也就是破坏了人们态度体系的内在平衡和协调；而且即使是对那种受到支持的态度本身来说，随着外部宣传信息的源源不断而来，人们对相同信息的渴求强度也就逐渐削弱了，而渴求强度又同信息的效能成正比例关系。例如，对于一个在沙漠里口渴得要死的人来说，水对他是第一需要，但是一旦他离开沙漠，而人们却不给他食物，让他每天以水充饥，那他对水的态度恐怕就会由渴求到厌腻乃至抵制了。这种对水的厌腻、抵制，实际上是维持个体内部各种需要的平衡的必然效应。接受者对于与自己态度倾向相同的宣传信

---

[1] 〔美〕威尔伯·施拉姆、威廉·波特：《传播学概论》，陈亮等译，新华出版社，1984，第237页。

息的反应，跟这个人对于水的反应是有很多的相似之处的。

与接受者原有态度倾向相矛盾乃至相对抗的信息，比与接受者原有态度倾向相一致的宣传内容，似乎更易于引起读者的逆反心理。国外心理学的一些实验研究表明："如果某人认为自己持有的一组态度是一致的，那么要改变此组态度中任何一个态度将是困难的，因改变其中的一个态度就会使这个态度和组内的其他态度不一致。"① 由于不一致会给个体带来不舒服、有压力的感觉，在这种情况下，解脱压力、重归于和谐一致就成为必要了。为此，人们所惯于采用的方法，就是抵制外部的宣传信息。

心理学家们在研究被试接受者对外部信息刺激的反应时发现，"持各种不同立场的人们对于同样一条信息会给以各种不同的评价。人们会把和自己相距较远的立场评为相距更远的立场"②。他们把这种现象称为"对相距较远的立场作对比评定"规律，可简称为"对比性评定"规律，这种规律已为许多实证的材料所证明。例如，一个对吸烟持极端肯定态度的人 A 和一个对吸烟持轻微否定态度的人 B，对于同一条反对吸烟的宣传信息，其感受是不一样的。持极端肯定态度的 A 可能会感到反对吸烟的宣传信息的立场距离自己比实际的距离更加遥远，更加对立，更加不能接受；而持轻微否定态度的 B 也许会感到自己与宣传信息的距离比实际距离更近些。这种情况表明，持不同立场的人在评价同这些立场相联系的宣传信息时是不客观的。这实际上是接受信息时的一种错觉性印象。对比性评定规律一旦发生作用，那么所宣传的观点就处在跟宣传对象十分对立的地位，而这种对立显然远甚于他们之间实际对立的情况。不过，这种错觉性印象带有情境性和暂时性，它并不能直接成为促使宣传对象对外部宣传信息的立场向着更为相反的方面改变的条件。只有在宣传对象这种错觉性印象得到现实经验的证实，得到他所在的社会群体的支持时，它才会由暂时的错觉性印象变为固定的印象，进而促使个体向着与宣传信息更为相左的立场转变。

---

① 〔美〕布恩、埃克斯特兰德编《心理学原理和应用》，韩进之等译，知识出版社，1985，第466页。

② 〔苏联〕肖·阿·纳奇拉什维里：《宣传心理学》，金初高译，新华出版社，1984，第61页。

应该指出，宣传对象的一些个性特征，对宣传对象逆反心理的机制也有一定的影响。其中较重要的有自尊程度，即"自我防卫"的强弱。研究表明，影响一个自我评估低的个人比影响一个自我评估高的人要容易一些。因为对自己的评价低的人，在遇到不同的观点时，较易于放弃自己的观点。[①] 与此相反，自信不疑的人在下定论时不太愿意倾听别人的意见，甚至有时明知自己不对，而外部宣传是正确的，他们还是一味地抵制外部宣传。"自我防卫"强的人，对于外来的刺激，尤其是想"征服"自己的刺激，会呈现出强烈的抵制态度。而自我防卫弱的人，却很容易遭到外来的"攻击"，乃至成为对方的"俘虏"。

如果接受者面临的宣传信息确实威胁到其已有的态度体系，而这些接受者又是些自尊心、自我防卫很强的人时，那么，逆反心理的内在机制就有可能逐渐外化为具体的效应了。

四　外部环境和诱发外因

上面只是从宣传对象本身分析了逆反心理产生的全过程。这种分析是不够的。既然态度的形成，是个体内部需要与外部环境及刺激因素相互作用的结果，在探讨读者的逆反心理时，当然也就不能忽视外部环境和刺激因素了。

首先，我们来看宣传者自身素质对逆反心理的影响。宣传者的素质，一般分为品格和能力两个方面。早在两千多年前，亚里士多德就论证了宣传者品格的重要性。亚里士多德认为，在宣传说服活动中，"我们越是觉得一个人诚实，就会越快地相信他。在一般的情况下，当问题超出确切的知识范围时，在意见分歧时，我们就会绝对信任他们"。他坚持认为演说者的品格"是所有说服手段中最有力的"。与此相反，如果宣传者不是那么诚实，并且有过说谎、骗人的经历，他之所以进行这样的宣传还有着他私人的目的，那么，他宣传的内容就难以为宣传对象相信了。即使这种宣

---

① 〔美〕克特·W. 巴克主编《社会心理学》，南开大学社会学系译，南开大学出版社，1984，第 219 页。

传的内容是正确的，接受者也会由于对宣传者的不信任而牵累到宣传内容。在我和张新庆同志的一个调查中，发现在有些大学生、研究生读者中，逆反心理与对新闻工作者的否定性评价有很高的相关性。那些认为"记者不敢说真话"，"记者是风派人物、跟风走"的人，大部分是逆反心理接受者。

宣传者的能力，主要指他是否是有关问题的"专家"。苏联心理学家施巴林斯基做了一个有趣的实验。[①] 他把在进修班学习的老师分成四个组，由同一个人给他们做关于阿尔及利亚学校情况的讲演。这个人是师范学院的副教授，两年前他曾去阿尔及利亚工作。但是讲演人每次以不同身份出现：在第一组，他以师范学院副教授的身份出现；在第二组则以中学老师的身份出现；在第三组以曾去过阿尔及利亚的运动员的身份出现；在第四组则以保健工作者的身份出现。在这四个组里，讲演人穿的是同样的衣服，用的是同样的讲稿，教态也一样。实验结果表明，各组的效果是不一样的。原来，许多教师所固有的态度是，关于教育问题，如果不是由专家来讲，是不可能讲清楚的。因此，在"运动员"和"保健工作者"讲演的那两组里，听课的人事先就认为，他们不会听到任何特别有趣而重要的内容。"果然不出所料"，有些人后来埋怨说讲演白白地浪费了他们的时间。而在以副教授身份出现的那个组里，讲演人却以他的学识渊博、对问题及其特点研究得细致博得了听众的好评。这表明，接受者对宣传者的知识能力的要求是很高的，因为宣传者的知识能力是保证他们接收到真实和正确内容的一个根本条件。而知识能力又是以一定的社会身份为代表的，所以接受者在知道演讲者的身份时，原来对于有关问题的态度就再一次表现出来。如果接受者得知宣传者并不权威却又在相关问题上唠唠叨叨，或指手画脚，板着面孔训人，就会产生逆反心理。

其次是宣传的内容和形式。宣传是以观点和事实去影响接受者的。宣传对象所抵制的也是宣传的内容。宣传的内容和形式主要有五点值得注意。其一，是片面的宣传。我们的调查表明，在调查对象中，因报纸宣传

---

① 〔苏联〕A. B. 彼得罗夫斯基、B. B. 施巴林斯基：《集体的社会心理学》，卢盛忠等译，人民教育出版社，1984，第 88 页。

片面而抵制宣传的受众竟占读者总数的 53.1%。事物的发展变化是多方面的：既有积极面，又有消极面；既有成功，又有失败；既有主流，又有支流；既有经验，又有教训。人们对事情的看法、观点也复杂多样。片面的报道，只讲好的一面，只讲于自己有利的一面，事实上是变相的歪曲。例如"文化大革命"时期，报纸总是讲资本主义社会腐败的一面——贫困、失业、罢工、犯罪，一片漆黑。实行改革开放以后，有些报纸只讲资本主义进步的一面——科学技术先进、优越的物质生活，仿佛是天堂。这种宣传显然会引起接受者的反感，乃至抵制。

其二，是信息过量。这在前面有所论及，此不赘述。

其三，内容失真。错误、虚假的宣传最易引起接受者的反感。因为接受者之所以接受信息，是想了解外部环境变化的情况，以使自己适应外部世界发展的趋势。而虚假的宣传，给予接受者的却不是正确的内容，接受者据此采取的行动自然难以达到目的。尤其是那些熟悉情况的宣传对象，明知报纸宣传是错误的，就更不会接受。长此以往，报纸宣传的内容就没有什么人相信了。我们上次的调查表明，部分大学生、研究生读者的逆反心理现象与他们对"文革"时期报纸宣传的失真的了解有密切的联系，便是证明。

其四，宣传基调不稳定，经常变。报纸的宣传调子经常变，没有准星，会给接受者造成这样的印象：宣传者不权威，宣传内容靠不住。这两种印象正是受众抵制宣传的根本原因。报纸的宣传调子经常变，与政治环境有关系，为免离题太远，在此就不详说了。

其五，宣传者观点与接受者观点的距离。"对比性评定"规律往往使接受者与宣传者之间的距离比实际存在的更加遥远，而"同化评定"① 又会使接受者觉得他们之间的距离比实际存在的更近。这就产生了一种可能，如果宣传者把要宣传的基本观点（与读者对立的）组织到另外一些为听众所能接受的主题中去，这就有可能产生这种情况，接受者感到自己的观念与宣传内容有许多共同的东西。反之，如果宣传者直截了当地表明

---

① 这里的"同化评定"即指"对相距较近的立场作同化评定"规律。这条规律与"对比性评定"定律相对。

自己与接受者对立的观点，依对立的程度，接受者就可能对宣传者或宣传内容产生不同程度的对比性错觉印象。这正是产生逆反心理的前奏。

另外，宣传得以进行的环境，也是产生逆反心理的外在条件之一。环境又可分为物理的和精神的两个方面。自物理方面而言，宣传内容是否与客观外界发展的趋势相一致，换言之，宣传内容是否能为外界变动的事实所证明，乃是决定宣传对象接受或抵制宣传内容的重要条件。如果宣传的内容与外部变动的事实相脱节、不一致，甚至对立，都容易造成宣传对象对宣传者的否定态度，结果是产生一系列抵制效应。从精神方面来说，宣传对象接受宣传时的精神体验，对其是否接受宣传的内容有重要的影响。国外心理学家的实验表明：一个人在愉快、忧郁、愤怒、急躁等不同情形下，对同一信息内容的理解和接受是大为不同的。愉快的情绪，会使读者打开心扉，尽可能地接受外来与自己不一致的观点；而忧郁、愤怒、焦躁、不愉快的情绪则往往会造成对宣传内容和宣传者本身的否定态度。

由此可以看出，逆反心理之所以产生，就是因为上述那些参加宣传过程的因素在发挥作用。其中个体的内在机制是逆反心理得以产生的基础，外部环境及刺激因素是诱发外因。这些因素有时单独地影响读者对宣传信息的取舍，但在更多的情况下，是互相联系着发挥作用的，直至逆反心理外显效应的出现。

五 对宣传者的建议

从前面几个部分的分析中，不难看出，逆反心理是一种客观的心理现象，人们不可能消灭它。虽然逆反心理得以产生的内在机制、外部环境及诱变因素是不可能消除干净的，但是宣传者在它的面前也不是无能为力的。宣传家可以利用接受者内在的心理规律，将逆反心理的发生率降至最低限度，从而提高宣传的社会效果。宣传者应该注意以下两点。

第一，宣传工作者应该加强自身的道德修养、政治修养和知识修养。在一些情况下，读者是否接受某些宣传内容，尤其是那些与自己已有态度相矛盾的观点，并不取决于宣传观点本身正确与否，而取决于传播这些观点的人的道德品格和知识能力。形成诚实可信的形象，是宣传者走向成功的第一步。

第二，改造宣传方法。主要应从以下几个方面进行：其一，避免片面宣传；其二，将信息量控制在一个最优的水平；其三，坚持真实性原则；其四，保证宣传调子的稳定统一；其五，在观点上应避免与大多数读者的尖锐对立；其六，宣传应在适当的时候进行。

上述的建议，是以适应宣传对象心理反应的规律为目标的；同时，宣传方法、策略的改进，又必须以宣传对象实际的心理承受能力和已有的态度倾向为根据。这就表明为使宣传达到预期的目的，必须在宣传者和宣传对象之间建立有效的信息反馈系统，使宣传对象已有的态度倾向，宣传对象与宣传者立场间的距离，宣传对象的承受能力、个性特点、知识水平和对有关信息的反应等，能及时地达到宣传者那里，这样，宣传者才能更快更恰当地改变传播方式，调节信息量，从而获得最佳的宣传效果。

（本文发表于《新闻学刊》1986 年第 6 期）

政治魅力与大众传媒

　　时下，"魅力"这个词，在人们的日常生活特别是交往活动中的使用频率有日益提升的趋势。尽管人们对魅力的解读千差万别，但表现出了一个共同的取向：拥抱魅力。几乎没有人会拒绝魅力。不管是市井小民，还是学者富贾，魅力作为一种能够吸引人的力量，是他们通向成功的敲门之砖。对于政治人物来说，魅力的重要性更是不言而喻。在当代社会，很难想象一个枯燥乏味、毫无魅力可言的人物能够成为把持国家命运的政治家。政治魅力是民主时代政治成功的基本前提。从历史上看，近代民主政治的发育与大众媒介的成长是同一过程的两个方面，彼此相辅相成。而在媒介化社会，政治魅力的形成，更是与大众媒介息息相关。谁能善用传媒，谁就能在打造政治魅力方面占据有利的位置。解读现代传媒与政治魅力的关联，不仅是政治学，也是传播学的重要课题。

一　魅力与政治魅力

　　什么是魅力？《新华词典》把它解释为在思想感情方面"特别吸引人的一种力量"[①]。这种力量来自何处？是什么因素决定了一个人能够产生这种力量？人们有各种各样的回答。但大多数人倾向于把它看成人自身具备的某种品质。马克斯·韦伯是这样界定的："'魅力'应该叫作一个人

---

① 《新华词典》（1988年修订版），商务印书馆，1989，第612页。

的被视为非凡的品质（在预言家身上也好，精通医术的或精通法学的智者也好，狩猎的首领或者战争英雄也好，原先都是被看作受魔力制约的）。因此，他被视为〔天分过人〕，具有超自然的或者超人的，或者特别非凡的、任何其他人无法企及的力量或素质，或者被视为神灵差遣的，或者被视为楷模，因此也被视为'领袖'。"① 一个政治人物，如果具备了这种超凡的或超自然的品质，就会产生特别能够吸引大众的魔力。

魅力作为一种特别吸引人的魔力或者品质，往往具有非凡的性质，非常人所能及。正如人是天生的政治动物，可并非所有人都能成为政治家；虽然人们都希望具有吸引人的魔力，但也不是所有人都能如愿以偿。魅力的来源有三。其一是天然的魅力。这种魅力不是依据有章可循的或者传统的制度，不是依据业已获得的权利，而是依据个人的英雄行为或个人默示的合法性。即魅力来自人本身，来自人的政治行为，而不是外界给予的。其二是继承魅力。即把魅力视为一种血缘品质，认为魅力附着于宗族，尤其是附着于魅力体现者，因而可以代际遗传，也就是说，魅力型领袖的后代或亲属，自然会具有魅力。其三是与社会角色、职务有关的魅力。这种魅力不是与生俱来的，而是与个人的社会角色、与个人担任的职务有关。某个人在担任某种职务之前，只是一个普通人，可一旦进入某种角色，担任某种职务，就自然地具备了种种魅力。

与理性一样，魅力也拥有巨大的社会能量。它是一种创造性的革命力量。当魅力型政治领袖具有坚决的革命态度时，他将要推翻一切，绝对不受任何外在的限制，这时他对其追随者的影响力是绝对不能忽视的。但是，魅力也明显不同于理性。政治魅力作为决定人们行为取向的重要因素，其影响的发生直接受到两大因素的制约。首先，政治魅力必须能够经受实际的考验。即社会生活能够证明政治人物确实拥有超自然的或者超人的力量或素质，正是它产生了特别吸引人的魔力。其次，是人民对统治者政治魅力的承认。这种承认是以实际的考验为前提的。从心理学上讲，"这种'承认'是一种产生于激情或者困顿和希望的信仰上的、纯属个人

---

① 〔德〕马克斯·韦伯：《经济与社会》（上卷），林荣远译，商务印书馆，1997，第269页。

的献身精神"①。不过，这种献身精神不是没有条件的。如果魅力型统治者不能给被统治者带来幸福和安全，不能给追随者带来光荣和荣誉，这就说明它没有能够经受住考验，那么其政治魅力就会丧失。

当政治魅力得到公众的承认时，魅力就会产生一种光环作用。它意味着在身体、行为、精神等方面具有魅力的人，自然地会被他人认为具有其他一系列必要的优秀的品质特点，哪怕他们本身并不具备。美国心理学家 J. L. 弗里德曼等在他们所著的《社会心理学》中引用了许多有趣的实验，证明了魅力的光环作用。"学生越是有魅力，他们就越被认为有好的个性、高的地位、容易成家、有美满的婚姻，容易得到幸福。""无论文章在客观上如何，有魅力的女性被认为写了很好的论文。""有魅力的人办了错事后会得到宽大待遇……假扮法官的被试判一个无魅力的被告蹲监狱的时间要比有魅力的长好几年，而他们的罪过则是用完全相同的语言描述的"②。魅力型政治领袖总能够利用比其他政治人物更多的资源，更容易得到大众的认同，更容易成就自己的伟业，乃是不争的事实。

在社会历史的不同阶段，可以找到无数魅力四射的政治家。其政治魅力可以表现为沉着冷静、不怕困难的意志品质，敢为人先的首创精神，无人匹敌的领导能力，高尚的道德，卓越的演讲才能，优雅的风度，学识渊博，多谋善断，幽默与机智及其对复杂局面的正确判断，等等。如古罗马的奴隶英雄斯巴达克就是"整个古代史中最辉煌的人物。一位伟大的统帅（不象加里波第），高尚的品格，古代无产阶级的真正代表"③。列宁则是"真正是组织革命爆发的天才和领导革命的伟大能手。他在革命动荡时代觉得比任何时候都自在、愉快。""在革命的转折关头，他真是才华毕露，洞察一切，预见到各阶级的行动和革命进程的曲折，他对这些东西简直是了如指掌"④。意大利民族英雄加里波第之所以能够创造奇迹，因

---

① 〔德〕马克斯·韦伯：《经济与社会》（上卷），林荣远译，商务印书馆，1997，第 270 页。
② 〔美〕J. L. 弗里德曼、D. O. 西尔斯、J. M. 卡尔史密斯：《社会心理学》，高地等译，黑龙江人民出版社，1984，第 186~188 页。
③ 《马克思恩格斯全集》第 30 卷，人民出版社，1975，第 159 页。
④ 《斯大林全集》第 6 卷，人民出版社，1956，第 55 页。

为他是"一位具有非凡的军事天才而且英勇超群和足智多谋的人物"①。他是"既具有一颗火热的心,又兼有某些只有在但丁和马基雅维里身上才能发现的灵敏的意大利天才"②。美国林肯总统则是"一个不会被困难所吓倒,不会为成功所迷惑的人物;他不屈不挠地迈向自己的伟大目标,而从不轻举妄动,他稳步前进,而从不倒退;他既不因人民的热烈拥护而冲昏头脑,也不因人民的情绪低落而灰心丧气……他是一位达到了伟大境界而仍然保持自己优良品质的罕有的人物"③。这些在历史上扮演了重要角色的政治家,从他们成功的经历中,可以看出政治魅力的作用。

魅力型政治领袖在历史上何以出现于此时而不是彼时,在表面上似乎取决于自身,但是从根本上看,时运才是最重要的。所谓时势造英雄,没有相应的社会历史条件,魅力型领袖就没有表演的舞台,即便是钻石也会被埋没在尘土之中。那么这种时运或社会条件是什么呢?历史学家一般视之为激烈的变革、空前的危机或政治动荡,政治学家则更多地指政治斗争或社会革命。列宁在《悼念雅·米·斯维尔德洛夫》一文中指出:"历史已经证明,伟大的革命斗争会造就伟大人物,使他过去不可能发挥的天才发挥出来。"④ 马克斯·韦伯也主张魅力型领袖"总是不同寻常的、外在的尤其是政治或经济情况的产儿,或者是不寻常的、内在的、灵魂的尤其是宗教情况的产儿,或者是二者共同形成的产儿,产生于某一个人的群体共有的、由于非常情况而引起的激动和倾心于不管什么内容的英雄主义"。所以,"在心理的、生理的、经济的、伦理的、宗教的、政治的危难之时的'天然'领导者,既不是被任命的官职人员,也不是在今天意义上的作为专业知识来学习的和为了报酬而从事的某一职业的持有者,而是特殊的、被设想为超自然的(在并非人人都能企及的意义上)身体和精神的天赋的体现者"⑤。也就是说,非常时期、非常事件以及其他的重

① 《马克思恩格斯全集》第 13 卷,人民出版社,1998,第 403~404 页。
② 《马克思恩格斯全集》第 15 卷,人民出版社,1963,第 199 页。
③ 《马克思恩格斯全集》第 16 卷,人民出版社,2005,第 108~109 页。
④ 《列宁全集》第 29 卷,人民出版社,1985,第 71 页。
⑤ 〔德〕马克斯·韦伯:《经济与社会》(下卷),林荣远译,商务印书馆,1997,第 457、445 页。

大变故，是产生魅力型政治人物的历史契机。一旦发生重大的战争危险、自然灾害、社会动荡，而使平常生活面临威胁时，魅力的体现者如英雄、巫师，就会趁势而出，扮演历史赋予他的重要角色。

二　当今社会的政治魅力

从政治历史的演进过程来看，政治统治的形式可以划分为三个纯粹的类型，即法理型统治、传统型统治和魅力型统治。所谓法理型统治是建立在相信统治者的章程所规定的制度和指令权力的合法性之上，他们是合法授命进行统治的。传统型统治，则是建立在一般的相信历来适用的传统的神圣性和由传统授命实施权威的统治者的合法性之上的。而魅力型统治，是建立在"非凡的献身于一个人以及由他所默示和创立的制度的神圣性，或者英雄气概，或者楷模样板之上"①的统治形式。一般而言，魅力型统治是原始的初级发展阶段的统治形式，魅力型领袖因而可以说是人类社会最早出现的政治领袖。但是随着社会稳定机制的确立和魅力的平凡化，魅力型统治逐渐被平凡的统治形式——世袭制、等级制或官僚体制的形式所取代。也就是说，法理型、传统型的统治形式是在魅力型统治形式之后产生的。但是从制度本身来看，我们绝不能把统治形式的三种基本类型简单地按照先后顺序放在一条发展线上，满足于线性演进的纵向思考。这三种统治形式事实上以五花八门的方式互相结合着，每种统治形式都在一定程度上包含着另外两种统治形式的因素，其差别只是数量的多少和程度的高低而已。所以，在更多的时候，政治统治以混合政体的形式表现出来。当法理型或传统型统治居于支配地位时，它们也不会具有纯粹的性质，不论是在传统型的家长制社会还是在官僚社会，都难以根绝政治魅力的影响，政治魅力总会以这样或那样的形式发挥自己的作用。

现代社会占主导地位的是法理型统治。不管是社会主义国家还是资本主义国家，都是建立在统治者的章程所规定的制度和指令权力的合法性之

①　〔德〕马克斯·韦伯：《经济与社会》（上卷），林荣远译，商务印书馆，1997，第241页。

上，他们合法授命地进行统治；而被统治者服从统治者，并非服从统治者个人，而是服从那些非个人的制度。法理型统治与魅力型统治虽不能同日而语，但其中并不排除魅力型统治的某些因素。这一制度的典范就是代议民主制。作为一种统治形式，代议民主制自身也为政治魅力预留了空间，因为它本身就是从魅力型统治演化而来的。现代代议制的基本要素，如政党、选举、平民表决等，都可以从初期的魅力型统治中找到影子。而平民表决民主——领袖民主的最重要类型——"按其原意是一种魅力型统治，它隐藏在一种由被统治者的意志引伸出来的并且只是由于这种意志才继续存在的合法性的形式之下。实际上，领袖（煽动者）的统治是由于他的政治追随者对他本人的忠诚和信赖。首先，他统治着他争取到的追随者，继而在他们为他建立统治的情况下，就在整个团体内部进行统治"。① 至于选举，则被看成魅力的新解。被统治者何以选举这个人而不选举那个人，是由被选举者的魅力素质决定的。通过选举，具有魅力的政治领袖"被急进地重新解释为被统治者的一个公仆"②，而获得了他的合法性。

在当今代议民主制条件下，只有具备超凡的魅力品质才能成为政治领袖。而每个阶级、政党都需要自己的领袖。"如果不推举出自己善于组织运动和领导运动的政治领袖和先进代表，就不可能取得统治地位。"③ 这种政治领袖必须获得千百万民众的支持，否则，领袖再伟大、杰出，也难以有所施展。政治人物怎样才能赢得民众的支持呢？魅力品质自然排在第一位，除此之外，还有领袖与人民之间客观存在的自然的、亲密的情感。韦伯指出："领袖民主具有献身于领袖和信任领袖的自然的、感情的典型特性，由于这种特性，往往会产生跟随领袖的倾向，把他视为非凡的人，几乎是无所不能的人，最强烈地用各种刺激手段工作的人。一切革命的乌托邦，其天然的基础就在于此。"④ 一个政治领袖的政治能量，往往与其魅力品质的含量呈正相关。也就是说政治家越有魅力，其政治能量就越大。不仅如此，领袖政治魅力的延续，还是保持国家社会稳定的主要条

① 〔德〕马克斯·韦伯：《经济与社会》（上卷），林荣远译，商务印书馆，1997，第 299 页。
② 〔德〕马克斯·韦伯：《经济与社会》（上卷），林荣远译，商务印书馆，1997，第 300 页。
③ 《列宁选集》（第 1 卷），人民出版社，1972，第 210 页。
④ 〔德〕马克斯·韦伯：《经济与社会》（上卷），林荣远译，商务印书馆，1997，第 300 页。

件。即便是在充分民主的情况下，魅力领袖仍然在一定程度上被大众看成命运所系与希望所在。一旦魅力领袖亡故，社会将出现动荡。政治魅力扮演的稳定极角色，是不能够忽视的。

政治家应该具备必要的魅力。由于这种魅力在社会交往活动中具体外化为政治家的社会形象，所以在当代意义上，政治形象与政治魅力是本质相同的两个概念。具有魅力的政治家一定是形象好的政治家；而形象好的政治人物，一定具有迷人的、超凡的魅力。魅力品质或形象要素大体上可以分为内在条件、外在条件和政治行为三种。就内在条件而言，政治人物的道德品质、文化修养、政治禀赋是最值得关注的。马基雅维里的《君主论》认为，这些内在品质包括慷慨、乐善好施、慈悲为怀、言而有信、勇猛强悍、和蔼可亲、纯洁自持、诚恳、稳定、虔诚等。一旦具备这些品质，就容易得到人民的赞美。反之，如果统治者在人民的心目中显得吝啬、贪得无厌、残忍成性、食言而肥、软弱怯懦、矜傲不逊、淫荡好色、狡猾、轻浮、虚伪，则会招致人民的谴责。在马基雅维里看来，统治者具备各种美德固然是再理想不过的。但是，由于生活在他周围的尽是那些自私自利、背信弃义之徒，所以，有时完美的品德反而会成为君主的拖累。对于一个君主来说，事实上没有必要具备上述的全部品质，"但是却很有必要显得具备这一切品质"。马基雅维里断言：统治者"如果具备这一切品质并且常常本着这些品质行事，那是有害的；可是如果显得具备这一切品质，那却是有益的。你要显得慈悲为怀、笃守信义、合乎人道，清廉正直，虔敬信神，并且还要这样去做，但是你同时要有精神准备作好安排：当你需要改弦易辙的时候，你要能够并且懂得怎样作一百八十度的转变"。① 换言之，在马基雅维里看来，国君必须学会并且善于伪装，不管他是否具有好的品德，都要显得真正具备；不管他的行为是否符合公认的道德准则，都要把它装扮成善行。

所谓外在条件，主要是指人的仪表举止、语言和体态语言。仪表举止是表现魅力的主要途径，这已为人们所公认，此不赘述。语言的作用则更加直接。一个善于语言表达的政治领袖，比一个拙于言辞的政治人物更能

---

① 〔意〕尼科洛·马基雅维里：《君主论》，潘汉典译，商务印书馆，1985，第85页。

够说服大众。早在古希腊、古罗马时代，一些有名的政治家就以其滔滔不绝的讲演才能表现自己的魅力，使民众成为自己的追随者。现在的民主竞选及其竞选演说，更是使从前的一切手段都显得相形见绌，小巫见大巫。至于体态语言，在一个相当长的时间内，并没有引起人们足够的重视。但是，在人们的交往活动中，人们从外部获知的信息，约有55%是从对象的体态语言得来的。在这个意义上可以说，人从里到外都是动作性动物，"是一种以动作、姿势、行动来表达和沟通的灵长类动物"①。那么什么是体态语言？美国学者马兰德罗和巴克把它看成"有社会共知意义，被有目的或被解释为有目的地发出，被有意识地接收，并有可能由接收人反馈的、除使用言语本身以外的人类属性或行动"②。这种人类属性或行动，在当代社会的作用和影响空间还在扩大。

政治行为则是指政治领袖的决策过程与施政行为，这种行为成功与否，关系到社会的稳定、人民的幸福，进而关系到民众对政治人物的评价和承认。如果政治人物决策科学，措施有力，行事果断，效率高，消耗少，人民从中可以得到不少益处，那他的魅力就会得到承认，否则，他就会被民众视为丧失了魅力，从而失去了合法性。

政治家如果同时具备了内在和外在的条件，并且以成功的政治行为登上政治舞台，对于形成强大的感召力，形成巨大的凝聚力，增强领导的组织指挥力，具有重要的意义。因此，古往今来，没有政治家不重视魅力、不重视形象。在中国改革开放时期，邓小平就多次强调领导者要有良好的政治形象：要"组成具有改革开放形象的中央领导班子，使人民放心"，"中国一定要有一个具有改革开放形象的领导集体"。③ 只有这种形象才能满足社会大众对于政治领袖角色的期待。

不过，现代政治领袖的魅力，并不完全取决于其自身的素质或由其派生的政治行为，虽然它们对魅力的形成与表现具有决定性的意义。还须注意的是，大众媒介的传播功能和大众沉湎于魅力的英雄情结。现代传媒是

① 〔英〕戴斯蒙·莫里斯：《观人术》，华夏出版社，1988，第1页。
② 〔美〕洛雷塔·A. 马兰德罗、拉里·巴克：《非语言交流》，北京语言大学出版社，1991，第6页。
③ 《邓小平文选》第3卷，人民出版社，1993，第298页。

展示领袖魅力的绝好舞台。特别是在西方国家，大众媒介尤其是电视在大选中的作用越来越大。尼克松之所以败给肯尼迪，就在于前者不懂电视的宣传作用，不善于在摄像机前表现自我，而后者则恰恰相反。现在不仅政治领袖，就连其他公众人物、资本家，也都重视利用大众媒介，希望借助媒介展现自己的魅力和风采。同时，政治人物还应该关注大众心理，尽可能地迎合或唤起大众心灵深处的英雄主义情感。没有情感上的契合或共鸣，领袖人物再有魅力，也无法获得大众的认同。

三 大众传媒在塑造政治魅力中的作用

现代社会是高度信息化的社会，也是媒介化社会。信息传播的发展，使得人类政治生活的空间扩展到前所未有的广度。信息传播作为社会系统的黏合剂，作为社会沟通的主渠道，不仅对社会运行发挥着难以替代的作用，而且深入地渗透到社会生活的各个角落、社会政治过程的各个环节。现代社会生活的复杂化、社会利益的两级化及社会活动的区域化乃至全球化，对政治领袖提出了更高的要求。政治领袖比任何时候更需要魅力，而在魅力的养成及表现方面，大众媒介扮演着更重要的角色。

首先，大众传媒能够在一定程度上压缩时空，聚焦政治人物，从而拉近人们与政治领袖的距离。在这个意义上，大众媒介特别是广播电视，不仅是一种极具"亲密性"的媒体[①]，更是一种感情型媒体。电视政治明星与观众的距离更近、更熟悉，而且几乎是天天进行例行性接触，加上电视经常采用特写的方式和角度，对政治明星的私密生活进行披露，加强了观众对政治人物的亲近感。观众、听众与政治人物心理距离的拉近，意味着他们之间感情的融洽。电视还拥有更多戏剧化的表现手段，以渲染戏剧性的场面，从而更容易刺激观众的情绪。例如电视媒体特别习惯于报道走向民间的政治人物，他们与农民并排坐于土炕之上，或一起包饺子，拉家常，或抱着天真活泼、可爱的孩童。由于"电视新闻沉溺于可见的东西，这使得电视与其他媒体相比，内在地成为更加感情化的媒体。电视报道能

---

① 张锦华：《传播批判理论》，台湾黎明文化事业公司，1994，第93页。

绕过人们大脑的思考而直指人的内心，这就是它巨大力量之所在"①。近年来日益兴旺的网络媒体，更是拉近了政治人物与人们的心灵距离。不少政治家开设自己的博客，或通过其他的网络渠道，敞开自己的心扉，实现与民众的心理沟通，这不仅拉近了与人民的距离，而且增进了与人民的感情。心理学的研究成果表明，感情因素对人民的认知活动是能够产生直接影响的。

其次，发掘政治人物自身的魅力因素，加以放大、张扬。由于大众传媒通过特写的技法拉近了政治家与人民的距离，根据民众的接受心理，发掘政治人物自身的魅力，并且根据传播规律的必然要求，放大、张扬他们的魅力素质，对于大众媒体来说，不仅可能，而且是必要的。一个人能成为政治人物，为万众所瞩目，多少会具备普通人没有的魅力。他们或者慷慨大方、乐善好施、慈悲为怀、为人诚恳、和蔼可亲、纯洁自持，或者博学多才、思维敏捷、视野开阔，或者言而有信、坚决果断、勇猛强悍。这些素质在不为众人所知的情况下，政治家不过是一个庸人而已，他绝对无法激起全社会范围内的普遍人气，在民主社会，一个没有人气的政治人物，绝难得到人民的充分信任和授权。如果大众媒介能够抓住政治人物自身的魅力和特质，通过各种报道，在民众面前展现这些特质，如周恩来办公室窗户深夜透出的灯光，朱镕基就任国务院总理后首次记者招待会上的慷慨陈词，温家宝在贫民面前饱含的热泪等，可以将政治人物的奉献、坦诚、阳光、正义感、使命意识及悲天悯人的情怀，集中地展现出来，会在民众中产生极大的震撼力。在西方社会，电视出现以来的政治实践表明，只有媒体的宠儿，才能赢得选举，这一事实本身就足以说明问题。

再次，通过与普通人或对立性指标人物的比较，彰显领袖的政治个性。传媒对政治魅力的塑造与张扬，可以使用诸多方法。其中比较方法使用得最多。其实，这种方法未必是媒体在有意识地使用，在不少情况下可能是下意识使然。20 世纪 60 年代初，当尼克松和肯尼迪竞逐美国总统大位时，本来尼克松有现任副总统的优势，但是一场直播的电视辩论葬送了

① 〔美〕迈克尔·罗斯金等：《政治科学》第 6 版，林震等译，华夏出版社，2001，第 179 页。

尼克松的总统梦。现在回头审视这场辩论，尼克松的失败是不难理解的。因为出现在电视屏幕上的尼克松，因不适应摄像机前强烈的灯光照射，大汗淋漓，脸色苍白，相对于充满朝气、自信、充满活力的年轻的竞争者肯尼迪，尼克松显得被动、弱势，而他自己的经验、沉稳优势，没有表现出来，自然是败下阵来。大众传媒对政治人物的比较性传播，一方面可以使自己属意的政治人物的固有优势得以提升，另一方面则会削弱对立性的政治人物的魅力素质。媒体对政治人物的比较性传播，对于政治人物政治魅力的发挥，具有重要的意义。

最后，通过巧妙的包装，掩饰政治人物的弱点。政治人物是人，是人就有凡夫俗子的优缺点。优点固然是人人所期盼的，聚焦或放大这些优点，有利于展现政治人物的魅力。弱点则不同。虽然说人人都有弱点，但是弱点的呈现方式的差异，会直接影响到他人的总体评价。如果弱点是处于强势优点的背影下，或者经过艺术的处理，通过媒体再现的弱点比客观存在的弱点在程度上大为减轻，将有利于突出优点、强化其魅力素质，从而展现正面的政治形象。反之，如果政治人物的弱点被聚焦、放大，而他的优点或魅力素质被相应地虚化，那么政治人物的魅力就会渐次丧失。这是每个政治人物都力图避免的。一方面，政治人物会根据自己的理解，尽可能地向媒体展现自己的魅力素质，隐藏自己的弱点，以发挥吸引众人的魅力；另一方面，新闻媒体也会对自己属意的政治人物，扬善隐恶，通过精巧的包装，虚化对象的弱点，凸显其魅力，而对于敌对的政治人物，则采取完全相反的措施，加以丑化、妖魔化。透视当今媒介化社会的政治现实，这种扬善隐恶的传播策略，已成为一种政治常规手段。

大众媒介为塑造、展现政治人物政治魅力所做的一切努力，反过来会强化媒介系统与政治权力的互动，密切媒介工作者与政治人物的关系，从而拓展媒体的活动空间；但是，政治历史的实践表明，媒介在塑造、展现政治魅力方面的作为，往往会产生意想不到甚至难以控制的结果。20世纪上半期，德国报刊成为纳粹党人展现魅力、蛊惑民众的舞台，其结果是制造出了媒介自身不愿意看到的政治怪物——希特勒。这种人类悲剧的出现，说明大众媒介在与权力系统、与政治人物互动的过程中，不能沉湎于塑造政治魅力的成功，因为这种成功犹如一把双刃剑，它既会带来好的可能，也会造成破坏性的后果。大众媒介在自己的业务活动中塑造、展现政治人物魅力的时候，必须体认自己承担的社会责任，本着专业精神和社会良知，做到公正客观、理性缜密，只有这样，新闻媒体才能在政治过程中扮演积极的角色，发挥建设性作用。

（本文系张昆教授承担的教育部重点文科研究基地中国媒体发展研究中心重大招标课题"中国媒介改革与政治文明建设"的系列研究成果之一。文章发表于《武汉大学学报》（人文科学版）2008 年第 2 期，《新华文摘》2008 年第 12 期论点摘编）

媒介发展与政治文明

　　所谓媒介发展，在本文指的是与社会发展相适应或超前于社会系统的信息传播事业的整体性发展，它包括在充分发挥了传播技术潜力的前提下，各种传播工具结构合理并且得到最大限度的发展，各种媒体具有相对独立的政治、法律、经济地位，具有一定的公信力，接受工具高度普及，媒介功能完全发挥，以及大众信息需求得到最大满足等。作为社会系统的一部分，媒介发展显然会受到社会系统、政治系统的制约，另一方面，媒介发展本身又会深深地影响社会和政治文明的进步。

　　政治文明乃是文明总体的重要组成部分，或者说是文明的重要表现。文明是相对于不文明、落后或者野蛮状态而言的，它涉及人类社会生活的各个领域，很难找到一个词和它一样能够包罗万象。但文明有两个重要标志，"社会活动的发展和个人活动的发展，社会的进步和人性的进步。哪个地方人的外部条件扩展了、活跃了、改善了；哪个地方人的内在天性显得光彩夺目、雄伟壮丽，只要看到这两个标志，虽然社会状况还很不完善，人类就大声鼓掌宣告文明的到来"①。英国著名历史学者汤因比指出："文明乃是整体，它们的局部彼此相依为命。""在这个整体里，经济的、政治的和文化的因素都保持着一种非常美好的关系。"② 根据中国当代流行的理解，社会的文明状态，总体上可以分解为物质文明、精神文明和政治文明三个层面。只有这三种文明协调发展了，社会才能说是进入文明阶段。

---

① 〔法〕基佐：《法国文明史》，沅芷、伊信译，商务印书馆，1998，第11页。
② 〔英〕汤因比：《历史研究》（下册），上海人民出版社，1986，第463页。

《中国大百科全书·政治学》指出，政治文明是"人们改造社会所获得政治成果的总和。一般表现为人们在一定的社会形态中关于民主、自由、平等、解放的实现程度"。政治文明具体表现为：（1）在最大程度上发挥人们的政治积极性，使更多的人能够参与国家政治生活；（2）为实现共同的政治目标，人们有充分的机会表达自己的意见；（3）在维护社会公共秩序中，最大限度地保护人们的正当权利；（4）在政治生活中，人们尤其是政治领导者表现出良好的政治品德。① 政治文明是人类政治生活的进步状态，野蛮的、落后的、颓废的政治现象不能划入政治文明之列。一般来说，政治文明"包括政治意识文明、政治制度文明和政治行为文明三个组成部分，是由三个部分组成的有机整体"②。从静态的角度看，它是人类社会政治进程中取得的全部进步成果；从动态的角度看，它是人类社会政治进化发展的具体过程。

无论是从政治文明的具体表现，还是从其总体结构来看，政治文明都离不开媒介发展。信息传播乃是政治社会得以形成的前提，它不仅为政治过程提供了不可缺少的信息资源，形塑着人们的政治意识，调节着人们的政治行为，而且媒介系统本身就是政治系统的重要组成部分，媒介发展还是政治文明的重要标志。政治与传播同生共存，不可须臾分离。正是在这个意义上，梁启超断言，报业发达程度是衡量国家强弱的基本指标，所以"欲觇国家之强弱，无他道焉，则于其报章多寡良否而已"③。"阅报愈多，其人愈知；报馆愈多者，其国愈强。"④ 谭嗣同也说："各新闻纸为绝精之测量仪器，可以测其国，兼可分策其人。国愈盛者，出报必愈多……人至极暗陋，必不阅报。"⑤ 在信息传播高度发展的今天，包括报纸、广播电视、网络等渠道在内的大众媒体，渗透到社会政治生活的各个角落，举凡一切政治现象，无不可以看到其背后媒介的影响。所以，探究政治文明与

① 《中国大百科全书·政治学》，中国大百科全书出版社，1992，第504~505页。
② 虞崇胜：《政治文明论》，武汉大学出版社，2003，第123页。
③ 梁启超：《〈清议报〉一百册祝词并论报馆之责任及本馆之经历》，《饮冰室合集·文集》第三册第六卷，中华书局，1989年。
④ 梁启超：《论报馆之有益于国事》，《饮冰室合集·文集》第一册第三卷，中华书局，1989年。
⑤ 蔡尚思、方行编《谭嗣同全集》（增订本上册），中华书局，1981，第262页。

媒介发展的关系，对于建设社会主义政治文明，具有重要意义。本文打算从政治意识文明、政治行为文明和政治制度文明三个方面，就其与媒介发展的关系略做探讨。

一　媒介发展与政治意识文明

政治意识文明是政治文明总体的重要组成部分，或者说是政治文明的深层结构。它不仅决定了政治行为的一般趋向，而且是政治制度文明的精神基础。它是政治制度和政治行为的灵魂，是使政治制度得以运作和政治行为得以进行的精神动力。

一般来说，政治意识文明包括整合的政治意识形态、健康的政治心理、理性的政治思想和规范的政治道德。从价值取向来说，政治意识文明应包括公平、公正、正义、理性、权利、义务、责任、自由、平等、博爱、民主、法治等难以一一列举的进步的政治理念；① 从具体内涵而言，它还应包括个体的政治心理、政治性格、政治信念、政治觉悟和政治理想。

政治意识形态是每个政治共同体都拥有的系统的、能直接地反映政治现象的思想体系，是该共同体得以维持、延续的思想支柱。政治心理则包括政治认知、政治情感、政治动机、政治态度四个方面的因素，每一要素在结构中都有自己特殊的位置，是不可或缺的组成部分。政治心理是政治合法性的基本来源。所谓"得民心者得天下"就是这个意思。政治思想是政治意识的显性结构，它是关于政治生活和政治关系的理论、观点和学说的集合形态。政治思想在政治意识乃至整个政治生活中处于极为重要的地位。"许多伟大的政治思想不仅可以照亮现实的存在，而且可以照亮前进的道路。如果没有这些思想，人类生活就处于一片黑暗之中。"② 政治道德是政治意识的规范结构，是调整政治关系和政治生活的规范体系。自

---

① 虞崇胜：《政治文明论》，武汉大学出版社，2003，第165页。
② 〔美〕格伦·蒂德：《政治思维：永恒的困惑》，潘世强译，浙江人民出版社，1988，第4页。

有政治以来，就一直存在政治道德。《大学》开宗明义地说："大学之道，在明明德，在亲民，在止于至善。"① 将"止于至善"（即弘扬人的善良本性）作为政治统治的目的，将政治统治视为道德教化过程。孔子在《论语》中指出："为政以德，譬如北辰，居其所而众星共之。"② 导之以德，以德服人，是古代中国基本的政治理念。

政治意识文明具有明显的官方色彩，政治意识形态总是官方的意识形态，政治心理、政治思想总是政治经济上占支配地位阶级的政治心理和政治思想，政治道德也是统治阶级的道德，但是，在官方的主流的政治意识之外，客观上是存在民间的甚至是异端的政治意识的，虽然它很少被提及，很少引起上流社会的关注，但是这种非官方的政治意识往往能够决定社会政治的演变，特别是在社会转型、变革时期。政治意识的多元性是一个不容否认的客观存在。只有正视来自民间的政治心理、政治思想、政治要求，并对此做出恰当的反应，政治过程才能顺利延续，政治稳定才能得以维持。

在现代信息社会，政治意识文明的传承，个体政治心理、政治思想、政治道德的形成，无不仰赖于大众媒介。美国心理学家巴克指出：通过大众媒介摄取信息，获得休闲和娱乐，成为大众重要的生活方式；人们对大众媒介的依赖也愈来愈大，"这种依赖性所采取的是满足某些需要的形式……随着依赖性的不断增大，大众媒介所提供的信息改变各种态度和信念的可能性亦将愈来愈大"③。这种可能性极大地扩张了大众媒介在政治过程中发挥影响的空间。事实上，在没有大众媒介的古代社会，政治家和思想家就把口头传播作为塑造国民灵魂的工具。为了确保信息传播的建设性作用，柏拉图主张建立检查制度，由检察官对未发表作品进行预先检查，为此他还专门制定了检查的规则，同时对祖先遗留下来的文化遗产，也要根据政治需要进行删节，哪怕是荷马史诗也不能例外。中国古代法家韩非也持有类似的见解，主张实行法治，将信息传播纳入法律的轨道。"言行而不轨于法令者必禁。"他们所以坚持这种主张，与他们对人性的

① 《大学·述而》。
② 《论语·为政》。
③ 〔美〕克特·W.巴克主编《社会心理学》，南开大学社会学系译，南开大学出版社，1984，第311页。

悲观认识是直接相关的。柏拉图认为"人类本性将永远倾向于贪婪与自私，逃避痛苦，追求快乐而无任何理性，人们会先考虑这些，然后才考虑公正和美德。这样，人们的心灵是一片黑暗，他们的所作所为，最后使得他们本人和整个国家充满了罪行"①。在一个恶人占多数的国家，要想达到理想的治理境界，只有依靠哲学王。哲学王必须充分地利用各种说服的手段、教育手段，朝着正确的方向塑造人性，净化人们的灵魂。在这个意义上，他把教育手段看作"唯一重大的问题"，把城邦首先视为一个教育机构，而且对国民教育越早越好，越小越好。"在幼小柔嫩的阶段，最容易接受陶冶，你要把它塑成什么型式，就能塑成什么型式。""先入为主，早年接受的见解总是根深蒂固不容易更改的。"② 柏拉图的学生亚里士多德建议：要注意儿童灵魂和"情欲境界"。③ 可是，恰如对身体的维护，"必须以有造于灵魂为目的，训导他们的情欲，也必须以有益于思想为目的"。也就是说对个体的教育，必须德、智、体并重。并且"应当在全邦杜绝一切秽亵的语言"。"杜绝秽亵的图画展览和秽亵的戏剧表演。"④ 在建设中国社会主义政治文明的过程中，对政治意识文明的关注也是执政党的政策亮点。20世纪80年代初邓小平在《党的组织战线和思想战线上的迫切任务》中指出："思想战线上的战士，都应当是人类灵魂的工程师。在当前这个转变时期，在社会主义精神文明建设和整个社会主义建设事业中，他们在思想教育战线上的责任尤其重大。"⑤ 也就是说，大众传播机构及其从业者应该发挥灵魂工程师的作用，通过持续的信息传播，通过与社会成员的交流，重塑他们的灵魂。江泽民也强调"我们的宣传思想工作，必须以科学的理论武装人，以正确的舆论引导人，以高尚的精神塑造人，以优秀的作品鼓舞人，不断地培养一代又一代有理想、有道德、有文化、有纪律的社会主义新人"。⑥ 在培养新一代政治人方面，江泽民主张

---

① 〔古希腊〕柏拉图：《法律篇》，沈叔平译，转引自《西方法律思想史资料选编》，北京大学出版社，1983，第27页。

② 〔古希腊〕柏拉图：《理想国》，郭斌和、张竹明译，商务印书馆，1986，第71~73页。

③ 〔古希腊〕亚里士多德：《政治学》，吴寿彭译，商务印书馆，1997，第395页。

④ 〔古希腊〕亚里士多德：《政治学》，吴寿彭译，商务印书馆，1997，第403~404页。

⑤ 《邓小平文选》第3卷，人民出版社，1993，第40页。

⑥ 江泽民：《在全国宣传思想工作会议上的讲话》，1994年1月24日。

以青少年为主，把重点放在儿童青少年身上。"儿童教育至关重要。童年时代所受教育的好坏，往往影响一个人的一生。"儿童时期形成的信念、情感、态度和价值观对成年后仍然有重大的影响。所以他主张在青少年中要"加强以爱国主义、集体主义、社会主义为核心内容的思想道德教育，开展艰苦奋斗、勤俭建国的教育，职业道德、社会公德的教育，基本国情的教育和普及法律基本知识教育"。要重视引导"青少年树立正确的理想、信念、世界观、人生观，反对拜金主义、享乐主义、极端个人主义，抵御资本主义和封建主义腐朽思想的侵蚀"[①]。这些论述，清楚地地阐明了大众媒介在政治意识文明建设中的重要作用。

应该指出的是，政治意识文明之灵魂在于宽容。不管在什么样的政治社会，都不可能存在完全单一的政治意识形态、政治心理、政治思想和政治道德。正如政治社会的阶级构成一样，既然有统治阶级与被统治阶级、有产阶级和无产阶级之分，他们对于政治生活的参与度，他们对政治现象的理解，他们的政治认知、政治价值、政治情感、政治理想等，必然存在这样或那样的差异。也就是说，政治意识的多样化是一种客观的存在，而允许多元政治意识的存在，给多元政治意识的碰撞提供平台，允许多种政治意识的自由竞争，乃是一定历史时期政治文明的具体体现。但是，我们也应该认识到，多种政治意识并存，并非意味着不同政治意识具有同等程度的影响力。在任何历史条件下，具有官方色彩的主流政治意识，在政治意识领域的主导地位都是确定无疑的，这种主流政治意识为社会的大多数所接受。但这并不影响非主流政治意识的合法存在。政治意识的多元存在，相应地要求大众媒介的多元结构。即每一特殊群体及其政治意识都应该有相应的媒体加以表现，如果无法做到这一点，那么退一步，单一结构的媒体则应该表现出超越自身偏好的包容，在坚持弘扬主流政治意识的前提下，能够对社会上客观存在的多元政治意识予以反映。这是当代政治文明发展的基本要求。

---

① 江泽民：《加强思想工作，培养"四有"新人》，载《毛泽东　邓小平　江泽民论教育》，中央文献出版社，2002，第240~241、268页。

二　媒介发展与政治行为文明

政治行为文明是政治文明的重要组成部分。通过政治行为可以折射出政治意识的基本取向和政治制度的总体规范。作为政治行为主体的人也是有意识、有情感、有思想的，同时他们又都在一定政治制度的架构中活动。人类的政治行为是一个非常复杂的社会现象。一般而言，政治行为的具体形式，有政治斗争、政治管理、政治统治和政治参与等。这些政治行为不同于人类其他的社会行为，它总是围绕着公共权力和基本利益展开的，而且具有全局性、冲突性的特征。它不是为了夺取政权，就是为了巩固政权；或者不是直接地进行政治统治，就是间接地进行政治参与或社会管理。① 这些行为能够在相当程度上影响行为者的根本利益，甚至影响到社会政治的稳定和整体走向，因而总是伴随着不间断的矛盾和冲突。

政治行为文明是政治文明的外在表现。政治文明的一切建构最终都要通过政治行为体现出来。孔子说："政者，正也。子帅以正，孰敢不正？"② 在这里，孔子一方面将政治看成正道和正义，是政治教化的具体实施；另一方面又强调了政治是统治者和被统治者的行为，认为只有统治者做到以身作则，被统治者才能起而仿效，使政治走向文明之道。在法律与道德的关系上，孔子更重视道德、更重视统治者的道德操守。虽然法令制度是必要的，但是次要的，首要的是统治者自身符合社会道义的行为，即所谓"其身正，不令而行；其身不正，虽令不从"③。也就是说，合乎道义的行为没有法令的加持也能对民众产生巨大的感召力；而背离道义的恶行，即便以法律为后盾也难以收到实效。政治行为文明的精髓在于秩序。在秩序的范围内合法地行动，以实行自己利益的最大化，是文明社会的政治常规。虽然文明意味着有较多的自由，但这种自由不能逾矩。美国学者路威指出："人类老是在两个交替办法之间翻来覆去。有时候他要想

---

① 虞崇胜：《政治文明论》，武汉大学出版社，2003，第187页。
② 《论语·颜渊》。
③ 《论语·子路》。

建立秩序，有时候他渴望自由；把秩序和自由合二为一，似乎在它们力量之外。"① 政治文明建设就是试图实现秩序和自由的完美契合，让人类既享有高度的自由，同时又能够保持社会发展所必需的秩序。

要解读人类复杂的政治行为，必须考虑与行为相关的基本要素。第一，每个人的政治行为都是有原因的，原因来自政治环境的刺激。人们置身于环境之中，环境的变化必然会或多或少地影响人们的生活和生存，从而引起人们对环境刺激的反应。所以监测环境的变化，乃是社会成员的基本需求。而能够担负此项责任的非大众媒介莫属。第二，人是政治行为的主体，而主体的行为都是有动机的。第三，政治行为的动机是基于价值判断的，价值判断不仅受到政治意识的支配，而且受到主体能够掌握的相关信息的制约，能够得到全面、客观的资讯，是主体做出准确判断的前提，大众媒介正是相关资讯的提供者。第四，行为主体基于价值判断而产生政治态度和政治倾向，而这种态度、倾向又要受到与此对立的态度、倾向的挑战，大众媒介乃是文明社会各种意见的公共论坛。第五，根据政治态度和政治倾向而确定政治目标。可见，人类政治行为在相当的程度上依赖于大众媒介的调节。也就是说，决定人们政治判断、政治认知、政治情感和政治行为的信息，主要是由大众媒介提供的；同时，人们对于公共议题的讨论也要借助于大众媒介这个公共意见平台。没有大众媒介的参与，人类的政治行为是难以想象的。

大众媒介对人类政治行为的影响还不限于此。更为重要的，是它对人类政治行为空间的制约。从历史的角度看，人类政治文明的进步，在很大的程度上体现为政治行为空间的扩大。从早期文明时代的部落、城邦、国家，到信息时代的国际政治，人类有效的政治行为所能及的范围随着传播手段的进步而不断拓展。在希腊城邦时代，亚里士多德主张，一个城邦要想得到理想的治理，其人口不能太多，也不能太少，而应该以适度为限。"倘若组成一个城邦的分子太少，这在生活上就无法自给自足，而城邦的目的却在自给自足。一个城邦，如果像一个民族国家那样，人口太多了，虽然在物质需要方面的确可以充分自给，但它既难以构成一个真正的立宪

① 〔美〕罗伯特·路威：《文明与野蛮》，商务印书馆，1984，第155页。

政体，也就终于不能成为一个真正的城邦。为数有那么多的群众，谁能做他们的将领而加以统率？除了具有斯顿笃那样的嗓音，谁又能给他们传令？"① 至于领土的范围也要适度，也就是说，"关于人口方面所说的'观察所能遍及'的条件，对土地方面也一样合适"②。亚里士多德这种观点，今天看来实在难以令人苟同。其根本原因就在于当时信息传播技术的限制。当时人类所能利用的只是自己的生理机能，至多还有手抄文字，其有效的覆盖空间与当时的城邦基本相宜。亚里士多德没有看到两千多年后的无线电、卫星通信，更无法想象全球范围内的信息共享。可这一切今天都具备了，用麦克卢汉的话来说，人体的机能大大地延伸了。所以人类政治活动的空间超越了国家，达到全球的范围。由此不难看出，一方面，媒介的信息传播对于人类政治行为有着决定性影响。没有环境信息的及时传播，以及政治行为过程中有效的信息沟通，就不可能有政治发展；但是另一方面，人类政治活动舞台的扩大，也给信息媒介更大的发展空间。反过来说，信息传播所能及的范围，就是政治行为的边界。在这个意义上，媒介系统与政治系统互为条件，相辅相成，彼此促进，是一种典型的互动双赢关系。

三　媒介发展与政治制度文明

政治制度文明是政治文明的核心内容，也是政治文明的基本标志。政治制度既是政治意识的承载者，又是政治行为的规范者。政治制度作为一种规范形态，其价值取向，要扶植什么和约束什么，基本上是由政治意识决定的。政治意识指导政治制度的建立，并通过政治制度的价值取向表现出来。而一定社会的政治意识总是特定人群的政治意识。在这个意义上，政治制度的建构与作为政治主体的人密不可分。柏拉图说，政治制度不是从木头里或石头里产生出来的，而是"从城邦公民的习惯里产生出来的；习惯的倾向决定其他一切的方向"。所以，"有多少种不同类型的政制就

---

① 〔古希腊〕亚里士多德：《政治学》，吴寿彭译，商务印书馆，1997，第354~355页。

② 〔古希腊〕亚里士多德：《政治学》，吴寿彭译，商务印书馆，1997，第356~357页。

会产生多少种不同类型的人的性格"①。英国思想家密尔也认为：美国政治制度是"该国人们的特性和生活中成长起来的一种有机物"，"政治制度（不管这个命题有时是怎样被忽视）是人的劳作；它们的根源和全部存在均有赖于人的意志"②。黑格尔也说："每一个民族都有适合它本身而属于它的国家制度。"③ 其意义即在于此。另外，政治制度又给政治主体提供了现实的空间，在一定的制度安排下，主体能够干什么，不能干什么，什么应受到鼓励，什么要受到谴责或惩处，制度都给予了明示，划定了界限。

政治制度文明的核心是基本的制度安排。所谓制度，可以理解成"为了满足群体的某种需要而以比较固定的形式组织在一起的群体行动的结合物。制度通常包括一套习惯和传统，一系列法规和准则，以及物质的延伸，如建筑、惩罚手段、沟通和训诫的机构"④。制度依赖法律而得以固定，但"并非单凭一纸法律就能形成，它其实是传统、成规和惯例的结晶。这些传统、成规和惯例，虽不见于法律，却具有不亚于法律的影响力"⑤。制度与人类的群居生活直接相连，并且就是在人类文明的生活方式中产生的。它一经形成，就具有旺盛的生命活力。这主要体现于制度的政治功能。一般来说，政治制度具有显著的造型功能，也就是说，它能够有效地限制政治权力的滥用，并且提高权力系统的行政效能；同时，它还有规制政治行为的作用，能够给政治行为和政治活动划定明确的边界；除此之外，它还能发挥社会教育的功能，它通过传播渠道向人们灌输占支配地位的政治意识形态，使之渗透于或内化于人们的心灵深处，并借助于人们的政治行为进一步传播开来，或者还通过张扬或压抑某些政治行为和政治意识，有意识地朝着某种方向引导人们的行为和心理。

所以制度文明建设乃是政治文明建设的核心工程。尤其是中国社会主

---

① 〔古希腊〕柏拉图：《理想国》，王铮译，重庆出版社，2016，第252页。
② 〔英〕J. S. 密尔：《代议制政府》，商务印书馆，1982，第6~7页。
③ 〔德〕黑格尔：《法哲学原理：或自然法和国家学纲要》，范杨、张企泰译，商务印书馆，1961，第291页。
④ 〔美〕菲利普·李·拉尔夫、罗伯特·E. 勒纳、爱德华·伯恩斯等：《世界文明史》第1卷，赵丰、罗培森、刘宗亚等译，商务印书馆，1995，第22页。
⑤ 转引自〔日〕佐藤功编著《比较政治制度》，法律出版社，1984，第2页。

义政治文明建设，要摆脱数千年人治的历史传统，制度建设更显重要。邓小平曾经指出："我们过去发生的各种错误，固然与某些领导人的思想、作风有关，但是组织制度、工作制度方面的问题更为重要。这些方面的制度好可以使坏人无法任意横行，制度不好可以使好人无法充分做好事，甚至走向反面。即使毛泽东同志这样伟大的人物，也受到一些不好的制度的严重影响，以至对党对国家对他个人都造成了很大的不幸。我们今天再不健全社会主义制度，人们就会说，为什么资本主义制度所能解决的一些问题，社会主义制度反而不能解决呢？"① 制度建设好了，不仅能堵住许多漏洞，而且能激发人们的积极性、创造性；反之，则会漏洞百出，坏人横行，正义得不到伸张，邪气压倒正气。长此以往，社会矛盾积压，民怨沸腾，终有爆发的一日。

不论是哪种政治制度，其内涵除了权力分工、职能区分外，都涉及政治系统与媒介系统的关系安排。近代报业问世以来，传播媒介已经深深地渗透进政治生活的各个角落，媒介的影响无所不至，无处不在。事实上，每一个有成就的政治人物，都会利用传媒服务于自己的政治目的。任何无视传媒的存在，忽略媒介影响力的行为，只能被看成政治上的不理智行为。

与美国式的民主不同，政治发展史上还有一种观点，主张加强政治权力对媒介系统的控制，以保证媒介系统与权力系统的一致性。这一思想最早可以追溯到古希腊柏拉图那里。柏拉图认为，政治家既是职业，也是一种专门的技艺。他把政治家的技艺看成"某种管理共同生活的人群的技艺"②。诗人、故事作者——最早的信息传播工作者——也是国家不可或缺的一种职业，这种职业"显然要归于运用语言的技艺"③。此种技艺，同法官、军人的技艺一样，虽然对国家十分重要，但是根本不能与政治的技艺相提并论，它们都从属于政治家的技艺，是国王权力的仆役。"因为真正的国王的技艺不应该是行动本身，而应该是对具有行动能力的诸技艺

---

① 《邓小平文选》第 2 卷，人民出版社，1994，第 333 页。
② 〔古希腊〕柏拉图：《政治家》，黄克剑译，北京广播学院出版社，1994，第 114 页。
③ 〔古希腊〕柏拉图：《政治家》，黄克剑译，北京广播学院出版社，1994，第 111 页。

的支配；……而其余的技艺则应执行它的命令"①。这一见解与2000多年后的列宁的观点不谋而合。后者也主张媒介应该从属于政治系统，党报应该服从于党的组织。党报不是与党的事业无关的个人事业，而是全党工作的重要组成部分，是一部"统一的、伟大的、由整个工人阶级的整个觉悟的先锋队所开动的社会民主主义机器的'齿轮和螺丝钉'"。所以一切报社、杂志社、出版社，包括书库、书店和阅览室等，都应该立即改组，以便使它们根据这些或那些原则完全加入这些或那些党的组织，"成为各个党组织的机关报"② 或其他宣传物。

从人类政治历史演进的过程来看，理想的政治制度安排，应该是在媒介系统与政治权力系统之间保持一定的张力。权力系统完全控制媒介系统是不可取的，同样，媒介操纵政府运行也不是正常、有利的选择。在媒介系统和政治权力系统之间应该保持大致的平衡，在平衡中实现彼此的制约，以防止对权力的滥用，这是政治制度文明的要求。

四 结语

以上我们从三个方面就政治文明与媒介发展的关系进行了初步的探讨，由此我们大体上可以得出如下几点结论。

1. 政治文明程度与媒介发展程度呈正比例关系

政治文明发展的程度与媒介发展的程度呈正比例关系。在信息传播还停留在口头传播时代的情况下，人类的政治文明还只能处于萌芽的状态。手书文字信息的传播，使得政治文明正式生长起来。随着印刷技术的普及，特别是后来无线电、广播电视的出现以及网络媒体的崛起，人类的政治活动空间逐步扩张，由部落而国家、由国家而国际社会。媒介发展的表现，不仅体现为传播技术的升级换代，更重要的是还表现为媒介种类的增加和接收工具普及率的提升，表现在人们利用媒介、接触媒介机会的普遍

---

① 〔古希腊〕柏拉图：《政治家》，黄克剑译，北京广播学院出版社，1994，第113~114页。

② 《列宁全集》第10卷，人民出版社，1958，第25页。

增加。在一个传播事业严重落后的国家，在一个孤陋寡闻、闭目塞听的国家，是谈不上什么政治文明的。正如谭嗣同所说的："国愈盛者，出报必愈多……人至极暗陋，必不阅报。"①

2. 媒介系统与政治系统共生共荣

媒介系统与政治系统关系密切，共生共荣。在当代社会，媒介系统不仅会极大地影响社会大系统，而且会与其他的社会系统相互依赖，相互渗透，都希望获得对方控制的资源，它们彼此需要的内在动机是求得自身利益的最大化。特别是与政治系统关系密切。它不仅通过信息提供直接影响社会政治意识的形成、调节人们的政治行为，而且能为政治制度的维系和改革进行先期舆论的准备。也就是说，政治系统的有序运行有赖于媒介系统的参与，政治人物或政党、团体只有通过信息媒介才能将自己的主张和声明列入公众议程，媒介功能的发挥也会直接地影响政治系统的运行，如媒介的监督有助于建立廉洁高效的政府等。这表明媒介系统对政治系统的影响相当深，但是这种影响并没有达到为所欲为的程度。另外，政治舞台的扩大、政治生活的发展，又为媒介的进一步发展提供了更为广阔的空间。媒介系统也在越来越大的程度上受到政治系统的制约。"简而言之，媒介已渗透到我们社会体制的核心"②，渗透到社会政治体制的核心，而政治权力对媒介系统的影响和制约也达到了前所未有的水平。

3. 政治系统与媒介系统之间应保持适度的张力

媒介系统与政治系统两者是相互依赖、相互影响的。前者渗透到了政治运行的全过程，不仅决定了政治社会的议程，而且影响到政治主体的决策和政治行为；后者则直接制约了大众媒介的活动空间，决定了大众媒介功能实现的程度和范围。从理论上看，媒介系统享有独立于政治系统的政治法律地位——在西方尤其如此。但是，在现实的政治过程中，媒介系统往往是从属于政治系统的，直接或间接地受到政治系统的支配，也就是说，在媒介系统和政治系统两者之间，并不存在完全平等的关系。理想的

① 蔡尚思、方行编《谭嗣同全集》（增订本上册），中华书局，1981，第262页。
② 〔美〕梅尔文·德弗勒、桑德拉·鲍尔-洛基奇：《大众传播学诸论》，杜力平译，新华出版社，1990，第140页。

制度设计，是在媒介系统和政治系统间保持一定的张力。在媒介系统和政治系统间保持大致的平衡，在平衡中彼此制约，才是政治文明的精髓。

4. 多元媒介结构是政治文明建设的必然要求

利益主体的多元化、多元政治意识的客观存在及权力制衡的必要，要求媒介体系相应地打破单一的结构，或者至少要采取一定的法律或道德的措施，保证媒介在反映政治意识时表现出一定的雅量，以包容不同的政治意识，从而在坚持主流政治意识的前提下，客观地呈现多元的意识生态。这不仅是媒介行业本身的职业理念，也是政治社会和谐运行的必要条件。

（本文发表于《新闻大学》2006 年第 3 期）

网络时代的政治
认同：进径与危机

　　政治认同是政治合法性的一个主要来源，关乎政权的稳定、政策的实施。政治认同也是政党、派系、国家政权、组织机构、施政理念等得以存续的基石。离开政治认同，其犹如空中楼阁，存而不稳，或消亡，或被取代。纵观历史中各朝代的更迭、阶级间的权力冲突与斗争，浮现的是军事政变、暴力革命或武装冲突，其潜在的原因都是政治认同危机。

　　观之今日，网络朝向智能化发展，信息的自由流动与基于大数据的信息推送，为受众获取信息提供了极大便利，但与此同时，网民也在信息的过滤筛选中逐渐结茧造房，"信息茧房"的出现使得原本流动的信息在网络社会中形成一个个"肿胀的节点"，更加固化了个人认知。信息影响行为，群体极化在网络中表现得尤为突出，因而发生政治认同危机的可能性较以往更大。

　　为回应现实关切，本文试图从政治学、传播学的双重视角解读网络时代的政治认同的变化。在厘清政治认同概念内涵的基础上，研究者尝试着梳理农耕时代、工业时代政治认同的异同及其变化的原因，在此基础上，进而剖析当今网络环境下面临的政治认同危机，以及这种危机所以出现的现实依据。

一　政治认同的内涵

（一）何谓政治认同

现代政治的一个显著特点就是越来越认识到社会内部文化差异，差异意味着分裂、裂痕或分割。当然，认识到社会内部的差异并非问题的关键，更为重要的是，如何弥合裂痕，也即"如何能够将个人与社会连结起来，使前者有机地嵌套在特定的文化、社会、制度和意识形态之内"①。"认同"对这一问题提供了强有力的解决路径，社会中各种关系网络、社会范畴相互作用塑造了人们对自身的看法，这些社会范畴将个人与他者很好地区分开来，认同便得以产生。一般而言，认同指涉三个层次：确认、归属和行为。首先，要确认自我身份，我们必须先清楚地回答"我是谁"这一永恒的哲学问题。在东方哲学中，对于"我是谁"的追问是通向永恒之路的前提。德国哲学家尼采在《论道德的谱系》一书中曾写道：离每个人最远的就是他自己，对于我们自己，我们一无所知。②古印度哲学则认为，关于"我是谁"的回答奠定了"我"与社会之关联的存在基础。"在哲学意义之外，'我们是谁'、'我们要往哪里去'这些对人类本体意义和终极目的的追问，与政治生活同样存在着根本性的联系。因为对于这些问题的回答，关乎人们将怎样组织政治权力、怎样分配政治权力，以及对政治权力的行使赋予怎样的价值意义。"③不过，身份认同在学术研究中，最初并没有引起学者的注意，直到20世纪，学者才发现身份认同会非常强烈地影响他们对社会结构和外在世界的认识。④由此才将个体与社会勾连，而个体对社会的认知又具有主观性。

归属是指身份所属的社会范畴和社会群体。个体的人通过自身与他者

---

① 〔美〕安德鲁·海伍德：《政治学》第3版，张立鹏译，中国人民大学出版社，2013，第122页。
② 〔德〕弗里德里希·威廉·尼采：《论道德的谱系》，赵千帆译，商务印书馆，2016，第2页。
③ 阎小骏：《当代政治学十讲》，香港中文大学出版社，2016，第236页。
④ 阎小骏：《当代政治学十讲》，香港中文大学出版社，2016，第236页。

的比较发现人类共性的存在，辨识自己与他者之间的共识性特征，从而知道自己的同类所在，肯定自己的群体性。同时，人对自我身份的认同与界定离不开群体，只有在群体中，身份才会有意义，离开群体，身份就失去了存在的价值。在豪格和阿布拉姆斯看来，"社会虽然是由个体组成的，但社会被型塑为不同的社会群体和范畴，人们的视角、观点和实践都是从他们所归属的群体中获得的"①。网络时代的圈层文化对个体政治认同的影响正是如此，这一点将在下文予以解释。

行为则是众多认同概念中最容易被忽略的一个层面。与归属感的产生相伴而来的是群体中的义务与责任。在群体归属的驱动下，群体规范、群体规则等都随之而产生，这势必又对个体产生压力，与群体保持一致，或为群体服务则或多或少会在行为上有所体现。认同可以让自身与认同对象保持有效的一致性，在群体内表现为凝聚力的产生。一个群体的凝聚力越强，对成员的影响也就越大。那些认同群体的成员更能够对群体影响做出反应。② 当认同强度较高时，为了维护群体声誉和群体的一致性，个体会有意识地减少损害群体的行为，或者与损毁群体声誉的行为相抗争。

在此种层面上，我们可以将政治认同视为诸如群体认同、文化认同、民族认同、社会认同等诸多认同中的一种。它是政治学领域的一个重要概念，指的是一种政治心理，一种针对政治体系的正面的感情和意识体验，由此种体验产生一系列的态度与行为方式，如投票给支持的候选人等。正如政治不是自古就有的，政治认同也于政治出现之后产生，而且随着时代环境的变化而变化。政治认同作为一种政治心理，并非一成不变，而是如流水一般，变动不居。昨天认同的今天不一定还认同，今天不认同的，明天说不定又认同。基于此种现实利益，政治认同常常是短期的，后天形成的，因而，政治认同时常发生变化也就很常见了。

但这并非意味着政治认同就与负面形态相勾连，变幻莫测而不可捉摸。与之相反，政治认同是政治系统获得合法性的基础，是维系政治稳定

---

① 〔澳〕迈克尔·A. 豪格、〔英〕多米尼克·阿布拉姆斯：《社会认同过程》，高明华译，中国人民大学出版社，2011，第 2 页。

② 〔美〕戴维·迈尔斯：《社会心理学》第 8 版，侯玉波、乐国安、张智勇译，人民邮电出版社，2006，第 169 页。

的心理基础，是政治系统得以长久运转的基础。"合法性是指政治系统使人们产生和坚持现存政治制度是社会的最适宜制度之信仰的能力。"① 亚里士多德就在《政治学》一书中指出："一种政体如果要达到长治久安的目的，必须使全邦各部分（各阶级）的人民都能参加而且怀抱着让它存在和延续的意愿。"他指出："一条适用于一切政体的公理，一邦之内，愿意维持其政体的部分必须强于反对这一政体的部分。"② 这意味着人们认为一定政治系统及运作符合他们所选择的价值标准，能够实现自己的政治理想，维护自己的权利，最大限度地实现自身利益，他们就会支持和维护该政治系统及其运作过程，而对和该政治系统相矛盾、冲突的价值和行为，能够予以抵制和反对，从而有利于维护政治系统的稳定。从经济学角度而言，以政治认同为基础的政治合法性直接关涉统治成本问题。一个具有政治合法性的政权，由于得到了被统治者的自愿拥护和配合，其统治成本会很低，反之，统治成本就会很高。

（二）政治认同的对象及结构

政治认同是一种心理过程，并非凭空产生，需要有具体的所指，需要依附于某种事物或人物。在社会关系中，政治认同的对象是政治体系。个体自我感知其在某种政治体系之中，是这一体系的成员，或对这一体系有着心理上的接近、好感。它所认同的对象涉及政治体系的各个环节，主要包括国家、政府、阶级、政党、政治领袖、民族、价值观等。

国家是在一定疆域内的空间与时间的集合。国家历史、国家文化、自然风光、国家制度和国家领土等都是被认同的对象。政府则是保证国家机器运转的操作者和维护者，当对政府保持较高水平的认同时，政府又可以被视为国家的代名词。在任何国家之内都存在阶级，有权力就有阶级，阶级认同是指对自我所处的阶层的定位。政党认同表现为对某一党派的喜爱、支持。领袖的人格魅力、领导能力等是影响认同的主要因素。民族是

---

① 〔美〕加布里埃尔·A. 阿尔蒙德、小 G. 宾厄姆·鲍威尔：《比较政治学：体系、过程和政策》，曹沛霖译，上海译文出版社，1987，第 55 页。

② 〔古希腊〕亚里士多德：《政治学》，吴寿彭译，商务印书馆，1983，第 88 页。

基于想象的一种心理认同，它有时可以超越国家边界。价值观是对某种价值观念的认同，如自由、公平、正义等。

针对认同对象，不是说所有的认同都处在同一层次之上，而是说，政治认同存在不同层次上的认同需求。恰如马斯洛对人类需求的分类一般，政治认同大体可以被分为三个层次：本能认同、情感认同和理智认同。本能认同是基础，往往是由血缘、语言所构成的认同，指向地区、民族。情感认同是一种心理对外界的反映和印象，此种认同指向感情依附，如认同的强弱和亲近感。理智认同是通过判断、衡量做出的结果，指向政府、政策。但是这三者之间又相互裹挟，同一指向的认同可能包含了本能、情感和理性的因素。

此外，由于本能、情感和理性还能够造成政治认同的强度差异，因而政治认同还有强弱之分。不同的主体对于同一对象，认同的强度可能大不相同。

可见，政治认同是一种心理活动，其受身份认同与归属感影响，也受制于认同对象和认同结构，当这些要素发生改变时，认同也将可能随之而改变，当规模变化由量变成为质变时，认同危机便可产生。

二　前网络时代的政治认同

（一）农耕时代的政治认同

农耕时代，信息传播体系并不发达，信息传播的能力也相对有限。想象的民族与想象的国家基本与信息传播的边界相吻合，其政治认同更多的是追随"天命"、"神启"或"天意"。统治阶级为了维护政权稳定，常常在"天命"上做文章。而民众也认同冥冥之中自有天意，因果循环、善恶报应都自有定数。如果天下发生灾难、瘟疫等，百姓会认为他们得罪了上天，作为"天子"的皇帝，有时则需下"罪己诏"。之所以有这样的政治认同，与当时的社会环境、信息传播体系和时空观念不无关系。

首先，无论中外，都经历了君权神授这一阶段。中国古代的皇帝自称"天子"，皇帝无论通过何种手段赢得政权都与民众无关，而是天意理应如此。一旦成为皇帝，其出身也会被神圣化。中国汉代皇帝刘邦的出生故事最为典型，《史记》记载："其先刘媪尝息大泽之陂，梦与神遇。是时雷电晦冥，太公往视，则见蛟龙于其上，已而有身，遂产高祖。高祖为人，隆准而龙颜，美须髯，左股有七十二黑子。"① 在西方也有与此相似的故事，由于奥林匹亚斯的个性专横独断又神秘，而且喜欢与蛇共眠。当时马其顿的谣言和后来阿蒙神谕显示，人们普遍相信亚历山大是天神宙斯之子。"奥林匹亚斯还曾梦见一道霹雳落在她的腹部，燃起一片大火，火苗向四处分散蔓延，然后才熄灭。"② 这表明农耕时期，政权的维护并不基于现代意义上的政治认同，而是建基于天命。"天子受命于天，天下受命于天子，一国则受命于君。君命顺，则民有顺命；君命逆，则民有逆命。"③ 天子是代天行政，而民则是君之臣子，先君后民，如果违背这一原则则是逆天命行事。"古之造文者，三画而连其中谓之王。三画者，天、地与人也。……取天、地与人之中以为贯而参通之，非王者孰能当？"④ 如果是朝代更迭，更与民众的政治不认同无关，而是因为得罪上天，上天要对其进行惩罚。因此，民众应该顺天而行。《尚书·汤誓》："格尔众庶，悉听朕言。非台小子，敢行称乱；有夏多罪，天命殛之……予惟闻汝众言；夏氏有罪，予畏上帝，不敢不正……尔尚辅予一人，致天之罚，予其大赉汝。"⑤ 因而，古代中国，"天谴"理念对权力和政治认同产生了深远影响。但西方则在后农耕时代发展出了另一条路径：在天命观下宗教势力发展壮大，宗教成为天命的代理人，皇权与宗教间展开了激烈的权力争夺，至拿破仑时代，宗教败北。此间，民主自由思想也得以发展，天命观开始退出历史舞台。

其次，传播系统的自上而下、集中统一为政治认同的高度一律性奠定了基础。农耕时代，传播系统被完全控制在统治者手中，民间的传播需要经过统治者的同意，否则是违法。统治阶级为了更好地维护统治，建立了

---

① 司马迁：《史记》，中华书局，2012，第289页。
② 〔古希腊〕普鲁塔克：《亚历山大大帝传》，吴奚真译，团结出版社，2005，第3~4页。
③ 董仲舒：《春秋繁露》，中华书局，2011，第147页。
④ 董仲舒：《春秋繁露》，中华书局，2011，第147页。
⑤ 李民、王建撰《尚书译注》，上海古籍出版社，2012，第105页。

严密的"禁言"和"避讳"制度，如若违反，轻者罚款，重则流放、抄家、灭族。古代中国，因言获罪的事件屡有发生。此制度得以维系又与当时的政治制度有关，政治上表现为高度集权，皇帝大权独握，天下唯我独尊，家国一体，拿破仑甚至说过"朕即国家"。其政治认同是一种强制认同。柏拉图认为，君王要利用强制的手段和说服的手段，缺一不可。这种自上而下的单向传播方式方便了帝国的统治和国家的稳定，也使得国家能够严密地管控民众思想，政治认同的迁移也就不容易发生。

最后，空间疏离与横向联系薄弱，信息流通不畅，使得政治认同危机较难产生。农本经济的自给自足特性，决定了个体与个体、个体与地区、地区与地区的疏离，横向联系薄弱。《老子》一书中描述的"理想国"便是："邻国相望，鸡犬之声相闻，民至老死不相往来。"① 由于权力与传播的高度一体化，在时空辽阔，传播速度慢、成本高的古代，统治者与臣民间的信息不对称。权力越大，掌握的信息资源越多，而孤陋寡闻者，则处于权力的边缘。统治者消息灵通，直接决定信息扩散的范围与节奏。民众获取的关于统治者的信息少，清晰度低，臣民与统治者间距离遥远，存在认知的空白，增强了想象的空间。人们心目中国家、统治者形象带有距离感、神秘感、庄严感和敬畏感，对自己身份、权利、责任的认识也接受现有体制的安排。这种政治认同比较稳定，没有外来刺激很难改变。陈胜、吴广大泽乡起义也是因为延误时期，前后都是死路一条，非造反不可。即便如此，陈胜、吴广也充分利用了天命的观念，制造了几起灵异事件才获得政治上的认同。

（二）工业时代的政治认同

当历史的车轮滚滚向前，进入工业时代时，君命神授的那一套说辞已经行不通了。西方通过启蒙运动的淬炼，天赋人权，人人生而平等的观念已经深入人心。报刊系统的建立与发展也带动了信息的快速流动，传播的边界逐渐向外扩张，人与人之间的联系也更加紧密。频繁的商业活动，促进了人与人之间的跨区域、跨国家间的交流合作。这一时期，政权的建立

---

① 王弼注《老子道德经注校释》，楼宇烈校释，中华书局，2008，第190页。

开始由"天命"转向"民意"，政治认同开始发挥实效，同时，政治认同危机也开始显现。

首先，主权在民的政治理念的确立让人民的地位上升，人民成为自我命运的主宰者，他们是政治体制的核心。政府基于民意而建立，人们将他们在自然状态中享有的自由、知晓、执行等权利部分让渡给政府，因而政府则需要为人民服务。洛克在《政府论》中写道："如果在自然状态中人是如前面所说的那样自由，如果是他自身和财产的绝对主人，同最尊贵的人平等，而不受任何人支配，为什么他同意放弃他的自由呢？……而这一切都没有别的什么目的，只是为了人民的和平、安全和公众福利。"①

其次，自由多元的传播系统的建立，巩固了政治认同的重要性。言论自由是每个公民都拥有的基本权利，这是受到宪法保护的。新闻媒体可以监督、批评政府，而不再受到检查制度和特许出版制度的制约，杰弗逊曾说，如果问我是要选择一个没有政府的报纸还是一个没有报纸的政府，我会毫不犹豫地选择前者。媒体应是意见的公共平台，自由而多元的意见被表达出来，形成了观点的自由市场，多元意见的呈现带来了观点的碰撞。

最后，全球化使世界市场及横向联系加强，也让政治认同有了诸多不确定性。商品经济发展打破了政治疆界形成了世界市场，跨国公司、跨国贸易推动了全球化进展。个体的人不再是民族或国家实际疆域所能框定的，人的流动也带来了思想与认知的流动。全球的交通网络及商品的全球流通，促进了信息与概念的全球传播和相互影响。国外或他国的政治变迁和社会思潮，成了影响国内政治认同的重要因素，而本国的政治认同，迟早也会产生世界性的影响。17~18 世纪欧洲资产阶级革命的浪潮席卷全球，不能不说这与信息的流动没有关系。20 世纪苏联与东欧的社会历史巨变，也是因为信息的自由流动而产生了政治认同的变化。空前的选择性，增大了公众判断的难度，也强化了公众思想的多元性。世界上多元的甚至对立的体制、思想也导致了一个多元、对立的政治认同格局。轮流执政成为常态，政治认同的变化也随之加速。

---

① 〔英〕洛克：《政府论——论政府的真正起源、范围和目的》（下），叶启芳、瞿菊农译，商务印书馆，1996，第 82 页。

三　网络时代公众的政治认同危机

信息化、全球化、思想的多元化是不可逆的，尤其是在网络发达的今天。各国政府在受益于信息化、全球经济一体化的同时，要不断应对全球化给民族国家带来的政治认同冲击，它们也在不断地进行自我完善与调试，以应对政治认同危机的出现，增强向心力、凝聚力。

政治认同危机，乃是指人们对政治体系产生了心理的疏远和疏离感，与官方的政治实践及其主导的政治价值之间产生了巨大裂痕，其正面的情感和意识体验出现淡化、动摇，甚至崩溃，以至对于所在国家、团体、价值观及其领袖的忠诚、信仰、支持开始消失。代之而起的则是负面的政治心理体验。

本尼迪克特·安德森开创了民族主义认同的一种新路径：想象的共同体。在他看来，民族的存在并非简单地依存于血缘关系、地缘关系，而是一种头脑中的想象与认同。① 媒介空前发达的今天，为这种想象提供了无限种可能的空间。如华人社会，或大中华地区，生活在美国的华裔依然会对此有所认同，这些人甚至都未来过中国，但是他们能够通过媒介建构出一种中华的想象，认同是凝聚想象的根基。与此相对应的是，媒介对人类生活的深度介入，也为认同危机的产生创设了条件，网络时代公众的国家认同危机、文化认同危机、价值观认同危机等无时无刻不在影响着以往以地理空间划分的认同。在这之中，政治认同危机的出现尤为醒目，也尤为需要引起注意和警醒。

政治认同危机的产生是有很多原因的，然而，对其梳理后可以发现，已经成为人类生活的构成部分、无孔不入的网络在政治认同危机产生中扮演着重要角色，也就是说，当拎起网络这一渔网上的总绳，则整个认同危机产生的原因便都"纲举目张"了。

---

① 〔美〕本尼迪克特·安德森：《想象的共同体——民族主义的起源与散布》，吴叡人译，上海人民出版社，2005，第2页。

（一）民众的个体性得以张扬，权利意识空前强化

在农耕时代，集体性是其主要特征之一。合作性的集体主义能够抵抗风险，降低农业生产损失，以获取更大的农业收益。集体主义的形成无形中压制了个体性，个体的权利遭到贬抑，一切以集体利益为中心的价值观念和文化氛围无时无刻不在试图拉住个体性这一倔强的"驴子"。但是随着工业化的进程，信息的急速流动，社会结构的剧烈变革所带来的是原子化的个体。个体性在这一时代大背景下也得以彰显。不管如何，网络通过新媒体技术正在为个体赋权，个性化成为时代标识，不再是被嘲弄的对象。在网络民主政治的攻城略地之下，民众的权利意识得以进一步强化。个体利益不容侵犯，个体的权利意识正被积极维护。被赋权了的民众又反过来通过权利意识推动网络在社会变革中发挥更大的作用。西方的维权运动、社会运动都闪烁着网络作为动员力量的身影。可见，民众并非李普曼所言的"幻影"，他们正以自我方式改变着现有的政治格局。网络时代，政府并非唯一可靠的信息来源，少数不服从多数的事情屡有发生，导致多数人的意见无法推行，而最终多数沦为少数。极端民主、无限自由主义也正侵蚀着传统民主观念。

将个体性从集体主义中解放出来的后果便是权利意识的增强，随之而来的是，在政治观念和政治认同中，认同对象也变得丰富多元。有人认同民族主义、民粹主义，有人认同民主制度势必要衰落，历史必将终结，也有人认同政府在政治体制中的存在是异化和冗余，无政府才是人类政治制度的终点站。当这些观念通过网络重新聚合，相互碰撞、极化，一种新的政治认同便产生了，并被不同群体坚守。从而对现有的政治认同产生强有力的冲击。政治认同就是在不同社会范畴之下相互激荡，当其他社会范畴占据优势地位时，认同危机产生，而新的认同也将可能取代旧的认同。

（二）时空压缩，边界消融

50年前，传播学者麦克卢汉创见性地提出"地球村"的概念，如今地球村也早已成为现实，空间边界在媒介发展中逐渐消失、隐匿，空间结构也被重创。大洋彼岸发生的事情，几乎毫无滞留地被传送到你的面前。

通过媒介，你可以召唤千百年前的古人，你也可以与远在他乡的亲人及时通话。空间重构的结果是，在网络媒体发达的今天，空间被无限制地压缩，空间已经不是阻碍人们信息传递和交流的天然屏障了。与此同时，时间也在不断地被压缩，世界变化的节奏加快，短时间释放的能量超过以往很长时间的历史累积。如社会革命过程大大缩短。

伊尼斯在《帝国与传播》和《传播的偏向》两书中表明了一个核心观点：时间与空间的内在统一。伊氏虽然是从媒介的角度讨论其具有时间偏向还是空间偏向，但其实质是要说明，对一个帝国而言统治需要克服这些偏向，而且要在时间和空间上求得平衡，避免失衡。网络作为新媒体，其被广泛应用，介入人类社会生活，是时间和空间偏向同时具备的技术，时空压缩带来的变化具有革命性，普通民众监督横向交流频密，集合了巨大的能量。资本主义国家的独特性在于它吸纳了社会的时间和空间，建立了时空矩阵，并且垄断了把时空组织起来的权力；在国家的介入下，时间和空间变成了统治与权力的网络。这就是现代民族成了国家的产物的原因。不止于此的是，国家对时空的控制越来越受到全球资本、技术和信息流动的约束。[①] 社会的变动不居，知识平民化、市井化，信息也不再作为特权被垄断，对于政治系统而言，统治者的固有地位也可以被急速消解，"帝国"的维护与统治也处在"飘摇之中"，政治认同危机与之"相生相灭"。

面向全球社会，民族国家的作用及其作为公民核心认同的标准，都在发生向着弱化或多元化的变迁。曼纽尔·卡斯特描述了这一趋势：随着全球资本、货物、服务、技术和信息的流通，国家对时空的掌控越来越弱——国家通过弘扬传统、建构和重构民族认同以求捕获历史时间的努力，受到了由自主性主体界定的多元认同的挑战，国家通向区域和地方下放行政权力以求重建合法性的努力，反而因其更亲近政府、疏离民族国家的新式民众，而强化了离心的趋势。[②] 权力似乎正在衰落当中，在权力衰落的边缘，政治认同危机率先出现，政治认同危机也逐渐由边缘向核心渗

① 曼纽尔·卡斯特：《认同的力量》，曹荣湘译，社会科学文献出版社，2006，第297页。
② 曼纽尔·卡斯特：《认同的力量》，曹荣湘译，社会科学文献出版社，2006，第283页。

透。当政治认同危机全面爆发时，革命也就出现了。

（三）网民记者，人人都有麦克风

在以往，话语权力中心与政治权力中心表现出高度的重合，而现在则有分离的趋势。人人都有麦克风，网络极大地方便了网民发声。政府也不再是唯一的信息源头。一个事件的发生，有无数个移动端在拍照上传，其内容在网络中被转发、评论、扩散，而且速度惊人，影响范围之广，是以往不可想象的。在人人都有麦克风、人人都有摄像头这样一种情境中，权力无法再若以前那样对信息有着绝对的掌控能力，不但不能掌控，反而要公开透明，否则只能会遭受更多的质疑和挑战，政府的威信会因此而流失，民众的政治信任也会不断下降。YouTube、Twitter、Facebook 等社交媒体每日都有大量的爆料、内幕新闻等被发布，而以往，这些主要是通过传统媒体被公布的。

多元信息的流动也容易造成信息间的矛盾与碰撞，对受众而言，如何辨别信息真伪成为首要问题。但事实上，网络中正是利用了网民这一特点，只贩卖情绪而不查证事实，只兜售观点而不重视内容，结果造成严重的社会割裂与二元对立，仇官、仇富成风，增强了民众与政治系统的距离感与疏离感。民族主义的火苗在网络中轻易可以被点燃，甚至有滑向民粹主义边缘的危险。由此一来，一切问题就变成了政治系统的问题。但这种归因却带来政治信任缺失，政治认同阙如的隐患，政治认同危机也因此而生发出来。

人人发声的结果是网络中形成了各种派别、圈层和群体，他们依据个人的兴趣爱好和已有的观念、成见聚合在一起。不同的信息相互碰撞，与之不相符的信息虽然有机会进入圈层中，但是这些声音非常容易被愤怒的情绪湮没，一致的意见在圈层中被奉为真理并相互强化，如此极化的意见、态度一旦形成，认同者会一致倾向于认同某一人物（成为其迷妹、忠粉）或者是对某一事件硬气表态（抵制×货）。将其放置于政治结构中，"哈韩""哈日""美奴""美粉""左派""右派""新左派"和"新自由主义"等都在网上形成各自的认同与追随者。这都对现有的政治认同体系形成了挑战，有进一步扩大形成政治认同危机的趋势。

（四）三个舆论场的互动

全球化、信息化消除了国家之间、社会、经济、政治等方面的屏障，信息在全球范围的自由流动成为可能。网络的特性之一即互联互通，信息的任意流动让原本以国界隔开的国与国之间拥有了强大的沟通技术，也使得原本在一国之内的官方舆论场与民间舆论场之外出现了境外舆论场，各场域间的博弈也更为复杂。在官方舆论场、民间舆论场加上境外舆论场的互动中，民间舆论与境外舆论更容易产生共鸣，而使官方舆论陷于孤立。

民间舆论场中充斥着"逢官必反"的情绪，原本网络中的一句"凡是未经官方否认的都是不可信"的玩笑却成为一些网民行动的信条。官方舆论场对民间舆论场的引领能力不断受到挑战，官方舆论并不能同化民间舆论，反而是境外舆论场不断地通过各种渠道和代理人在影响着民间舆论场的走向。诸多研究中都发现一个有趣的现象，国内的某些无意识的行为或者亚文化现象经过西方媒体的报道和话语迁移，原有的现象被上升为某种政治意识，而重新得到民间舆论场的征用，由此，境外舆论场完成了对国内舆论场的渗透。

长此以往，会让民间舆论场认为，凡是西方的必是先进的，西方成为科学性、现代化和发达的代名词，认同西方的政治体制，认同西方的国家制度，甚至认同西方的一切。而对本国而言，政治认同却一再被弱化，政治认同危机甚至可以扩展至意识形态领域，形成意识形态危机。

四　结论与探讨：社会心理学的再思考

政治认同危机并非此时此刻才发生，而是早已有之，只是网络时代的到来催化了政治认同危机，让其显得更为紧迫和严重。政治认同危机也并非在某一国内发生，而是在世界范围内都可见其身影：欧洲一体化的进程并未完成，就出现了英国脱欧事件；俄罗斯则爆发了大规模的反腐败游行示威，甚至喊出了"普京下台"的口号；日本军国主义有死灰复燃的迹象，国家政治开始右倾；等等。

从社会心理学看，前文所述的政治认同危机背后隐藏着这样一种心理过程：激活→认知主体对认知对象的降级与贬抑→认知失调→行为组合。

第一个过程——激活。心理学家认为，人的大脑具有强大的信息接收、存储、输出功能。人在受到外界信息刺激时，大脑就已经将其存储，只是我们并未察觉。无论是农耕时代还是工业时代，信息量都不能够与今日的网络时代同日而语。在前网络时代，时空并未被极度压缩，信息的传播能力也相对有限，民众对信息的接收和大脑中信息被激活的速度也相对较慢。因而，在古代，政治认同的形成是一个缓慢的过程，政治认同危机的出现也是一个缓慢的过程。在网络时代，一切都在发生急剧变化。信息如潮水般涌入，传播速度之快让人瞠目，时空也因信息的传播而被极度压缩，作为受众的人被淹没在信息的汪洋大海之中。大脑在接收信息的过程中并不能有效辨识信息真伪，各类信息在人的头脑中留下了印记，只等待后续中被某一信息、行为、事件激活。一旦某种特征被激活，事情才真的有趣起来。"一方面，被激活的特征是在跟事件赛跑，因为激起的活力很快就会衰退。"① 但是，另一方面，一旦头脑中的记忆被激活，信息输出就会发生。更为有趣的是，大脑对负面信息更为敏感，记忆的时间长度更久，负面信息也更易被激活。如果被激活的是关于政治认同对象的负面信息，随着被激活的次数累积，第二个过程——认知主体对认知对象的降级或贬抑就会出现。

第二个过程——降级或贬抑。无论是政治认同还是政治认同危机都是一种政治心理，在此架构下存在一种主客体关系，作为认知主体的人，其心理活动作用于客体之上，产生认同或认同危机。而认同危机的产生又关联着认同主体对认同客体的贬抑与降级。所谓贬抑，就是把认知客体看作一个"坏的行动者"，一个不合格的地位承担者。② 政府被认为在国内政治上行政无能、不可信赖，在国际关系交往中软弱可欺，不能获致应有国际地位等都可以看作贬抑。降级则是指剥夺认知客体先前获得的地位、降低其等级等。就国家或政府而言，以往国家被称为"天朝上国"，政治开

① 莱斯莉·A. 巴克斯特、唐·O. 布雷斯韦特：《人际传播：多元视角之下》，殷晓蓉、赵高辉、刘蒙之译，上海译文出版社，2010，第36页。

② R. Sarbin Theodore，Karl E. Scheibe，*A Model of Social Identity//Studies in Social Identity*，New York：Praeger Publishers，1983，pp. 5-28.

明，达至盛世，而社会甫一变迁，认知主体体验到国家地位正在下降，政府能力正在减弱，政府的重要性也随之发生改变。当年无论是曹刿所言的"肉食者鄙"，还是陈胜、吴广振臂一呼的"王侯将相宁有种乎"，其实质都是要降低统治者的地位，形塑新的认同。可见，贬抑与降低认知客体是政治认同危机产生的前提心理条件。

第三个过程——认知失调。费斯廷格认为，认知失调可造成心理上的不适，为了降低不适，认知主体或改变态度或改变行为。经过信息社会化，每个人内心中都有多种多样的认知，这些认知是人对自我和外部世界的种种认识，比如态度、世界观、价值观等。政治认同也是这样一种已经形成的外部认知。当外界信息与现有的政治认同不一致时，政治认同的认知失调便有可能产生。如西方媒体中大量污名化中国的信息被传播、放大，或是我们所学与所见的不一致等，都可以导致政治认同的认知失调。费斯廷格认为，认知失调会造成心理压力，需要纾解。他提出，改变以往的态度，或者改变现有的行为，减少对负面信息的接触等都可以减少认知失调。但如果循着上文的"激活——贬抑——失调——行为"的路径，此时降低认知失调的方法就是要改变行为，因而政治认同危机的出现正是认知主体态度及行为发生转变的外在表现。

第四个过程——行为组合。当认知失调被化解，新的认知形成，各种行为便随之出现，表现出一种行为组合，且此种行为组合具有层次性，行为往往由简单到复杂。首先，为了维护新认知，在网络时代会表现为"圈层化"信息寻求行为。即在网络中寻求与新认知相一致的信息以强化现有认知。其次，呈现与新认知相一致的言论或行为。如在网络中发表评论，转发与认知相一致的帖子，或者对其点赞。最后，反对前认同行为，如动员、鼓动更多的民众参与到对现有的政治体系的游行示威或者革命活动中，这也是政治认同危机所导致的最深层次的结果。

从政治认同到政治认同危机这一心理过程较为复杂，但是我们将其过程化和模式化后可以发现，政治认同危机的发生并非朝夕之功，而是经历了一个相对漫长的时期。而且，政治认同危机的发生并非通常意义上的随机发生，而是肇始有因。这也意味着，化解政治认同危机也变得有章可循。

究其本质，政治认同不仅是一种政治心理活动，更是一种关系，是认同主体与认同客体之间的关系，表现为政府、政治家与人民的一种关系，作为主体的人民与作为客体的政府或政治家构成了政治认同的结构。人民贬抑政府、政治家或降低政府、政治家的地位，政治认同危机就会产生，人民提升政治家或政府的地位，政治认同则会稳固。因而我们可以说，要解决政治认同危机，促进社会的和谐与稳定，政治家必须了解自己的人民，为人民的生存和发展营造宽松的心理环境，同时提高政府行为的绩效，急人民之所急，更重要的还是政治家的传播智慧，如果政治家知道了怎样与人民对话，在什么时候，使用什么手段、什么形式，进行什么内容的对话就容易增进彼此的理解，最终提升、强化其政治认同。

但无论如何，不可否认，解决当代中国政治认同危机，巩固中国共产党的执政合法性，维护社会的和谐稳定，是一个系统工程，还需要在经济、政治、文化、社会等四维度加大建设力度，以构建起政治认同的支撑和保障体系。

[本文系张昆教授与研究生王创业合著，发表于《兰州大学学报》（社会科学版）2017年第6期，第45卷，总第208期]

政治戏剧化与政治传播的艺术

千百年来，"政治"在普通民众眼中似乎是一个不接地气的词语，仿佛被端置在一个神坛上，可望而不可即。虽然在我们的日常生活中，"政治"一词已经被使用得很多很泛，但真要让一个普通老百姓说清楚它究竟是什么，却不是一件容易的事。近年来，随着信息传播的迅猛发展，媒介化社会俨然成为现实，政治已经不再让人感觉那么神秘，而是通过大众媒介乃至场内接触的方式，近距离甚至零距离地展现在人们面前。人们津津有味地描述着政治活动一波三折的发展变化，评论着政治人物插科打诨的"舞台表现"。"政治"俨然已呈现出"戏剧化"的态势，并生动地融入人们的日常生活当中，同时深刻地影响着社会系统的各个环节。

一 政治与政治戏剧化

人和政治本就有着不可割裂的关系。古希腊学者亚里士多德宣称："人是天生的政治动物。"那么，何谓政治？"政治"一词最早出现在奴隶社会。中国古代经典《周礼·遂人》中就有"掌其政治禁令"，《尚书·毕命》中也有"道恰政治，泽润生民"。在西方社会，"政治（politics）"一词最早出现在柏拉图的《理想国》中。千百年来，由于环境的不同以及观察、研究视角的差别，人们对于政治的理解存在相当的差异。

人们对政治的理解有以下几种具有代表性的观点。第一，政治是对国事的管理。代表人物就是孙中山。"政治两个字的意思，浅而言之，政就是众人的事，治就是管理，管理众人的事，就是政治。"① 第二，政治就是阶级斗争。马克思在《共产党宣言》中指出："一切阶级斗争都是政治斗争。"② 列宁也说："政治就是各阶级之间的斗争。"③ 毛泽东也认为："政治不论是革命的反革命的都是阶级对阶级的斗争，不是少数人的行为。"④ 这一观点在 20 世纪 80 年代以前比较流行。第三，政治是对权力的追求和运用。意大利政治思想家马基雅维里认为："政治是夺取权力、掌握权力的必要方法的总和。"德国社会学家韦伯则称："政治意指力求分享权力或力求影响权力的分配。"⑤ 第四，政治是政策的制定和执行。"政治是在共同体中并为共同体的利益而做出决策和将其付诸实践的活动。"⑥ 第五，政治是一种社会关系。王浦劬说，政治是"在一定的经济基础上，人们围绕着特定利益，借助于社会公共权力来规定和实现特定权利的一种社会关系"⑦。应该说，以上五种界定，基本上把握了政治现象的主要内容，如社会关系、权力、政策、阶级斗争、国家管理。不管对政治概念如何解读，其指向的内容，都与信息传播密切相关，在当代社会则与大众媒介有着直接的联系。社会关系的建立与维持，权力的取得与运用，政策的制定与执行，阶级斗争的展开与调和及国家的有效管理，都有赖于大众媒介的有效传播。也就是说，政治离不开传播，传播是政治运行的基本条件。

大众媒介无时不在注视着政治人物的谈论与活动。对于那些显要的政治人物来说，其一言一行都可能是新闻，甚至有时不说话、不作为也是新闻。这在无形中将政治人物推上了一个聚光灯照耀下的舞台。于是，一些政治人物开始有意识地谨慎起来，言行之前，必须经过一番仔细斟酌，以

---

① 《孙中山选集》（下），人民出版社，2011，第 661 页。

② 《马克思恩格斯选集》第 1 卷，人民出版社，1995，第 281 页。

③ 《列宁选集》第 4 卷，人民出版社，1972，第 370 页。

④ 《毛泽东选集》（合订本），人民出版社，1966，第 823 页。

⑤ 转引自艾·C.艾萨克《政治学：范围和方法》，郑永年等译，浙江人民出版社，1987，第 21 页。

⑥ 〔英〕戴维·米勒、韦农·波格丹诺编《布莱克维尔政治学百科全书》，中国政法大学出版社，1992，第 583 页。

⑦ 王浦劬主编《政治学基础》，北京大学出版社，1995，第 8~9 页。

求给自己的"舞台形象"加分，至少不会减分。这就是说，政治人物在公众面前必须要学会的一件事就是"表演"。例如 2013 年台湾"双十庆典"上的一幕，就令两岸民众印象深刻。事情的背景是，自"台湾地区立法机构"负责人王金平被卷入司法关说（说情）案后，国民党主席马英九与他一直处于冷战状态。可时隔一个月后两人同时出席"双十庆典"，不仅五次握手，并不时微笑交谈，而且马英九在致辞中尊称王为"我们立法院的王院长"，王在致辞时更以逾半时间推崇马英九的政绩，甚至祝马"政躬康泰"。对于这场令人意外的"热情互动"，民众尽管有些跌破眼镜，却也看得热闹。在当下，有些政治人物善于充分利用"舞台效应"，精心设计自己的一言一行，而老百姓则乐于看见他们富有冲突和戏剧张力的行为。凡此种种，正日益凸显出一个值得关注的现象，即"政治戏剧化"。

"政治戏剧化"是指政治在发展过程中逐渐呈现出戏剧的某些特性的现象。依据《中国大百科全书》的解释，在现代中国，"戏剧"一词有两种含义：狭义专指以古希腊悲剧和喜剧为开端，在欧洲各国发展起来继而在世界广泛流行的舞台演出形式，英文为 drama，中国又称之为"话剧"；广义还包括东方一些国家、民族的传统舞台演出形式，诸如中国戏曲、日本歌舞伎、印度古典戏剧、朝鲜唱剧等。[1] 概括起来，戏剧就是一种舞台演出形式。而戏剧性（theatricality）是指戏剧的特性在作品中的具体体现。主要指在假定情境中人物心理的直观外现。人们在谈论戏剧性的时候，常常谈及偶然性、巧合、骤变等现象，特别是当人们把这一概念作为生活用语时，往往取这种含义，这是戏剧性的原始的、外在的含义。[2]

在当今媒介化社会的环境下，政治逐渐显现出了某些和戏剧相类似的特性，主要体现在以下三点：一是注重戏剧冲突。政治包含不同意见的表达、对立目标的竞争或不可调和的利益的冲突，正如英国政治传播学者安德鲁·海伍德所说，哪里有自发的同意或自然的和谐，哪里就不可能有政治，而一旦就何时何地、以何种方式、与何者发生关联等问题出现了深刻

---

[1] 《中国大百科全书·戏剧》，中国大百科全书出版社，1989，第 1 页。

[2] 《中国大百科全书·戏剧》，中国大百科全书出版社，1989，第 440 页。

的意见分歧,"政治"就会在此发生。① 而戏剧性就在于紧张、深刻的矛盾冲突,所谓"没有冲突就没有戏",就是这种观点的通俗表述。二是注重戏剧行为。德国理论家奥古斯特·施莱格尔曾明确提出,戏剧性在于戏剧作品中人物之间相互影响、相互较量。而在现代政治活动中,政治人物之间的相互影响和较量正呈现出愈演愈烈的态势,如美国国会议员互掐等等。三是注重戏剧效果。英国戏剧理论家威廉·阿契尔认为,戏剧性在于能够使聚集在剧场中的普通观众对虚构人物的表演感兴趣;美国戏剧理论家乔治·贝克也认为,戏剧性就在于以虚构人物的表演,通过感情渠道,使场内普通观众发生兴趣。这恰恰也是政治在传播过程中所强调的,即到达受众的效果决定了政治传播的成败。

正是基于以上认识,政治戏剧化是一个可以成立的概念,也是值得政治界和新闻传播界,乃至其他社会学科共同关注的新趋势。它是指政治人物和政治活动通过场内展现或大众媒介持续、广泛的传播,以冲突和骤变等具有表现力的戏剧情节引发公众关注的现象。

二 政治戏剧化的前提条件

政治戏剧化并非自古以来就有的现象。在专制时代,政治是神秘的。一边是高高在上的君主,一边是匍匐在下的臣民。权力运作于黑箱之中。公众无法直接参与到政治活动中去,那是真正意义上的"既看不见,也摸不着"。而如今,由于信息化时代的来临,政治已经打开了它神秘的匣子,公众不仅能够围观、议论,更可以直接参与。政治戏剧化正是当下媒介化社会出现的新现象,出现这种现象必须满足以下三个前提条件。

一是政治社会的民主与多元。民主(Democracy)一词来源于古希腊文 δημοκρατία,意为"由人民统治"。这个词被用来形容公元前 5 世纪希腊城邦中的一种政治制度,其中以雅典民主为代表。在这种制度下,所

---

① 〔英〕安德鲁·海伍德:《政治理论教程》,李智译,中国人民大学出版社,2009,第60页。

有的雅典公民都有资格参与法律的制定以及国家行为的决策，同时所有公民都可以在大会上演讲、辩论。经过 20 世纪的数波"民主化浪潮"，直到现在，民主制度在大多数国家得到了确立。民主也作为一种理念得到广泛认可和传播，深刻地影响了人们的日常思维乃至行为。其实，从字面上理解，"民主"就是"人民当家做主"，它表述的是一种"能够自主参与决策"和"能够表达自身利益诉求"的权利。民主的目的就是维护和实现大多数人的利益。既然有了"民主"，公民就有权利参与政治、议论政治。而多元论认为，公民的观点应该可以按照各自相互对立的不同利益来得到有效和公正的表达。因此，只有当一个社会充分允许民主与多元，它的内部才可能出现对抗和竞争，才可能使执政党保持政治活动的公开和透明。而只有政治活动保持公开透明，公民才能真正参与政治。倘若政治只是被关在一个封闭的暗箱里操作，政治人物可以随心所欲而丝毫不用顾及民众，民众与政治被强制隔开、毫无瓜葛，那么"政治戏剧化"就无从谈起了。

二是信息传播的革新与开放。现代社会是高度信息化的社会，也是媒介化社会。作为社会沟通的主渠道，信息传播媒介的技术和水平不断革新发展，媒介环境日益开放，使得人类的政治生活空间扩展到前所未有的范围。首先，大众媒介能够在一定程度上压缩时空，聚焦政治人物，从而拉近公众与政治人物的距离，给予公众一个观赏政治的更加便捷优质的渠道。大众媒介特别是电视，还拥有更多戏剧化的表现手段，以渲染的戏剧化的场面，从而更容易刺激观众的情绪。例如电视媒体经常报道走访民间的政治人物，他们与农民并排坐于土炕之上，或一起包饺子、拉家常，或抱着活泼可爱的孩童。而近年来日益兴旺的网络媒体，在拉近政治人物与公众之间的心理距离方面，具有更加明显的优势。胡锦涛、温家宝等国家领导人都曾通过新华网、人民网等网络渠道与公众直接对话。国外不少政治领导人自己开设博客或网页，保持与网民的直接沟通，从而拥有巨量的粉丝。其次，大众媒介面向社会开放，人们可以自由获取海量信息，也可以发表个人言论。换言之，通过大众媒介，公众可以牢牢地"盯着"社会舞台上的政治人物和政治活动。正是在公众的集体监督和舆论压力下，政治人物才有"表演"的需要，政治活动才有公开透明的动力。在薄熙来案件的公审过程中，济南中院通过注册实名新浪微博进行全程直播，其信息公开透明程度足以载入中国当代社会的史册。如果没有较高的信息传播技术和较为开放的媒介环境，政治要想如此紧密、生动地融入亿万民众的生活中，恐怕是难以想象的。

三是新闻传播领域的消费主义文化。消费其实是人类生活不可或缺的内容，它具有丰富的文化内涵。在任何民族的任何发展阶段，消费文化都是社会文化的有机组成部分。所谓消费文化就是以人的生活领域为背景，由人民在生活中对由物质产品和精神产品组成的消费对象的消费取向、消费内容、消费行为、消费后果所形成的文化现象。[①] 具体表现为追求消费的炫耀性、奢侈性和新奇性，追求无节制的物质享受、消遣与享乐主义，以迎合与满足个人的浅层次的心理需求。新闻传播领域中的消费主义文化是指新闻生产者为了扩大受众面而一味迎合受众进行新闻生产的价值取向，例如19世纪末20世纪初盛行于美国等资本主义国家的黄色新闻、庸俗新闻。在消费主义文化的语境下，新闻生产者成为"商人"，受众成为"消费者"。消费者的兴趣和口味就是商人制造商品的唯一标准。受这种价值取向的影响，新闻的定义被重构为与受众"有关"的一切。[②] 换言之，如果一件事情不能吸引或打动受众，不能引起争论或者轰动，那么它就不值得传播。由此可以预见，在受众普遍偏爱围观政治人物的矛盾与冲突的背景下，为了吸引更多受众关注的大众媒介将会不遗余力地满足这一点。很显然，新闻传播领域的消费文化大大提升了政治在媒介中展现戏剧性的可能。

以上三点，包含一个共同因子，即公众（或受众）。政治社会的民主与多元，强调的是公众政治参与、合理表达自身利益诉求的权利；信息传播的革新与开放，描述的是信息传播媒介强大的政治功能、公众关注政治、议论政治的能力，及其利用媒介的便利条件，从而强化了大众在信息传播过程中的地位；新闻传播中的消费文化，凸显的是以受众为导向、以

---

① 肖玲玲：《技术时代的日常消费文化》，《哲学研究》2005年第6期，第115~118页。

② W. 兰斯·本奈特、罗伯特·M. 恩特曼主编《媒介化政治：政治传播新论》，董关鹏译，清华大学出版社，2011，第78页。

利益追逐为目的的政治传播现象。正是公众（或受众）的地位得到了确立乃至前所未有的重视，"政治"才不再"高高在上"，而被拉下"神坛"，融入寻常百姓生活中。归根到底，政治戏剧化出现的根本原因就是公众在政治生活中主体地位的确立。

三 政治戏剧化背景下的政治传播艺术

信息传播媒介已经日益成为最重要的政治舞台之一。其实早在文艺复兴时期，马基雅维里就在《君主论》中谈及政治传播的问题，特别论述了作为政治领袖的君主如何树立政治形象的问题。他对决定形象的各种要素进行了分析，认为形象的好坏直接影响其政治目的的实现与否。因此，他建议君主要加强对信息传播活动的控制和利用，但同时提醒统治者要表现出一定的风度和胸怀，能够容忍并接纳不同的意见。近现代针对政治人物的传播行为的研究也为数不少，如著名的由艾尔费雷德·李与伊丽莎白·李编辑的《宣传的艺术》一书中，归纳整理了七种常见的宣传手法，都是基于政治人物的传播行为的研究得出的。

在这个眼球经济、注意力经济的时代，政治人物更应当与时俱进，认清新形势，适应新规则；学习领会新的政治传播艺术；充分利用政治戏剧化的舞台，精心塑造并用心经营自身形象，以期获得最广泛的民众认同，谋取政治利益的最大化。

第一，摒弃传统观念，提升媒介素养。直到现在，依然有一些政治人物认为，为官就要保持低调，尽量不要在新闻媒体上出现；也有一些政治人物对媒体持有不信任的态度，认为媒体报道是肤浅片面的，容易歪曲自己的意思，造成恶劣的社会影响；甚至有人对媒体怀有恐惧害怕的心理，不敢轻易触碰，生怕惹祸上身，因而拒绝一切和媒体打交道的方式和请求。对于这些传统老旧的观念，身处媒介化时代的政治人物应当坚决摒弃，应当认识到，媒体并无绝对的好坏，它只是一种信息传播工具。在这个信息时代，政治人物再也无法避开媒体的包围。一方面，你别无选择，只能面对；而另一方面，你更有利用媒介进行政治传播的切实需求。在西方社会，电视出现以来的政治实践表明，只有媒体的宠儿，才能赢得选举。因此，政治人物应当努力提升自身媒介素养，学习掌握信息传播的客观规律，善于和媒体沟通交流；充分利用"戏剧性"，如制造冲突、骤变等具有表现力的情节，吸引媒体的广泛关注；同时谨慎对待自己的一言一行，始终记住自己是站在亿万双眼睛聚焦的一个舞台上表演，但是不用紧张害怕，这正是一个前所未有的良机，让自己的言行通过媒体这个扩音器和快递员，更为有效地到达公众那里，进而朝着预定的方向影响公众的思想、态度和行为。

第二，洞悉大众心理，注重民意反馈。在戏剧表演中，表演者对观众心理和剧场反应的关注度是很高的。元代文学家胡祗遹说："优伶贱艺也，谈谐一不中节，阖座皆为之抚掌而嗤笑之，屡不中，则不往观焉。"意思是，如果表演者出现一次表演失误，观众就会嘲笑他，如果总是失误，观众就不再去看他的表演了。因此，古代戏剧表演者往往将观众反应放在头等重要的位置，并将其悬为标准，反过来规范着戏剧表演。① 政治也是如此。正如前文所说，信息是否到达并影响大众，其效果的有无及大小决定了政治传播的成败。因此，大众研究是政治传播极为重要的一环。政治人物在"舞台"上进行表演时，应当特别注意观众或听众的观赏心理和接受心理，搞清楚老百姓究竟喜欢什么，讨厌什么；理解什么，不理解什么；追逐什么，反感什么。唯有如此，政治人物的表演才能事半功倍。为了更好地做到这一点，政治人物应该成立一个民意测验与调查小组，专门收集大众对于自己的言行的反馈信息，并对此进行仔细研究，作为强化或改变自己某些言行的重要参考。

第三，把握塑形尺度，真诚沟通第一。在政治传播过程中，政治人物为了塑造一个更加完美的形象，往往不惜以说谎为代价。这样的想法和做法是不理智、不明智的，这样塑造的形象也是短期的、不可持续的。因为火总有烧破纸团的那一天，谎言也终将被无情地戳破，在时间的长河里屹立不倒的只有真相。在政治戏剧化的语境里，"政治表演"指的是政治人物将个人主张、理念通过外在言行、表情，进行媒介化传播的行为，其中可能会包含制造冲突、骤变等具有表现力的情节，但均是建立在真实不虚

① 姚文放：《中国戏剧美学的文化阐释》，中国人民大学出版社，1997，第15页。

的前提之下。政治表演不是政治谎言。政治人物不能因为盲目追求完美而变得伪善，不能把民众当傻子，否则只会激起民众反感，贻害自身。因此，政治人物需要好好把握塑形尺度。人无完人，金无足赤。对于政治人物而言，"完美"不是最重要的品质，只有"真诚"才是感动民众的重要力量。与民众真诚沟通，才会获得民众发自内心的信任与认可。

当然，政治人物只是政治传播链条中的第一环。新闻传播工作者作为政治传播的中介，也发挥着极其重要的作用。他们的职业素养和个人态度，决定了政治人物究竟将以一个怎样的媒介形象被传递到大众面前。例如，在技术层面上，媒体可以将政治人物进行巧妙的包装，可以放大或忽略其优点，也可以放大或忽略其弱点。在政治戏剧化的背景下，媒体更有可能随意凸显戏剧冲突，以赚取更大的销售量，获得更高的点击率。但这种行为不仅不值得倡导，而且需要引起新闻传播工作者的警惕意识，时刻反省并极力抵制。大众媒介可谓"拥兵之重"，因此必须谨慎对待自己手中的权力。在业务活动中塑造、展现政治人物的时候，新闻传播工作者必须体认自己承担的社会责任，本着专业精神和社会良知，做到公正客观、理性缜密。只有这样，大众媒介才能积极发挥其建设性的功能，与政治人物的努力相结合，实现政治传播效果的最大化。

（本文是教育部重点文科基地资助课题"中国媒介改革与政治文明建设"和华中科技大学自主创新课题"网络民主与社会管理创新"研究的系列成果。本文系张昆教授与熊少翀合著，原文发表于《新闻界》2014年第5期）

大众媒介的政治属性与政治功能

我们生活在信息时代，我们的共同体依靠信息传播才得以维持，所以我们无法想象在所有传播行为停止后，人类将会面临什么样的处境。大众媒介作为人类信息传播的基本渠道，对社会生活的渗透，无论在深度还是在广度上，都是空前的。它不仅是一种信息传播手段，而且为人们提供了精神联系的纽带；它不仅是意识形态领域的重要支柱，而且是国民经济的主导产业；它不仅能够吸纳大量的人口就业，而且能够直接地影响政治过程的归趋。大众媒介的社会影响力，已得到社会的广泛认可。法国拿破仑认为一个报馆胜过三千支毛瑟枪；中国梁启超则说报纸"可以生一切、可以灭一切、可以吐一切、可以纳一切"。梁启超甚至断言，报业发达程度是衡量国家强弱的基本指标，所以"欲觇国家之强弱，无他道焉，则于其报章多寡良否而已"[1]。"阅报愈多，其人愈知；报馆愈多者，其国愈强"[2]。谭嗣同也说："各新闻纸为绝精之测量仪器，可以测其国，兼可分策其人。国愈盛者，出报必愈多……人至极暗陋，必不阅报。"[3] 美国当代心理学家巴克指出：通过大众媒介摄取信息，获得休闲和娱乐，成为大众重要的生活方式；人们对大众媒介的依赖也愈来愈大，"这种依赖性所

---

① 《梁启超全集》第 1 册，北京出版社，1999，第 476 页。
② 《梁启超全集》第 1 册，北京出版社，1999，第 66 页。
③ 蔡尚思、方行编《谭嗣同选集》（增订本上册），中华书局，1981，第 270 页。

采取的是满足某些需要的形式……随着依赖性的不断增大，大众媒介所提供的信息改变各种态度和信念的可能性亦将愈来愈大"①。这种可能性极大地扩张了大众媒介在政治过程中发挥影响的空间。而这种影响与大众媒介的政治属性是密切相关的。

一 大众媒介的政治属性

所谓属性，是一个哲学名词，它是指属于实体的本质方面的特性。大众媒介作为一个实体，从政治、经济、文化等不同的视角考察，其本质方面的特性是大不一样的。在经济方面，它是一个重要的产业，其产品就是精神商品；在政治方面，大众媒介的本质特性是什么呢？

要正确地理解大众媒介的政治属性，必须从对政治概念的解读着手。政治这个名词，在我们的日常生活中使用得太多太滥。我们平时的"政治学习"、"三讲"中的"讲政治"、学校的"政治课"、单位的"思想政治教育"等，无不与政治挂钩。那么政治究竟是什么？有必要从学理意义上去理解。政治一词最早出现于奴隶社会。中国古代经典《周礼·遂人》中就有"掌其政治禁令"，《尚书·毕命》中也有"道恰政治，泽润生民"。在西方社会，政治（Politics）一词最早出现于柏拉图的《理想国》中。千百年来，由于环境的不同以及观察、研究视角的差别，人们对于政治的理解存在相当的差异。

人们对政治的理解有以下几种代表性的观点：第一，政治是对国事的管理。代表人物就是孙中山。"政治两个字的意思，浅而言之，政就是众人的事，治就是管理，管理众人的事，就是政治"②。第二，政治就是阶级斗争。马克思在《共产党宣言》中指出："一切阶级斗争都是政治斗争。"③ 列宁也说："政治就是各阶级之间的斗争。"④ 毛泽东也认为："政

① 〔美〕克特·W. 巴克主编《社会心理学》，南开大学社会学系译，南开大学出版社，1984，第311页。

② 《孙中山选集》下卷，人民出版社，2011，第661页。

③ 《马克思恩格斯选集》第1卷，人民出版社，1972，第260页。

④ 《列宁选集》第4卷，人民出版社，1972，第370页。

治不论是革命的反革命的都是阶级对阶级的斗争，不是少数人的行为。"①
这在 20 世纪 80 年代以前比较流行。第三，政治是对权力的追求和运用。
意大利的马基雅维里认为："政治是夺取权力、掌握权力的必要方法的总
和。"德国社会学家韦伯则称："政治意指力求分享权力或力求影响权力
的分配。"② 德意志帝国的宰相俾斯麦认为，"政治是当政者运筹帷幄的活
动"。第四，政治是政策的制定和执行。"政治是在共同体中并为共同体
的利益而作出决策和将其付诸实践的活动。"③ 第五，政治是一种社会关
系。王蒲劬说，政治是"在一定的经济基础上，人们围绕着特定利益，
借助于社会公共权力来规定和实现特定权利的一种社会关系"④。应该说，
以上五种界定，基本上把握了政治现象的主要内容，如社会关系、权力、
政策、阶级斗争、国家管理。我们不打算确定赞成其中的哪一种，这不是
本文的主旨。不管对政治概念如何解读，其指向的内容都与信息传播密切
相关，在当代社会则与大众媒介有着直接的联系。社会关系的建立与维
持、权力的取得和运用、政策的制订与执行、阶级斗争的展开与调和以及
国家的有效管理，都有赖于大众媒介的有效传播。也就是说，政治离不开
传播，传播是政治运行的基本条件。同样，大众传播也离不开政治，不管
报人和电视人怎样标榜自己超越于政治之外，其总是保持着与政治割不断
的关系。恩格斯早就看到了这一点，他说："绝对放弃政治是不可能的；
主张放弃政治的一切报刊也在从事政治。问题只在于怎样从事政治和从事
什么样的政治。并且对于我们说来，放弃政治是不可能的。"⑤

　　笔者认为，要把握大众媒介的政治属性，必须从媒介与政治的关系着
手。在这方面，西方国家做过有益的尝试。西方学者习惯于把大众媒介看
作"第四权力"，或"第四阶级"。第四权力显然是相对于行政、司法、
立法三大权力机关而言的，意思是媒介也是一种权力，这种权力能够对其

---

① 《毛泽东选集》第 3 卷，人民出版社，1966，第 823 页。
② 艾伦·C. 艾萨克：《政治学：范围和方法》，浙江人民出版社，1987，第 21 页。
③ 〔英〕戴维·米勒、韦农·波格丹诺编《布莱克维尔政治学百科全书》，中国政法大学
　　出版社，1992，第 583 页。
④ 王蒲劬主编《政治学基础》，北京大学出版社，1995，第 8~9 页。
⑤ 《马克思恩格斯选集》第 2 卷，1972，第 440~441 页。

他权力进行制衡。而第四等级则是相对于中世纪教士、贵族、平民三大等级而言的，意思是新闻工作者是一个独立的社会阶层。随着批评学派的兴起，人们倾向于把大众媒介视为社会公共领域的代表。所谓公共领域，指的是市民可以自由表达及沟通意见，以形成民意或共识的社会生活领域。公共领域存在的基本前提是市民应有相等的自由表达机会，并且能够自主地组织成公共团体，其讨论的主题应以批评公共事务为主。① 公共领域的基本精神是多元化、公开化和合法化。大众媒介正是理想的公共领域，正是它提供了市民表达与沟通的平台。所以大众媒介必须以平等、理性的原则对待多元的意见。这一观点与历代报人对报纸性质及社会责任的理解是基本一致的。但是这一见解并不具有存在于现实的可能性。阿特休尔指出："在所有的新闻体系中，新闻媒介都是掌握政治和经济权力者的代言人。因此，报刊杂志和广播电视并不是独立的媒介，它们只是潜在地发挥独立作用。""新闻媒介的内容往往反映那些给新闻媒介提供资金者的利益。"② 日本学者井上俊也认为，尽管历代报人一直以新闻自由、出版自由为奋斗目标，但是报纸从来没有摆脱权力的制约而实现完全的自由。"报纸作为文字媒介始终带有权力的影子……是专制权力利用的工具，这是不容否认的。"③ 事实上，大众媒介不仅代表资本或政治统治者的利益，而且由于它本身是一种营利产业，其追逐利润的动机压倒了对公共利益所承担的责任。

传统的新闻理论坚持大众媒介属于意识形态范畴，是一种上层建筑，是一定社会经济基础通过新闻手段的反映，是一定阶级的舆论工具。也就是说，大众媒介总是代表在政治上、经济上占统治地位的阶级利益，是阶级的舆论工具，而不是所谓的"社会公器"或"公共领域"。

由于大众媒介对政治生活的深远影响，政治家无不重视对它的控制。在大众媒介出现之前，是控制原始的传播手段。古希腊政治学者柏拉图在其《理想国》中，就把信息传播手段（当时是手书文字、口头演讲、演

---

① 张锦华：《公共领域、多文化主义与传播研究》，台北：正中书局，1997，第16页。
② 〔美〕J. 赫伯特·阿特休尔：《权力的媒介》，黄煜、裘志康译，华夏出版社，1989，第336~337页。
③ 〔日〕井上俊等：《媒介与信息化的社会学》，岩波书店，1996，第52页。

剧、诗歌）作为塑造国民灵魂的工具，作为哲学家国王实施政治统治的手段。为了确保信息传播的建设性作用，他主张建立检查制度，由检察官对未发表作品进行预先检查，为此他还专门制定了检查的规则，同时对祖先遗留下来的文化遗产，也要根据政治统治的需要进行删节，哪怕是荷马史诗也不能例外。柏拉图还主张发展教育，从军事体育和文化艺术两方面，培养塑造国家未来的公民。中国古代法家代表人物韩非，也持有类似的见解。他也主张实行法治，将国民的言行纳入法律的轨道："言行而不轨于法令者必禁。"他还提出了保证政治统治的上、中、下三策："太上禁其心，其次禁其言，再次禁其行。"近代报业出现后，特别是在社会转型时期，政治精英越来越重视报刊的宣传作用。于是不仅作为革命家的政治精英，就是保守的执政的政治领袖，也把办报作为主要的政治手段。法国大革命时期涌现的革命领袖，在其早期生涯中都办过报纸，美国也是如此。后来的国际共产主义运动，其领袖人物也多有办报经历。

在中国革命史上，毛泽东也是一个报人革命家。作为一个影响深远的政治人物，他不仅自己办报，而且要求高级干部学会利用新闻媒介。他多次强调："新闻工作，要看是政治家办，还是书生办。有些人是书生，最大的缺点是多谋寡断。……要一下子看到问题所在。"所以"搞新闻工作，要政治家办报"。[1] 在这个意义上，他提醒省委书记们，"省报问题是一个极重要问题，值得认真研究……第一书记挂帅，动手修改一些最重要的社论，是必要的"[2]。"第一书记（其他书记也是一样）……不要躲懒，每人至少要看五份报纸，五份刊物，以资比较，才好改进自己的报纸和刊物。"[3] 政治家办报是发挥报纸政治功能的重要途径，它能够使大众媒介系统与政治系统保持高度的一致，减轻政治决策过程中面临的舆论压力。

总之，不论是在自由主义社会，还是在社会主义社会，大众媒介都摆脱不了权力控制的影子。不管是自由主义社会的公共领域，还是社会主义国家的阶级舆论工具，或灵魂的工程师，其最终的支配者都是该社会占支

---

① 《毛泽东新闻工作文选》，新华出版社，1983，第215~216页。
② 《毛泽东新闻工作文选》，新华出版社，1983，第202页。
③ 《毛泽东新闻工作文选》，新华出版社，1983，第201页。

配地位的政治力量和经济力量。政治上的被统治阶级和经济上的弱势群体，他们的意见和诉求，不是被忽略，就是被淹没在主流声音之中。

二　大众媒介的政治功能

在现代社会，大众媒介与政治系统密不可分，传播过程与政治过程也是相辅相成的。大众传播影响着政治进程，而政治力量也决定着媒介传播的方向。苏联一本权威性新闻学教科书说："新闻事业在社会体系中总是作为一种手段，为达到一定的目的服务的。目的是由一些政治组织与机构，诸如政党、国家、地方自治机关、企业家经济联合体、工会或其他什么另外的社会集团等拟定的。……定期报刊是在该政治力量所定出的轨道内活动的。所以，为了理解充满活力的新闻事业的内容，必须确定其阶级属性、其原本的阶级宗旨和被客观、主观所确立的阶级立场。"[①] 那么在社会政治生活领域，大众媒介究竟能发挥什么作用？应该说，大众媒介的政治功能与其置身的政治结构有着密切的关系。在不同的政治制度下，大众媒介的政治法律地位、活动空间也存在差别。例如，大众媒介在专制制度下与代议制民主条件下所扮演的角色是不能同日而语的；同样，社会主义国家和资本主义国家的大众媒介在政治生活中的影响也大不相同。如果将制度的差异撇开不谈，仅就大众媒介的政治功能而言，可以将其归纳为如下几条。

1. 政治参与功能

政治参与是政治学的核心概念之一。对这一概念的解读也有多种不同的版本。有人把它界定为"公民自愿地通过各种合法方式参与政治生活的行为"[②]。有人则把它理解为"参与制订、通过或贯彻公共政策的行动。这一宽泛的定义适用于从事这类行动的任何人，无论他是当选的政治家、政府官员或是普通公民，只要他是在政治制度内以任何方式参与政策的形

---

① 〔苏联〕乌契诺娃：《马列主义新闻学原理》，傅显明译，中国广播电视出版社，1989，第43页。

② 《中国大百科全书·政治学》，中国大百科全书出版社，1992，第485页。

成过程。这一定义并不包括这样的含义，即政治参与者必须成功地或有效地影响公共政策，尽管人们会指望这类行动具有超出纯象征性的作用"①。还有人主张，"政治参与是普通公民通过各种合法的方式参加政治生活，并影响政治体系的构成、允许方式、允许规则和政策过程的行为"②。这些表述虽然存在相当的差异，但有一个明显的共同点，即它们都认可政治参与是公民自愿参与政治生活的行为，所不同者仅在于参与范围的大小和具体指向而已。

政治参与在马克思主义政治学体系中占有非常重要的地位。马克思恩格斯在19世纪中期就指出，在共产主义的第一阶段应该建立起"通过人民自己实行的人民管理制"。列宁也表示，"政治就是参与国家事务，给国家定方向，确定国家活动的方式、任务和内容"。③苏维埃政权建立起来后，列宁又指出必须普遍吸引所有的劳动者来管理国家，"逐步地吸引全体人民参加苏维埃组织的工作（在服从劳动组织的条件下）并担负管理国家的职务"④。在现代中国，扩大政治参与成为政治改革的重要目标。邓小平在《党和国家领导制度的改革》中表示，要"充分发扬人民民主，保证全体人民真正享有通过各种有效形式管理国家，特别是管理基层地方政府和各项企事业的权力"。江泽民在党的十六大报告中指出："共产党执政就是领导和支持人民当家作主，最广泛地动员和组织人民群众依法管理国家和社会事务，管理经济和文化事业，维护和实现人民群众的根本利益。"⑤ 应该说，在对政治参与的重视上，马克思主义者与自由主义者没有什么大的区别。落实在制度安排上，社会主义国家与自由主义国家则存在明显的不同。

公民的政治参与对现代民主制度具有重要的意义。日本政治学者猪口

① 〔英〕戴维·米勒、韦农·波格丹诺编《布莱克维尔政治学百科全书》，中国政法大学出版社，1992，第563页。
② 马振清：《中国公民政治社会化问题研究》，黑龙江人民出版社，2001，第137页。
③ 列宁：《未写成的文章〈关于国家的作用问题〉的材料》，载《列宁文稿》第2卷，人民出版社，1978，第407页。
④ 《列宁全集》第27卷，人民出版社，1958，第142页。
⑤ 江泽民：《全面建设小康社会，开创中国特色社会主义事业新局面——在中国共产党第16次代表大会上的报告》，2002年11月8日。

孝、英国威斯敏斯特大学教授约翰·基恩认为，民主是一种把公共偏好转化为公共政策的机制，"没有公民方面的积极参与，民主制度不可能产生预期的政策结果"①。具体而言，公民参与的意义可从政治体系和公民个人两个方面来考察。对政治体系而言，政治参与有助于政治统治合法性的取得，有助于社会政治体系的稳定，有利于对权力的监督和制约，有利于消除政治腐败和个人专断，从而在更大的程度上推进社会的民主化。在这个意义上，亨廷顿甚至把政治参与看成"区分现代化国家和传统国家"的重要标志。他认为，"政治现代化最基本的方面就是要使全社会性的社团得以参政，并且还要形成诸如政党一类的政治机构来组织这种参政，以便使人民参政能够超越村落和乡镇范围"②。从公民个人的角度来看，政治参与不仅是公民表达自身意愿，通过政治活动实现自己利益的重要途径，而且还是公民自我教育的主要方式和政治社会化的重要手段，是维护公民其他基本权利的重要工具。

不管是属于什么范围或指向什么内容的政治参与，在现代社会都离不开作为交流沟通手段的大众媒介。同时，政治参与的具体形式又涉及意见的表达，而作为交流工具，为大众提供发表意见和充分讨论的平台，正是大众媒介的基本职能。

2. 权力监督功能

代表舆论行使对政治权力的监督，是大众媒介重要的政治功能。权力之所以要被监督，是因为它带有一种天然的腐败倾向。用法国启蒙学者孟德斯鸠的话来说，"一切有权力的人都容易滥用权力，这是万古不易的一条经验。有权力的人们使用权力一直到遇有界限的地方才休止"，"要防止滥用权力，就必须以权力制约权力"③。据此，孟德斯鸠在政治制度设计上确立了一个原则，即权力必须分开掌握，彼此独立。他把国家权力划分为三种，即立法权、司法权和行政权。这三种权力既分开行使，又相互合作，同时彼此制衡。这种分权制衡制度，一方面可以防止腐败，另一方

---

① 〔日〕猪口孝等编《变动中的民主》，林猛等译，吉林人民出版社，1999，第5页。
② 〔美〕塞缪尔·P. 亨廷顿：《变化社会中的政治秩序》，王冠华译，三联书店，1989，第34页。
③ 〔法〕孟德斯鸠：《论法的精神》（上），张雁深译，商务印书馆，1995，第154页。

面又能够捍卫自由。虽然大革命时期的法国没有实现孟德斯鸠的政治理想，但在独立战争后建立起来的美利坚合众国，却使他的理想变成了现实。

在人类经历过的诸多政治制度中，三权分立这一制度可以遏制权力的滥用和腐败吗？回答是否定的。随着近代报纸的兴起，报纸作为信息传播工具在权力监督方面的潜在能量逐渐释放出来，于是资产阶级开始视报纸为权力监督的主要手段，视报纸为政府的"第四机构"或者"第四权力"。马克思主义者虽然不赞同"第四权力""第四机构"的说法，但他们几乎都认可报纸在监督权力方面的作用，而且主张，报刊的力量来源于人民，它是作为人民的喉舌在行使对政治权力的监督权利。恩格斯在为《新莱因报》辩护时说，报刊的"首要职责——保护公民不受官员逞凶肆虐之害"[①]。马克思则指出，"报刊按其使命来说，是社会的捍卫者，是针对当权者的孜孜不倦的揭露者，是无处不在的耳目，是热情维护自己自由的人民精神的千呼万应的喉舌"[②]。因此，"报刊不仅有权利而且有义务严密地监督代表先生们的活动"[③]。"报刊有权冒犯作家、政治家、演员以及其他从事社会活动的人"[④]。这一见解后来为列宁及中国共产党历代领袖所继承。所以在社会主义国家，大众媒介作为权力监督的工具，在社会政治生活中也有巨大的影响。

大众媒介监督权力的前提，是对现实社会的充分、公开的报道，是"政治过程的透明化"[⑤]。政治透明度的提高，使得政府工作和政府官员以及其他一切权力和掌握权力的人，被置于大众的眼皮底下，从而增强了腐败和滥用权力所面临的道德压力和政治风险，有利于推动政治民主和经济民主，有利于消除腐败行为。另外，大众媒介对权力滥用和腐败现象的批评和揭露，还可以起到"社会排气阀"的作用。"如果运用得当，大众传

---

① 《马克思恩格斯全集》第6卷，人民出版社，1961，第280页。
② 《马克思恩格斯全集》第6卷，人民出版社，1961，第275页。
③ 《马克思恩格斯全集》第5卷，人民出版社，1958，第203页。
④ 《马克思恩格斯全集》第14卷，人民出版社，1964，第675页。
⑤ 〔日〕猪口孝等编《变动中的民主》，林猛等译，吉林人民出版社，1999，第109页。

播在很大程度上可以宣泄人民的不满情绪"①，这十分有利于维持社会的政治稳定。不过，鉴于历史发展的实际，我们对于大众媒介监督作用也不能评价过高。和平时期大众媒介的监督功能如果没有相关因素的协调配合，其作用是非常有限的。大众媒介进行的监督"只有与法律监督和行政监察协调运行，才能真正形成有效的权力约束机制"②。否则，这种监督将无异于隔靴搔痒，难以发挥其建设性的作用。

3. 政治沟通功能

大众媒介本来是作为交流工具而登上历史舞台的。这种信息交流或沟通不仅存在于一般的社会生活领域，它也是政治领域不可忽视的现象，在某种意义上，现实政治过程与信息沟通过程不仅是同步的，而且是互为表里、相辅相成的。那么应该怎样理解政治沟通呢？有人说政治沟通是"赋予政治过程以结构和意义之信息和情报的流动。政治沟通不只是精英对其民众发送信息，而且还包括全社会范围内以任何形式……影响政治的整个非正式沟通过程"③。美国学者 K. W. 多伊奇在其《政府的神经：政治沟通与控制的模式》一书中把政治沟通看成政治系统内部的机制对信息的接受、选择、存储、分析和处理。他认为政治系统对环境的适应和控制是在沟通中实现的。在现代化国家，政治沟通的基本工具是大众媒介。而在前报纸时代，口头传播是政治沟通的主要手段。现在，大众媒介的信息传播活动，不仅在越来越大的程度上影响、制约政府的决策行为和过程，而且在更大范围内左右人民的政治态度和选择。

政治沟通首先表现为统治阶级或精英阶层关于政策价值的传播，有效的传播能够获得民众认同，并得到他们的支持。意大利政治学家马基雅维里认为，君主要实现其政治目标，离不开人民的理解和好感。如果人民对统治者心怀不满，君主是永远得不到安全感的。所以君主必须想方设法使"曾经信仰他的人们坚定信仰"，同时使那些"不信仰的人们信仰"④。建

---

① 徐耀魁主编《西方新闻理论评析》，新华出版社，1998，第 72 页。
② 刘华蓉：《大众传媒与政治》，北京大学出版社，2001，第 152 页。
③ 〔英〕戴维·米勒、韦农·波格丹诺编《布莱克维尔政治学百科全书》，中国政法大学出版社，1992，第 547 页。
④ 〔意大利〕尼科洛·马基雅维里：《君主论》，潘汉典译，商务印书馆，1985，第 27 页。

立并且保持与人民的友谊。这样统治者不仅能保证自己的安全，而且能得到人民的支持。在社会变革时期，先进的阶级领袖，要实现社会革命的理想，也要将其政治理想诉诸普通民众。孙中山在《〈民报〉发刊词》中就希望该报将"非常革新之学说，其理想之灌输于人心，而化为常识"。在他看来，大众媒介就是先知启后知、先觉觉后觉的基本手段。其次，政治沟通还表现为民意的上达。人们的喜乐哀愁，人们的悲愤，人们的深切愿望，如果能够借由大众媒介传播、宣泄，大众媒介如果能够充当"社会的排气阀"，将有利于增进统治者和被统治者的彼此和谐，消除相互间的敌意，从而实现社会政治体系的稳定。否则，消极能量的长期积压，将会引发社会问题的大爆炸。

政治沟通对现代国家的政治运行具有重要的意义。许多政治理论家早就意识到了这一点。在改革维新时代，梁启超就指出了沟通的重要性。他认为，国家的强弱，"在于其通塞而已。血脉不通则病，学术不通则陋；……上下不通，故无宣德达情之效，而舞文之吏因缘为奸；内外不通，故无知己知彼之能，而守旧之儒，乃鼓其舌"[1]。中国近代落后挨打，原因就在于不通。所以要振兴国家，必须去塞求通，而办报纸乃是基本的途径。报纸犹如耳目，能告知人们中外之事；又像喉舌，使下面的苦患能告之君，而上面的恩德能喻之民。毛泽东也提出了类似的见解。他认为一个党和一个人一样，耳边很需要听到不同的声音。[2] 对一个政党和领导者而言，最可怕的不是听到了不同的意见，而是鸦雀无声，无从知晓自己面对的问题和困难，无从知晓民众的呼声。大众媒介通过报道各种意见，呈现出国家的意见生态，并且以全体人民的名义对政治过程施加影响，这不仅能够制约政治权力的滥用，而且能够最大限度地维护、实现人民的利益。

要建设高度发达的政治文明，必须以发达的交流结构和有效的政治沟通为基础。根据阿尔蒙德观点，社会的交流结构大体上可以划分为五种类

---

① 梁启超：《论报馆之有益于国事》，《饮冰室合集·文集》第一册第一卷，中华书局，1989年。

② 毛泽东：《关于正确处理人民内部矛盾的问题》，《毛泽东著作选读》（下册），人民出版社，1986，第790页。

型，即非正式的面对面接触、非政治的社会结构、政治输入结构、政治输出结构和大众传播媒介，[①] 其中最重要的要数大众传播媒介。西方政治学者认为，一个自主的交流结构，即一个既不受政治权力约束也不受特殊利益集团控制的大众媒介系统，对于政治系统的有序运行具有不可替代的作用。但是，社会主义国家的看法则完全不同，作为政治沟通主渠道的大众媒介，被普遍要求置于执政党的直接领导或控制之下，在这个前提下，大众媒介才被视为既是党和政府的喉舌，又是人民的喉舌。因此，政治沟通在不同的政治环境、不同的政治系统中，由于其定位的不同，其作用和影响的空间也大不一样。

4. 政治控制功能

大众媒介不仅是政治参与、权力监督、政治沟通的渠道，而且是实施社会控制的有效手段。什么是社会控制？美国学者罗斯认为，社会控制就是社会对个人或集团的行为所做的约束。[②] 控制的目标是使个人和集体的行为服从社会整体的利益，使个人和团体的自由与社会秩序实现对立的统一；通过控制过程及其手段（如奖励、惩罚）完成社会成员的角色定位。在控制过程中，政治体系可以利用的手段是多种多样的，有法律约束、道德约束、经济约束、教育约束、文化约束等。它们有的凭借自身的力量，如经济约束（利益分配的杠杆作用）就能够直接地控制人民的行为；有的则要借助于其他的力量，如法律须以国家的强制力为后盾。道德约束、文化约束等则更多需要借助于大众媒介才能实现，不道德的行为、不文明的举止，一经大众媒介曝光，社会舆论的压力必将使行为者有所收敛。即便是经济约束、法律约束，如果能够在报纸、广播、电视上有所反映或得到相应的评价，其约束的效能也将会明显加强。

所以，不管是社会主义国家，还是资本主义国家，通过控制大众媒介以实现社会控制，是十分普遍而且流行的做法。政治体系为了支持有利于自身利益的政治文化的传播，尽可能地控制各种"媒介，特别是诸如学校、大众传播媒介等在社会化中具有广泛影响的媒介，传播支持现行政治

---

① 赵渭荣：《社会转型与政治社会化变迁》，《社会科学》1999 年第 9 期。

② 王因为、宋书伟主编《社会学纲要》，山东人民出版社，1986，第 91 页。

体系的政治文化，培育和塑造适应其统治秩序需要的政治人格，同时还要对各种媒体传播的政治信息进行认真的选择，如政治教育内容的确定、学校教科书的审定、新闻出版审查等"①。除了政治文化的传播和政治人格塑造外，政治体系还可以利用大众媒介引导、争取社会舆论的同情和支持。正如美国学者默顿所说的，政治权力"通过利用已有技术进行宣传使无意识的听众接受可能符合也可能不符合他们自己或他们成员最大利益的舆论；通过越来越高深莫测的推销术，可以假冒对推销员和顾客来说是共同的价值观"②，从而将社会大众纳入政治体系所期望的轨道。由于政治体制的不同，各个国家对大众媒介的控制不尽一致。设立在苏黎世的国际新闻研究所曾经根据政府对传播媒介控制力度的不同，而将联合国的成员国划分为四种类型：全面控制报刊的国家；报刊在形式上可以批评政治，但是实际上实行检查制度的国家；制定了特别出版法和他种歧视性立法，可据以逮捕和迫害编辑的国家；用非正式的方法使报刊就范的国家。③ 在这些不同类型的国家，大众媒介受到政府不同程度的控制，其在社会控制中所扮演的角色也大不一样。

5. 议程设置功能

所谓议程设置，指的是大众媒介有能力选择并强调某些话题，造成这些话题被公众认可是重要的印象④，或者说是大众媒介"确定辩论的范围以适合有权势者利益的过程"⑤。也就是说，通过其对信息内容的选择和传播，大众媒介能够决定什么内容可以讨论，什么内容不能讨论；什么是热门话题，什么会被排斥在讨论的议程之外。政治议程设置对于政治过程来说是非常重要的。谁能够确定议程，谁就可以掌握政治活动的主动权。不管是平时的政治运作，还是大选期间，力图影响政治议程是政治人物优先考虑的课题。20世纪70年代中期，美国传播学者 M. 麦库姆斯和 D. 肖

---

① 施雪华主编《政治科学原理》，中山大学出版社，2001，第817页。
② 〔美〕丹尼斯·朗：《权力论》，中国社会科学出版社，2001，第35页。
③ 〔美〕韦尔伯·斯拉姆等：《报刊的四种理论》，中国人民大学新闻系译，新华出版社，1980，第34~35页。
④ 陈昭郎：《传播社会学》，黎明文化事业股份有限公司，1992，第105页。
⑤ 〔英〕戴维·巴勒特：《媒介社会学》，赵伯英、孟春译，社会科学文献出版社，1989，第49~51页。

通过对美国总统大选的定量分析，证明了"受众通过大众媒介不仅了解公众问题及其他事情，而且根据大众媒介对一个问题或论题的强调，学会应该对它予以怎样的重视。如反映候选人在一次竞选运动中讲了些什么内容时，大众媒介显然决定了哪些是重要的问题。换句话说，大众媒介决定了竞选运动的议题，这种影响个人认知变化的能力是大众传播效力的最重要方面之一"①。议程设置功能实际上包含了三个方面的内容。一是大众媒介如何确定自己的议题，即大众媒介在纷繁复杂的世界中，根据什么具体标准，确定事件的轻重缓急；二是大众媒介把自己确定的议题告诉大家，让公众了解、体会媒介所谈论的事件及其分量；三是公众在大众媒介的影响下形成自己的议题次序。无数实证研究表明，大众关于社会议题的次序与大众媒介的议程设置有着惊人的相似，甚至是完全同步的。

议程设置理论是建立在两个重要假设的基础之上的。其一，各种媒介是报道世界上各种新闻的必不可少的把关者。世界每时每刻发生的事情千千万万，令人眼花缭乱，以至于对其不做筛选就无法进行有效的报道。所以大众媒介既是报道者，又是信息的把关者。而在这个把关者、报道者的背后，又有两只看不见的手——资本的权力和政治权力——在操控着他们对信息的选择。其二，公众需要大众媒介为他们指明方向，帮助他们决定那些超出了他们实际感受范围的事件和问题，究竟哪个（些）是"值得关心和加以注意的"②。应该说，这两个假说有其客观依据。不仅在资本主义社会，就是在社会主义国家，大众媒介的把关者地位及受众对解释、指导的需要，都是客观存在的。由于这种需要，由于大众媒介对辩论范围的确定，大众媒介与社会权势阶层的利益紧密地结合在一起，且维持现状成为大众媒介报道的基本倾向。

6. 政治社会化功能

大众媒介的政治社会化功能，指的是大众媒介在传承政治文化、习得政治知识、塑造政治人格、建构政治价值、维持政治体系等方面的作用和

---

① 〔英〕丹尼斯·麦奎尔、斯文·温德尔：《大众传播模式论》，祝建华、武伟译，上海译文出版社，1987，第84~85页。

② 〔美〕威尔伯·施拉姆、威廉·波特：《传播学概论》，陈亮等译，新华出版社，1984，第277~278页。

影响，指的是在社会成员由自然人、社会人转变为政治人的过程中大众媒介所起的实际作用。这一功能与通常意义上的思想政治教育有相当程度的吻合。政治社会化也好，思想政治教育也罢，在当今社会，谁也离不开大众媒介。资本主义国家如此，社会主义国家也是如此。美国新闻学者赫伯特·阿特休尔把世界大众媒介体系划分为三大乐章，每个乐章具有一个基本的主题。其中第一乐章指资本主义国家大众媒介，第二乐章指社会主义国家大众媒介，第三乐章指发展中国家大众媒介。阿特休尔认为，"在所有这三个乐章中，新闻媒介都被当作维护社会秩序的主要力量——教育人民使他们在社会中发挥各自不同的作用"①。

政治社会化功能与上述其他功能有着密切的关联。政治参与不仅是公民政治社会化的主要途径，而且在许多情况下政治参与还需要借助大众媒介才能实现；议程设置更不用说，没有大众媒介的把关与选择，社会就没有办法确立事件的轻重缓急；政治沟通的基本手段就是大众媒介，而公民的政治社会化正是在政治沟通之中进行的；舆论监督的展开得力于大众媒介的参与和主持，这种监督又能加强公民的权力意识，提高公民的政治能力。另外，政治社会化功能的实现与大众媒介的一般功能也密切相关。监测环境是公民适应环境、适应社会的前提；文化教育是政治社会化的先导，并且为政治社会化（在某种意义上是政治教育）奠定了基础；健康的娱乐是提升政治社会化效果的最好方式；广告推销的不仅是产品，还有意见、价值观、信念和政策，这正是政治教育或政治社会化所力图灌输的内容。可见，大众媒介的政治社会化功能与其他一般功能特别是其他政治功能，联系密切，相辅相成。

可见，由于大众媒介自身的政治属性，由于政治系统与媒介系统的互动，大众媒介在社会政治生活中的影响是多方面的。在历史上流行一时的所谓"阶级斗争工具""无产阶级专政的工具"等，在社会变革时期固然也可以被视为大众媒介的政治功能，但是这种观点在和平发展时期的适用性就值得怀疑了。既然阶级矛盾不再是社会的主要矛盾，既然社会的基本

---

① 〔美〕J. 赫伯特·阿特休尔：《权力的媒介》，黄煜、裘志康译，华夏出版社，1989，第315~317页。

任务是发展经济，建设社会主义物质文明、精神文明和政治文明，而不是继续进行阶级斗争，我们对大众媒介的政治功能就有重新解读的必要。

大众媒介不仅是政治沟通和政治社会化的基本渠道，是政治参与和政治权力监督的工具，而且是政治议程设置和政治控制的主要手段。大众媒介政治功能的全面发挥，对于政治文明的发展具有重要的意义。"所谓政治文明，简单地说，就是人类社会政治生活的进步状态。……政治文明包括政治意识文明、政治制度文明和政治行为文明"①。大众媒介的发展是政治文明的前提。大众媒介的发展水平是衡量一个国家、社会发展水平的主要指标，大众媒介的发展水平决定了政治文明发展的水平。亚里士多德曾经说，国家要想达到理想的境界，其领土不能太大也不能过小，人口不能太多也不能太少。其主要原因就在于信息传播的有效性问题，国家大了，人口多了，难以做到有效的信息覆盖，政令不通，就难以做到有效的治理。时至今日，有哪个政治学者会提出这样幼稚的命题呢？无所不至的信息网络缩短了地球的空间距离，过去漫无边际的地球，变成了鸡犬之声相闻的村落。对于现代中国来说，大众传播事业不仅在数量上发展的空间还很大，在质量上也存在不少问题，媒介体制落后，媒介体系与政治体系一体化，行政权力对媒介的过多干预，限制了大众媒介活动的空间。在这个意义上，推进新闻体制改革，发展大众传播事业，是推动政治文明发展的必由之路。

[本文发表于《武汉大学学报》（人文社会科学版）2006 年第 1 期]

---

① 虞崇胜：《政治文明论》，武汉大学出版社，2003，第 123 页。

与时俱进，推动与落实国家
传播战略

大家上午好！今天是一个非常好的日子，天空晴朗，风和日丽。一轮朝阳驱散了昨日的严寒。在大家的共同见证下，第四届国家传播战略高峰论坛正式举行。来自大江南北、海峡两岸暨香港、大洋彼岸的朋友们欢聚一堂，共襄盛举。可谓高朋满座，群贤毕至。有故知，更有新交，彼此交流，其乐融融。在此，我谨代表华中科技大学新闻与信息传播学院、华中科技大学国家传播战略协同创新中心向各位嘉宾、各位朋友表示热烈的欢迎。同时我也要借此机会向各位长期以来对本论坛的支持表示衷心的感谢。

我们今天能够聚在一起，应该是拜时代所赐。正如大家所知，当今时代有两大特征：全球化和信息化。从历史上看，全球化始自 15~16 世纪，经过工业革命、两次世界大战，特别是电子技术、网络技术的发展，世界的空间大大压缩，地球村由想象变成了现实。在政治、经济全球化的背景下，没有国家能够自绝于全球体系而独善其身。当代中国正是借全球化的东风实现了国家的腾飞。我们可以比较一下 2001 年中国加入世界贸易组织前后经济实力的变化。各种数据表明我们是全球化进程中最大的既得利益者。而最近几十年，西方世界的发展脚步变慢了，他们不是从自身寻找原因，而是怪罪于全球化。所以一个奇怪的形象出现了，英国正式启动脱欧程序，意大利也跃跃欲试，美国新当选总统废弃了前总统奥巴马历经千辛万苦达成的 TPP。一股反对全球化的逆流正在生成。相形之下，中国反倒成了推进全球化、倡导自由贸易的旗手。这一逆转，真是叫人眼花缭乱。至于社会信息化，由于网络技术的突破，传统媒体在与新兴网络媒体的较量中渐处下风，基于网络的社会信息系统的变化正在重构我们的社会；另外，以传统媒体为代表的主流媒体和更多地代表"草根"的社交媒体之间的鸿沟越来越深，正在严重地撕裂着我们的社会。特朗普正是在主流媒体普遍唱衰下当选为美国总统的。

这种时代特征不仅影响着西方世界，也是决定当代中国未来发展的重要背景。首先，中国作为全球化进程的重要参与者与推动者，不可能参与美国引领的贸易保护主义"大合唱"，而必须以更大的力度推进全球化，推进自由贸易，将已经开始的"一路一带"建设做得更加扎实。为此，中国必须在更大程度上得到国际社会的理解、认同和接纳。其次，中国持续几十年的经济发展和技术进步，一方面为未来的腾飞打下了坚实的基础，另一方面由于利益分配的不合理，社会的贫富差距过大，一些深层次的社会矛盾在逐步积累，需要更多、更有效的社会沟通、政治沟通，寻求共识，加大改革力度，化解矛盾，重建和谐。这一背景就决定了，在中国未来发展过程中，在实现中国梦的历史进程中，传媒人、社会信息系统将会扮演越来越重要的角色。

以目前的情势而论，中国的国家战略，即关于国家生存发展的总体方略，可以用两句话概括：一是做好中国的事，建设好自己的家园。二是扮演好国际角色，服务于世界的和平发展。第一句话的要义，在于发展好自己的经济，并且应该是和谐的可持续的发展，在发展的基础上，解决好利益分配问题，做到公平正义，实现族群和谐、社会安定、平稳发展。第二句话的关键，是在国家综合实力提升的基础上，在全球体系中扮演与自己的实力相称的角色，履行大国责任，展示大国气度，维护世界的和平与稳定，为人类文明的发展延续做出自己的贡献。其中，第一句话是第二句话的前提和基础。

国家战略的最终实现，取决于两方面的力量：物质力量、精神力量。能够感动人心、争取民意精神力量的，最主要还是社会的信息传播系统。所以要实现国家战略，必须要有与之配套的国家传播战略。在更大程度上动员社会信息系统服务于国家战略。从国家顶层设计高度，统筹规划，制定国家传播战略，具有事关全局的重大意义。

国家传播战略也可从两个面向去理解。第一，面向国内。要赋予传播系统守望环境、沟通上下、联系内外、传承文化、监督权力的职能，在政策和法律层面，给传媒营造宽松的生存环境，支持传统媒体与新兴媒体的融合发展，发挥传媒人的创造力，促成社会的和谐稳定，增强社会的凝聚力、向心力，增强人们对国家的归属感、认同感、自豪感。第二，面向国外。要尽力维持传媒机构的专业性和公信力，尊重文化差异，增强对外传播的针对性、贴近性，讲好中国故事，传播好中国声音，展示中国的良好形象，增强在国际社会的吸引力、感染力，进而影响国际舆论，影响世界各国对中国的态度，最终为中国的崛起营造良好的国际舆论环境。

本论坛正是呼应国家的战略需要，由华中科技大学国家传播战略协同创新中心设立的，在国家层面致力于传播战略与策略的研讨，2016 年是第四届。自创设以来，论坛得到学校和社会各界的支持。华中科技大学将国家传播战略协同创新中心作为重点智库支持，每年有固定的经费投入。2016 年的论坛与过去不同，在会议议程中我们还增设了一个发布环节。而发布的内容正是落实国家传播战略的两个重要举措。一是第一届"讲好中国故事创意大赛"，这是本中心研究员陈先红教授牵头的国家社会科学基金课题组开发的重要的成果，联合教育部、中宣部、国家外文局等单位，在全国范围内举行中国故事创意大赛，本次发布意味着该活动的正式启动。这是一个非常富有创意的活动。二是《中美公众的世界观念调查报告（2016）》发布。这个报告依托于我主持的国家社会科学基金重大课题"跨文化传播中的中国国家形象建构研究"，得到了国家传播战略协同创新中心的经费支持。这是一个年度调查项目，每年一次，同时在美国和中国进行。大量一手数据表明了中国和美国民众如何看世界、如何看对方、如何看自己，以及中美两个民众对近些年世界重大事件、重大问题，对世界未来的认知和态度，相信这些数据会引起大家的兴趣。我们拭目以待。

我们始终将本论坛定位为学术论坛，为此不仅剔除了一般会议的繁文缛节，如我们的开幕式简化得不能再简化，直奔主题；而且在议题设置方面，本着学术研讨无禁区的原则，拓展了会议议题的思维空间。这次会议还有一个变化，除了来自海外的知名学者外，还有代表中国率先走向世界的实业界代表。当今中国能够称雄于世的民用工程技术领域，除了水电大坝、高铁、航天外，就是桥梁工程。稍后，中铁大桥局集团有限公司总经理胡汉舟先生会给我们分享题为"架起沟通世界的桥梁"的报告。

各位嘉宾、各位朋友，今天我们为了共同的兴趣相聚于光谷，为了中国国家战略的实现，思谋从传播领域贡献我们的智慧。我们在思想上是同道，在知识上是师友。同道、师友之间，可以不设心防，真诚交流。明代文学家冯梦龙说："合意友来情不厌，知心人至话投机。"我想这应该是本次论坛的真实写照。

祝第四届国家传播战略高峰论坛圆满成功，祝各位嘉宾、各位朋友一切顺心！谢谢！

（本文系张昆教授 2016 年 11 月 27 日在第四届国家传播战略高峰论坛开幕式上的致辞）

品牌传播与国家传播战略

今天风和日丽，是农历大雪以来难得的好天气。我们在喻家山下，在华中科技大学新闻与信息传播学院隆重举行第二届国家传播战略高层论坛暨第三届品牌传播论坛，可谓高朋满座，群贤毕至。在此，我谨代表华中科技大学新闻与信息传播学院向各位专家、各位嘉宾的到来，表示热烈的欢迎，同时对各位老师长期以来对我们学院的支持，表示衷心的感谢！

我们之所以要举办国家传播战略高层论坛，是因为在全球化、信息化的背景下，如何进行国家间、民族间的信息传播与心灵沟通，直接关系不同国家、民族之间的彼此认知和相互理解，甚至直接影响世界的和平和安宁。古往今来，发生在人类社会的各种冲突乃至战争，莫不来自国家、族群之间的误解。只有化解彼此间的误会，才会使多样化的人类社会和谐共生，共存共荣。

古希腊哲学家柏拉图曾经说，国家是个人的放大，个人是国家的缩小。信息传播是个人之间、国家之间、个人与国家之间的联系纽带。没有信息传播，就不会有作为有机体的社会，更不会有国家。传播是社会，是国家的黏合剂。我们说人是天生的社会动物，在本质的意义上，就是说人是能够驾驭和充分利用传播的动物。

今天我们置身于媒介化社会，小到个人，大到国家，要在日益紧密的网络化环境中生存，要解决的关键问题，就是克服交流的屏障，实现无障碍的传播。通过传播，显示自己的存在，表达自己的诉求，展现自己的形象，同时也全面深入地了解我们的传播对象，了解他们的态度、情感及其行为的趋向，从而实现彼此平和的互动。在这个意义上，传播是个人、组织、国家面临的重大问题，是高于一切的重大需求，是国家战略棋局中不可忽略的关键点。

正是基于这一考虑，我们华中科技大学新闻与信息传播学院与几个老大哥学院和业界、政界朋友，共同组建了华中科技大学国家传播战略协同创新中心。希望以此为据点，聚集国内外关心国家传播战略研究的同道朋友，共同探索，彼此砥砺，建设一流的国家智库，服务于国家的紧迫需要。2013 年 12 月 21 日，我们在华中科技大学举办了第一届国家传播战略高层论坛，今天是继去年之后的第二届。我们希望能够把这个旗帜继续举下去。

今年的国家传播战略高层论坛与第一届最大的不同，是把它与我们的另外一个论坛——品牌传播论坛联合在一起举行。这里我想向各位嘉宾简要介绍一下品牌传播论坛。早在 2001 年，我们学院就认识到新媒体发展必然改变广告和公关的大趋势，成立了品牌传播研究所；并于 2001 年 8 月、2002 年 4 月，分别在乌鲁木齐、江阴市举办了第一届、第二届品牌传播论坛。最近十多年，品牌传播在全国发展迅猛，并得到了全国范围内普遍的认同。

我们认为当今的品牌传播，早已超越了过去的一般意义上的产品和服务品牌传播，大家不仅意识到自主品牌对于国家形象建构的重要意义，而且国家品牌意识也日益深入人心。习近平就任总书记以来就多次强调要走品牌发展之路。在国家制度层面，建立了"首席品牌官"与"品牌经理"职业岗位；在企业组织层面，品牌管理中心纷纷建立；在社会服务层面，品牌传播公司、媒体品牌传播中心在不断问世；在教育层面，一些大学如华南理工大学等成立了品牌传播系。我院舒咏平教授还主持了国家社会科学基金重点课题"中国国家形象建构中自主品牌传播困境与对策"。

从近年来国内品牌传播的发展情况来看，品牌传播与国家形象建构形成越来越大的交叉覆盖面，特别是在跨国商贸与文化交流方面，两者共同关注的兴奋点越来越多。在国家形象建构这一焦点话题之中，经济领域是最具活力的因素，其中，国家品牌的意义显得格外突出。品牌构成世界各国国家形象的重要内容，是国外民众感受一国国家形象的直接载体之一。

就国家传播战略而言，纳入品牌传播，有利于推动国家传播战略的落地，而对品牌传播来说，进入国家传播领域，对于发挥品牌传播的政治功能，提升品牌传播的影响力，是再好不过的选择。所以把国家传播战略与品牌传播两个论坛合在一起，可能会产生一加一大于二的效应。

华中科技大学是一个以工科、医科为主体的大学，新闻传播学科在学校学科体系中体量不算大，但是学校高层非常重视新闻传播学科的发展。我们新闻与信息传播学院的历史不算长，但是目前也发展到了以学科建设为龙头的阶段。我们看准了未来国家发展、社会进步之所需，我们愿意为国家传播战略和品牌传播研究，建设一个公共的交流平台。

各位嘉宾，各位朋友，我们有幸共同生活在一个沸腾的大变革的时代，我们正在一起见证中国崛起的历史，见证世界力量格局的重新调整。我们在见证历史时，其实也在创造属于自己的历史。我们今天的会议，今天会议上各位专家的宏论，将会载入史册。伴随大国兴起的，不仅是权力中心的转移，世界学术中心也会随权力中心的变化而变化。一百年前新闻学诞生，七十年前的传播学术，欧美社会都走在中国的前面。当中国真正成为第一经济强国时，中国传播学术难道还会如昨日那样落后？

我相信，也期待，21世纪属于亚洲，更属于中国；我相信，也许不需要太久，中国的传播学术将会随着中国综合国力的上升而引领世界。我们现在致力于国家传播战略、品牌传播的研究，各位嘉宾、各位同仁的努力，可能会汇成推动中国前进的巨大动力。在这个意义上，我们没有理由不坚持，没有理由不努力。

祝我们的论坛圆满成功！也祝各位嘉宾在汉期间身体健康，一切顺利！

（本文系张昆教授2014年12月在第二届国家传播战略高层论坛暨第三届品牌传播论坛开幕式上的致辞）

新时代、 新传播、 新战略

—— 兼论新时代中国国家形象传播的挑战与对策

在人类发展史上，信息传播从来就不是可有可无、可大可小的东西。尤其是在进入文明社会之后，人类共同体的延续、不同人种的繁衍、国家和社会的治理等，无不仰赖于畅通的传播系统。究其原因，乃在于人本身是一个社会性的动物，其存在与延续不仅取决于物质资料的供给，而且受到精神力量的涵养。在大多数情况下，精神的影响甚至会超过物质的力量。20 世纪轰动世界的"印度狼孩事件"，说明离开人类社群，离开人类的文化环境，即便在生理意义上保全了生命，也不过是一个自然人。从文明发展的角度来看传播的演进与功能，是我们认识传播的一种不同视角。

其一，信息传播是人类生存的手段，是人类生产、生活的主要工具。在人类历史的早期阶段，我们的祖先还在丛林中生存时，要应对外部不可预测的环境突变，要战胜危险的肉食动物的挑战，必须依靠群体的力量。没有及时的信息传播，没有彼此间的有效沟通、协同，是不可能延续其生命的。进入文明社会后，生存对传播的需求似乎在减弱，但是人类生产和生活的发展，对信息传播提出了更高的要求。

其二，传播是人类文化传承的重要机制。不同于一般的动物，人类是社会动物，是文明的动物。在其生命延续的同时，还伴生着强大、复杂、深邃的精神。人类千百代累积下来的文明、智慧，先是通过语言代际传递和横向传播，后来又加入文字、图画、音频、视频，消化这些精神食粮，使得我们的精神境界越来越高、我们的知识越来越丰富、我们的行为越来越优雅。这是一般动物难以望其项背的。

其三，传播决定着国家行为的空间边界。古希腊哲学家亚里士多德曾在其《政治学》一书中，谈到国家的人口、领土问题。他的原话是这样讲的："倘若组成一个城邦的分子太少，这在生活上就无法自给自足，而城邦的目的却在自给自足。一个城邦，如果像一个民族国家那样，人口太多了，虽然在物质需要方面的确可以充分自给，但它既难以构成一个真正的立宪政体，也就终于不能成为一个真正的城邦。……为数有那么多的群众，谁能做他们的将领而加以统率？除了具有斯顿笃那样的嗓音，谁又能给他们传令？""关于人口方面所说的'观察所能遍及'的条件，对土地方面也一样合适。"① 这一观点现在看来似乎很幼稚，但是作为古希腊最聪明的思想家之一，他得出这一结论是有原因的，那就是传播对国家行为边界的制约。为什么国家的人口不能太多也不能太少？领土不能太大也不能太小？太小和太少不足以维持一个国家，太多和太大，又是当时传播系统难以完全覆盖的。

其四，传播发展程度是显示国家发展程度的重要指标。如今，国家作为一个巨大的社会系统，包罗万象。其发展程度，也是由构成国家整体的各个子系统、各个要素所决定的。近代"舆论界之骄子"梁启超云："欲觇国家之强弱，无他道焉，则于其报章多寡良否而已。"② 另一个维新派志士谭嗣同也说："各新闻纸为绝精之测量仪器，可以测其国，兼可分测其人。国愈盛者，出报必愈多……人至极暗陋，必不阅报。"③ 环顾世界，一个没有发达、开放的传播系统的国家，绝对不是一个文明、先进的国家；反过来说，一个发达、先进的国家，肯定拥有一个繁荣、开放的传播系统。

其五，传播是阶层、族群、国家间沟通的基本渠道，是消除隔阂、误解、歧见，增进相互理解、融合的主要工具。在全球化的背景下，各阶层、族群、国家共生于一个彼此相关、无法隔绝的全球系统之中，互为环

---

① 〔古希腊〕亚里士多德：《政治学》，吴寿彭译，商务印书馆，1997，第354~357页。
② 《梁启超全集》第1册，北京出版社，1999，第476页。
③ 蔡尚思、方行编《谭嗣同全集》上册，中华书局，1981，第262页。

境，互为伙伴，不管是愿意还是不愿意，都无法摆脱这种命运的安排。这一现实，使得每个国家的发展，都离不开其他国家；而其自身也能在一定程度上影响其他国家的生存。每个族群、阶层的利益也受到其他族群、阶层的影响。作为主权国家，如果拥有发达的传播系统，就有可能对外说明自己的目标和政策，争取其他国家、民族的理解、认同和支持。反之，在国家利益的驱使下，本国的真相与意图则有可能受到其他国家传播系统的歪曲、屏蔽，甚至是"妖魔化"。如果每个族群、阶层能够充分地表达自己的诉求，并进行畅通的交流，则有利于达到和谐共生的目的。

可见，传播是我们作为文明人生存和发展的必需，是文明社会的基本装备。没有传播就没有社会，就没有文明。我们生活在发达的文明社会，我们的文明、文化需要和平、安宁，需要和谐、均衡。但具有讽刺意味的是，我们人类长期以来苦于冲突、矛盾和不均衡。英国早期空想社会主义者托马斯·莫尔曾经一针见血地指出："战争是唯一适宜于野兽的活动，然而，任何一种野兽都不像人类那样频繁地进行战争。"拥有空前智慧的人类何以演变至此？其主要的原因恐怕在于沟通、交流的不畅。

如今，我们面临的又是一个急剧变动的新时代、一个躁动不安的环境。在国内、在国际范围，矛盾频出，问题丛生，民心不安。我们现在比任何时代更加需要敏锐的监测、全面的沟通和有效的协商。

我认为，当下时代环境的变化，至少有三个方面值得注意。

第一，全球化与世界权力中心的转移。自公元 1500 年以来，全球化的浪潮一浪高过一浪，如今，地球村已然成为现实。全球各地的政治、经济、文化联系紧密，没有一个国家、地区能够自立于全球体系之外。从1500 年至 19 世纪末，世界权力中心一直在欧洲大陆游移。20 世纪以来，北美成为新的世界权力中心。如今，世界权力结构正在悄然发生重大的改变，东亚在全球权力格局变化中迅猛崛起，这是 500 年来未有的大变局。这一变化，牵动了全球的神经，美国、澳大利亚及欧洲国家的反常举动，一些明显的遏制行为，便是对这一态势的反应。

目前的中国，与 19 世纪的晚清不可同日而语。中国已经完全融入全球体系，人们已经无法想象一个没有中国的世界。最近 30 年来，中国对全球经济增长的贡献一直维持在 30% 左右。中国 GDP 规模，按世界银行汇率计算仅次于美国，居世界第二；如果按购买力评价理论，中国的经济规模已经超过美国。在这一背景下，传统的世界强国，尤其是英美诸国，对中国充满疑虑，一些周边邻国也有些紧张。一时间，"中国威胁论""中国崩溃论"等不绝于耳，"修昔底德陷阱"也甚嚣尘上。

第二，网络信息化与去中心化。我们现在置身于高度发达的信息环境，这是前人无法想象的。在传统媒体之外，各种基于网络数字技术的新媒体层出不穷，信息弥漫有如水银泻地，无孔不入，无处不在。信息传播与消费的均等化，在相当程度上消除了信息不对称，导致权力中心与信息中心的分离。在传统时代，权力中心与信息中心合二为一，权力最大的人，是掌握信息最多的人，也是掌控传播阀门的人。现在来自下层的信息流越来越大，冲垮了权力部门的控制秩序。在过去，信息传播是上对下、点对面；如今，人人都有麦克风，人人都有摄像头，下对上、点对点、面对面、面对点的传播越来越普遍。

传播格局、传播生态的变化，对国家和社会治理提出了严峻的挑战。过去我们习惯于上对下的指示性传达，而不习惯于对话；习惯于遮掩，而不习惯于公开；习惯于逐级报告，而不习惯于主动性传播；习惯于迷信权力，而不习惯于尊重信息传播规律。所以，面对传播问题，我们总是习惯性地运用政治智慧去求解，须知"一把钥匙开一把锁"，传播的问题最终还须仰赖于传播的智慧去解决。

第三，城镇化与阶层分化、多元利益主体出现，社会矛盾加剧，需要有效的沟通。40 年前，中国改革从经济开始，从农村开始。稍有所成后，再扩展至城市、中大型企业。改革开放之前，中国社会虽然贫穷，却比较平均，而中国传统文化精神的核心，就在于不患寡而患不均。所以虽然贫穷，但大家一样不富裕，所以彼此相安。随着改革的深入，随着一部分人先富起来，随着富起来的越来越富，社会的阶层分化越来越显著。伴随城市化的进程，城乡矛盾也浮上水面。

社会安定是发展的前提，而安定的维持，需要各阶层和谐共处。和谐的局面一方面来自利益的均衡，另一方面则来自有效的沟通。目前我们在这两个方面都存在明显的不足，需要从根本上加以改观。

新的时代、新的环境，新的国家战略，需要新的传播。而这种新传播，应该服务于国家战略、服务于国家的根本利益和人类的福祉。在全球化、网络信息化、城市化的背景下，新传播应该扬弃传统的思维模式，以开放、多元、融合的理念，展开创造性的传播活动。这种新传播具有与旧传播不同的诸多特征。

其一，内外贯通。长期以来，我们一直坚持内外有别，这在传统媒体占支配地位的时代，是可以理解的。如今，网络与各种社交媒体的发展，以狂飙突进的态势，摧毁了国家之间的自然与政治地理屏障，信息可以在全球范围内无障碍流通。对内传播，可能在国外引起强烈反响；对外的传播，可能在国内产生更大的反响。所以，全球村庄的现实，要求我们以全球思维，打通隔断内外的藩篱，统筹内外传播。

其二，媒体融合。如今的媒介生态，与二十年前全然不同。此前，传统媒体包括报纸、书刊、电影、广播、电视、通讯社等一统天下，成为民众认识社会、适应环境、表达意见的基本渠道。如今，基于网络数字技术的新媒体层出不穷，由于民众高度的参与，新媒体迅速崛起，不断地侵蚀传统媒体的地盘，其市场份额扶摇直上。在对内宣传方面，我们在逐步适应网络时代的新格局。可是目前的国际传播，我们还是过多地依赖传统媒体，不习惯于运用社交媒体，殊不知，在网络传播时代，社交媒体最有可能直达民众的心灵深处。为今之计，在设计我们的媒体战略时，应该超越媒体界限，以整合传播的理念，融合各种不同的传播渠道，扬长避短，彼此互补，立体覆盖。

其三，朝野并举。中国的政治传统，历来是同样重视"笔杆子"和"枪杆子"，两手抓，两手都硬。传播或宣传，属于笔杆子的范畴，自然要掌握在拥有政治权力的机构手中。新中国成立以来，对内对外传播，都被纳入党政权力轨道。虽然在对外传播领域，也存在以民间机构出现的各种组织，其实其背后也具有官方的身份。这一点与欧美国家完全不同，欧美国家的信息传播领域，在平时几乎全部属于民间，在非常时期（如战争时期），政府才会予以适当的管控。改革开放以来，中国民营经济迅速发展，众多民间组织也相继登台，如果能够调动这些资源，应用于对内对外传播，与官方传播相呼应，必将强化内外传播的效果。

其四，军民协同。和平与战争是人类历史存在的基本形式。在有文字记录的文明史上，发生战争或以战争形式存在的历史时间并不长，但是战争是火与刀的碰撞，是血和泪的交融，是对国家、民族命运的生死考验，是历史能量的集中爆发。所以战争时期，军事、国防优先是一个基本的原则，国家安全高于一切。在战争背景下，传播系统是国家战争资源的重要部分，也是战争动员的基本手段。虽然和平时期，没有战火硝烟，枪炮声早已远去。但是忘战必忧，围绕着国家战略，军方与民间的传播系统应该基于国家利益，进行充分的协同，相互配合，发挥整体的效益。

其五，多元表达。40 年的改革开放，提升了我们的综合国力，同时我们的社会也日趋多元化。阶层分化、职业分化、贫富分化持续加大。不同的利益群体、不同的社会阶层需要正常的表达权利，而这种表达又是健全舆论不可或缺的。无论是国内问题还是国际问题，一个国家不可能只有一个想法，一种声音。主流的声音当然应该弘扬，非主流的意见也应该得到尊重。民意的表达对内可以作为政策决定的依据，对外则可以作为统一的国际舆论对目标国家施加压力。民气可用，在民主的时代，是基本的政治常规。

总之，新时代需要新战略，新战略需要新传播。但新传播的实现是需要条件的。在国际竞争空前激烈、国内矛盾日益累积的情况下，要以全新的姿态策动新传播，必须要有高度的政治智慧，这种政治智慧还必须与传播智慧融合起来，才能驾驭日益庞杂的信息传播系统，充分地发挥内外传播的效率；另外，作为掌控传播系统的国家领导人，还必须具备足够的政治自信。经济是基础，孟子讲，"有恒产者有恒心"。在中国几十年的和平发展中，人们感受到了稳定的价值。只要经济稳定，天下乱不了。我们要相信人们的理性和判断力。

我坚信，在以习近平同志为核心的党中央坚强领导下，在属于我们的新时代，新传播一定能够以崭新的姿态登上历史舞台，为实施我们国家的新战略，为增加人类的福祉，为建构新的全球和谐和力量均衡，做出符合人们期待的贡献。

（本文收录入《国家形象蓝皮书：中国国家形象传播报告（2017~2018）》，社会科学文献出版社，2018）

时尚传播与社会发展：
问题和反思

一 研究背景

"《新书·车服志》云：……宫人从驾，皆胡冒乘马，海内效之，至露髻驰骋，而帷冒亦废。有衣男子衣而靴，如契丹之服。……《五行志》亦云：天宝初，贵族及士民，好为胡服、胡冒。"① 又花蕊夫人在《宫词》诗中云："回鹘衣装回鹘马，就中偏称小腰身。"对于上述史料中关于中国唐代服饰时尚的记载，作为中国史学界近代三大家之一的吕思勉先生在其《隋唐五代史》中评述道："中原衣服，始自古初，制本宽博，而南北皆较短窄，人情多好新奇，遂有互相放效以为美者。"②

可见，早在前大众传播时代的唐代，服饰时尚传播现象已有迹可循，而且其颇有胡汉民族之间和南北地域之间跨文化传播的意义。从跨文化交流的层面看，唐代的时尚之风无疑成为大唐多样化文化生态和开放性社会结构的现实景观。反观其消极一面，时尚同时也带来了诸如"流于奢侈"和伪诈珠宝制售等社会问题："趋时者势必流于奢侈，故历代皆有禁令。……然此等所禁，实非至奢者，其至奢者，则法令不能行矣。……自安乐公主作毛裙，百官之家多效之。江岭奇禽异兽

---

① 吕思勉：《隋唐五代史》，中国友谊出版公司，2009，第691~692页。
② 吕思勉：《隋唐五代史》，中国友谊出版公司，2009，第694页。

毛羽，采之殆尽。其穷奢极欲如此。……此可见奢侈之风，皆居高明之地者启之也。风尚既成，群相放效，而力有不赡，则诈伪起焉。《旧五代史·梁太祖纪》：开平三年五月，诏曰：'应东西两京及诸道州府，创造假犀、玉、真珠、要带、璧、珥，并诸色售用等，一切禁断，不得更造作。'①

时尚传播虽早至帝国时代，但时尚文化的盛行及其在社会中的普遍化和渗透化，则是在时尚与资本和大众传媒结合之后。鲍德里亚（Jean Baudrillard）指出："作为政治经济学的当代表演，流行（Fashion，时尚）是如同市场一样的一种普遍形式。"② "当西方资本主义生产方式及其产品随着全球化而充斥于世界的时候，不仅是在先进的资本主义国家，而且在全球各个角落，普遍存在并渗透于社会各个领域的东西，就是已经彻底商品化和全球化的流行（时尚）文化产品。"③ 时尚文化、消费主义、文化权力、景观社会等概念往往是伴随而行的，在文化和传播研究领域，对于时尚文化（Fashion Culture）的批判性解读也成为当代文化研究中较为引人注目的取向。

面对西方社会消费主义盛行和奢侈生活方式带来的负面影响，早期的文化学者，如西美尔（G. Simmel）、凡勃伦（Veblen）、布尔迪厄（P. Bourdieu）等都认为"当代流行（时尚）文化已经成为社会区分化和阶级化的重要杠杆"④。阿多诺（Adorno）、鲍德里亚（Jean Baudrillard）、罗兰·巴特（R. Barthes）等则指出时尚文化与资本和媒体结合，通过意义的生产和再生产作用于人的欲望，刺激个体产生幻影崇拜的心理需求和热衷符号消费的盲目行为。⑤ 进入 20 世纪 90 年代，随着传播全球化的发展和商品与资本的国际流动，许多研究者从文化地理学的角度，提出了时尚传播在地理上的中心化造成少数国际性都市的文化权力过于集中的观点，认为"时尚产业的合并形成了文化控制力的集中化，而这种集中的

---

① 吕思勉：《隋唐五代史》，中国友谊出版公司，2009，第 695~696 页。
② J. Baudrillard, *L'écharge Symbolique et la mort*, Paris：Gallimard, 1978, p. 139.
③ 高宣扬：《流行文化社会学》，中国人民大学出版社，2006，第 1 页。
④ 高宣扬：《流行文化社会学》，中国人民大学出版社，2006，第 1 页。
⑤ 高宣扬：《流行文化社会学》，中国人民大学出版社，2006，第 53 页。

权力又仅属于现有的世界的中心城市"①。正如麦克卢汉在 1964 年提出"地球村" 概念时所提到的，"地球村的出现意味着城市将不可避免的如电影中的渐隐镜头（a fading shot）一样消失"，朱克英（Zukin）等指出，时尚全球化带来了城市文化和景观的同质性，从而造成了独特都市消费体验的消逝。② 90 年代末开始，时尚传播与电子商务开始结合并快速发展，这一现象引发了部分学者关于时尚电商化传播可能使大都市成为过时之物，从而带来"城市的消融（the dissolution of the city）" 的担忧。③

纵观学界对时尚传播和社会发展之问题的批判性反思，可以发现，时尚传播在社会发展中的角色是从四个方面进行的：作为身份符号的时尚之于社会结构的作用力；作为商品化符号的时尚之于个体生活方式的作用力；作为象征性文化权力的时尚之于文化话语权的作用力；作为都市化符号的时尚之于都市文化的作用力。

二 辩证性解读时尚传播在社会发展中的作用

（一） 社会区分与身份整合：作为身份符号的时尚

西美尔对于时尚的社会作用，一直有着辩证的理解。其一方面认为，时尚具有社会区分的功能，即凭借时装这个始终作为社会阶级的标志，社会高层可以通过始终保持时装转变的前沿性和迅速性，将自己与社会底层区分开来；另一方面认为，时尚作为一种对特定模式的模仿现象，其满足了个体的社会适应的需求，为个人的社会化提供了大众所采取的规

---

① David Gilbert, "Urban Outlifting: the City and the Spaces of Fashion Culture," in *Fashion Culture: Theories, Explorations and Analysis*, eds. by Stella Bruzzi and Pamela Church Gibson, London and New York: Rontledge, 2000, p. 8.

② David Gilbert, "Urban Outlifting: the City and the Spaces of Fashion Culture," in *Fashion Culture: Theories, Explorations and Analysis*, eds. by Stella Bruzzi and Pamela Church Gibson, London and New York: Rontledge, 2000, p. 9.

③ S. Graham, "The End of Geography or the Explosion of Place? Conceptualising Space, Place, and Information Technology," *Progress in Human Geography*, Vol. 22, 1998, p. 169.

范路径。① 斯宾塞（Herbert Spencer）对此也有相似的观点，其认为时尚是社会关系的表演，人在社会活动中追求时装的外观形式是人性使然，通过重视和不断变换时装外观，各个阶级和阶层的人相互仿效并以示区别。② 美国社会学家凡勃伦（Veblen）在其《有闲阶级论》中也提到：一方面，社会生活中个体为了显示其地位和阔气，而进行摆阔性休闲（conspicuous leisure），进而以将其自身同他人区分开来；另一方面，随着商品经济的发展和消费能力的提高，上述摆阔性休闲开始出现大众化的趋势，从而使最初由社会高层所追求的时尚成为社会群体经验的共享。③

在现实语境下，作为身份符号的时尚，在传播过程中更多地扮演了促进社会整合的角色。一方面，基于传播技术的全球化和商品服务的快速流通，时尚信息发布和接收的时间差越来越短，时尚商品的可获得性大大提高，效仿者对时尚快速反应而形成的新的跟风行为，使这种社会高层借时尚文化所制造的社会区隔的边界不断模糊。另一方面，人具有寻求归属感的需求。从社会层面看，在时尚文化普遍化的现代社会，对时尚文化的追求成为其追求归属感的一种方式；个体的行动符合时尚法则，则被视为"in"，否则被认为是"时间部落（a 'time of tribes'）"④ 的"out-man"。从时间坐标看，时尚文化具有明显的时代特征和历史方位，社会成员可以通过平衡时尚文化与传统文化之间的差异，实现个体在时代发展中的坐标感，实现个体对自身时间身份的认同。

（二）消费主义和物质创新：作为商品化符号的时尚传播

法兰克福学派的阿多诺（Adorno）面对 Fashion Culture 这一在欧洲普遍存在的文化现象，"深刻地指出，流行（时尚，Fashion）文化的产生和发展，是商品中所滋生出来的'代用品'（Ersats）及其不断产生的'次

---

① G. Simmel, *The Philosophy of Fashion*, *In Simmel on Culture*: *Selected Writings*, eds. by David Frisby/Mike Featherstone, 1997, London: Sage. 1905, pp. 188-189。

② 高宣扬：《流行文化社会学》，中国人民大学出版社，2006，第15页。

③ 〔美〕凡勃伦：《有闲阶级论》，蔡受百译，商务印书馆，1964，第65~76页。

④ M. Maffesoli, *The Time of Tribes*: *The Decline of Individualism in Mass Society*, London: Sage, 1995。

级'使用价值进一步膨胀的结果。这就使他最早揭示了流行（时尚）文化同媒体、广告宣传及日常生活中城市景观的空间表演的密切关系，也最早揭示了流行文化的幻影崇拜本质"[1]。鲍德里亚（J. Baudrillard）在此基础上进一步认为，时尚文化本质上是一种符号论体系，并表现为大量地消费性商品的交换和更替，在符号意义的生产和再生产过程中，作为物品生产者与消费者之间的中介因素的广告商的广告运作策略发挥了重要作用。[2]作为商品化符号的时尚传播，一直被描述为一种颓废且无意义（decadent and frivolous）的文化现象，而且这种负面评价一直延续至当今的网络时代。Kraal 认为除了购买能力造成的阻隔外，时尚公司的合并，以及电商贸易（e-commerce）的扩张，使得一个同质化的世界性时尚文化正在形成。[3]

西美尔则主张将时尚视作文明进程的一部分，是对"新（newness）"的持续性追求。[4] 西美尔认为，时尚"通过内容的改变以今日的时装为每个个体提供一种标志，以与昨日和明日的个体相区分"[5]，这种"时间部落（a 'time of tribes'[6]）"式的社会群体的交替更新，从另一个侧面说明了时尚传播不应该仅仅被视为同质性产品的机械复制和受宰制的受众们的盲目消费。索洛金（P. Sorokin）在其力作《社会文化动力学》一文中指出"任何一种社会文化现象，都是某种意义并属于某种类型的人类互动"[7]。时尚的形成和传播本质上是一种意义被生成，并与传统观念相契合而生成新意义的过程。人类学研究中关于时尚的观点认为，时尚（fashion）是一种特定的方式（style），当这种方式本身所包含的意义与群体业已认同的观念

---

① 高宣扬：《流行文化社会学》，中国人民大学出版社，2006，第 30 页。

② 高宣扬：《流行文化社会学》，中国人民大学出版社，2006，第 53 页。

③ N. Kraal, World Domination, Elle Singapore, Millennium edition, January, 2000, pp. 104-106.

④ Mark Jayne and Slavomíra Ferencuhová, "Assemblages and Context Comfort, Identity and Fashion in the Post-socialist City: Materialities", *Journal of Consumer Culture*, 2013, p. 2.

⑤ G. Simmel, "The Philosophy of Fashion," In *Simmel on Culture: Selected Writings*, David Frisby and Mike Featherstone eds., London: Sage, 1997, pp. 188-189.

⑥ M. Maffesoli, *The Time of Tribes: The Decline of Individualism in Mass Society*, London: Sage, 1995.

⑦ J. Sorokin, "Social and Cultural Dynamics," Vol. I. *Fluctuation of Forms of Art*, New York: The Bedminister Press, 1937, p. XI. 参见高宣扬《流行文化社会学》，中国人民大学出版社，2006，第 19 页。

一致时，其就有可能被群体选择并定义为时尚。① 索洛金还指出，非物体的无形的意义或价值的表达需要载体（vehicle），载体不是完全被动的事物，它在社会文化现象的生命运动中，对于价值或意义（meaning or value）以及行动者（actor）来说，都会产生重大影响。② 时尚文化所生成的意义的载体即各种时尚物品和方式，这些物质实体和方式会伴随新意义的生成而不断被更新，客观上促进了社会上的物质创新和生活改善。

（三）文化控制和时尚赋权：作为象征性文化权力的时尚

近年来，高级时尚（high fashion）经历了一个品牌全球化的过程。时尚界通过合并（consolidation）而成为跨国品牌，从而获得能够在跨媒体营销普遍存在的无国界市场上的生存能力。③ 这种基于时尚产业发展的商业性决策，却在文化层面形成时尚权力集中化的负面影响。David Harvey曾指出，资本主义在"时空上的压缩（time-space compression）"越来越明显地加剧了世界和区域范围内经济上的不平衡和政治上的不平等。④ 国际时装周就是这种"时空上的压缩"在时尚文化产业的集中表现之一，"媒体将这些国际走秀描述为瘦至极瘦的模特（the impossibly thin）穿着常人不可穿着的东西（the unwearable）而进行的自我放纵的穿插表演（the self-indulgent side-shows）。这样的评价对于表演本身虽然是形象且合理的，但是它却没有看到时装周作为一种社会机制（social institutions）的本质，即通过时装周的运作，占主流地位的精英阶层的文化观得以被宣

---

① A. K. Molnar, Transformations in the Use of Traditional Textiles of Ngada（Western Flores, Eastern Indonesia）: Commercialization, Fashion and Ethnicity. Canadian Anthropology Society: Consuming Fashion Oxford: Berg. 1998, pp. 39 - 55//Ted Polhemus and Lynn Procter, *Fashion and Anti-fashion: An Anthropology of Clothing and Adornment*, Thames and Hudson, Ltd 1978, p. 12.

② J. Sorokin, "Social and Cultural Dynamics", *Vol. I. Fluctuation of Forms of Art*, New York: The Bedminister Press, 1937, p. XI. 参见高宣扬《流行文化社会学》，中国人民大学出版社，2006，第19页。

③ David Gilbert, "Urban Outlifting: the City and the Spaces of Fashion Culture," in *Fashion Culture: Theories, Explorations and Analysis*, eds. by Stella Bruzzi and Pamela Church Gibson, London and Newyork: Rontledge, 2000, p. 8.

④ D. Harvey, *The Condition of Postmodernity*, Oxford: Blackwell, 1989, p. 240.

扬，并推广成为全球性的时尚文化"①。以伦敦为例，伦敦虽然作为绝对金融中心的地理意义已经下降，但是凭借国际四大时装周之一的伦敦时装周，及其在时尚文化上的独特性和重要性，伦敦重新获得了社会力量和文化话语权，从而成为文化地理上的绝对中心城市之一。

我们也应该看到，作为象征性文化权力的时尚，其在形成文化控制力的集中地的同时，也为新的时尚形态获得力量提供了想象和实践的空间。而这种时尚赋权的可能性也被"韩流"席卷全球所证实。与以往时尚制造的模式不同，"韩流"时尚的载体不是以物化的商品和品牌为主体，而是更为集中和彻底地以人（韩流明星）和文化产品（韩剧、音乐、舞蹈）作为推动方式。启用韩国明星进行服装走秀，也成为首尔时装周的一大特色传统。这种人性化、系统化的"全"符号载体赋予了受众更大的、更完整的想象空间，因而"韩流"是一种开放性的时尚文化系统，其力量所辐射的范围更加广泛，从服饰到美妆，从韩语到韩星，从泡菜、烤肉到济州岛旅游，皆成为"哈韩"一族的好趋之物。更重要的是，韩流在给韩国带来其在时尚领域的美誉度和话语权的同时，也成为韩国软实力提升的重要战略之一。

（四）同质景观与都市体验：作为文化地理学意义上的时尚传播

大量关于现代消费文化的研究都对消费文化对地方独特性的销蚀作用表示了担忧，时尚商品同质化的成列和售卖会使都市特有的消费体验随之丧失。一方面，时尚购物中心（mall），作为一种时尚文化在都市传播的醒目场域，是一种汇聚了全球各大时尚品牌的商品的、同质化的人造空间，这种去都市化（de-urbanising）的时尚商业模式在未来极有可能取代已有的都市中心，从而危及现代都市的独特的整体性体验。② 另一方面，

---

① David Gilbert, "Urban Outlifting: the City and the Spaces of Fashion Culture," in *Fashion Culture*: *Theories*, *Explorations and Analysis*, eds. by Stella Bruzzi and Pamela Church Gibson, London and Newyork: Rontledge, 2000, p. 9.

② David Gilbert, "Urban Outlifting: the City and the Spaces of Fashion Culture," in *Fashion Culture*: *Theories*, *Explorations and Analysis*, eds. by Stella Bruzzi and PamelaChurch Gibson, London and Newyork: Rontledge, 2000, p. 10.

人们对都市时尚游（the urban fashion tourism）的热衷，却从另一个角度说明，时尚文化本身就是都市体验的一部分。比如，20 世纪 90 年代，纽约居民曾经游行反对迪斯尼对时代广场的"迪斯尼化（disneyfication）"的改造工程，认为如果这种人造的景观占领了时代广场，那么一个公司的景观将会主导曼哈顿。[①] 而如今，参观时代广场的迪斯尼主题商店却成为漫游纽约的必要体验。也就是说，时尚人造文化在销蚀都市独特性的同时，又在与地方传统相融合，进而成为都市整体体验的构成之一。

三　结语

时尚文化的核心在于体验，而不是物品本身，时尚所具有的"尚新（newness）"本质，使其本身就具有对抗技术复制性和城市同质化的酵素。因此，应该以辩证的态度来评价时尚传播在社会发展中的作用：其一，作为身份符号的时尚之于社会结构，既容易造成社会区隔，又有助于促进个人身份的社会整合；其二，作为商品化符号的时尚之于生活方式，在催生消费主义和景观社会的同时，客观上刺激了物质创新和生活改善；其三，作为象征性文化权力的时尚之于文化话语权，既容易造成话语权集中于少数国际化都市，又为其他国家和城市提供了被赋权的可能；其四，作为都市化符号的时尚之于都市文化，在带来了城市景观同质性的同时，又是都市文化的特殊体验的重要构成。

［本文是张昆教授与陈雅莉的合著，系 2011 年国家社会科学基金重大项目"跨文化传播中的中国国家形象建构研究"（项目编号：11&ZD024）的系列成果之一。文章发表于《社会科学战线》2015 年第 3 期，《新华文摘》2015 年第 12 期全文转载］

---

① Zukin, "Urban Lifestyle: Diversity and Standardisation in Space of Consumption," *Urban Studies*, Vol. 35, 1998, p. 836.

国家品牌的内涵、功能
及其提升路径

在全球化的语境下，国家与国家之间的交往博弈、国家战略的实现与否，在相当程度上受到国际社会对国家主体的形象认知，对国家主体信任度、认可度的影响。在国际社会，一个国家如果品牌靓丽，富有公信力，占据道义的高度，值得其他国家的信任，其行为就能够得道多助。反之，其国际行为就难以得到其他国家的认同、理解和支持，甚至受到其他国家的反对。所以，打造国家品牌，完善国家的形象，对于国家战略达成具有重要的意义。

一 品牌与国家品牌

国家品牌（National Brand）由"国家"和"品牌"两个具有独立意涵的单词组成。国家包含了人民、领土和主权三大要素，是拥有共同的语言、文化、历史、种族、血统、领土和政府的人类社会的共同体。"品牌"则是一个商业方面的概念。国家品牌源于品牌，其产生的背景则是以国家为主体的国际社会的互动与交流。其含义与"国家形象"、"国家威望"或"软实力"等名词相似或相近，但是也有其不同的内涵。国家品牌是基于国家物质存在和现实行为的无形资产，是国家在与国际社会互动过程中形成的国际社会公众对国家的正面评价、认可或信任。

1. 品牌

1950 年，大卫·奥格威首次提出"品牌"概念。1955 年，柏利·加德纳与西德尼·利维在《哈佛商业评论》上发表的《产品与品牌》，这是第一篇关于品牌的学术论文。对品牌学的研究和应用自始就融入营销学、广告学、传播学、心理学、公共关系学等诸多学科，随着市场经济的发展，品牌在市场竞争中的地位逐渐提高，品牌研究不断深入。

其一，品牌是一种符号。该论点以美国菲利普·科特勒为代表，他认为，品牌是销售者向购买者长期提供的一组特定的特点、利益和服务的允诺；品牌还是一个更为复杂的符号，它包括属性、利益、价值、文化、个性和消费者评价。[①] 美国的《营销术语词典》也将品牌定义为：用以识别一个或一群产品或劳务的名称、术语、象征、记号或设计及其组合，以和其他竞争者的产品或劳务相区别。[②] 这类定义是从品牌的初始功能出发的，英文品牌是"brand"，原本是指在牲畜上的烙印。也就是说品牌是一种符号，消费者就是通过符号来识别品牌的。

其二，品牌是一种象征。这一论点最早由奥格威在 1955 年提出："品牌是一种错综复杂的象征，它是品牌的属性、名称、包装、价格、历史、声誉、广告风格的无形组合。品牌同时也因消费者对其使用印象及自身的经验而所有界定。"[③] 他对于品牌的关注点由之前的品牌产品本身转向品牌的形象和个性研究。这一观点为后来很多学者所认同。

其三，品牌是一种认知。利维教授在 1978 年指出，品牌是存在于人们内心中的图像和概念的集合，也是对于品牌认知和对品牌主要态度的集合。[④] 只有满足消费者理性和感性的需求，品牌才能够得到发展。如果消费者对一个品牌不排斥，由认识到认同，最终达到忠诚，这就是品牌营销的成功。

---

① 〔美〕菲利普·科特勒：《营销管理：分析、计划和控制》，梅汝和等译校，上海人民出版社，1997，第 415 页。

② 转引自杨芳平《品牌学概论》，上海交通大学出版社，2009，第 3 页。

③ 〔美〕菲利普·科特勒：《营销管理：分析、计划和控制》，梅汝和等译校，上海人民出版社，1997，第 694 页。

④ Sidney J. Levy, Burleigh B. Gardner, "Product and Brand," *Harvard Business Review*, 1955, 32（2），p. 35.

其四，品牌是一种资产。品牌资产这一概念最早由广告公司使用，随后引起了学界的兴趣。美国亚历山大·L. 贝尔认为，品牌资产是一种超越生产、商品及所有有形资产以外的价值。① 这一见解源自经济学，认为品牌是一种无形的资产，并可以脱离产品而为企业带来价值。

以上对品牌的四种理解，都是源自某一特定的观察视角，均有一定的合理性，但也存在各自的不足。综合来看，我们可把品牌视为一种符号、一种无形资产、一种象征、一种认知，似乎品牌是一种超然物外的抽象物，其实不然。品牌的核心内涵直接来源于客观存在的商品、服务或企业行为本身，品牌不过是主体对于这些客观存在的认知或评价。

2. 国家品牌

国家品牌概念最初出现于20世纪50年代，大卫·奥格威首先提出了"国家品牌"。不过，最初的"国家品牌"来源于"产品来源国"概念。随后，菲利普·科特勒将国家品牌的关注点扩增，从单一的产品扩充到组织中进行的社会化营销。之后，研究者将国家品牌的概念提升至国家层面，还有学者根据品牌理论制定出国家品牌质化或量化的模型。目前国家品牌的定义大体上分为以下三种。

第一，从商品经济的角度来解释国家品牌，将营销学的品牌理论应用在国家品牌上。荷兰学者皮特·梵·汉姆在 *Foreign Affairs* 杂志上发表《品牌国家的兴起》一文，阐述了如何将国家打造成为一个"品牌"的理念，他提出："如同一个品牌可以很好地反映出消费者对产品及其服务的认知，国家品牌也是国际对国家的信任和满意度。"② 这一观点在国内引起了广泛的认同，"一个国家的整体品牌形象将对该国的政治、经济、社会等各方面均产生影响，这就是所谓的'国家品牌效应'"③。

第二，从国际关系的视角来解释国家品牌。莫斯科大学新闻系 A. B. 格鲁莎提出："国家品牌是一个国家的战略资本，它有助于提高这个国家

① Alexander L. Biel, "How Brand Image Drives Equity," *Journal of Advertising Research*, 1992, 32 (6), p. 7.

② Peter van Ham, "The Rise of the Brand State: The Postmodern Politics of Image and Reputation," *Foreign Affairs*, 2001, 80 (5), pp. 2–6.

③ 张鹏：《国际营销中国家品牌效应的应对策略》，《经济论坛》2003 年第 9 期。

在世界上的形象，吸引投资、扩大产品销售范围。从本质上而言，国家品牌是构建国家形象的最终结果。"① 这一理论将国家品牌建立在国家的立场和行为之上。

第三，是从认知的角度来解释国家品牌，认为国家品牌是概念的集合。"国家品牌是指一个国家在全球公民心中的整体印象。它是一国优秀企业在全球市场所构成的商誉总和，也是外界对一国总体的、相对稳定的一般性评价。"② 影响国家品牌的因素不仅涉及有形的环境、产品、行为，也包括无形的文化、历史、价值观等元素。

综合以上见解，国家品牌可理解为：基于国家物质存在和国家现实行为的无形资产。它是国家在与国际社会互动过程中形成的国际社会公众对国家的正面评价、认可或信任。国家品牌能给国家主体带来溢价，并在一定程度上增强国家行为的合法性，帮助国家在国际社会占领道义高地。因此也可以把国家品牌视为国家威望或国家的软实力。

3. 国家品牌的功能

国家品牌的形成或提升，对于主权国家具有重要的意义。对内，国家品牌能够激发国人的自豪感、光荣感，强化国人的认同感、归属感；对外，国家品牌是国家之间重要的竞争优势，能够促进国家之间的交流互动，而且在这种互动之中增强国家的吸引力、影响力。

其一，增强国家凝聚力，提升人民自信心。

从认知角度来看，国家品牌的内涵实际是自我认知与他我认知的统一。所谓自我认知是本国人民对祖国的客观存在及国家行为的正面认知、评价和信任。他我认知则是他国公众对于一个国家的存在及其行为的认知和评价。过去研究者常常将视野聚焦于国家品牌的外向性功能，而忽视了国家品牌的内向性功能。实际上，国家品牌的内外功能是相辅相成的。一方面，国家品牌能够提升本国民众对祖国的归属感，增强国家的凝聚力，强化国家对本国民众的吸引力、感召力；另一方面，则表现为国人对国家

---

① 〔俄〕A. B. 格鲁莎：《国家品牌：现代条件下国家形象的塑造技巧——以意大利为例》，《国际新闻界》2008 年第 11 期。

② 刘瑞旗、李平等：《国家品牌与国家文化软实力研究》，经济管理出版社，2014，第 2 页。

提升国际社会威望及国家战略的支持，表现为一种强大的国家和民族自信。这种情感体验在非常时期表现得尤为显著。2015年尼泊尔发生地震之时，中国政府迅速的救援行动，大大增强了国家、民族的凝聚力、向心力和人民的自豪感。

其二，提高本国产品的认知度、信赖度，推销国家的产品和服务。

国家品牌不仅可以帮助国家推销其主流价值观和政策主张，还可以帮助国家在全球范围内推销其产品和服务。国家品牌可以说是一种针对国家的识别系统，其目的之一是体现国家之间的差异性，而这种差异和由差异所引起的品牌联想有助于受众或消费者区分不同的国家，进而选择自己认同的品牌国家，在此基础上产生一种爱屋及乌的效应。当他们需要某种产品或服务时，在品质与价格相同的前提下，其在感情上认同、信任或亲近的国家的产品或服务，更容易为他们所接受。如德国拥有经济科技发达的国家形象，其机械、化工产品就备受世界欢迎。

其三，增强国家行为的合法性，争取国际认同。

由于历史、地缘、政治及意识形态的不同，国家的战略及其行为在国际社会所得到的评价也存在很大的差异。如果国家在国际社会树立了很好的品牌形象，那么即便它抱有自私的目的，甚至使用暴力手段，也比较容易得到立场相近国家的理解和接受。奥巴马之前的美国，是典型的帝国主义国家，常常打着捍卫民主自由的旗号，实际上包藏祸心，甚至公然违反国际法：武装占领一个主权国家，逮捕这个国家合法当选的元首；狂乱轰炸塞尔维亚，不分平民、军人；武装推翻伊拉克政府并判决其现任总统的死刑。然而就是这样的霸道行径，在西方世界也能得到不少国家的支持和认同。这就是国家品牌的作用。

其四，加强国际合作，促进国家战略的实现。

在全球化背景下，任何国家都不可能脱离世界体系而独自发展。复杂的全球网络把每个国家、每个国际行为体紧密地连在一起。利益与空间的密切相关使得追求双赢、多赢乃至共赢，成为必然的选择。其前提是合作，而合作的基础是信任。国家要想在国际社会得到最大程度的认同、信任和支持，必须要有一个负责任、公平公正的形象。2013年以来，中国发起的"一带一路"倡议，其目的已经不限于经济层面，不仅仅是消除过剩产能，而且要打造"政治互信、经济融合、文化包容的利益共同体、命运共同体和责任共同体"，让世界人民共享文明发展的成果。这种国家战略拉近了中国与世界各国的心理距离，增加了彼此间的互信，对于促进国家间的平等合作，营造良好的国际舆论环境，奠定了坚实的基础。

二　国家品牌意识的源流

从经济贸易的视角看，国家品牌的研究过程主要经历了一个由产品的原产国形象、国家形象到国家品牌的过程①。相关研究显示，产品的销售会受到原产国正面形象的积极影响，于是国家品牌这一概念逐渐进入研究者的视野。从国际关系的视域来看，在国家品牌概念提出之前，与之相似的概念就出现了，如王道、威望、国家形象、软实力等。国家品牌可以被看成一个具有更高统合意义的名词。虽然其正式的概念出现比较晚，但是其指涉的内涵在很早的时候就出现了。

1. 国家品牌与国家与生俱来

品牌被视为一种符号、一种无形资产、一种象征、一种认知，其指涉的内涵很早就已经出现。自语言文字出现，人类就开始利用符号来标记各种事物，如部落图腾就是当时人类心目中神灵或是崇拜者的象征。后来随着商品经济的发展，出现商业交易活动，语言文字符号便被烙刻在商品上作为其标志。早在印度吠陀时期（9000～10000 年前）就有所谓"Chyawanprash"，广泛应用于印度和许多其他国家，以受人尊敬的哲人 Chyawan 的名字命名。而"品牌"这个单词来源于古斯堪的那维亚语"brandr"，意思是"燃烧"，指的是生产者的印章通过燃烧烙印到产品上。意大利人最早于 13 世纪在纸上使用品牌水印形式。与商品品牌的发展相类似，国家品牌也是伴随国家的产生而出现，并在国际交往中得以发展的。作为国际社会的行为主体，国家要扮演主要的角色，对内需要维持和谐、稳定，对外则需要树立威信，以赢得国际社会的支持。由此也产生了国家的信誉、威望、形象等问题。这是国家品牌的源头。

---

① 韩慧林、孙国辉：《国家品牌研究述评与管理启示》，《现代管理科学》2014 年第 9 期。

2. 中国古代的国家品牌意识

在中国，现代意义上的国家品牌出现，不过百年而已，但其源头可以追溯到两千多年前的孔子。孔子生于礼崩乐坏的春秋时期，其政治理想便是恢复周礼。"周监于二代，郁郁乎文哉！吾从周。"① 在他看来，周代的制度建立在夏、商两代的基础上，丰富而完备，洋溢着文德之风。所以在其早年的政治追求中，他一直以恢复周礼为己任。周礼即周代文采斐然的典章制度，就是周朝的品牌。在孔子的政治思想中，仁德的理念一直居于核心的位置。其核心内涵有三：其一是以人为本，让老百姓衣食无虞，所以要"博施于民而能济众"②。其次，对民众的教化，应该是"道之以德，齐之以礼"③，用今天的话说，就是用道德引领百姓，用礼制去教化人民，那么百姓不仅会有羞耻之心，而且会形成一种规则意识。其三，"为政以德，譬如北辰，居其所而众星共之"④，这种仁德政治不仅可以安定内部，赢得人民的认同和服从，而且能够协和万邦，引领远者来、来者安。

其后，孟子将孔子的这一理念加以发挥，提出了王道政治的理想，以与当时流行的霸道政治相抗衡。"以力假仁者霸，霸必有大国。以德行仁者王，王不待大。汤以七十里，文王以百里。以力服人者，非心服也，力不赡也；以德服人者，中心悦而诚服也。"⑤ 所谓王道乃是"以德行仁"，这种仁政的本质是"民为贵，社稷次之，君为轻"⑥；而霸道则是以仁义相标榜，实际是靠武力实行强权统治的政治。用今天的话来说，霸道依仗的是物质的硬实力，而王道则是基于仁德的软实力。在这里，孟子区分王道、霸道的标准在于"以力服人"还是"以德服人"。这种仁德政治、软实力，就具有品牌的意味，因为有了它，国人才有认同服从的恒心，外邦才能悦而诚服。

3. 西方国家品牌意识的源流

不仅中国，两千多年前西方社会也有类似的观念。柏拉图的《理想

---

① 《论语·八佾》。
② 《论语·雍也》。
③ 《论语·为政》。
④ 《论语·为政》。
⑤ 《孟子·公孙丑》。
⑥ 《孟子·尽心》。

国》就集中展现了其对理想国家的向往，他借苏格拉底与他人的对话表现出一个集中体现了公正意识的理想国，这是世界上最早的乌托邦。他认为理想城邦的基础原则就是正义，即"每个人必须在国家里执行一种最适合他天性的职务"，且"不干涉别人分内的事情"①。而统治者必须是哲学家，或者是学习哲学的政治家，在柏拉图看来，只有真正的哲学家才可以治理国家，并解救国家于危难之间。正义、贤能政治就是理想城邦的品牌。这种意识与今天丰富、深刻的品牌思想不能同日而语，却是西方国家品牌意识的源头。

进入 20 世纪，人们开始重视国家的威望、软实力、国家形象等在国际关系中的作用。美国学者摩根索在其《国家间政治：权力斗争与和平》中提到了三大治理国家的政策，其中之一便是国家威望的政策，他指出可以通过外交礼仪和显示军事实力来增强国家的威望，一个国家需要依靠自己的权力来保护自己的地位，而国家威望可以对它们在国际舞台上的权力地位产生影响。② 增强国家威望的路径不是夸大自己的权力声誉，也不是掩盖自己的经济军事实力，只有做到客观地向世界显示本国拥有的权力地位，才能形成真正的国家威望。

与威望理论相似，哈佛大学教授约瑟夫·奈所提出了软实力理论。一个国家的综合国力既包括由经济、科技、军事实力等表现的"硬实力"，也包括以文化和意识形态吸引力体现的"软实力"。他认为一个国家的软实力主要包括以下三个方面：第一，文化，在能对他国产生吸引力的地方起作用；第二，政治价值观，当这个国家在国内外努力实践这些价值观时起作用；第三，外交政策，当政策需要被认为合法且具有道德威信时起作用。③ 在他看来，国家在国际中获取支持不能仅仅依靠其财富大小或军事的强弱等构建出的胁迫力，灿烂的文明与符合国际主流的价值观等因素也左右着国家之间的关系。

肯尼斯·鲍尔丁在《国家形象》一书中对国家形象做出了系统的研

---

① 张昆：《传播观念的历史考察》第 2 版，武汉大学出版社，2015，第 26~32 页。
② 〔美〕汉斯·摩根索：《国家间政治：权力斗争与和平》，徐昕、郝望、李保平译，北京大学出版社，2006，第 105~118 页。
③ 刘瑞旗、李平等：《国家品牌与国家文化软实力研究》，经济管理出版社，2014，第 60 页。

究。首先，国家形象是一个国家对自己的认知以及国家体系中其他行为体对其认知的结合，它是一系列信息输入和输出产生的结果，是一个结构十分明确的信息资本；其次，国家形象作为一种主观的印象，实际上构成了人们对于一个国家及其民众的心理预设，人们是带有意识形态的倾向来塑造国家形象的，价值体系对于国家形象的塑造十分重要，同一个国家，因为不同的价值观会形成不同国家形象。

无论是威望、软实力，还是国家形象，就其核心内涵而言，与国家品牌十分相似。它们是主体对国家存在的认知，是基于国家存在与国家行为的无形资产。不同的是，国家形象有好有坏，软实力有正能量也会有负能量，威望本身包含了"威"和"望"两种成分，而国家品牌则是国家在与国际社会互动过程中形成的国际社会公众对国家的正面评价、认可或信任。品牌有大小，但是没有好坏。不管是大国还是小国，只要战略、策略正确，都有可能形塑出自己的国家品牌。

三　理解国家品牌的四个维度

商品品牌的资产可以通过各项指标来具体衡量。国家品牌既是一个客观实在，也是一种观念性的指代与联想，其价值难以被精确计算。如何把握国家品牌的内涵，关系国家品牌的整体评价，影响国家基本利益的实现。愚意以为，可从四个维度来解读国家品牌。

1. 表与里的统一

国家品牌是基于国家的整体存在，而内化为主体的认知与评价。在本质上国家品牌乃是表与里的统一。在国内外公众的眼中，国家看似是一个混沌的结构，实则是一个有序的整体。我们可以把国家看成大洋上漂浮的一座冰山。展现在我们面前，能够为我们所感知的只是冰山的山尖部分，其水线下的主体部分还有多层结构，远比我们能够看见的山尖要大得多，如果不潜入水下，实难窥见其真实面目。所以，仅仅看到了山尖部分，绝不等于了解全部。国家如此，对国家的评价也是如此。波兰学者托波尔斯基曾深刻地解读了历史叙事的多层结构："（1）以陈述序列明确表述的清晰表面层（事实层 A）；（2）表述不明确，但间接地（经常是省略三段论式地）包含在表述清晰的层次内的表面层（事实层 B）；（3）通常以暗含的方式包含在（1）与（2）中的更深层次（理论层）。"① 所谓清晰表面层，只是一个有着非常深广基础的结构的最高的和可以看见的部分，犹如冰山的山尖，可以一览无余。一个叙事的潜在因素采取了层次 2 和层次 3 的形式。很显然，层次 2、层次 3 是山尖下面的深层结构，山尖的高度、宽度自然取决于下面的深层结构。法国历史学家布罗代尔将历史分成三个层次，分别是地理时间、社会时间和个体时间。地理时间是就那些在历史进程中演变缓慢的历史事物而言的，如自然地理环境等。布罗代尔认为，在人类社会的进程中，地理结构、社会结构、经济结构和文化结构共同支撑着或阻碍着历史，因此只有在长时段中才能体现历史本质②，而个人的命运和际遇在根本上是由这种深层的结构决定的。"杂事反复发生，经多次反复而取得一般性，甚至变成结构。它侵入社会的各个层次，在世代相传的生存方式和行为方式上刻下印记。"③

国家品牌也是如此。国家品牌的本质通过政治、经济、文化、社会等外部现实表现出来，外部现实不是空中楼阁，而是建基于国家历史、地理、制度的深层结构。要解读国家表层的各种迹象，必须遵循国家运行内在的逻辑。医生看病时，通过望闻问切，掌握表层的细微特征，抽丝剥茧，能够看透病人的五脏六腑，精准地把握病灶的所在。观察国家形象，不应该停留于表层，而应该深入表象下内部结构。只有深刻地了解结构的本质，才能领会各种复杂表象的意涵。换言之，结构的本质解释了表象的内在依据，表象则成为本质的现实依托。国家品牌的表与里实现了有机的统一。

2. 点与面的统一

国家是一个巨系统，它由许多子系统、无数的要素有机地组成。没有

---

① 〔波兰〕托波尔斯基：《历史叙事之真实性的条件》，转引自陈新主编《当代西方历史哲学读本（1967—2002）》，复旦大学出版社，2004，第 153~155 页。

② 孙晶：《布罗代尔的长时段理论及其评价》，《广西大学学报》（社会科学版）2000 年第 6 期。

③ 〔法〕费尔南·布罗代尔：《十五至十八世纪的物质文明、经济与资本主义》，顾良、施康强译，三联书店，1993，第 7 页。

这些要素、子系统，就没有国家整体；而离开了国家这个大系统，那些要素、子系统也将因失去依托而丧失其存在的价值。国家形象或国家品牌实际是点与面、个体与整体的统一。"廊庙之材，盖非一木之枝也；粹白之裘，盖非一狐之皮也。"① 人们对一个组织、一个国家的认知和评价，源于一个较长时间段内对该国家一系列事件、众多代表人物、过往的历史、地理环境、社会制度等要素的直接或间接的接触、了解。国家是无数个体的集合，个体是国家的组织细胞，在这个意义上，从一滴水可以看大海；当然这滴水的内涵再丰富，也无法显示大海的复杂、博大和深邃。

国家之间的互动，国际社会公众对不同国家的认知，都是一个由浅入深、由点到面的逐步累积的过程。国家品牌的要素寓于无数的新闻、产品、人物、行动、事件、传播等看似孤立的现象之中。在非洲民众眼里，中国的高铁、共享单车、网上支付、现代化城市、中产阶级富足的生活，当然还有历史文化，就是中国品牌的基本内涵。而对于欧美国家的公众，他们眼中所见的中国，可能是另外一种景观。2016 年美国新总统特朗普上任以来，其在政治舞台上不按常规出牌的表现，粗鲁、莽撞、难以预测，在某种程度上印证了美国这个昔日自由世界的规则制定者，正在演变成规则的破坏者。所以，最近一段时间以来，包括美国皮尤研究中心、英国 BBC 在内的机构所进行的全球民意调查，都证明美国在国际社会的认可度、可信度显著下降。相反，中国作为负责任的大国，作为自由贸易和全球化的中流砥柱，正在赢得越来越多的正面肯定。

3. 虚与实的统一

国家品牌是一种无形的存在，是国际社会公众对一个国家的整体印象。看似虚无缥缈，无法掌握，实则有着客观的内涵。如果说国家品牌是一种主观体验，属于意识范畴的东西，那么这种主观体验的内容终究还是由国家的客观存在决定的。马克思指出："不是人们的意识决定人们的存在，相反，是人们的社会存在决定人们的意识。"② 国家品牌这种主观评价以客观事实为基础，而这些事实又是可以通过具体的指标来测量的。

---

① 《慎子·知忠》。
② 《马克思恩格斯选集》第 2 卷，人民出版社，2012，第 2 页。

国际上有许多机构围绕国家形象、国家品牌进行了全球民调。如皮尤研究中心（Pew Research Centre）2017年的全球民调表明了美国人对中国的态度：近一年来，美国人对中国的好感度从37%急速上升到44%，厌恶度由55%下降到47%。① 对中国的"经济威胁"的态度也有所缓和，在2012年，有61%的美国人认为美国对中国的贸易逆差是很大的问题，而如今，对这一问题的关注度只有44%。同年，皮尤研究中心还对中美两国未来在全球权力消长方面调查了中美两国民众的看法。与10年前相比，75%的中国人认为中国在国际舞台上扮演更加重要的角色，而仅有21%的美国人认为美国的国家地位有了提升。美国人中对于中国或美国成为将来世界霸主的看法占比基本上持平。而中国的两方观点相差很大，67%的中国人认为中国将取代美国引领世界，远远超过认为中国不会取代美国的霸主地位的人数占比（16%）。② 美国人对中国好感度的上升、对中国未来的乐观预测，不是没有来由的。中国三十多年来经济持续的高增长，硬实力暴增的同时，软实力也在大幅提升，这才是美国人对中国评价改变的根本原因。

4. 古与今的统一

表面看来，公众面对的是现实的国家而不是历史的国家，但现实的国家不是从天上掉下来的。西方谚语云：罗马城不是一日修成的。国家品牌的建构，正如国家本体的产生与发展，不仅需要经历漫长的过程和长期的积累，也需要经过历史的检验。历史传统在与现实的碰撞中剔除其糟粕，同时淬炼出精华，在全球化的进程中，在国内外公众的视野里，国家品牌实现了古今的融会与贯通。

国家品牌是古与今的统一，可以从三个方面解读。首先，国家的现实总是建立在历史的基础之上，现实是历史的延长，不了解历史就无法认识现实。其次，传统文化的精髓决定了国民的精神面貌。国家的历史文化铸就了国家品牌的基调，国家品牌的形成离不开历史文化精神的滋养。作为

---

① Pew Research Centre，http：//www.pewglobal.org/2017/04/04/americans-views-of-china-improve-as-economic-concerns-ease/.

② Pew Research Centre，http：//www.pewresearch.org/fact-tank/2017/02/10/americans-have-grown-more-negative-toward-china-over-past-decade/.

欧洲国家核心价值的自由、平等、公正、民主，就来源于其宗教传统、文艺复兴以及争取独立自由的历史。中国在当今世界上负责任的大国形象，与中华民族的家国天下观念、尊崇仁爱、法制、和平、尊贤及以民为本的精神是分不开的。这一精神的核心源于中国历史上的儒家传统。最后，形象认知的滞后性，即历史的存在仍会影响今天的认知。最近有不少报道提及印度国民对国际社会的认知，尤其是对中国的认知，有不少印度人认为中国还是 40 年前的样子，甚至认为上海要赶上孟买至少需要 20 年。一些欧洲人一提到中国，也想象中国人还是清朝末年留长辫、愚昧落后的样子。这实际是历史遮蔽了现实，要展示自己的国家品牌，客观地认识国家的存在，必须穿越历史，与时俱进，直面现实。

四　建构国家品牌的路径

国家品牌的打造是一个浩繁的系统工程，涉及国家系统的各个层级、各个要素、各个环节，其目标的达成也不在朝夕之间，需要从国家战略的高度，在优化顶层设计的基础上，统筹安排，综合施策，调动党政机构、各地区、各企业、各种 NGO 及个人，全方位协同，方可实现预期目标。

1. 做好自己的产品

在国际商品市场上，中国已经并且还将继续占据更多的"全球第一"，譬如钢铁、粮食、计算机、手机、汽车、发电量等，可是，尽管中国经济体量很大，产品产值很高，是产品大国却不是产品强国，是商品大国却不是品牌大国。2010 年世界品牌实验室发布的世界品牌 500 强中，中国内地只有 17 个产品品牌入围。有鉴于此，国家在"十二五"规划中强调了品牌建设的重要性，提出没有好的产品品牌和企业品牌，不可能建设出好的国家形象。

中国外文局对外传播研究中心 2015 年的调查显示，有 60% 的海外受访者认为质量问题依然阻碍着中国产品的海外销售和发展，37% 的受访者认为食品安全问题的影响也很严重。当然，中国的科技创新能力也受到了国际社会的认可，有 61% 的海外受访者认为中国具有较强的科技创新能力。其中高铁就是走出国门的一张靓丽的名片。中国高铁技术先进、安全可靠，产品生产制造的产业链完善，交付期限短，而建造价格却远低于西方国家，并且拥有最高的累计运营里程。不仅物质产品，公共产品对于国家品牌的建设也至关重要，它直接关系服务对象的经济生活及安全需求。如社会保障制度、联合国维和部队等就直接影响民众的安宁的生活；中国的"一带一路"倡议，极大地促进了本国以及该倡议覆盖地区的经济发展。

高质量的产品在世界的自由流通，实际是彰显国家品牌的一张张名片。好的产品会让对象国家公众获得正面的体验，从而帮助建设国家良好的品牌形象。我们不仅要着眼于提升产品的质量，规范产品发明、制造、检验、监督标准，而且要在大规模生产之前做好产品的定位，这种定位应该以目标消费群体为导向，面对瞬息万变的外部环境，维持战略定位的连贯性。同时，在产品个性的定位上，还需要坚持差异化原则，将此产品与其他产品区别开来，在消费者心中占据不可替代的地位。公共产品也有一个准确定位的问题，在恰当的时间、合适的地点，投放一款合适的公共产品，可以事半功倍，赢得更多的民心。要打造良好的国家品牌，政府、企业应该紧密携手，协同布局，瞄准国际社会的紧迫需求，使得产品不仅质量有保障，同时具有品质感与独特性，这样才能受到各国人民的欢迎。同时，在全球性公共产品供给方面，也要精心布局，科学设计，发挥自己的创意和想象力。

2. 围绕产品做好服务

优质的产品是国家品牌建构的前提和出发点。但是产品不等于一切。仅仅拥有好的产品并不是品牌建构过程的结束，而仅仅是国家品牌建设的开始，最重要的是基于产品的营销和推广服务。产品，包括公共产品的服务可以分为售前服务和售后服务，售前服务需要告知产品的性能、价格、质量等与产品相关的信息；售后服务则需要对消费者所购买的产品负责，做好答疑、维护、修理等工作。美国品牌学者凯勒认为："越来越多的企业开始认识到，它们最有价值的财产毫无疑问的就是与自己的产品和服务相关的品牌。"① 国家品牌也是如此。

---

① 蒋璟萍：《基于本体论视角的品牌竞争力研究》，博士学位论文，中南大学，2008，第3页。

中国高铁成功地走出国门，与多个国家签订了合作协议，生产厂商和建筑商围绕产品提供的周全服务起到了重要的作用。没有一个国家能够像中国这样提供从投融资、勘察设计、施工建设到运营维护的一整套质优价廉的服务方案。中国还组织高铁乘务员、工程师的培训，让外国学员全面了解中国高铁的建设技术和维护经验，不仅把优质的产品交给目标国家，而且为对象国家培训了一批高铁运营管理人才。公共产品同样如此。中国的"一带一路"倡议，还有亚洲基础设施投资银行，通过它们涉及的公共产品，不仅为沿线国家或目标地区的基础建设提供大量的资金，而且为当地产品找到出口市场。中国本身就是一个巨大的市场。中国为了发挥这一公共产品的潜在效益，还为所在国当地政府和企业提供顾问和人才培养的服务，这种周到的服务，为这些产品的落地生根乃至开花结果做好了一切必要的准备。

3. 担当大国的责任，表现大国风范

在国家品牌形成的过程中，国家对国际社会的承诺是品牌的核心价值。承诺的实施方是国家，而感知方是国际社会的公众。一个强大的国家，必须在国际社会承担相应的责任和义务，才能获得国际社会的普遍认可和肯定。如果唯利是图，遇到该担当责任时退避三舍，绝不可能有好的形象和评价。中国如今已是世界第二大经济体，已由过去屡弱的"东亚病夫"成长为当之无愧的世界大国。习近平在博鳌亚洲论坛2015年年会中指出："作为大国，意味着对地区和世界和平与发展的更大责任。"① 一个负责任的大国，不应该沉迷于自身的利益，也不应该奉行本国利益优先的原则，更不能利用大国的权势巧取豪夺、恃强凌弱。面对大是大非，大国应该展现大国风范，不屈服压力，敢于亮剑；当其他国家面临困难时，则应果断地施以援手。只有这样，才能实现国家品牌的价值，成己为人，成人达己，最终得到国际社会的认可和肯定。

在对大国责任的理解和履行方面，有一个负面示范，那就是美国现任总统特朗普。他片面地强调美国利益优先，不断地冲撞国际规则，甚至以

---

① 习近平：《迈向亚洲命运共同体、开创亚洲新未来》，2015年3月28日习近平在博鳌亚洲论坛2015年年会开幕式上的主旨演讲。

邻为壑。他蛮横地修建美国和墨西哥之间的隔离墙，甚至还要墨西哥承担费用；他没有任何理由地退出美国自己发起的 TPP 和《联合国气候变化框架公约》。这让国际社会，包括欧洲、日本这些美国的传统盟友，都觉得美国逐渐变成了一个不靠谱、靠不住的朋友。与此相反，中国作为一个新近崛起的大国，在美国面对责任逐步退却时，勇敢地承担了大国的责任，在援助非洲、打击恐怖主义势力、亚丁湾护航等方面，展示了大国风范，这种负责任的行为，大大地增强了中国国家品牌的说服力、感召力，提升了国际社会公众对中国国家品牌的认知度、好感度。

4. 有效的品牌推广

国家品牌推广的诉求是获取国际社会的广泛认同。在网络信息化的背景下，小到个人、企业、组织，大到政府、政治领袖，国家系统中的每一个环节、每一个要素都是国家品牌推广的主体。它不仅需要政府机构的官方支持，也需要民间的资源注入。随着传播技术的革新，信息共享的平台增多，传统的推广方式已经不再适用，国家品牌的推广也需要创新。

首先，要根据不同国家、民族在政治、文化及意识形态上的差异，针对不同国家、同一国家不同阶层、不同群体诉求的差异，通过精心的组织将传播内容进行精准投放，并且根据传播过程中的反馈及效果评估，调节传播内容。这些内容不外乎国家的故事、国家的声音、国家的价值观，如果能够以生动感人的方式传播到目标国家和地区，就能够加深当地民众对中国的了解。其次，在推广方式上应软硬结合，推陈出新。既要有面向目标国家的新闻报道、书籍报刊、影视作品、广告宣传、直接投资、国际贸易等硬性的推广，也要有文化交流、孔子学院、留学生、旅游观光等软性的推广，软硬结合，其推广和说服才会有效。再次，拓展推广的渠道。国家品牌的推广，不能局限于传统媒体和网络新媒体，而应该拓展传播渠道，非专业性媒体及基于网络数字平台的各种社交媒体、各种组织传播活动、公共外交及商业和文化活动，都是承载国家品牌的重要渠道。最后，借人之口，注重代言。在传播实践中，同样的话由不同的人去讲，会有不同的效果。一个强大的国家品牌也需要对象地区的口碑传播。如果对象国家的舆论领袖、权威媒体能够为我代言，会比我们的传播有效得多。

总之，国家品牌的推广不是商品的营销术，不会仅仅靠几句广告词或突击的营销活动就将品牌树立起来。国家品牌的形成需要一个漫长过程，在短期内国家品牌也很难被大幅度地改变。但是多维度、多渠道、整合性的品牌推广，尤其是目标国家意见领袖的代言具有异乎寻常的效果，最终让价值观相异的人逐渐脱敏，使认知不足的人增强认可，使有一定情感认同的人能够提升其对国家品牌的忠诚度。

（本文系张昆教授与王孟晴的合著，系国家社会科学基金重大课题"跨文化传播中的中国国家形象建构"（11&ZD024）的阶段性成果，发表于《学术界》2018 年第 4 期）

国家形象： 概念、特征及 研究路径之再探讨

随着世界信息化、媒介化的进一步发展，国家形象在国家的经济、政治、外交等活动中起着越来越重要的作用，国家形象问题已引起许多国家政府相关部门和学术界的高度重视，认识到国家形象是一个国家的重要的无形资产，对国家的政治、经济和社会等的发展具有重要意义。但国家形象的内涵是什么？它有哪些特征？许多研究对这些问题的认识还不够清晰，甚至有些混乱。对问题的研究是从厘清概念开始的，本文试图从哲学的角度对这些问题进行再探讨。

一　国家形象概念的多种界说

目前，对国家形象的定义主要有以下几种。

（一）媒介形象说

这类定义把国家形象看成媒介上所呈现的形象。在我国，徐小鸽是最早关注国家形象问题的学者。他认为，国家形象是"一个国家在国际新闻流动中所形成的形象，或者说指是一国在他国新闻媒介的新闻和言论报道中所呈现的形象"①。另一位学者郭可则认为，国家形象是"国际性媒

①　徐小鸽：《国际新闻传播中的国家形象问题》，《新闻与传播研究》1996 年第 2 期。

体通过新闻报道和言论（也即国际信息流动）所塑造"① 的关于一个国家的形象。而在学者张毓强看来，国家形象是"一个主权国家在系统运动过程中发出的信息被公众映像后在特定条件下通过特定媒介的输出"②。

（二）评价说

这类定义认为国家形象是对国家的认识和评价。如管文虎认为，国家形象是一个国家的外部公众和内部公众对该国行为及其各项活动与成果等的综合评价和认定。③ 孙有中认为，国家形象是一个国家内部公众和外部公众对该国的政治、经济、文化、地理等方面的认识和评价。④ 而刘小燕认为，国家形象是社会公众对国家的客观状态的"印象、看法、态度和评价的综合反映，是公众对国家所具有的情感和意志的总和"⑤。

（三）实力说

持这类定义的学者认为，国家形象是国家实力的体现，实力越强国家形象越好。如张昆、徐琼认为，国家形象是国家的物质力量和精神力量的综合体现，是国家最重要的无形资产，也是国家在国际社会产生影响的重要实力来源。其构成要素包括"物质要素、制度要素和精神要素三个层面"。⑥ 也有学者从国家软实力的角度界定国家形象。如王家福、徐萍认为，国家形象是"国家结构的外在形态，是国家传统、民族传统与文化传承在当代世界空间的特性化脉动的映像化张力，是物质文明、精神文明和政治文明在历史文化传承中所形成的国家素质及其信誉的总尺度"⑦，它"是基于硬权力的软权力的总和，是国家软实力的最高层次"⑧。

---

① 郭可：《当代对外传播》，复旦大学出版社，2003，第 84 页。
② 张毓强：《国家形象刍议》，《现代传播》2002 年第 2 期。
③ 管文虎主编《国家形象论》，电子科技大学出版社，2000，第 22~23 页。
④ 孙有中：《国家形象的内涵及其功能》，《国际论坛》2002 年第 3 期。
⑤ 刘小燕：《关于传媒塑造国家形象的思考》，《国际新闻界》2002 年第 2 期。
⑥ 张昆、徐琼：《国家形象刍议》，《国际新闻界》2007 年第 3 期。
⑦ 王家福、徐萍：《国际战略学》，高等教育出版社，2005，第 115、127 页。
⑧ 王家福、徐萍：《国际战略学》，高等教育出版社，2005，第 115、127 页。

（四）身份或认同说

这类定义利用建构主义分析框架来解读国家形象，认为国家形象不是国家自我设计、定位和建构的产物，而是该国在与他国交往互动过程中所形成的相互认同关系。如丁磊认为，"国家形象不是类比意义（它或多或少像……）上的，而是在参照系意义上的形象"，"国家形象反映了国家间的相互建构关系"。① 而李智认为，"国家形象的实质（基础、内核）是国家间基于社会互动而构成的一种相互身份认同关系"，因此，国家形象的定义为："国家在国际社会中通过交往互动而被对象国赋予的一种身份表达、折射。"②

上述几种定义从不同角度概括了国家形象的一些特征，但也存在一些不足，主要原因如下。

（1）国家形象不等同于媒介形象。毋庸置疑，当今是媒介化社会，媒介是人们获得外界信息的重要渠道，媒介传播是塑造国家形象的重要手段，但国家形象是通过多种渠道呈现的，媒介只是传播国家形象的重要渠道之一。"媒介形象说"夸大了媒介在国家形象形成过程中的作用，把国家在媒介中展现出来的形象等同于国家形象，忽视了影响国家形象的其他因素，是偏颇的。

（2）"评价说"强调认识主体的认识和评价作用，忽视了认识对象的能动性。该类定义认为国家形象不是一种客观实在，而属于认识论范畴，符合形象的本质特征，是目前使用最广泛的。但国家既是认识和反映的客体，又是形象塑造和传播主体，其对认识主体认识的形成并不是被动的，而有一定的影响作用，因此，国家形象认识主体与认识对象之间是一种主体间性关系，它们在形象的形成中是相互影响、相互制约的关系。"评价说"只注重认识主体的能动性，没有注意到认识对象的反作用，因此没能全面把握国家形象的内涵。

（3）国家形象不是国家实力的简单体现。国家实力（包括硬实力和

---

① 丁磊：《国家形象及其对国家间行为的影响》，知识产权出版社，2010，第81页。
② 李智：《中国国家形象：全球传播时代建构主义的解读》，新华出版社，2011，第25页。

软实力）是影响国家形象的重要因素，但国家形象并不是国家实力的简单反映，因为国家形象的实质是主客体之间的一种认识关系，既受到形象客体本身素质（如政治、经济、科技、文化、国防等实力因素）的影响，又受到形象主体本身的价值观、利益等因素的制约，是主客体间互动的产物。事实上，即使国家物质丰厚，国民的素质相对较高，其国家形象也不一定良好；相反，国家实力弱的国家其国家形象却可能良好。① 如日本是世界上最发达的国家之一，其人均财富持有量和国民素质都比较高，但其在东亚国家民众中的形象却很糟糕；相反，国家实力比较弱的小国不丹却赢得众多亚洲人的好感。

（4）"身份说"或"认同说"强调国家形象主客体之间的相互建构关系，忽视了形象客体本身的客观状况对国家形象建构所起的基础性作用。这类定义主张国家形象完全建立在主体间性之上，摆脱了物质本源观的束缚，对于正确认识国家形象的生成规律具有重要意义。但如果片面强调国家形象主客体的相互建构作用，忽略形象客体本身的客观实际，所建构的形象往往是虚幻的，经不起实践的检验。一个国家的形象主要取决于该国的"实际情形和国家的作为：如果一个国家经济落后、制度有缺陷、公义不彰"②，该国是很难建构起良好的国家形象的。离开一定的社会条件和客观基础，国家形象如同无源之水、无本之木，很难具有稳定性。

厘清国家形象的概念，不仅是我们开展研究的起点，更是探讨国家形象塑造与建构的重要前提。上述对国家形象概念理解的"偏差"，在实践中容易导致对国家形象塑造与建构的误导。因此，界定清楚国家形象的概念，不但对人们深入研究国家形象的相关问题非常必要，而且具有重要的实践价值。

二 国家形象的内涵

"形象"是一个合成词，由"形"和"象"两个词构成。在古汉语

---

① 李智：《中国国家形象：全球传播时代建构主义的解读》，新华出版社，2011，第19页。
② 张昆：《当前中国国家形象建构的误区与问题》，《中州学刊》2013年第7期。

中，"形"字的基本意思是形状、形体等。如《荀子·天论》中说，"形具而神生"；《老子》云，"大音希声，大象无形"；《孙子兵法·虚实》云："兵无常势，水无常形。"而"象"则有事物的外形、轮廓、相貌等的意思，如《老子》云，"惚兮恍兮，其中有象。恍兮惚兮，其中有物"；《周易·系辞上》中说，"在天成象，在地成形，变化见矣"；而《战国策·燕策二》云："宋王铸诸侯之象。""形""象"二字合成"形象"一词最早出现在孔安国的《尚书注疏》中。《尚书·说命上》云："（武丁）梦帝赉予良弼，其代予言。乃审厥象，俾以形旁求于天下。"孔安国在《尚书注疏》中对此注："审所梦之人，刻其形象，四方旁求之于民间。"《周礼·天官·司会注》在解释地契版图时说，"土地之图，有其形象，即是民之田地广狭多少，皆在图也"。

由上述分析可知，"形"与"象"二字的意思相似，表示事物的外形、外貌，"形象"一词与"形"或"象"单独使用时意思差不多，大多表示物之形状或人之相貌。而在现代汉语中，"形象"常常用来指事物的具体形状或姿态，或者指文艺作品中人物的性格特征或精神面貌。[①] 可见，"形象"的固有含义着重于事物的外在形态或面貌。

在英语中，与汉语"形象"对应的词是"image"。根据1994年版《韦氏大百科辞典》的解释，image主要有三种含义：一是指人的大脑对事物的反映或由此产生的观念、概念等；二是指物体被镜子反射或光线折射所形成的图像；三是指人们采用绘画、雕塑或照相等方式制作的人、动物或其他事物的相似物。西方学者常常把"形象"一词置于文化、社会语境中来认识其内涵。英国学者雷蒙德·威廉斯（Ray-mond Williams）对形象一词的发展演变进行了梳理。他认为，英文image作为"形象"之意最早出现在13世纪，当时的意思是人的肖像或画像。其词源是拉丁文imago，意思是表象、心之图像等。image的含义与imitate（模仿）词义的演变密切相关。在英文中，这两个概念"就其整个形塑过程而言，皆属于心理概念……其中包含了相当早期的意涵：设想不存在的东西或明显看

---

① 中国社会科学院语言研究所词典编辑室编《现代汉语词典》，商务印书馆，2007，第1526、740、192页。

不见的东西"①。但这些看不见的东西是可感知的，因此，"这些有关 image 的诸多用法后来被另一种将 image 用在名声上的用法所超越……其意思是'可感知的名声'（perceived reputation）"②，如商业中的品牌形象、政治家的个人形象等。约翰·菲斯克等认为，形象最初是指对社会现实生活中想象的事物（如文学或音乐中的），或者实际存在的事物（如照片或图画中的）的视觉性表述，现在一般是指人们为了吸引公众的注意而人为创造的某种公共印象或人工制品，如政治人物形象或产品形象等。③ 由于形象是人为创造的，因此，在约翰·菲斯克等人看来，形象不可避免地带有一定的虚妄成分，往往同现实难以相符。

综上所述，"形象"一词在汉语与英语中的意思有些差异，汉语强调事物的外形，而英语则注重事物给人们所留下的印象，但随着中外交流的日益频繁，其使用方式和习惯也越来越接近。当前，"形象"这一概念往往指在事物的内在特点和外在表现共同作用下，事物给人们所留下的印象。菲利普·科特勒（Philip Kotler）是对形象问题研究得较为深入的一位西方学者，他认为，形象是指人们对某一对象所持有的印象、观念与信念。④ 也就是说，它"是一种客观事物的主观映像，是客观刺激物经主体思维活动加工或建构的产物，是直接或间接引起主体思想情感等意识活动的迹象或印象"⑤。可见，随着社会的发展，形象一词从强调事物的外形到注重内外兼修，再到强调人们对事物的印象、认识和评价，其含义在不断改变、深化和发展。

因此，形象一词的内涵极其丰富，要准确、科学地理解这个概念，只从事物本身或观察者的角度来认识是不够的，可以借鉴哲学中的"主体""客体"等概念，从主体、客体和主客体关系等维度来进行界定。在哲学

---

① 〔英〕雷蒙·威廉斯：《关键词——文化与社会的词汇》，三联书店，2005，第 224 页。

② 〔英〕雷蒙·威廉斯：《关键词——文化与社会的词汇》，三联书店，2005，第 224、225 页。

③ 〔美〕约翰·菲斯克等编撰《关键概念：传播与文化研究辞典》，新华出版社，2004，第 132~133 页。

④ Philip Kotler, *Marketing Management*, *Analysis*, *Planning*, *Implementation and Control*（9th edition）, Upper Saddle River, N. J.: Prentice Hall International, Inc., 1997, p.607.

⑤ 管文虎主编《国家形象论》，电子科技大学出版社，2000，第 22 页。

中，主体是指从事认识和实践活动的人、群体或组织。从主体的维度来看，形象是主体在一定条件下对客观事物或他人的感觉、认识和评价。在哲学中，客体是指主体认识和实践活动的客观对象，是主体以外的事物或人。从客体的维度来看，形象是人或事物由其内在特点所决定的外在表现。在这一维度上，形象是客体的一种客观素质存在，没有这种存在，一切看法、评价和印象都不可能发生。作为哲学的基本范畴，形象主体和形象客体是相对而存在的，是形象活动实践的产物，两者缺一不可，没有主体就无所谓客体。也就是说，形象是一种关系现象，它存在于主体与客体的关系之中，是主体与客体的对象性关系的产物。因此，只从主体或客体的维度来认识形象都有失公正，应从主客体关系的维度来界定其内涵。从主客体关系来看，形象是主体在一定条件下对客体由其内在特质所决定的外在表现的总体印象和评价。可见，形象并不只是事物外形的简单表现，而且渗透着主体对客体的认识和评价，是一种主观对客观的反映，但这种反映并不是随意的，而是建立在形象客体内在特点的基础之上的，是主观印象和客观存在的统一。

国家是一种有着"国际人格者"特征的政治组织，而形象则体现为一种主客体互动关系，是主观印象和客观存在的统一。因此，国家形象并不是国家和形象的简单组合，而是有着特定理论内涵和价值指向的具有政治属性的概念。国家形象也体现为一种关系，存在于主客体关系之中，是作为"国际人格者"的国家与他人在一定条件下的互动关系，因此，应从主客体关系的角度来认识国家形象。从主客体关系来看，国家形象是人们（形象主体）在一定条件下对一个国家（形象客体）由其客观存在所决定的外在表现的总体印象和评价。该定义具有以下两个特点：首先，它认为国家形象不是一种客观实在，而是体现为主客体互动关系，是形象主体对客体的认识和评价。也就是说，国家形象并不是静止不变的，而是随着主客体关系的变化而变化的。国家形象的意义取决于主客体的关系状态，主体的利益、需要、价值观等以及客体对这种利益、需要、价值观等的符合程度决定着国家形象的意义。其次，它指出主体对客体的认识和评价并不是任意的，而是建立在一定客观条件和客体内在客观情况的基础之上的。这也同时说明，一个国家对该国形象的塑造和建构并不能随心所欲，而应以一定的社会情景和自身内在特点为基础。可以说，该定义吸收了现实主义和建构主义理论对国家形象的合理认识，避免了上述"评价说"、"实力说"、"身份说"或"认同说"的某些不足。

三 国家形象的特征

通过国家形象的定义，我们知道，从本质上来说国家形象既不是某种实体，也不是国家的某种属性，而是存在于主客体关系之中，是个关系范畴里的概念。没有主客体关系，就没有国家形象。在一定程度上，国家形象可被视为主客体关系状态的反映。基于此，国家形象具有以下几个特征。

（一）具象性与抽象性

按照《现代汉语词典》的解释，具象是指具体的、不抽象的；而抽象是指不能具体经验到的、笼统的、空洞的。[①] 相应地，具象性指事物可感知的、具体的特性；抽象性则指事物概括的、共同的属性。国家形象的具象性和抽象性是由国家形象客体的对象性和被评价性决定的。

国家是形象客体，也是人们认识和评价的对象。从认识和评价对象的角度来看，国家形象具有具象性。国家是由多种具体要素构成的复合体，国家形象通过多种维度来体现。如根据不同领域，国家形象可表现为社会形象、文化形象、人口形象、经济形象、政治形象、军队形象等。这些领域的形象也往往是通过具体的可感知的外显符号表现出来的，如一国公民外出旅游的表现可以体现出这个国家的人口素质，一国产品的质量则代表这个国家的产品形象。虽然个别不能代表整体，但形象主体接触的正是这些具体的个体，正所谓"窥一斑而知全豹"，通过一系列具象，形象主体能够建立起对一个国家的整体印象。

但是，国家形象并不完全等同于个体的具象，个体的具象是引发形象

[①] 中国社会科学院语言研究所词典编辑室编《现代汉语词典》，商务印书馆，2007，第1526、740、192页。

主体意识联想的符号，进而"抽象"出对形象客体国的认识和评价。这种认识和评价是认识主体经过思维加工，舍弃细枝末节，综合各种因素的结果，因而具有抽象性特征。可见，认识主体对一个国家的认识往往是从具体的人或事开始的，首先形成"具象"，然后经过思维的分析活动，"抽象"出共同的本质规定性，从而建立起对这个国家的整体印象。因此，国家形象具有具象性和抽象性的特征，是具象性与抽象性的统一。

认识到国家形象的具象性和抽象性特征对于国家形象建构具有重要意义。由于国家形象的形成往往从建立具象开始，那么国家形象建设也要从具体细节入手，如要改善中国海外游客文明素养低的不良形象，就要从提高每个游客的素质入手，因为每一个走出国门的公民的表现都会被他国公民建立起关于中国游客形象的"具象"，并进行有意识的联想，进而"抽象"出中国游客的文明素养形象。

此外，在对外传播中，讲好中国故事对于建构积极健康的中国形象非常重要。媒体通过一个个真实、生动、鲜活的中国故事，可以使他国民众更好地了解和认识中国，形成关于中国的"具象"，然后经过思维的分析加工、联想，"抽象"出对整个中国的认识和看法。能否讲好中国故事，关键看受众是否愿意听、听得懂。这要求媒体要有受众意识，深入基层一线，多报道接地气、有温度、能让人产生情感共鸣的人和事。

（二）主观性与客观性

主观与客观是以人的意识、思维的本性和特征为标志而建立的关系范畴。"主观"指意识着的意识，"客观"则指被意识着的对象或状态。相应地，主观性是人的意识所固有的特性或依赖于人的意识的特性，而客观性是指非意识本身所固有的特性或不依赖于对它的意识的特性。[①] 形象主体的意识性决定了国家形象具有主观性，而形象客体的客观对象性决定了

---

① 李德顺：《价值论——一种主体性的研究》第 3 版，中国人民大学出版社，2013，第 33~34 页。

国家形象具有客观性。

从认识主体的角度来看，国家形象是人们对一个国家的综合认识和评价，具有主观性。由于意识形态、价值观念、知识水平、利益关系、道德标准、审美取向、宗教信仰、思维方式等的不同，不同的人对同一国家会有不同的认识和评价，有的甚至迥然相异。因此，国家形象并不是人们对一个国家状况的简单的、直观的、被动的"镜子式"反映，而有着鲜明的主观色彩。

但是，认识主体对一个国家的认识和评价并不是随意的，而是建立在这个国家的客观存在的基础之上的，认识主体的认识和评价要受到这个国家的内在特点的制约，从这个意义上说，国家形象又具有客观性。一个国家的政府效率、政治制度、社会生态、历史文化传统、军事实力、地理环境、经济发展状况、公民素质等构成该国的客观实际，人们对该国的认识和评价并非空穴来风，而是基于对这些客观情况的了解。没有对这些情况的了解，一切印象、评价等都不可能发生。这种对国家客观存在的认识和评价可能与该存在一致，也可能不一致，甚至相反；事实上，不同文化背景的人对同一国家的评价不一致的情况是普遍的、经常的。但是，即使相左，不论溢美或饰丑的评价都是由该国的客观情况所决定的。只不过有的表现相对直接一些、正态一些、"直白"一些，更多的表现也许更间接一些、歪曲一些、含蓄一些而已。不管怎样，认识主体的认识和评价都是以该国的客观存在为依据和根基进行的，没有国家本身的客观情况的存在，就不会有对该国的认识和评价。因此，一国的国家形象并不是形象主体天马行空的主观臆测，而是建立在该国的客观存在基础之上的。

认识到国家形象既有主观性特征又有客观性特征，对于国家形象建设具有重要价值。由于国家形象是认识主体对国家的认识和评价，具有主观性特征，因此形象客体国家要加强与形象主体的沟通和交流，增加形象主体对该国的了解，使其改变对该国的认识和评价。同时还要意识到同样是认识主体，不同的认识主体对同样的国家会有不同的认识与评价，既要注意与认识主体的交流沟通，又要意识到主体之间的差异。在尊重认识主体及其差异的前提下，进行有针对性的传播。不过，因为国家形象具有客观性，所以，国家形象的改善最终还是建立在国家内在客观情况变化的基础上。因此，要建构良好的国家形象，固然需要通过传播等手段以增加人们对该国的了解，但最重要的是练好"内功"，加快国家的各项事业的建设，促进国家的全面发展和进步，国家的各项事业发展了，人们对该国的认识和评价也会发生相应的变化。否则，一味强调"传播""塑造"国家形象，却忽略自身的建设和改造，国家形象改善就会如同无本之木，无源之水，难以得到根本改观。

（三）多维性与整体性

国家形象的多维性是指，虽然任何一个国家对外都表现为一定的整体性，成为一个个体，但在这个国家自身内部，其结构和规定性又是立体的、多面的，而这种立体的、多面的结构和规定性都会受到形象主体的认识和评价，从而使这个国家的形象表现出多种侧面和维度。例如，根据国家的构成领域来划分，国家形象可分为社会、外交、政治、经济、文化、军事、科技、生态、地理等不同领域的形象；从国家的不同行为主体来看，国家形象可分为政府（这里指广义的政府，包括执政党、军队、警察、司法系统等）形象、企业形象、社会组织形象、公民形象等。

国家形象的整体性是指国家作为一个个体或整体的形象是由各方面形象相互配合（综合）而成的特性。国家形象表现为多维性，是由一系列局部形象组成的，但国家的整体形象并不是局部形象的简单加和，而是它们相互配合、综合而成的有机整体。

从系统论的角度看，国家形象实际上是一个系统。系统是"由若干要素组成的具有一定新功能的有机整体，各个作为系统子单元的要素一旦组成系统整体，就具有独立要素所不具有的性质和功能，形成了新的系统的质的规定性，从而整体的性质和功能不等于各个要素的性质和功能的简单加和"[1]。因此，国家形象的整体性，其实质就是国家形象作为系统的

---

[1] 魏宏森、曾国屏：《试论系统的整体性原理》，《清华大学学报》（哲学社会科学版）1994 年第 3 期。

表现。认识到国家形象的多维性与整体性对于我国当前的国家建设具有重要启发意义。我们不但要重视各个领域的发展，而且要注重它们的协调发展，只有这样才能形成良好的国家形象。例如，我们不但要重视经济增长的数量，还要注重经济增长的质量；不但要保增长，而且要保生态。

（四）稳定性与变动性

国家形象一旦形成，也即公众对一个国家的印象产生之后，在一段时间内不会轻易改变，这种不易改变性使得国家形象具有一定程度的稳定性。国家形象的稳定性是由国家的客观存在的稳定性决定的。国家客观存在的构成要素，如国家的政治、经济发展水平、人口的文明程度等，在短期内不会有太大的变化，只要国家的客观情况是相对稳定的，国家形象就不会有大的变化。国家形象具有一定程度稳定性的另一个原因是形象主体的心理定式作用。心理定式又称心向，是指主体对某一特定活动的准备状态或行为倾向，这种状态决定了后继活动的方向和进程。[1] 具体来说，心理定式就是指人们过去的行为常常影响到当前的行为，而且使当前的行为往往带有过去行为的特点。形象主体对一个国家的印象一旦形成，就会影响到以后对这个国家的看法。如一些西方人士对中国的认识仍然停留在改革开放前的时期。

国家形象具有稳定性并不意味着国家形象不可改变。随着国家内在情况的变化和与形象主体之间沟通交流的增加，形象主体也会改变过去对该国的认识和看法。从这个意义上说，国家形象又具有变动性。由于国家是不断发展变化的，人们对该国的认识也不是固定不变的，因此，国家形象的稳定性是相对的，变动性是绝对的。只不过，对于国家形象的不同方面，稳定性和变动性的程度不同而已。例如，改革开放以来，中国的经济形象在西方有很大的变化，但政治形象变化不大。这固然有西方的意识形态偏见的原因，也与我们的政治改革滞后有关。

---

[1] 《中国大百科全书·心理学》，中国大百科全书出版社，1987，第251页。

四　国家形象的研究路径

由上述对国家形象的内涵与特征的探讨得知，国家形象既不是某种独立的实体，也不是任何国家固有的属性，而是作为主体的人的对形象性关系的产物，体现为主客体间的一种关系，是主体对客体的认识和评价。因此，国家形象研究要注意把握主体和客体这一对基本范畴，从主客体本身的特征及其关系中探讨国家形象的有关问题。

首先，以主客体关系为基础探讨国家形象的生成及建构。传统的研究往往是从传播学的视角探讨国家形象的传播主体和受众，把国家形象视为已存在的可传播的内容，由传播者（媒体、政府等）传播给受众。从哲学的角度看，国家形象的主客体之间不是传播者和接受者的关系，而是主体间性关系，国家形象也不是已存在的可传播的内容，而是具有主体间性特质，由形象主体和客体共同决定国家形象的生成。

此外，传统的对国家形象的生成与建构的研究主要有两种思路：一是以国家形象客体国为本位的"自塑"，研究政府、媒体应如何塑造国家形象；二是以国家形象认知国或其媒体、民众为本位的"他塑"，研究他国政府、媒体、民众如何建构中国或他国的国家形象。这些研究割裂了主客体的关系，难以全面、科学地考察国家形象生成和建构的规律。研究应在兼顾国家形象生成与建构的跨文化语境的同时，从主客体互动关系中研究国家形象的生成、建构，能更科学地揭示国家形象的生成与建构规律。

其次，宏观考察与微观分析相结合的研究路径。民众是国家的认识者和评价者，是形象主体，国家是认识和评价的对象，是形象客体。同时，作为"国际人格者"的国家在国家形象形成中并非无所作为，而是往往有意识地进行形象的塑造或传播。从国家形象塑造或传播的角度来看，形象塑造或传播的主体是国家，本国或他国的人则是国家形象实践活动的对象，是客体。以往的研究要么从国家层面、媒体传播者方面进行宏观的考察，要么从受众的角度进行微观分析。从哲学角度来看，研究可采取宏观考察与微观分析相结合的研究路径，既从宏观方面探究国家形象建构主体（形象客体）的特征、构成因素，国家形象的建构原则、路径，也从微观方面分析国家形象主体的认知心理、国家形象的生成过程等。这样就充分认识到国家形象问题既是国家层面的宏观问题，又是公众层面的微观问题的现实。

哲学被称为最高的智慧，凝结着人类认识在一定时代所达到的知识成果。思维与存在的关系问题，或者说主观与客观的关系问题是哲学研究的基本问题。国家形象是作为主体的人对作为客体的某一国家的认识和评价，属于哲学的研究范畴，从哲学的视角来探讨国家形象的概念及其他问题，可以更全面、更深刻地把握国家形象问题的实质，有助于提高研究的科学性和对实践指导的有效性。

［本文是张昆教授与吴献举的合著，系国家社会科学基金重大项目"跨文化传播中的中国国家形象建构研究"（项目编号：11&ZD024）的系列研究成果之一，文章发表于《现代传播》2016 年第 1 期］

国家形象传播的四大原则

由于经济一体化、传播全球化的浪潮，以国家为主体的国际社会间的联系日益紧密。而以国家形象为核心的软实力，在国家间的综合实力竞争中，占据着越来越重要的地位。国家形象的形成，一方面取决于该国对外传播系统的相关报道，这种报道持续连绵，面向全球或特定国家、地区的目标受众，另一方面则取决于目标受众对相关信息的判断和接受。对于目标受众而言，来自该国传播系统的信息并不是唯一的信息来源，甚至不是最主要的信息来源，毕竟本国的新闻传播媒介对他们生存发展的影响比国外的媒介要大得多。也就是说，该国的对外传播系统，相对于目标受众所在国家的传播系统而言，处于相对弱势的状态，当后者对前者持负面或消极态度时，前者要正常地发挥影响，在目标对象心目中定格自己理想的国家形象就非常困难了。一个国家的对外传播系统要成为塑造该国国家形象的主导力量，必须具备让目标对象接纳的公信力。对外传播媒体公信力的形成，取决于它能否在日常的传播工作中坚持如下重要的原则。

一 客观性原则

为了实现国家形象传播的目标，对外传播媒体在宣传过程中究竟是该讲真话还是该讲假话，历来是人们争论的焦点。所谓真话，指的是宣传家使用的材料符合客观实际，对事实的评价公允可靠。而假话，则是指无中生有地捏造事实，或极度夸张，或片面报道，或违心评论。历史经验表明，这两种完全不同的宣传内容，往往至少暂时会取得同样程度的成功。但是只要可能，宣传家们大多还是倾向于通过真实的宣传来实现自己的目标。古希腊著名的学者柏拉图曾主张"必须把真实看得高于一切"①。毛泽东也认为，在与敌人的论战中，没有必要多用辩论，只要"忠实地报告我们革命工作的事实"就可以了。②他深信事实胜于雄辩，忠实地报道事实就是对论敌谎言的有力反击。所以他反对说谎，反对吹牛，而主张报实数、"实报实销"。他通令全党，"各地打仗缴枪，缴一支讲一支，不报虚数"③。这种通过讲真话、讲实话反击论敌，争取宣传对象的策略，被实践证明是完全正确的。因为追求真实，弃绝谎言是人类的天性。只要有良知，人们都不会愿意接受谎言。所以，亚里士多德在《政治学》中强调："我们应该记住，一切欺骗人民的方法都不足置信。世人的经验已证明这些诡计并无实效。"这一要求与基督的教导不谋而合："你们说话必须诚实，是就说'是'，不是就说'不是'，如果多说了，就表示有坏意思。"④只有真实的报道和宣传，才会赢得对象国家目标受众持久的信赖和发自内心的支持。对外传播媒体一旦丧失了来自对象受众的信赖和支持，其宣传必然会归于失败。

真实的对外传播固然能够赢得对象国家目标受众的信任和支持，但是它并非在任何时候都能给宣传者带来实在的利益，在一些特殊的场合、特殊的时刻，向对象国家目标受众传播真实的消息，反而会有损于国家的根本利益，妨碍对外宣传目标的顺利实现。特别是在形势、事态于己不利的时候，在己方属于非正义的一方时，对外传播媒体的宣传作为政府的战略手段，可能会回避真实甚至是说谎，捏造事实，或对事实做片面的报道，或者对事实进行任意的夸张。在第一次世界大战期间，英国的对外宣传家总结出了所谓的宣传决战思想。按照他们的设想，"在战争的最初阶段，对自己不利的事也大胆地说出来，先给敌人有这样的印象：这个宣传机构（如英国广播公司 BBC）是说真话的，可以信赖的，最后，再找机会展开

---

① 〔古希腊〕柏拉图：《理想国》，郭斌和、张竹明译，商务印书馆，1986，第 88 页。

② 《毛泽东新闻工作文选》，新华出版社，1983，第 5 页。

③ 《毛泽东新闻工作文选》，新华出版社，1983，第 127~128 页。

④ 《新约全书·马太福音》。

一大宣传战，用大谎言来欺骗敌人，粉碎敌人的斗志。"① 如果形势所逼需要说谎，"就要说弥天大谎"。在他看来，"弥天大谎往往具有某种可信的力量：因为一个国家的广大群众常常比自觉或者自愿更加容易地腐蚀在他们感情的深渊中，因此在他们纯朴的思想上，在大谎言与小谎言之间，他们更容易成为前者的牺牲品，因为他们自己时常在小事上说谎，而不好意思编造大谎，他们从来没有想杜撰大的谎言，他们认为别人也不可能厚颜无耻地歪曲事实……极其荒唐的谎言往往能产生效果，甚至在它已经被查明之后"②。谎言不仅被有些国家用作对敌人、对敌国、对中立国家的统治者和民众的"宣传炸弹"，而且在某些时候被用在联盟国家身上。

事实证明，英国宣传家所言的宣传决战思想，希特勒制造的弥天大谎，在特别的场合确实能达到他们的目的。1918 年春天，当第一次世界大战接近尾声时，英国的对外宣传家发起了震惊世界的宣传决战。他们向全世界宣讲了一个杜撰出来的尸体榨油厂故事，说贫困了的德国，竟然将人的尸体拿来榨油，用人油制造肥皂。这种在平时任何人都不会相信的怪谈，在当时僵持的战局下，由于国民深受大量的物质消耗、亲友伤亡而陷入极端疲惫、绝望的心理状态，看起来越来越像是一件真的事情。终于被作为一个真实的可怕的故事为当时的人们所接受。它证明了英国人的宣传理论："象（应为"像"，引者注。）是事实的谎言，有时候会收到比事实更能抓住听众之心的效果。"③ 71 年后，1989 年 12 月，也是在欧洲，"自由欧洲电台"炮制了一个耸人听闻的消息，说在罗马尼亚的蒂米什瓦拉市发现了一个"杀人场"，有 4630 人被罗政府当局集体屠杀。接着欧洲的一些报刊刊登了许多"现场照片"，其中有母亲被剖腹与婴儿死在一起的照片，有双脚被铁丝绞在一起、衣服被剥光而死的男人的照片。这个消息和血腥的照片，对于不在现场的各国（包括罗马尼亚）读者和观众具有极大的煽惑力，罗马尼亚政府终于在国内外反对的声浪中垮台。可是，事后不久，经法国《解放报》记者的现场调查，这个"杀人场"纯属子

---

① 〔日〕池田德真：《宣传战史》，朴世俣译，新华出版社，1984，第 97~98 页。
② 转引自张昆《希特勒宣传观念批判》，日本《社会学刊》第 16 卷第 1 号，1991 年 12 月，第 23 页。
③ 〔日〕池田德真：《宣传战史》，朴世俣译，新华出版社，1984，第 61~62 页。

虚乌有，那些照片是把蒂市市立医院一座公墓里挖出的 19 具自然死亡的人的尸体，经人工摆布后拍摄而成的。而母亲与婴儿的照片，则是一个出生才两个月的死婴的照片和比她早死一个月的一名死于肝硬化的女子的照片拼凑成的，所谓 4630 人的集体屠杀完全是彻头彻尾的谎言。①

类似的谎言传播，在世界对外传播史上可以找出很多。它们大多是在事实真相不利于本国或传播谎言、假象更有利于本国战略目标之实现时出笼的，而且在当时确实收到了显著的效果。但是既然是谎言、假象，总有一天会被事实所揭穿。而一旦对外传播机构被证明是一个没有廉耻的说谎者时，对象受众对它的信任就会在顷刻间瓦解。在这个意义上，有人认为编造谎言是一种短视的行为。"即使有作用，也绝对不要说假话。不然的话，被盖上虚伪的烙印，作为宣传家的命运也就完了"②。我们中国是历史悠久的礼仪之邦，也是在国际政治格局中举足轻重的世界大国。我们对外传播媒体的宣传应该是绝对真实的。或许在有些时候，某些事实真相的传播会暂时损及国家的形象，那只要适当控制事件发布的节奏就可以了。用不着凭空地杜撰那种看起来有利于我们的故事。真实、客观的对外传播是对于未来的投资，在眼前一段时间内，可能只看到自己在付出，但在不久的将来则会取得巨大的收获，那就是对象国家目标受众持久的信任和发自内心的支持。在这个意义上，我们要坚持孟子倡导的诚信原则："是故诚者，天之道也；思诚者，人之道也。至诚而不动者，未之有也；不诚，未有能动者也。"③ 只有始终保持良好的诚信记录，对外传播媒体才能发挥出征服目标对象的公信力。

二　平衡性原则

对外传播媒体在传播与本国相关的资讯时，在坚持客观性原则的前提下，在传播内容与形式方面，一方面要突出重点，另一方面也要坚持平衡

---

① 王骏等主编《无形的战争》，国防大学出版社，1990，第 318 页。
② 〔美〕西多尼·罗杰森：《下一次战争和宣传》，转引自《宣传战史》，新华出版社，1984，第 63 页。
③ 《孟子·离娄下》。

性原则，使不同性质的内容不至于重轻失据，即在对外传播的过程中保持不同内容的动态平衡。

首先是褒贬的平衡。在国际传播领域，为了树立国家的正面形象，对外传播媒体总会涉及正面与负面、积极与消极等不同性质的内容。它每天都在提倡某种倾向，反对另一种倾向；肯定某种行为，否定另一种行为；表扬某些人物，批评另一些人物。此种褒贬可以根据个别的事实，也可以通过好与坏、优与劣、良与莠的对比来表现。立场坚定，旗帜鲜明，对于对象国家的目标受众能产生积极的引导作用。但是，由于对外传播的目标受众不在国内，难以精确地了解和把握他们对于宣传内容的确切反应；同时目标受众基本上以其国内的传播媒介为第一信息来源，他们的第一印象基本上是根据本国的传播媒介提供的消息和意见形成的。对于国内外重大的事件，目标受众已形成自己的基本态度。要想改变他们的态度，显然不能采用对内宣传惯用的手法。对内宣传的褒贬，一般都是直接而鲜明的，很少有转弯抹角的情形。对外传播则要尽力避免这种表达形式。如果褒贬的对象是对象国家的某个政治人物，而对外传播机构对他已形成了否定的态度，并且希望目标受众改变其固有的肯定态度，那就不能直白地表达自己的批评和否定。根据外国的对外宣传经验，"宣传是八分称赞、二分贬低"，"为了贬低别人，首先要称赞别人"。① 要改变对象受众固有的支持态度，必须首先肯定其固有的态度和合理性，附和着称赞该政治人物了不起的地方，然后把话题转移到他的失误方面，这样的对外传播犹如给苦涩的药丸包上糖衣，目标受众很容易接受。

对外传播媒体不仅要把目标指向对象国家的目标受众，而且要就对象国家内的新闻媒体的宣传做出反应。在当今世界，任何国家的对外传播都不是孤立进行的，我在影响你，你也在影响我，也许还有第三者正在准备火力对你、对我展开宣传战。在这个意义上，可以把对外传播比作一场没有终结的攻防战。在国家形象传播过程中，各个国家使用的往往是同样的武器和策略。你采用"八分称赞、二分贬低"，明肯定、暗否定的方法攻击对方，对方也会以同样的方式来回敬。高明的宣传家在于能从对方的称

① 〔日〕池田德真：《宣传战史》，朴世俊译，新华出版社，1984，第75~76页。

赞、肯定中看出其险恶的用心。并以恰当的手段化解敌方的进攻，揭露敌方的真实面目。20 世纪 70 年代末 80 年代初，日本经济的崛起，引起了欧美诸国的恐慌。于是欧洲的一些战略家、宣传家编造了"日本的世纪"的神话。日本人不仅没有因此而沾沾自喜，反而是意识到了欧美诸国的敌视情绪。进入 90 年代后，西方国家又惊惧于中国国力的上升，其对外宣传人员利用经济学领域的购买力平价理论，鼓吹中国的经济实力已超过日本、德国，仅次于美国，21 世纪将是亚洲的世纪、中国的世纪，鼓吹"中国龙惊醒了"等。这些论调，乍看起来，似乎是对中国改革开放以来成绩的称赞和肯定，其真实动机则是制造"中国威胁论"，进而使西方阵营团结起来，对中国实行共同的遏制政策，同时挑拨周边国家与中国的关系。这种宣传在当今世界仍有相当的影响，我们决不能为表象所迷惑，而要透过表象抓住实质。运用确凿的事实进行切实的、有效的解释，以坚定的态度，击退西方国家发动的宣传攻势。可见，在对外传播过程中，作为一种宣传手段，褒与贬、肯定与否定、表扬与批评在性质上完全不同，其给予对象的影响也迥然有别；但对外传播往往褒中有贬，肯定中有否定，表扬中含有批评，在特殊的时机与场合，褒、肯定、表扬还能起贬、否定、批评的作用。宣传家如果把握了这种矛盾而又同一的关系，综合交替地运用褒与贬、肯定与否定、表扬与批评等手段，始终保持褒贬、抑扬的平衡，就能够为树立本国良好的国家形象打下坚实的基础。

其次是一种声音与多种声音的平衡。对外传播媒体应该传播一种声音还是多种声音，以一种声音为主，还是多种声音并重，是国家形象传播必须慎重解决的问题。所谓一种声音，在国内一般指官方声音，在国际意义上则是指本国的主导性意见；而多种声音，在国内则是指官方意见和民众的声音，在国际上则是指本国、中立国、盟国、敌对国家等相关国家的意见。从对外传播演进的历史过程来看，各国的对外传播大体可以分为两种类型：一类是以一种声音即本国的官方的意见影响对象国家的目标受众；另一类则是以多种声音（以一种为主）的对外宣传来实现自己的战略目标。从理论上看，不管是宣传一种声音还是多种声音，理由都相当充分。通过宣传媒介对外传播官方的或本国的一种声音，几乎是无懈可击的。因为各国的对外传播机关，都是由政府出资开办的，直属于政府，其运营开支亦有财政保证。既然对外传播机构由政府创办，隶属于政府，自然应代表政府官方的意见，作为政府的喉舌；既然对外宣传机关的经费来自政府的拨款，最终来源于国民的税金，它当然应该反映本国的声音，作为本国利益的代言人。如果让直属政府的对外传播机构传播民众的声音，或中立国家、盟国、敌对国家的声音，至少对于那些实行君主专制或中央集权的国家的领导人来说，是难以理解、无法接受的。

但是 20 世纪以来，在对外传播方面，已有越来越多国家的对外传播媒体利用多种声音的传播来实现本国的战略目标。其一，不管是在国内还是在国际，由于地域的、阶级的、民族的、文化的诸多方面的差异，人们对于现实问题的看法是大不相同的。一种声音，无论如何都不能代表一个国家，更不能代表世界各国人民和政府的多种评价和愿望。对外传播媒体无视这些声音，实际是一种践踏真实、蔑视客观的行为。其二，报道国内外客观存在的多种声音，包括反对本国政府的民众声音或敌视本国、威胁国家利益的外国意见，是尊重事实、尊重真理的表现，它能够在较大的程度上改善对外传播媒体的形象，提高对外传播媒体的权威性，增强对象国家目标受众对传播媒介的信赖。其三，报道多种声音，还有利于利用国内和世界舆论，加大对对象国家的舆论压力，从而造成己方得道多助、对方失道寡助的印象。当然，这些国家的对外传播媒体，对于多种声音的处理，有着一个共同倾向，即以代表本国政府的一种声音为主，而以代表本国民间和盟国、中立国家、敌对国家官方和民间的多种声音为辅。传播多种声音是为了凸显本国的一种声音。对外传播的大忌，是给一种声音和多种声音以完全同等的待遇，将一种声音和多种声音等量齐观。因为，一旦本国政府的一种声音被淹没在多种声音之中，对象国家的目标受众就会无法识别，无所适从。从对外传播的历史来看，还没有一个国家的对外传播媒体给一种声音和多种声音以完全同等的待遇。而那些最为成功的对外传播机构，如英国的 BBC 等，则是反其道而行之，通过多种声音的传播来凸显本国官方的一种声音。此种做法已经为更多的对外传播媒体所仿效。

当代中国是一个开放的正在崛起的充满生机活力的世界大国。其对外传播应该与现实的大国地位相一致，表现出公允开明、雍容大度的君子风范。这就要求我们的对外传播媒体在说服过程中保持多种声音与一种声音的动态平衡。如前所述：传播多种声音，并非给一种声音和多种不同的声音以绝对平等的待遇。只有以一种声音为主，多种声音为辅，才能突出重点，指明方向。所谓以一种声音为主，即以本国政府的基本战略为出发点，把报道政府的意见态度与政策评价放在对外传播的中心位置。以多种声音为辅，则是通过对国内民众和盟国、中立国家、敌对国家官方及民间意见的传播，来突出印证我们的一种声音，加强一种声音的说服力。针对美国的人权外交，中国对外传播媒体年复一年的反击，采用的就是这种办法。首先表明中国政府对于人权问题的基本态度，然后利用一些突发事件，如美国警察对墨西哥移民残暴施虐案，美国军队对其他主权国家的粗暴侵犯等，广泛地报道拉丁美洲、欧洲、亚洲及美国国内一般民众对美国"人权卫道士"虚伪性的揭露和批评。对这些不同声音的传播，不仅能够巩固和加强中国政府的一种声音，而且增强了中国对外传播媒体的公信力。其成功之经验，值得研究和总结。

三　适度性原则

在国际交往中，要树立主权国家的良好形象，对外传播媒体还必须坚持适度性原则。在传播速度上要做到快慢适度；在传播内容上，要做到信息量大小适度；在表现方式上，要做到雅俗适度。只有这样，对外传播媒体在塑造国家形象时，才能张弛适度，游刃有余。

和对内宣传一样，对外传播媒体也是在与事件发展几乎同步的情况下，面向对象国家的目标受众进行传播和说服的。形势变化了，传播内容亦在随之变化。落后于现实变动的对外传播，总会让论敌占去先机，使自己陷于被动的境地，自然难免失败的命运。快，先发制人是国家形象传播的另一重要法则。所谓快，是在相关事件发生后即时进行报道并就事件的性质意义做出评价、表明态度，或在事先料定某种问题将被论敌用作宣传主题对我方施行宣传攻势时，抢先就这一问题进行有针对性的传播。这一法则在宣传战中为人们所广泛采用，主要是出于如下三种考虑。第一，快或先发制人的宣传，在内容上具有新鲜的特性，而新鲜的东西总会比陈旧的东西更吸引人，更富有刺激性，因而易于为对象国家的目标受众所注目所接受；第二，根据宣传心理学的原理，第一印象不仅远比第二印象深刻持久，而且对于主体的态度的形成或变化具有极大的影响力。先发制人与后发制人相比，效果更为显著；第三，先发制人的宣传，便于打乱论敌的宣传计划，陷敌于被动，而我方则可牢牢地掌握宣传的主动权，迫使论敌要么跟着我方指挥的节奏跳舞，要么另起炉灶，寻觅新的论战主题，这些效果都是慢的宣传难以企及的。所以国家形象传播应该而且必须快。但是对外传播媒体也不能过于求快。太快了，也容易出现一些问题。由于事物的发生发展有一个过程。人们对它的认识也有一个过程，如果求快心切，急于宣传，则容易出现认识的偏差或报道的失实，有时甚至会发生政治性的错误。

为了争取对象国家更多群众的认同，为了掌握对外传播的主动权，快，先发制人是十分必要的。但快也不是一条绝对性原则。在某些必要的情况下，慢，后发制人，也会成为一种可取的选择。譬如对于本国政府与他国正在进行的秘密谈判，对国家正在酝酿的战略决策，对于本质尚未完全显示出来的重大事件等，就不能一味地求快。而是应该慢一些，后推至时机成熟时再进行传播。这样做不仅有助于传播者深入地了解把握事实的实质，而且有助于捕捉有利的战机，更为重要的还是它便于传播者就下一步的论战做充分而细致的准备，以赢得这场宣传战。由此可见，国家形象传播需要快，也需要慢。快有先发制人之效，慢也有后发制人之功。在特定的时期，特定的场合，究竟应该快还是应该慢，先发制人还是后发制人，取决于传播者对时机的判断。如果时机允许快，或快有利于国家、有利于人民，则应采取快的方式；如果时机不允许快，或快的传播不利于国家的根本利益，则应采取慢的方式。在快的时候要预估快的后果，在慢的时候则要防止先机为论敌所占。换言之，对外传播媒体在决定快慢时，要瞻前顾后，准确地把握时机，以做到快慢适度。

对外传播媒体在国家形象传播过程中，还须注意保持信息量的适度。国家形象在对象国家的目标受众心目中的建构，离不开一定的信息量。因为导致目标对象思想与态度改变的，不是传播媒体本身，而是媒体传播的实际内容，即关于事实的报道和意见。在宣传过程中如何恰当地把握信息的流量，是决定对外传播效果的又一关键。根据宣传心理学的原理，目标对象态度的变化，都是在一定数量的信息刺激之下实现的。宣传信息达不到一定的量，没有一定的强度或冲击力，尚且不能引起对象的注意，自然谈不上效果。所以，一旦传播目的、目标对象确定后，就要立即组织信息内容，通过各种方式将有关联的内容集中传播出去，这类方式可能是新闻的，也可是非新闻的，甚至是文艺的。应该指出的是，这种集中传播不是灌输。必须根据对象国家目标受众的心理承受能力，讲究分寸。毛泽东就反对疾风暴雨式的宣传。他曾提醒宣传工作者："不要在几小时内使人接受一大堆材料，一大堆观点，而这些材料和观点又是人们平素不大接触的。一年要找几次机会，让那些平素不大接触本行事务的人，接触本行事务，给以适合需要的原始材料或者半成品。不要在一个早上突如其来地把完成品摆在别人面前……不要在几小时之内下几百公厘的倾盆大雨。'强迫受训'的制度必须尽可能废除……要彼此有共同的语言，必须先有必要的共同的情报知识。"① 实践表明，毛泽东的这段论述是很有道理的。信息量大，冲击力强，并非一定有很好的效果，有时还会在目标受众那里产生消极的反应，引发对抗性的逆反心理。其结果不仅会浪费有限的传播资源，还会影响传播机构乃至国家的整体形象。

信息量过大，冲击力过强不行；信息量过小，没有冲击力也不行。要想实现国家形象传播的目标，最终改变目标受众的思想、态度和行为，媒体信息必须控制在一个合适的范围内。如果把大规模的过于集中的宣传比作倾盆大雨，那么，能够或有利于取得宣传效果的，就应该是毛毛细雨。倾盆大雨冲击力强，但不能持久；毛毛细雨虽然力度不大，却能润物无声，使目标受众在不知不觉之中改变其固有的态度。在宣传史上，能找到许多这样的例子，有的组织（集团）耗费了很多的心力，购买大量的版面空间和播出时间，在短期内集中进行信息轰炸，宣传自己的政见，以争取群众的支持，其力量之强，足以压倒一切对手。可是群众的反应却非常冷淡。与此相反，其他的组织或集团可能会以小得多的宣传资源，在长时间内做

---

① 《毛泽东新闻工作文选》，新华出版社，1983，第 206 页。

统筹的规划，不温不火，细水长流，结果赢得了比对手多得多的群众。对内宣传如此，对外传播也是这样。它表明，对外传播是一项复杂而细致的思想工作，急功近利是做不好这件事情的。必须掌握并且遵循宣传对象的心理接受规律，变倾盆大雨为毛毛细雨，做长期打算，锲而不舍，逐步渗透，只有这样，宣传内容才能最终征服对象受众，从而取得预期的效果。

适度性原则还体现在表现方式上，在国家形象传播过程中，对外传播媒体要做到雅俗适度。对外传播媒体是国家形象和精神的代表。一个国家的档次规格、道德精神和文化传统主要是通过其对外传播而为对象国家的受众所了解的。利用对外传播媒体传播民族文化，展现国家的风范，是各国政府共同的目标。我们中国是一个拥有数千年历史的文明古国，也是一个蒸蒸日上，实力强劲，举足轻重的世界大国。要表现出世界大国的风范，再现文明古国的神韵，对外传播必须具有一定的品位，从内容到形式，都应达到雅的境界。所谓雅，即雅致、典雅、高雅，是与俗相对而言的。雅，即意味着脱俗、不俗。它既标志着完美，也代表着高尚。这种境界，是对外传播工作者理论上的追求。但是对雅的追求也有一个程度的限定，如果雅到了极致，就会远远超出目标受众所能理解的范围。曲高和寡说的就是这个道理。

要争取对象国家更多目标受众的认同，必须深入地分析他们的接受心理，利用他们习惯的语言和表现风格，进行通俗的宣传说服工作。否则目标受众就会接受论敌的主义和主张，加入论敌的阵营。因此，通俗化应该而且必须成为对外传播的基本原则。但首先，这里所言的通俗不等于浅薄，也不等于庸俗。用列宁的话来说，通俗的宣传家"应该引导读者去了解深刻的思想、深刻的学说，他们从最简单的、众所周知的材料出发，用简单易懂的推论或恰当的例子来说明从这些材料得出的主要结论，启发肯动脑筋的读者不断地去思考更深一层的问题"。而庸俗、浅薄的宣传人员"不是启发读者了解严整的科学的初步原理，而是通过畸形简单化的充满庸俗玩笑的形式，把某一学说的全部结构现成地奉献给读者。读者咀嚼也用不着，只有囫囵吞枣就行了"①。其次，通俗的宣传不是要降低水

---

① 《列宁全集》第 5 卷，人民出版社，1959，第 278~279 页。

平迁就暂时、落后、理解能力薄弱的宣传对象，而是要持续不断地、十分谨慎地、逐渐地提高目标受众的知识水准和理解能力。从第二次世界大战结束后对外传播发展演变的历史来看，已有越来越多的国家接受了通俗化的原则。

国家形象传播要高雅，要求有一定的品位，同时又要避免曲高和寡，不然大国的风范和气度就难以表现；国家形象传播还需要通俗，要适应对象国家一般群众的知识水平和理解能力，同时又要避免浅薄和庸俗，否则，对外传播媒体传播的国家形象就不能为对象受众所理解、所接受。但是在实际的传播活动中，对于雅与俗程度的把握极其困难。稍不注意就有可能曲高和寡，或陷入庸俗。最好的办法，是在雅与俗之间设立一个中间目标区，它既有高雅和通俗的一切优点，又避免了浅薄庸俗或曲高和寡的危险。在梁启超看来，这是完全可能的："善牖民者，其所道之学识，不可不加时流一等，而又不可太与之相远。如相瞽然，常先彼一畦步间，斯可矣。吾超距而前，则彼将仆于后矣。"① 也就是说，对外传播媒体不可不领先大众一步，但又不能离之太远。如果远远地超出大众，大众就会像远离向导的盲人，随时有摔倒的危险。这表明，在雅与俗之间，确实存在一个兼具雅、俗两者优点的中间地带，在这里对外传播工作者是可以创造性地发挥其传播天才的。

四　主动性原则

在国际政治舞台上，某个国家良好形象的树立，必然要经历一场持久的心理攻防战。由于本国的对外传播媒体与对象国家的主流媒体在立场、倾向、态度方面，往往不一致，甚至截然对立，要想顺利地传播本国的正面形象，并且得到对象国家目标受众的认同，实在是不容易的。国家形象的传播是一场旷日持久的心理攻防战。在激烈的宣传交战中，应该主动进攻，还是被动地防守，是对外传播媒体无法回避的重要选择。正如军事上

---

① 梁启超：《〈国风报〉叙例》，《饮冰室合集·文集》第九册第二十五卷上，中华书局，1989。

的较量，胜利常常属于有着旺盛进攻精神的人，宣传作战也需要高度主动的进攻精神。任何犹豫、怯懦的表现和被动的防守，都将导致国家形象传播的失败。

主动进攻是国家形象传播的一条最基本的原则，这一原则包含两方面的内容：一为主动，即掌握对外传播的主动权，按照自己既定的计划，牵着论敌的鼻子走，把论敌的宣传引入我方的战略构想中来；二是进攻，在形势有利的时候进攻，在形势不利的时候也进攻。只有进攻，才能确保主动。而这种进攻并不需要武力作为后盾。宣传进攻的力量来源，在于真实与真理。拥有真理的一方，即便是没有武力，也能展开强大的宣传攻势。宣传战中的进攻有三种基本的形式。第一是攻坚战。擒贼先擒王，在战争中只有占领了敌人最坚固的城池，才能算作胜利。对外传播也应该将火力对准目标受众最坚强的信心和最顽固的态度。在这点上，英国的宣传家最为擅长，在 20 世纪的两次世界大战期间，他们就是针对敌方在常识上看来根本不能被摧毁的心理堡垒，勇敢地发起主动性进攻的。第二是以子之矛，攻子之盾，使论敌捉襟见肘，穷于应付。当代美国霸权主义者把人权的口号喊得震天响，并以此为借口干涉别国的内政。如果以美国国内普遍存在的人权问题，如警察滥施暴力、种族歧视、对外国移民的迫害等来揭露美国人权外交的实质，美国的宣传家是难以反击的。第三是抓住论敌的弱点，穷追猛打，直至其最后沉默认输为止。

与主动进攻相反，在国家形象传播中采取退却防守的态势，是宣传战略的下下策，是绝对不能成功的。因为在一般民众看来，理直才能气壮。真理、正义往往属于主动进攻的一方；如果宣传家放弃进攻而专事防守，其给予对象国家目标受众的印象，则是宣传者对于自己缺乏信心。既然对外传播媒体自身失去了自信，又怎能赢得对象国家目标受众的认同、理解和支持呢？90 年代初海湾战争期间，伊拉克人在心理防线上掘壕据守，放弃主动出击的机会，任由美国及其盟国对自己进行妖魔化宣传，以至其行为的正当性扫地以尽，这是其最终失败的重要原因之一。可见，国家形象传播和打仗一样，也需要主动的进攻，要不断地进攻，牢牢地掌握对外传播的主导权；防守、退却是绝对不可取的，一旦把宣传上的进攻改变为防守，就意味着向失败迈出了第一步。

　　总之，一个国家的对外传播媒体，要成功地展现自己国家的良好形象，并为对象国家的目标受众所认同、所接受，在实际传播过程中，必须坚持客观性原则、平衡性原则、适度性原则和主动性原则。这是对外传播媒体赖以取得公信力的前提。而这种公信力，又是确保对外媒体传播有效性的基本条件。国家良好的形象只有借助于具备公信力的对外传播媒体，才能得到广泛的传播，并且在对象国家目标受众的心目中建立起来。

（本文发表于《国际观察》2008年第1期）

国家形象研究溯源与前瞻

冷战结束后，全球化趋势日益加强，国家相互依存度日益提高，以国家形象为核心的软实力，在国家间的综合实力竞争中，发挥着越来越重要的作用。国家形象成为国内外学术界关注的理论热点之一。在"Scopus"英文数据库和 CNKI 中文数据库，分别以"national image""country image"和"国家形象"作为篇名关键词进行检索，获取检索数据如图 1 所示。总体上看，英文研究论文数量低于中文研究论文数量，中文国家形象研究论文沿历时方向越来越丰富，这和中国 20 世纪 90 年代以来经济一直处于高速增长期、综合国力不断上升、与世界各国交往持续增多、中国人民和政府对形象和信誉等软实力的关注程度持续提高等因素有关。但总体而言，"国家形象"相关研究的视角与理论基础相对封闭，缺乏创新。基于此，本文将对中西学界"国家形象"思想与研究现状进行梳理与反思，以期较为全面地认识国内外相关研究成果。正如 Bryant 和 Miron 谈到的：对既有研究文献与理论资源的回顾和总结能及时为研究者指明方向。①

一 国家形象研究的古典传统

国家形象是伴随国家而产生的。在不同的社会历史发展时期，形成不同形式、不同内涵的国家形象思想。中西历史上有关国家形象的思想构成

---

① Jennings Bryant, Dorina Miron, "Theory and Research in Mass Communication," *Journal of Communication*, Volume 54, Issue 4, 2004, pp. 662-704.

图1 2007~2016 年每年标题含有 "national image" 或 "country image" 的英文论文数量和含有 "国家形象" 的中文论文数量

国家形象研究的古典传统，该传统虽不是系统性的研究，但为以后国家形象的研究奠定了基础。

（一）中国古代的国家形象思想

马克思主义哲学认为，国家是阶级统治的工具。依据这个角度，不同历史时期的王朝政权便可视为国家。考察中国古代的国家形象思想重在梳理各个时期思想家关于国家形象及其建构的认识与讨论。值得注意的是，关于国家形象问题的思考，中国历史上的知识精英未见超过先秦诸子所创立的高度。众所周知，先秦时期百家争鸣，其中儒家、道家、法家对当时社会影响最大，对后世影响也最为深远。因此上述三家的国家形象思想是本部分着重探讨的内容。

1. 儒家的国家形象观："仁义德政"

儒家思想是中国封建社会的正统思想，它不仅深刻影响着中国古代的政治、经济与社会生活，而且促使周边国家甚至西方社会对古代中国形成相对稳定的评价。阐释儒家的国家形象观离不开对儒家思想创始人孔子以及代表人物孟子思想的挖掘。

孔子的国家形象思想突出 "德" 的重要性。孔子认为，"正其名""德其政" 是维护统治地位与管理国家的核心原则。孔子说："名不正，则言不顺；言不顺，则事不成；事不成，则礼乐不兴；礼乐不兴，则刑罚不中；刑罚不中，则民无所措手足。"① 名分被认为是实现政治稳定与社会有序的前提与基础。孔子进一步强调"正名"的关键为一种朴素的责任论，即"君君，臣臣，父父，子子"②。在《论语·为政》篇中，孔子表达了德政教化的重要性。"为政以德，譬如北辰，居其所而众星共之"；"道之以政，齐之以刑，民免而无耻。道之以德，齐之以礼，有耻且格"③。可见，孔子鼓励以柔性的教化管理国家，从而建构民众对国家秩序的内在认同。在与他国的交往中，孔子亦主张以德服人，《论语·季氏》篇中谈道："故远人不服，则修文德以来之。既来之，则安之。"④ 在孔子看来，如果境外的"远人"不归服，那就再修仁义礼乐的政教来招致他们；一旦他们归服了，就应当设法使他们安心。

孟子则继承与发展了孔子的国家形象思想。孟子的国家形象观主要体现在他对于诸侯各国间关系的思考。孟子主张在处理诸侯国关系时应依靠仁德的力量。依据诸侯国的对外行为是否具有道义性，将诸侯国分为王道国家和霸道国家。即"以力假仁者霸，霸必有大国。以德行仁者王，王不待大。汤以七十里，文王以百里。以力服人者，非心服也，力不赡也。以德服人者，中心悦而诚服也，如七十子之服孔子也。诗云：'自西自东，自南自北，无思不服。'此之谓也。"⑤ 孟子认为，以最高的道德政治为中心施行仁政则为"王道"。与其他诸侯国交往时，孟子反对以大欺小、恃强凌弱的强权政治，应本着仁爱之心互相尊重，方为有道之举。如"惟仁者为能以大事小，是故汤事葛，文王事昆夷；惟智者为能以小事大，故大王事獯鬻，勾践事吴。以大事小者，乐天者也；以小事大者，畏天者也。乐天者保天下，畏天者保其国。诗云：'畏天之威，于时保之'"⑥。

总的来说，儒家设想所建构的国家形象是一个对内施行德政教化，对

---

① 《论语·子路》。
② 《论语·颜渊》。
③ 《论语·为政》。
④ 《论语·季氏》。
⑤ 《孟子·公孙丑上》，杨伯峻编著《孟子译注》，中华书局，1962，第74页。
⑥ 《孟子·梁惠王下篇三》，杨伯峻编著《孟子译注》，中华书局，1962，第30~31页。

外崇尚秩序，重视"仁义"的大国，即"仁义德政"的国家形象观。

2. 道家的国家形象观："小国寡民"

道家是中国古代主要思想流派之一，其创始人老子"小国寡民"的核心理念体现了对国家独特的认识，道家的国家形象观也正是基于这一核心理念的思考。所谓小国寡民是一种基于自足自治的国家模式，它强调小的政治单元对国家稳定的积极意义。《老子·八十章》中生动地反映了"小国寡民"的社会政治思想：

> 小国寡民，使有什伯之器而不用，使民重死而不远徙，虽有舟舆，无所乘之。虽有甲兵，无所陈之。使民复结绳而用之。甘其食，美其服，安其居，乐其俗，邻国相望，鸡犬之声相闻，民至老死，不相往来。①

在"小国寡民"思想的影响下，老子认识到民之于国的重要性，强调执政为民，如"爱民治国，能无为乎?"② 同时，老子认为"清净无为"的理念应贯彻于治理国家之中。《老子·五十七章》中谈道："以正治国，以奇用兵，以无事取天下。"③ 老子进一步用非常形象的说法阐发了他"无为"的治国思想："治大国，若烹小鲜。"④ 老子将治理大国比作煎烹小鱼，告诫统治者不要总是搅扰人民，而应清静无为。老子的国家形象观也涉及与他国关系的思考，即所谓"大邦者下流"⑤，强调"谦虚处下"，虽自身地位重大却甘于处下，不自满自傲，自然会获得天下的信任和拥护。

"小国寡民"既是老子的治国思想，也代表道家的国家形象观。道家建构的理想国家形象主要包含三个方面：执政爱民的国家宗旨、清静无为的国家治理、谦虚处下的外交政策。

---

① 陈鼓应注译《老子今注今译》，商务印书馆，2016，第 345 页。
② 陈鼓应注译《老子今注今译》，商务印书馆，2016，第 108 页。
③ 陈鼓应注译《老子今注今译》，商务印书馆，2016，第 280 页。
④ 陈鼓应注译《老子今注今译》，商务印书馆，2016，第 291 页。
⑤ 陈鼓应注译《老子今注今译》，商务印书馆，2016，第 293 页。

3. 法家的国家形象观："法治独立"

法家思想是中国古代政治思想的主干之一。法家思想的集大成者是韩非子，所以梳理韩非子的政治思想是考察法家国家形象观的重点。韩非子是战国末期的思想家，他所生活的时代是一个"实力竞争"的时代，所谓"上古竞于道德，中世逐于智谋，当今争于气力"①。韩非子认为在实力竞争的时代，维护与扩大国家利益是国与国交往的核心，增强国家实力是一国存在与发展的根本，即"明君务力"②。针对如何增强国家实力，韩非子提出了明确建议。一方面，他认为"法治"是增强实力的根本途径。韩非子强调："国无常强，无常弱。奉法者强，则国强；奉法者弱，则国弱。"③ 也就是说，是否奉法与国家兴衰有着密切关系。另一方面，由于韩非子坚信国家自身实力的重要性，因此他反对结盟与过分依赖外交。正所谓："挟夫相为则责望，自为则事行。"④ 并详细阐述了不与他国结盟，保持独立的原因，如"救小未必有实，则起兵而敌大矣。救小未必能存，而交大未必不有疏，有疏则为强国制矣。出兵则军败，退守则城拔。救小为从，未见其利，而亡地败军矣"，"事大未必有实，则举图而委，效玺而请兵矣。献图则地削，效玺则名卑；地削则国削，名卑则政乱矣。事大为衡，未见其利也，而亡地乱政矣"⑤。简言之，无论与小国还是大国结盟均不划算，与小国结盟，在其遇到侵犯时，不得不出兵相助；与大国结盟，则需承担领土损失与本国君主威望下降的风险。

韩非子的上述思想足以说明法家试图建构一个法治独立的国家形象，而这种思想对后世有着深刻影响，之后历代明君，乃至当今中国，均崇尚革新，通过建立健全规章制度增强自身实力与国际竞争力。

（二）西方历史上的国家形象思想

西方国家形象思想与国家学说密切相关，而长期以来"国家"是西

---

① 《韩非子·五蠹》。
② 《韩非子·显学》。
③ 《韩非子·有度》。
④ 《韩非子·外储说·左上》。
⑤ 《韩非子·五蠹》。

方哲学史学说的主题。可以说，国家形象思想亦是西方哲学史的重要组成部分。因此，笔者将以不同历史时期西方哲学家的国家形象观为依据来考察西方历史上的国家形象思想。

1. 柏拉图的国家形象观："理想国"

古希腊是西方国家学说的发源地，这一时期的国家学说已经涉及国家起源、阶级构成与所有制形式，从而开创了西方历史上国家形象思想的源泉。柏拉图是古希腊最伟大和最著名的哲学家与思想家之一，其代表作《理想国》系统阐述了柏拉图所期望建构的理想国家。首先，柏拉图认为，公民分工合作、各尽其能才是国家的正义，而这种国家也才是柏拉图所称谓的"真正的国家"和"健康的国家"，即：

> 只要每个人在恰当的时候干适合他性格的工作，放弃其他的事情，专搞一行，这样就会使每种东西生产得又多又好。[①]

其次，在柏拉图所设想的理想国中，应存在壁垒森严的等级划分制度，并需要所谓的"哲学王"来统治。柏拉图在《理想国》中指出，国家与个人，不经哲学家治理，绝无希望可言，而吾及之理想之国亦无实现之日。

可见，柏拉图的国家形象思想一方面主张维持等级划分制度，另一方面又谋求各等级分工合作、各尽其能的团结统一。显然，这种国家形象思想存在自相矛盾之处，难以实现。

2. 亚里士多德的国家形象观："多元和谐"

亚里士多德是柏拉图的学生，也是古希腊著名的哲学家和政治思想家。马克思曾把他称为"古代最伟大的思想家"[②]，恩格斯也认为他是古希腊哲学家中"最博学的人物"[③]。与柏拉图不同，亚里士多德推崇"多元和谐"的国家形象观。在《政治学》第一卷第一章，亚里士多德明确

---

① 〔古希腊〕柏拉图：《理想国》，郭斌和、张竹明译，商务印书馆，1986，第60页。

② 《马克思恩格斯全集》第23卷，人民出版社，1972，第447页。

③ 恩格斯：《反杜林论》，吴黎平译，三联书店，1938。

提出国家的目的是实现人类最大的"善业"，以达到公民和谐、幸福为目的，也就是"行于中庸"，即"善德就在行于中庸——则（适宜于大多数人的）最好的生活方式就应该是行于中庸，行于每个人都能达到的中庸"①。由于亚里士多德坚持自然生存论，他理解的"中庸"主要是指顺其自然的发展。因此，亚里士多德国家形象思想的突出特色是"多元化"，表现为多角度发展、多层次需求、多阶级融合。

在国家阶级的构成上，亚里士多德并不赞成柏拉图等级森严的阶级论。他提出"六大阶级"划分论，但这里的"六大阶级"是具有可变性的，变动的依据是公民的年龄与财产。可见，亚里士多德建构的理想国家讲求社会各阶级间的和谐，进而整个城邦呈现自由、平等的形象特点。

亚里士多德的国家形象思想包含许多折中主义的观点，"多元和谐"是他试图建构的理想国家形象。然而，与柏拉图的"理想国"一样，这种"多元和谐"的国家形象思想是一种唯心主义的国家形象观。因为亚里士多德的国家形象思想的最终目的在于解决奴隶主统治的危机，巩固奴隶主阶级的统治。毋庸置疑，在当时那种奴隶主与民众之间矛盾激化的时代，"多元和谐"的国家形象思想只能是一种幻想。

3. 马基雅维里的国家形象观：君主至上的统一国家

作为近代西方政治学说奠基人之一，马基雅维里摆脱了宗教与道德的束缚，提出政治的实质是权力，重视国家、法律与权术。马基雅维里的国家形象思想深受其政治学说的影响，其代表性著作《君主论》充分表现了他所建构的一个"君权至上"的统一国家形象。

马基雅维里的国家形象思想以"人性恶"为出发点，提出君主、法律、国家是实现人类和平的工具。马基雅维里赞同共和国的国家形式，崇尚建立一个统一的、中央集权的君主国，他认为只有建立强大君权，对内才能克服国家的分裂状态，对外才能形成一个统一的民族国家，强有力地抵御外来入侵者。由于马基雅维里认为强有力的君主是建立一个强大王权的保障，因此在《君主论》中马基雅维里还具体阐述了他的君主形象思想。例如："被人畏惧比被人爱戴要安全得多"，因为"人们爱戴君主，

---

① 〔古希腊〕亚里士多德：《政治学》，吴寿彭译，商务印书馆，1997，第204页。

是基于自己的意志，而感到畏惧则是基于君主的意志，因此一位明智的君主应当立足在自己的意志之上，而不是立足在他人的意志之上"；① "一个具备'美德'的统治者既不是一个理想人，也不是一个单纯的人，而是一个可以用'山饕'作为象征的半人半兽"；等等。

在外交方面，马基雅维里特别强调军队的重要性，他提出要想捍卫君权，保障国家稳定，就应该以武力为后盾，建立一支自己的军队，依靠伦理与道德是难以纵横天下的。此外，他还要求君主应有一颗对外扩张的野心，唯有这样，才能在国内外建构国家强盛的形象。

总之，马基雅维里的国家形象思想是以"人性恶"为根基的，主张建立一个统一的，具有强有力君权的国家。从某种意义上看，马基雅维里的国家形象思想在西方国家形象思想史上影响深远，因为它体现了一个重要问题：国家是统治阶级意志的体现。

4. 康德的国家形象观："人民主权"与"永久和平"

与马基雅维里的国家形象观截然相反，康德不主张忽略伦理、道德在国家政治活动中的重要性，而是将其作为国家形象思想的根基，提出一个真正理想的国家表现为人民充分掌握国家主权，并与其他国家和平相处。

首先，康德的国家形象思想来源于其对国家概念的理解。他认为国家是人们立法意志的产物，即"凡具有共同利益的人们生活在一个法律的联合体之中，这个组织就叫国家"②，"国家是许多人依据法律组织起来的联合体"③。所以，康德所涉及的国家形象蓝图是以充分代表人民立法意志为基础的。其次，康德深受卢梭思想的影响，他提出，在一个理想的国家里，制定法律的权利应该给予人民，而且国家的主权也只能是属于人民的联合意志。在《政治正义原理》中提出三项原则："1. 社会的每一个成员都是一个人，有自由权去使用他自己的方法寻求他自己的快乐；2. 每一成员在法律之前都是平等的，而无世袭的特权；3. 每一个国家的成员都是

---

① 〔意〕马基雅维里：《君主论》，潘汉典译，商务印书馆，1985，第82页。

② 《永久和平》，《西方法学思想史》编写组编《西方法律思想史资料选编》，北京大学出版社，1983，第417页。

③ 《永久和平》，《西方法学思想史》编写组编《西方法律思想史资料选编》，北京大学出版社，1983，第419页。

一个公民，有自决权去参与国家的主权。"① 显然，在康德看来，这三项原则是塑造良好国内形象的基础。再次，康德视永久和平为衡量国际形象的主要标准。他在《永久和平论》中全面而详细地论证了"各个国家的联合体的世界大同是人类由野蛮步入文明的一个自然的而又必然的历史过程"②。康德还提出了"自由国家的联盟制度"概念，具体而言，它是一个超越不同民族、不同文化，可以规范全人类，具有普世意义的道德法则。③

总的来说，康德主张真正理想的国家应该塑造一个人民掌握国家主权且与其他国家和平相处的国家形象。可以说，这是一种具有"理想意志"的国家形象观。

基于上述分析，无论是中国古代的知识精英还是西方哲学家们，他们多从自身的理论逻辑与现实需要出发，阐发关于国家形象问题的思考。显然，他们的观点缺乏科学的论证。但尽管如此，他们的国家形象思想对于之后国家形象研究有着诸多裨益。

二 国家形象研究的现状

目前，国家形象研究作为国内外学术界关注的热点课题之一，内涵丰富，范围甚广。基于既有学术文献的梳理，笔者发现中西方学者的研究存在明显差异。为此，本部分将在梳理国家形象概念的基础上，分别阐述和分析中西方国家形象研究的基本路径。

（一）国家形象概念的界定

鉴于国内外学者研究视角的不同，国家形象概念的界定呈现出多元化的特点。国内学者对"国家形象"概念的界定，大致可以分为三种类型。一是实力偏向说，即认为国家形象主要来源于公众对一国实力的认知。例

① 孟云桥编著《西洋政治思想史》第 2 版，国立编译局，1945，第 191 页。
② 浦兴祖、洪涛主编《西方政治学说史》，复旦大学出版社，1999，第 347 页。
③ 周凡：《康德的和平构想：自由国家的联盟制度》，《浙江社会科学》2003 年第 6 期，第 165~169 页。

如管文虎提出："国家形象是一个综合体，它是国家的外部公众和内部公众对国家本身、国家行为、国家的各项活动及其成果所给予的总的评价和认定。国家形象具有极大的影响力、凝聚力，是一个国家整体实力的体现。"① 段鹏更直接地指出："作为综合国力的表现，国家形象包括硬、软两种实力，'硬实力'指有形物质力量以及科教和人才实力；而'软实力'则是一国的政治动员力、文化渗透力、外交影响力和民族精神。"② 二是媒介偏向说，主张媒介是公众心目中构建国家形象的主要来源。刘继南、何辉等提出国家形象是"在物质本源基础之上，人们经由各种媒介，对某一国家产生的兼具客观性和主观性的总体感知"③。徐小鸽也认为："国家形象是指一个国家在国际新闻流动中所形成的形象，或者说是指一国在他国新闻媒介的新闻和言论报道中所呈现的形象。"④ 三是认知印象说，代表学者李正国提出国家形象可分为我形象、他形象、错位形象三类，其中"我形象是形象塑造国主观追求却没有得到其他国际行为体认可的一种内在的自我形象……他形象作为我形象的对立面，是形象塑造国作为他者而被其他国际行为体塑造并认可的外在形象，是一种国际社会的整体想象物……错位形象就是由于国家形象中的我形象与他形象断裂而形成的、介于两者之间的一种表现形态，即某国的国际形象受到强有力的第三方的认可或颠覆，而产生的短期形象"⑤。西方学界对"国家形象"的直接研究并不多见，多散布于政治、国际关系、广告、公共关系、品牌等领域。因而学者们多从自己学科的角度阐释国家形象的概念。国家形象研究的奠基人 Kenneth E. Bolding 从三个维度界定国家形象，即国家地理空间、国家的"敌意"或"友好"、国家的"强大"或"赢弱"，并进一步提出良好的国家形象对内可加强各方的凝聚力，对外可提高一国在国际事

---

① 管文虎主编《国家形象论》，电子科技大学出版社，2000，第23页。

② 段鹏：《国家形象构建中的传播策略》，中国传媒大学出版社，2007，第13页。

③ 刘继南、何辉等：《中国形象：中国国家形象的国际传播现状与对策》，中国传媒大学出版社，2006，第5页。

④ 徐小鸽：《国际新闻传播中的国家形象问题》，《新闻与传播研究》，1996年第2期，第36~46页。

⑤ 李正国：《国家形象构建》，中国传媒大学出版社，2006，第30~32页。

务中的舆论领导力。① 冷战后兴起的建构主义学派则认为国家形象是一个关系性的概念，国家形象是在与其他国家的交流与认同中被赋予的意义。同时，部分学者倾向于把形象作为一个认知心理学概念，从认知理论出发界定国家形象，即国家形象本质上是一种认知和话语的建构，国家形象不是简单地反映一国的客观存在，而是国内外公众对目标国的印象、态度和评价的总体反映。Papadopoulos 进一步指出国家形象是人们对一国认知和印象的总和，其包含大量的事实与情感信息。② Rusciano 则把国家形象分为自我形象和他者形象两类，自我形象是指国家的感知或本国公众眼中的国家形象，而他者形象是他国公众所认知国家的国际形象。③ 且他国形象与自我形象之间通常存在差异，因为公众认知一国形象的主要途径之一是投射于媒介的国家形象，而投射于媒体的形象并非对真实状态的"镜子式"的反映。④ 总之，中西方学者对国家形象概念的界定各有侧重。通过分析和比较，国家形象的概念主要由两个维度构成：一是国家的客观存在，包括一国的政治制度、历史文化、地理环境、经济发展、战略决策等因素，它是构成国家形象的基础。正如马基雅维里在《君主论》中谈到的："君主必须依靠他的行动去赢得伟大人物与才智非凡的声誉。"⑤ 二是本国公众和他国公众对一国形象的认知和评价，而这种认知与评价会受到认知主体、认知环境等因素影响。

（二）中西方国家形象研究的基本路径

1. 西方学术界国家形象研究

西方学术界不断把政治学、心理学、传播学、社会学的概念和分析范

① K. E. Boulding, "National Images and International System," *Journal of Conflict Resolution*, 1959, pp. 120-131.

② Nicolas Papadopoulos, Louise Heslop, "Country Equity and Country Branding: Problems and Prospects," *Journal of Brand Management*, 2002, 9 (4), pp. 294-314.

③ F. L. Rusciano, "The Construction of National Identity: A 23 Nation Study," *Political Research Quarterly*, 2003, 56 (3), pp. 361-366.

④ S. M. Annabelle, N. Kaarle, Frank Ugboajah, L. S. Robert, *Foreign News in the Media: International Reporting in 29 Countries*, Paris: Unesco, 1985.

⑤ 〔意〕尼科洛·马基雅维里：《君主论》，潘汉典译，商务印书馆，2017，第107~108页。

式引入国家形象研究中，产生了一批优秀的研究成果。其内容主要涵盖三个领域：一是从国际关系学角度研究国家形象及其对外交政策的影响；二是关注国家形象与商业行为之间的关系；三是传播学视域下国家形象的研究。

首先，西方学界国家形象研究最早出现在国际关系学领域的现实主义思考中，当时研究者只是在相关研究中出现了与"国家形象"相近的概念，如"威望""声望"，并没有在理论层面上对国家形象做系统的阐释。例如现实主义大师摩根索提出"威望政策"，对国家而言，"威望政策的目的在于使别国对自己国家实际拥有的权力，或它自认为拥有的权力，或想使别国相信它拥有的权力产生深刻的印象"。① 国家威望是他国判断一国未来行为的基础，更是维护自身利益的重要手段。冷战期间，国家形象研究主要集中于美苏之间"敌国形象"的研究。其中代表性的研究是美国学者 Holsti 通过分析美国前国务卿杜勒斯（John Foster Dulles）有关苏联的讲话和发言的文本，指出国际冲突与国家形象之间紧密的联系，"决策者不是根据客观现实做出反应，他们更像是根据头脑中对形势的印象认识做出决定"②。

冷战结束后兴起的建构主义学派进一步拓宽了国家形象的研究视角。从社会学的角度出发，研究者提出国家形象不是与生俱来的，是在国际体系中与其他国家持续不断地互动中产生的，而国家认同便是在与他者的互动关系中形成的有个性且有区别的形象。作为建构主义代表人物的美国学者温特在其著作《国家政治的社会理论》中提到国家形象是正面还是负面取决于与有意义的他者之间的互动，而他者的价值体系对国家形象的塑造具有重要影响力。③

到了 20 世纪末，伴随日益激烈的国际竞争，西方学者更多地关注国家形象对外交政策的影响。新自由主义学派代表人物约瑟夫·奈认为国家

---

① 〔美〕汉斯·J. 摩根索：《国家间政治——寻求权力与和平的斗争》，徐昕等译，中国人民公安大学出版社，1990，第 114~118 页。

② Holsti, "The Belief System and National Images: A Case Study," *The Journal of Conflict Resolution*, 1962 (6), pp. 244-252.

③ 〔美〕亚历山大·温特：《国际政治的社会理论》，上海人民出版社，2008，第 327 页。

形象作为重要的软实力资源，源自一国政治、文化和价值观念的吸引力，这种吸引力会对一国外交政策产生重要影响，如果一国合法性被其他国家承认，文化与价值观念具有吸引力，其他国家愿意追随，那么该国对外政策就无须做出改变。反之，如果一国国家形象较差，那么在对外活动中该国很难得到其他国家的尊重。[①] 且美国国家形象理论奠基人 Richard K. Herrmann 在《国际关系中的形象》一文中同样阐释了外交活动中国家形象的重要性。他们认为在国际体系中一的意图很难判断，在一定程度上国家形象可作为判断其他国家意图的最直接依据。[②] 可以说，国家形象是国际关系中决定合作与冲突的关键因素。

其次，不少西方学者着眼于研究国家形象与商业行为之间的关系。南京大学学者王海洲对 SSCI 和 A&HCI 中国家形象相关文献进行梳理后发现：商学相关文献数量最多，占到了 40%。[③] 而商学视角下国家形象的研究最早开始于 20 世纪 70 年代 Schooler 围绕原产国（Country of Origin，COO）效应的研究，他提出消费者对不同国家生产的产品会有不同的态度和评价，进而会影响消费者的购买倾向。随着研究的不断深入，学者们开始关注消费者对不同国家产品有不同评价与偏好的原因。[④] Roth 与 Diamantopoulos 提出原产国形象研究可以分析原产国效应存在的原因。[⑤] Bilkey 和 Nes 对 25 篇有关原产国效应的文章归纳总结后提出，消费者对特定国家产品质量的总体认知即为原产国形象。[⑥] 且在国际化市场上存在国家固定观念效应（Country Stereotyping Effect），即消费者对原产国或制

---

① Jr. Joseph, S. Nye, *Soft Power: The Means to Success in World Politics*, New York: Public Affairs, 2004.

② Richard K. Herrmann, James Voss, Tonya Schooler and Joseph Ciarrochi, "Images in International Relations: An Experimental Test of Cognitive Schemata," *International Studies Quarterly*, 1997, pp. 403-433.

③ 王海洲:《"国家形象"研究的知识图谱及其政治学转向》，《政治学研究》2013 年第 3 期，第 3~16 页。

④ Robert D. Schooler, "Product bias in the Central American Common Market," *Journal of Marketing Research*, 1965, 11 (2), pp. 394-397.

⑤ K. P. Roth, Diamantopoulos, "Advancing the Country Image Construct," *Journal of Business Research*, 2009, 62 (7), pp. 726-740.

⑥ W. J. Bilkey, E. Nes, "Country-of-origin Effects on Product Evaluation," *Journal of International Business Studies*, 1982, pp. 89-99.

造国产生一种刻板印象，这种刻板印象在消费者购买决策过程中起作用。①

在此基础上，学者们进一步探究影响原产国形象的因素。宏观层面上，国家的经济状况、政治制度和科技发达程度被认为是塑造原产国形象的关键因素②；文化差异在一定程度上也会影响原产国的形象的建构③；微观层面上，企业培训、员工能力等都会成为影响原产国形象的重要因素。④

商学视角下的国家形象研究更着重于联系实际，以"旅游目的地"商品化为基础的目的地形象研究与服务于国家经济竞争的国家品牌研究备受关注。研究者认为旅游目的地作为一个特殊的产品会受到国家形象的影响，例如 Nadeau 等人基于态度理论构建镶嵌模型提出国家形象是目的地形象的前因，并指出目的地形象研究应考虑更深层次的国家和人民信念。⑤ 同时，商学领域下相关学者们提出国家本身就是一个品牌，并作为无形产品或资产在国际竞争中发挥重要作用。营销大师 Philip Kotler 就提出国家能够品牌化，并存在国家品牌资产。并且一些学者以新兴市场经济国家为研究对象，提出在全球经济化条件下新兴市场经济国家实施品牌化战略，可以有效开展竞争、摆脱作为发达国家原料供应地的弱势地位。⑥ 在此基础上，国家品牌的构建被研究人员所关注。Dennie 从文化角度分析创建国家品牌的四种途径：文化产品传播、本民族特色文化、举办体育

---

① S. Samiee, "Customer Evaluation of Products in a Global Market," *Journal of International Business Studies*, 1994, 25 (3), pp. 579-604.

② I. M. Martin and S. Eroglu, "Measuring a Multi-dimensional Construct: Country Image," *Journal of Business Research*, 1993, 28 (3), pp. 191-210.

③ Gurhan Canli, Zeynep, M. Durairaj, "Cultural Variations in Country of Origin Effects," *Journal of Marketing Research*, 2000, pp. 309-317.

④ J. Nadeau, L. Heslop, N. O. Reily, P. Luk, "Destination in a Country Image Context," *Annals of Tourism Research*, 2008, 35 (1), pp. 84-106.

⑤ J. Nadeau, L. Heslop, N. O. Reily, P. Luk, "Destination in a Country Image Context," *Annals of Tourism Research*, 2008, 35 (1), pp. 84-106.

⑥ Simon Anholt, "Editor's Foreword to the First Issue," *Place Branding*, 2004, 1 (1), pp. 4-11.

赛事和旅游者的个人体验。① 且学者们提出塑造国家品牌自下而上的路径更有利于提高社会民众的参与意识，并应把民众的努力纳入国家品牌建设之中。②

再次，在"软实力"概念提出并被广泛接受的背景下，塑造国家形象被看作治理国家的一项本领，而国家形象构建中传播机制的重要性不容忽视。西方学者开始将国家形象置于传播学视域下讨论，主要体现在两个方面：一方面，他们注重国家形象传播中认知背景的不同和跨国度传播的意识形态差异。例如 Giffard 与 Rivenburgh 指出中国、埃及与西方发达国家主办一样的联合国政府首脑会议，但是发达国家获得了更多的正面形象评价，中国、埃及两国获得的负面形象评价居多。③ Kang 和 Ramaprasad 则认为国家形象传播中存在马太效应，他们通过分析 1998 年和 2002 年两届世界杯的新闻报道，发现法国的国家形象获得最高的评价，其次是日本，最后是韩国，因此国家实力与国家形象呈正相关性，即强国愈强，弱国愈弱。④

另一方面，国外学者对国家形象传播的方式展开了广泛的讨论。第一，研究者肯定大众媒体在建构"他塑形象"中发挥了关键作用。A. Rusi 在形象政治研究中提出，自 20 世纪 70 年代早期开始大众媒体的统治力量不断加强。⑤ D. S. Don 指出个体从大众媒介上获取的他国信息决定、改变着他们头脑中的异国形象。⑥ 而穆茨提出的"非个人影响模式"进一步解释了他国公众对一国的认知和评价中大众媒体起着重要作用，穆

① Keith Dinnie, "Place Branding: Overview of an Emerging Literature," *Place Branding*, 2004, 1 (1), pp. 106–110.

② D. Gregory, B. David, "Students Corners Place Brand Architecture: Strategic Management of the Brand Portfolio," *Place Branding*, 2005, pp. 406–419.

③ C. A. Giffard, K. R. Naney, "News Agencies, National Images and Global Media Events," *Journalism and Mass-Communication Quarterly*, 2000, pp. 8–21.

④ K. Hynmee, R. Jyotika, Paper accepted for presentation to the Public Relations Division of the International Communication Association for presentation at the Annual Conference, New York City, 2005.

⑤ A. Rusi, "Image Research and Image Politics in International Relations: Transformation of Power Politics in Television Age," *Cooperation and Conflict*, 1988, 23 (1), pp. 29–42.

⑥ D. S. Don, "Mass Communication and International Image Change," *The Journal of Conflict Resolution*, 1973, pp. 115–127.

茨提出：对于远离大多数公众直接经验范围的认知对象，非个人影响如大众媒介往往成为最稳定、最系统的认知信息来源。[1] 与我国类似，国外不少学者基于内容分析法探究大众媒介构建的国家形象，例如 Sreberny Mohammadiet Annabelle 等通过对 29 个国家国际报道的分析揭示媒体中的异国形象；[2] Steenhoff 也系统分析了 1991～1992 年印度尼西亚媒体中的荷兰形象。[3] 第二，国外一些研究者强调国家形象传播的多样化，如 Lee Suman 通过实证研究建构了国际公关与国家形象关系之间的理论模型，即一个国家对形象输入国投入公共关系的成本愈多，其形象愈正面。[4] 也有学者提出学校教育、国家间的外交活动是传播国家形象的有效方法。[5]

综上所述，西方学者在不同学科视域下对国家形象的形成、传播及发展进行了广泛且深入的分析，对国内学术界的国家形象研究具有重要的参考价值。但是，西方学者更重视对国家形象的应用研究，理论层面上的系统研究有待加强。

2. 国内学术界国家形象研究

国内学术界国家形象研究的主要目的是扩大国际话语权、提升国际影响力，这是中国实现"和平崛起"的现实需求。因而国内的国家形象研究集中在政治学与传播学领域，内容主要涵盖三个方面：国家形象构建路径、国家形象传播策略与国家形象评估。

（1）国家形象构建路径

基于上述对国家形象概念的界定，国家形象是一个多维概念，它既不

---

① Diana C. Mutz, *Impersonal Influence*: *How Perceptions of Mass Collectives Affect Political Attitudes*, Cambridge: Cambridge University Press, 1998.

② S. M. Annabelle, N. Kaarle, Frank Ugboajah, L. S. Robert, *Foreign News in the Media*: *International Reporting in 29 Countries*, Paris: Unesco, 1985.

③ P. Steenhoff, "Decolonization Completed: The Role of the Indonesian Press in the Image Building of The Netherlands Between November 1991 and December 1992," *International Communication Gazette*, 1996, pp. 1-16.

④ Lee Suman, "A Theoretical Model of National Image Processing and International Public Relations," International Communication Association, 2005 Annual Meeting, New York, N. Y., pp. 1-46.

⑤ E. Reigrotski, N. Anderson, "National Stereotypes and Foreign Contacts," *Public Opinion Quarterly*, 1960, pp. 515-528.

是单维的事实性概念，也不是线性的观念性概念，而是一个融合实体、反映和认知等多重内涵的结构性概念。为此，在研究国家形象构建时，学者们把视野集中在三个层面：客观形象、媒介形象与认知形象。

第一，客观形象是国家形象最基本的层次。它是国家实际情况（包括一个国家政治、经济、文化、社会等各个方面的形状、性质、姿态、状况等）、国家内外的各项行为及作为之总和，是一个国家物质文化与精神文化的整体状况，有学者将之称为"源像"。①可见，客观形象或"源像"是国家形象的机械表达，是具体现实状况的机械式自然呈现，因此客观形象多表现为一些粗浅的、大体的且局部的形象轮廓。

第二，媒介形象是指媒体文本中呈现的具有象征性、隐喻性和代表性的形象群。国家的媒介形象是对国家客体形象的有机表征，其源于国家的客体形象，但并非国家客体形象的"镜式反映"。国家媒介形象的构塑包括"他塑"与"自塑"两种方式。"他塑"主要是指他国媒体建构另一国形象。实质上，"他塑"是以被塑造国的差异为考量来证明塑造国主流意识形态的存在合理性，从而满足为塑造国在国际行为中最大限度地谋求利益的需求。如刘小燕所讲："媒体塑造一国的国际形象，是国际行为中一国对其他国家施加影响的具体表现或一国对其他国家施行权力的延伸。"② 20 世纪 90 年代以来李希光等一批学者通过大量研究西方媒体有关中国的报道，提出西方媒体有意敌视和妖魔化中国，极力渲染"中国威胁论""中国崩溃论"等，建构的中国形象有相当大的扭曲。因而国家形象的"他塑"研究离不开具体的社会历史语境、国家的价值取向、媒介组织不同的信息环境等，且有必要把国际关系、世界秩序也纳入国家形象构建的视野中。

与"他塑"相比，"自塑"中媒体对本国形象的塑造是主动的，国家可依据本国实际情况，按照自己的意愿建构一国的形象。整体来看，大多数国内学者均强调国家实力是国家形象"自塑"的基础，例如赵雪波认

① 张毓强：《国家形象刍议》，《现代传播》2002 年第 2 期，第 27~31 页，转引自刘继南、何辉等《镜像中国：世界主流媒体中的中国形象》，中国传媒大学出版社，2006。
② 刘小燕：《关于传媒塑造国家形象的思考》，《国际新闻界》2002 年第 2 期，第 61~66 页。

为："一个国家的国家形象是它自身实力和现实特征的表现，这意味着国家可以通过改变自己的实力和某些特征来达到改变自己在外界形象的目的。"① 杨冬云也提出一国自身的发展会影响人们对国家形象的认知与评价。中国的研究者和学术人员多以政府和官方媒体为国家形象"自塑"的主体，这种研究思路主要基于外国媒体，尤其是西方主流媒体在"他国形象"建构中容易出现误读和偏见，因而国内学者提出应加强主流媒体对国家形象的"自塑"。②

第三，认知形象是国内外公众对一国形象的总体认识与评价。认知形象是基于客观形象与媒介形象建立的，但并不是两者的简单叠加。有学者指出，基于现实经验，公众对国家形象的认知多来源于媒介呈现的"镜像"，但是有两点需要注意：一是媒介形象并非现实世界的"镜式反映"；二是认知形象与媒介形象不是精确对应的关系，认知形象是公众对媒介形象进行接收、编码、存储和利用之后所建构的。③ 匡文波、任天浩持有相同的观点，他们提出国家形象为国家客观现实经过文化价值观、国家利益观、大众媒介三种偏曲后投射在国内和公众意识中的主观镜像。④ 概括而言，国家认知形象受三方面因素的影响：一是媒体为公众呈现的有关国家面貌的信息，这些信息的内容、形态、数量、视角、态度、价值取向等影响公众认知；二是信息传播的渠道、方式、频率、策略等；三是公众自身的情况，包括认知基础、文化和身份背景、认知习惯、接受媒介形象信息的语境等。⑤

综上分析，国家形象是一个需要多重手段构筑的系统工程。⑥ 因而，国家形象构建研究须突破现有的研究视角，向多元化的研究方向转变。可

---

① 赵雪波：《关于国家形象等概念的理解》，《现代传播》2006 年第 5 期，第 63~65 页。
② 杨冬云：《国家形象的构成要素与国家软实力》，《湘潭大学学报》（哲学社会科学版）2008 年第 5 期，第 96~101 页。
③ 陈薇：《媒介化社会的认知影像：国家形象研究的理论探析》，《新闻界》2014 年第 16 期，第 34~38 页。
④ 匡文波、任天浩：《国家形象分析的理论模型研究：基于文化、利益、媒体三重透镜偏曲下的影像投射》，《国际新闻界》2013 年第 2 期，第 92~101 页。
⑤ 刘丹凌：《论国家形象的三重内涵：基于三种偏向的分析》，《南京社会科学》2014 年第 5 期，第 106~113 页。
⑥ 李正国：《国家形象构建》，中国传媒大学出版社，2006，第 122 页。

喜的是，目前国内一些学者已开始尝试从不同的角度探讨国家形象建构的路径，并取得了初步的成果。其中代表性的研究基于营销学视角，从广告、品牌、消费者心理等方面分析如何塑造国家形象。①

（2）国家形象传播策略

如何持续有效地传播中国形象是国内学界研究的一项重要课题。目前中国的国家形象传播面临困境：一方面，中国政府积极主动向外传输正面形象；另一方面，世界范围内的中国的负面形象并未获得预期的改善。为此，国内不少学者开始重视国家形象传播策略研究。

其中一些学者从宏观层面上开展对策性研究，如段鹏（2007 年）的《国家形象构建中的传播策略》，刘继南、何辉等（2006 年）编写的《中国形象：中国国家形象的国际传播现状与对策》。2005 年张昆的《国家形象传播》出版，其中明确提出：全球化背景下传播国家形象应树立全球传播的新观念，建设高信度、高质量的对外传播体系。李希光、周庆安（2005 年）也强调中国应建立和完善自己的对外新闻传播体系，在国际新闻传播、舆论传播中拥有话语权，从而与美国在国际社会上的软实力霸权相抗衡。

部分学者则从不同的学科领域具体阐述了国家形象的传播策略。首先，研究者提出国家形象的多元化传播。例如明安香提出国家形象的大传播战略，即"一方面应充分运用新闻媒介与泛大众传播媒介的大传播；另一方面要高度重视国家政策国家行为、实物传播和人际传播领域的大传播"②。范红则强调国家形象"立体传播"的必要性，通过整合多种媒介的传播方式，开展多元化的传播活动，分层次地传递国家形象。③ 其次，学者们对我国国家形象传播的"官方色彩""宣传色彩"展开讨论。一方面，国家形象离不开意识形态宣传，意识形态宣传有助于论证一国政治合

---

① 以"营销""国家形象"为主题在中国知网上搜索，2016 年发表论文 545 篇，2015 年 599 篇，2014 年 592 篇。

② 明安香：《关于中国国家形象大传播战略的思考》，《新闻爱好者》（理论版）2009 年第 1 期，第 4~8 页。

③ 范红：《国家形象的多维塑造与传播策略》，《清华大学学报》（哲学社会科学版）2013 年第 2 期，第 141~152 页。

法性，为国家形象辩护；另一方面，一些学者对由政府主导、以单向宣传模式为主的国家形象传播提出质疑。"国家形象传播的实质是抱持多元利益动机和价值信念的对话主体，在跨文化的场域内相遇，为达成理解、共识与双赢而展开的双向对话过程。"① 程曼丽亦运用"二次编码"论的观点进一步论证了国家形象传播中开展双向交流的重要性。

（3）国家形象评估

评估国家形象，尤其是一国在海外的形象是目前国家形象研究中的重要内容。现在国内比较普遍的研究方法是结合传播学中的议程设置理论、框架理论、符码理论，对国外媒体，尤其是西方主要媒体中有关中国的新闻报道进行内容分析，从而评价国家形象塑造与传播的效果。此类研究成果较多，例如《框架建构理论透视下的国外主流媒体涉华报道》《德国媒体中的中国形象——以〈焦点杂志〉为例（2007-2008）》《印度英文主流报纸的中国形象研究》《中国媒体中的美国形象》《中国媒体中的俄罗斯国家形象——以对〈中国青年报〉的内容分析为例》《冷战时期中国媒体上的美国形象——以〈人民日报〉为例》等。

然而一些国内学者提出媒介呈现的形象不等同于国家形象，若忽略公众的认知与评价，则很难客观、准确地评估一国形象。鉴于此，国内一些研究人员开始借鉴国外经验，如皮尤研究中心的"全球态度与趋势调查"、BBC的"环球扫描"调查，开展类似的调查项目，这些调查项目包括中国外文局对外传播研究中心、察哈尔学会和华通明略自2012年起联合开展的"中国国家形象海外调查"、华中科技大学国家传播战略协同创新中心关于"中国人的世界观"的民意调查（2014~2015年）、中美民众的"世界观念"调查（2015~2016年）等。值得注意的是，目前我们迫切需要做的是将调查项目常规化，并建立自己的评价机制，一方面有利于观察国家形象的嬗变，另一方面有利于促进国内学者关于国家形象评估思路的改变。

---

① 涂光晋、宫贺：《国家形象传播的前提、理念与策略》，《国际新闻》2008 年第 11 期，第 25~32 页。

三 国家形象研究的前瞻

目前，中西方研究取得了一系列重要进展，为国家形象相关研究奠定了良好的基础，但鉴于上述研究存在的不足和局限性，国家形象研究任重而道远。未来的国家形象研究既是民族国家增强国家实力、满足社会发展的需要，也是学科内在驱动力与惯性力的体现，多学科观照下的跨学科研究将日益强化。基于此，笔者认为国家形象研究的趋势主要体现在以下几个方面。

（一） 实现历史性与发展性的统一

从纵向角度来说，国家形象研究是发展性和历史性的统一。所谓发展性是指国家形象研究的视角、内容、方法不是静态的、永恒不变的，而是运动的。因此面对绝对运动的国际社会与国家建设实践，国家形象研究需要不断地调整自身以符合不断变换的国内外环境。所谓历史性是指国家形象研究也有自身的延续性，研究者可合理继承前人优秀的国家形象思想与研究成果。本文通过探讨国家形象研究的古典传统后发现，先哲们的国家形象思想对当今构建国家形象是具有重要的参考价值和启示意义的。

（二） 实现两个跨越——跨国界、跨学科

"两个跨越"是指国家形象的研究应跨越国界，加强学术交流、共享学术成果；跨越学科壁垒，总结出普遍、本质的规律。通过梳理中外研究成果我们发现：一方面，国家形象的研究是相对封闭的，尤其是目前国内的研究处于初级阶段，研究视角相对单一，缺乏创新性，学者们并没有充分借鉴西方已有的研究成果来拓展研究思路；另一方面，国家形象是一个多维概念，受到多个变量的影响，这就要求学者在未来的研究中应具有跨学科、跨专业的视角，真正把握国家形象塑造与传播的规律。同时，研究者应注重发挥各学科的优势，突出特色的研究路径，研究方法应趋于多样化，既要包括内容分析、问卷调查、实验设计等量化研究，也应包括文本分析、访谈法、民族志观察等质化研究。值得欣慰的是，近些年一些学者

在跨学科方面做出了尝试，如 Simon Anholt 提出六维度模式，认为旅游业、品牌、政策、投资、文化、民众协调起来便能提升国家形象；①
Alexander Buhmann & Diana Ingenhoff 在传播学、政治学、心理学、营销学理论框架基础上，从传播管理的中观层面提出了国家形象研究的"4D 模式"。②

（三）实现理论研究与实践研究相统一

理论研究与实践研究相统一体现在两个方面：第一，基础理论研究与对策研究均衡发展。无论是国内还是国外，现有的国家形象研究中基础理论研究较少。在国外，尤其是西方学界多从实用主义角度出发，侧重研究国家形象与外交决策的关系、国家形象对商业活动的影响。国内的研究也多停留在应用层面上，从新闻传播、公共关系与国际关系的视角出发，探讨国家形象的建构与传播策略。故未来研究者既须深化实践层面的研究，更应注重理论上的探讨与创新。第二，学术机构与实践主体之间应架起沟通的桥梁。国家形象构建与传播的实践主体是政府、媒体、企业等，而学术机构研究的目的是为国家形象的构建与传播提供建议与创新思想，脱离实践主体的学术研究只能是"纸上谈兵"。

（四）实现政治性与科学性相统一

政治性与科学性相统一是指国家形象研究应在遵循客观规律的基础上，积极服务于国家发展的需要。学界须以客观的学术立场为基础，把握信息传播规律、尊重受众的接受心理，探讨国家形象的建构与传播；国家形象研究也应与一国的发展道路紧密结合，尤其是中国这样一个迅速崛起的发展中国家，关注在全球化背景下，如何构建与提升国家形象是中国实现"和平崛起"的现实需求。

---

① Simon Anholt, *Competitive Identity: The New Brand Management for Nations*, Palgrave Macmillan: Cities and Regions, 2007.

② Alexander Buhmann, Diana Ingenhoff, "The 4D Model of the Country Image: An Integrative Approach from the Perspective of Communication Management," *The International Communication Gazette*, 2014, pp. 1-23.

（五）实现两方面的拓展

当今世界处于全球化时代，也处于互联网时代。这两个时代特征要求研究者在未来的国家形象研究中应实现在两个方面的拓展：第一，全球化时代下出现了超国家组织，如跨国公司、跨国资本，这些跨国公司、跨国资本对国家形象的影响是不容忽视的，但他们又不同于传统的民族国家，因此未来的研究应拓展研究视角，突破以国家为单位的分析模式。第二，网络社会对国家形象塑造与传播的影响力凸显，目前相关研究刚刚起步，且深度不够。因此，笔者认为网络社会与国家形象之间的关系是未来一个重要的研究方向。

（本文系张昆教授与研究生崔汝源的合著，收录于《中国国家形象传播报告2016》，社会科学文献出版社，2016）

考量国家形象的政治维度

国家形象是多维度的复合体，实现国家形象研究的系统化、体系化，不仅要有全局视野，还应有局部观照。

以往国家形象研究多是从物质、制度、精神等要素出发，是一种综合性的宏观旨趣。虽然整体性考察可廓清边界、分辨样貌、指明方向，却不利于从根本上把握实质内涵和精髓。思考国家形象仅有整体思维是不够的，要将研究推向深入、提升高度，就必须对整体加以剖析。历史学家汤因比指出："如果不在思想上对宇宙加以条分缕析，我们就无法表达，无法思考和行动。如果我们重新陷入这种整体性的神秘经验，我们就无法继续思考和行动。因此，我们必须分解和歪曲地呈现现实。"① 国家形象研究更应如此，全局性鸟瞰虽然是研究的出发点，紧跟着的则应该是对全局的细分、解剖。在此基础上，才能整合建构起国家形象体系。

本文正是基于这样的思考，在将国家形象条分缕析后，发现政治统率着社会、文化与经济，影响着国家的全局利益关系，表现着主客观的国家形态，调配着国家形象的传播与表达，制约着国家形象的国内外感知与认同。因此，本文试图在中观层面，从政治维度对国家形象进行考察。

---

① 〔英〕阿诺德·汤因比：《历史研究》（修订插图本），刘北成、郭小凌译，上海人民出版社，2000，第 423 页。

一　从政治维度评估国家形象的必要性

国家形象研究视角繁多，总结起来可大致分为两类。其一为国家理念视角，认同国家形象取决于"国家主体'想做什么样的国家'以及相应的'如何做'"[①]。这一视角的核心是从政治层面着手，重在论述国家（政府）对国家形象产生决定性的影响。其二是国际关系视角。将国家形象置于国家关系之中，认为国家形象是"结构十分明确的信息资本"，是信息输入（他国的认知）与输出（自身的认知）的结果。这一脉络更强调权力关系，通过政治手段或借助意识形态等的观念力量促使他人改变的能力。[②] 由此可见，无论是国家观念视角还是国际关系视野，政治都是学者思考国家形象的逻辑起点。尽管有些论述并未直涉政治，但"制度""政府""权力"等本就是政治学的题中之意。因而可以如是认为：政治居于国家形象研究的核心位置，是国家形象的基石。

政治不仅是经济的集中表现，更是统领国家体系的神经和灵魂。国家的存在与运行、社会生活的发展与进步、经济文化的延续与继承都有赖于政治。亚里士多德指出：政治是人类社会活动、社会生活中的一个重要组成部分，它甚至在某种程度上起到关键的作用。[③] 放眼国际社会，国家间的博弈首先体现为政治上的角力。欧美等国可以指责他国是"威权国家"，也可以借助媒体报道中国"暴恐案"为"暴力事件"，却将法国的"查理周刊事件"定性为恐怖袭击，其根源就在政治观念上。媒体在传播国家形象的同时，还裹挟着政治意识，宣扬着政治价值，随着时间推移，格伯纳所言的"涵化效果"就会显影。冷战虽早已结束，但冷战思维依然存在，俄罗斯在一些西方国家眼中仍然是"独裁"与"毫无道理可言"的国家；阿拉伯国家在一些西方国家眼中也未能摆脱"激

---

① 荆学民、李彦冰：《政治传播视野：国家形象塑造与传播中的国家理念析论——以政治国家与市民社会的良性互动为理论基点》，《现代传播》2010 年第 11 期，第 15 页。

② Keneth E. Boulding, *The Image: Knowledge in Life and Society*, Ann Arbor, Mich: University of Michigan Press, 1956, p. 125.

③ 〔古希腊〕亚里士多德：《政治学》，吴寿彭译，商务印书馆，1983，第 4~5 页。

进"与"恐怖袭击发源地"的标签。

政治影响着国家间的相互感知，政治结构不平等更是浸染国家形象根深蒂固的因素。一般而言，经济形象好的国家，其国家形象却不一定正面，而政治形象好的国家，其国家形象则往往被评定为优良。以中国为例，1949 年到 1972 年美国人眼中的中国形象是负面的，1972 年尼克松访华后中国的形象变得积极正面，而到了 1989 年美国人心中的中国形象则再次跌入谷底。[①] 施爱国也发现："西方对中国的态度大致经历了崇敬期（18 世纪以前）、鄙视期（1840-1905）、仁慈和钦佩期（1905-1944）、幻灭和敌对期（1944-1970）、友好期待期（1972-1988）以及警惕和戒备期（1989-目前）。"[②] 从时间节点上可见，国家形象的起伏、波动备受政治因素影响。但经济元素却未有如此魅力，虽然"从总体上来看，中国在经济方面的形象要优于其战略和政治形象"[③]，中国国家形象依然被西方国家定性为负面。这也难怪政治经济学者研究发现国家间政治结构状况是形塑国家形象的主要因素，国家间的政治结构差异决定了国家形象在他国的形成。美的国家形象在日本媒体上被呈现为倔强、强势，并没有随着美国的经济状况改变而发生变化。[④] 同样，中国媒体中的美国一直都是"世界警察"的形象。研究地缘政治的美国鹰派学者约翰·米尔斯海默在《大国政治的悲剧》一书中直白地指出，"霸权是任何国家确保自己生存的最佳手段"[⑤]，保证霸权势必会带来政治上的较量。因此政治之于国家形象研究是最为紧要的，梳理清政治要素与国家形象间的关系就牵住了国家形象研究的"牛鼻子"。

---

① 〔澳〕马克林：《我看中国：1949 年以来中国在西方的形象》，张勇先、吴迪译，中国人民大学出版社，2013，第 107 页。

② 施爱国：《超越"中"／"西"——有关西方中国形象的研究》，《广东外语外贸大学学报》2006 年第 1 期，第 10 页。

③ 〔澳〕马克林：《我看中国：1949 年以来中国在西方的形象》，张勇先、吴迪译，中国人民大学出版社，2013，第 108 页。

④ 杨奇光、何天平：《国家形象研究的理论视角综述》，《新闻春秋》2015 年第 3 期，第 40 页。

⑤ 〔美〕约翰·米尔斯海默：《大国政治的悲剧》，王义桅、唐小松译，上海人民出版社，2008，第 3 页。

一言以蔽之，政治是基于信息传播的，围绕着公权力展开的全局利益关系。在作为国际关系主体的国家间交往互动之中，各国公众形成了对本国及他国形象的基本认知。这种认知的形成，在相当程度上受到政治因素的影响，诸如政治领袖、话语权、政府外交、国家治理、政治意识、政治观念、政治价值等。所以，从政治的维度考察国家形象，是全面认知国家形象及其生成机制的基本路径。

二 政治维度下评价国家形象的四个视角

内嵌在一国政治中的价值、制度、观念等影响着他国的判断与认同。海伍德指出"政治是人们制定、维系和修正生活一般规则的活动"①。它所揭示的是关于"国家事务"、"公共事务"、"妥协与共识"以及"权力资源配置"的问题。权力资源配置关乎政治制度，公共事务亦指涉政府绩效，国家事务与政治领袖、政府绩效相关，妥协与共识则受政治价值支配。因此，如若将前文所述的政治维度加以细化，国家形象可以从政治领袖、政治价值、政治制度、政府绩效这四个视角着手考察。

（一）政治领袖

在众多的社会精英中，政治领袖是国家形象最有价值、最有效果的代言人。政治领袖或是一个国家的领导者，或是某一政党团体的领袖，其既是国家、政党的形象、声望的重要组成部分，又能代表国家或政党的形象使之得到广泛、有效传播。在这一意义上，政治领袖具备传播载体的性质，同时又被异化为一种符号、象征或是标志。"作为符号的总统直观地表达着国家形象，他的公信力、影响力、说服力和号召力对于彰显国家实力、提升国家声望发挥着无可替代的作用。"② 美国众多杰出的总统——华盛顿、林肯、罗斯福等早已成为国家形象的化身。

---

① 〔英〕安德鲁·海伍德：《政治学》第 2 版，张立鹏译，中国人民大学出版社，2006，第26 页。

② 周亭：《作为国家形象符号的领导人形象传播——以白宫网对奥巴马的形象塑造为例》，《现代传播》2013 年第 6 期，第 49 页。

政治领袖作为国家形象的代言人还要兼顾自身的内外形象，所谓内在形象，"是指一个人的生理机能、心理特点与知识积累、实践经验及智能锻炼等状况的综合表现，即一个人的内在素质总和"[①]。内在形象包括领袖气质、观念、道德、品德、情怀、情操、学识等，更多地偏向个人的精神层面。如柏拉图所说，"政治家是深谙管理国家技艺的人，但又要考虑到群体的利益，而不是一个人的利益"[②]。柏拉图提出的政治道德准则与中国古代先贤有相通之处。老子认为，"含德之厚，比于赤子"，指的是执政者应重视修身，而后才可治国平天下。政治领袖还应做到"君师合一"，成为道德方面的楷模。这也与柏拉图推崇的"内圣外王"和"贤人治国"理念相一致。"而外在形象则是内在形象的外在表现，是包括举止、行为等可被直接感知的事物。"[③] 中国儒家经典《礼记》提出"非礼勿视，非礼勿听，非礼勿言"的理念，要求行为者的诸种行为应合乎礼仪规范。作为政治领袖更应该"克己复礼""动静有常""规行矩步"。"君主必须依靠他的行动去赢得伟大人物与才智非凡的声誉。"[④] 政治领袖的形象是依靠行为凸显的，他们的举手投足、颦笑张弛无不代表国家，是国家行为的最直接体现。他们拥抱民众，亲吻儿童，与年长者促膝长谈，关心群众生活生产，在公开场合演讲，与媒体深度互动，参与社区活动等，一方面展现了个人魅力与风采，另一方面则展示着国家形象，散播着国家软实力。美国人就是通过邓小平的访问，见识到了一个开放、包容的中国。

政治领袖的气质、情怀、道德情操和能力才艺是构成领袖形象最为核心的内在要件，决定了领袖形象的基本走向。另外，领袖的政治行为是否契合当时的政治与社会伦理，是否符合人们的普遍期待，也会在相当程度上影响国家形象。

电子媒介的介入使得政治领袖的形象变得越来越多元化和可视化，媒

---

① 秦启文、周永康：《形象学导论》，社会科学文献出版社，2004，第81页。

② 〔古希腊〕柏拉图：《政治家》，原江译，云南人民出版社，2004，第15页。

③ 郑春晔：《领导者公共形象与大众媒介互动关系研究》，中国社会科学出版社，2014，第27页。

④ 〔意〕马基雅维利：《君主论》，潘汉典译，商务印书馆，2017，第107~108页。

介拉近了政治领袖与民众之间的距离。民众不喜欢与他们疏远的政治领袖，空间距离的疏远意味着感情上的疏离。那些具有个人中心化与平民色彩的领袖更受欢迎。美国总统奥巴马赢得大选，一个原因就是他在"脸书"上与民众的近距离互动。布莱资奈德等人也认为如今"政治里的个人所占的分量越来越重，而以政党团体为中心的情况在削弱"[1]。美国总统为张扬"平民化"色彩，媒体中的他们可以是穿着睡衣的，也可以是在大庭广众之下大口咬着汉堡的，甚至是只有大步走而看不到头的。[2]

中国在不同历史时期也产生了有影响力的政治领袖，毛泽东、周恩来等都在国际社会产生了深远的影响。

政治人物是国家的名片，影响国家形象，反过来国家的大小，经济、军事等实力的强弱并不必然作用于政治领袖形象代言人的身份之上。大国也有小领袖，澳大利亚、加拿大、日本等国就是如此。日本经济实力全球第三，但是日本一直没有出现有全球影响力的政治领袖；小国也可能会出现大领袖，南非前总统曼德拉、新加坡前总理李光耀等就是其中代表。李光耀被新加坡人尊称为"国父"，曼德拉则是南非第一位黑人总统。无论是李光耀还是曼德拉，不仅在全球赢得了个人声誉，也给其国家带来了美誉度。

杰出的政治领袖可以为国争光，为国家形象增色，而劣迹斑斑的政治领袖则可使国家蒙羞，给国家形象减分，二战时期的希特勒、墨索里尼便是最好的例证。

（二）政治价值

国际关系派学者认为自身认知与他国认知共构了国家形象，也即国家形象的形成需要本国与他国间的互动与交往。可以说交往让国家形象的形成与传播成为可能，而交往中所传播的内容、讲述的方法以及解码的方式又势必受到政治价值观的制约。

---

① G. Rahat, T. Shaefer, "The Personalization of Politics：Israel（1949 – 2003），" *Political Communication*（24），2007，p. 65.

② 吴晓辉、陈佳璇：《政治领袖的影像与国家形象的修辞——以美国白宫发布的总统影像为例的分析》，《阜阳师范学院学报》（社会科学版）2013 年第 2 期，第 20~24 页。

多数西方学者认为政治价值是一种"规范性的观念"①，它凝聚着思想，制约着行为，指导着行动，分配着有形（物质、财富）与无形（权力、知识、声誉等）的事物。具体而言，政治价值一方面可以"赋予政治体系以意义、规范和秩序，不仅影响到政治体系的稳定，也影响到政治体系的运作"②，另一方面政治价值作为政治文化的核心"指导着人们在政治生活中的各种选择，如选择什么样的政体、何种规则来促进权力的运用，赋予政治组织什么样的目的，并以何种态度对待政治组织"③。

由此可见，政治价值能够聚合思想、指导行为、规范行动、形塑认知。如从自身视角看待国家形象，那政治价值所熏染的就是民众对它的感知与判断，政治价值就成为建构国家形象的逻辑起点。政治价值要发挥功用又必须得到公众的认可，接受民众的评判。它还是历史与现实的产物，不同历史时期，同一国家有不同的政治价值，同一历史时期，不同国家也会有不同的政治价值。美国是在清教徒主义指导下建立起来的重视商业发展与个人财富积累的国家。它崇尚自由，个人主义倾向明显，强调个人利益大于集体利益，不能容忍个体权益受到侵犯。美国政府能够在国际事务中扮演"国际警察"角色也正是借力于此，美国人民相信他们的国家正在将其他国家的人民从强人统治的"魔掌"下解救出来。而亚洲国家表现出了更多的集体主义倾向，他们坚信集体利益高于一切，个体的人是渺小的，个体利益应符合团体、国家利益。因此诸如日本、韩国等更看重国家荣誉，民众更倾向认同团结、奋进的国家形象。此外，政治领袖的价值观念也能够影响国家形象对内对外的传播与塑造。政治领袖比普通民众更容易出现在国际舞台上，也更容易被他者所熟知，其影响力自然也更大。美国前总统杰斐逊因一句"我不同意你的观点，但我誓死捍卫你说话的权利"而备受推崇，这也使得其他国家的民众以为美国就是尊重人权、捍卫自由的天堂。

---

① 〔德〕马克斯·舍勒：《价值的颠覆》，罗悌伦等译，三联书店，1997，第52页。

② 李路路、钟智锋：《"分化的后权威主义"——转型期中国社会的政治价值观及其变迁分析》，《开放时代》2015年第1期，第174页。

③ 李路路、钟智锋：《"分化的后权威主义"——转型期中国社会的政治价值观及其变迁分析》，《开放时代》2015年第1期，第174页。

国家间的政治价值观相互影响、渗透，并相互塑造着对方及其形象。今天的世界变得越来越平，科学技术的进步与经济社会的发展将世界融为一体，任何一个国家都不再能自立于世界大家庭之外。经济、技术推动着国家间的往来，流动的频繁提高了国家形象被形塑的概率。在小国寡民时期，国家形象的价值有限；而全球化时期，国家与国家联系空前紧密时，形塑理想的国家形象就成了朝野共同的目标。国家形象在互动中生发，在交往中建构，政治价值又无时无刻不在对外传播中昭示着强大的扩张力与号召力。美国正是凭借"自由""民主"的说辞推销政治价值观的。它可以非常随意地从自己的角度出发，断定他国先进还是落后，民主还是专制。对那些美国所不认同的国家或政权，它会想方设法改变其国家性质、政治价值观念，甚至推翻它们的现存体制。同样崇尚民主、自由的加拿大，却不像美国那样向世界展现一个"张牙舞爪"的"霸权"形象，更多地表现出"传统""内敛"的国家特性。

政治价值不但能够影响国家的政治实践，而且可以深刻影响一般民众的政治行为。政治价值作为一种规范、标准和观念，非但可以对现实政治加以指导，而且还是一种评判标准，"可以评判现实的政治行为的价值取向"[①]。对内，政治价值可以维护国家统治，构建国族认同，形成国家聚合力和凝聚力；对外，政治价值可以建构话语体系，实现话语交锋与博弈。东西之争，资本主义与社会主义的辩驳都有政治价值观的魅影。政治价值也在潜移默化地影响国家及国家形象，它也是衡量国家形象的标尺，或横向丈量，或纵向勘测，政治价值始终居于其中，须臾不离。有着怎样的政治价值就会外显出什么样的国家形象，有着何种政治价值就会规定着怎样的国家性格。

（三）政治制度

国家的建立以制度设计为前提，制度又可以反过来提升一个国家的国家形象。"制度是稳定的、周期性的行为模式和规范体系，是一个社会的

---

① 李彦冰：《民族国家间差异性对国家形象塑造的制约——以政治价值观与民族文化为讨论基点》，《哈尔滨工业大学学报》（社会科学版）2013年第2期，第33页。

游戏规则，更规范地说，它们是决定人们的相互关系而人为制定的一些制约。"① 政治制度提供社会体系运行的规则，保证国家功能的有效实现，保障各种规章制度得以发挥和实施，从根本上维护着公民的各项权利，促进各项个人利益的实现。从这个意义上而言，国家的稳固发展、繁荣进步都离不开政治制度，国家形象的传播与推广也离不开政治制度。政治制度一旦被认可接受，在别国眼中也显得合理合法，那国家形象的推广所遇到的阻力相对就会较少。19 世纪的英国和 20 世纪下半叶的美国凭借制度体系成功推行了自己的国家形象。②

政治制度因时而变，因地制宜。在人类历史上，就曾出现过四种制度国家——奴隶制、封建制、资本主义制度和社会主义制度。不同制度下的国家形象也千差万别。当国家发展到现阶段，奴隶制、封建制的国家就被定性为落后、野蛮。在现代社会，即使是同一政治制度，也有设计上的差异。同样是资本主义国家，英国、日本是君主立宪制，而法国、意大利则是共和制。由于制度设计的不同，英国等国形象与"绅士""保守"等描绘相关，而法国则被看作"充满浪漫气息"。与资本主义制度不同，社会主义国家的形象与"集权""非主流"挂钩，而在社会主义国家看来，资本主义国家则是"虚伪的""存在剥削和压迫的"。

政治制度还规定了中央内部、中央与地方、政府与民众之间的权力关系与权力分配。首先，在中央内部划分出不同的权力机构，最为紧要的是如何分配立法权、司法权和行政权。三者之间相互制约，各有边界。西方以三权分立为主流，视"集权国家"落伍、过时。其次，联邦制与单一制规范着中央与地方的关系定位。政治制度并无优劣之分，只是根据不同的国家特色及需要而施行的差异性的制度安排，其差别是地方政府自治权的多寡。联邦制国家并不天然地具有形象优势，墨西哥、委内瑞拉、苏丹、乌干达都是联邦制国家，其国家形象却暗淡无光。法国、意大利、瑞典、挪威等是单一制国家，其形象在世界范围内也算得上光彩熠熠。最

---

① 胡联合、胡鞍钢：《国家制度建设何以特别重要？》，《中国社会科学报》2009 年 7 月 30日，第 4 版。

② 〔美〕约瑟夫·奈：《软实力》，马娟娟译，中信出版社，2013，第 15 页。

后，政府与个人的权力边界也被厘清。托克维尔指出，所谓的权力分配，体现的就是政府集权的程度。[1] 政府如若掌握着大量的权力，而民众则被剥夺了权力，那么这就是集权程度高的政府，高度集权的政府易表现出压迫民众、恣意妄为的倾向，其形象往往被负面呈现。尼禄、康茂德等治下的古罗马，秦始皇暴虐统治下的秦朝以及沙皇管理下的俄国，都因权力过于集中，无不落了个坏名声。而如果国家掌握着最低限度的权力，民众可以行使监督权、参与权等，那么这样的国家也能赢得良好的声望与形象。

更进一步而言，政治制度还应蕴含监督机制与透明程度，二者相辅相成，在一定程度上也能影响国家形象。孟德斯鸠说："任何拥有权力的人，都易滥用权力，这是万古不易的一条经验。有权力的人们使用权力一直遇到有界限的地方才休止。"[2] 监督是公民权利，透明是公民监督权利实现的前提。透明度还是国际社会评判一个国家清廉程度、民主程度的关键指标。一般情况，透明程度高的国家，国际社会对其国家形象评分就会越高。北欧的丹麦、瑞士等，透明度排名居世界前列，其国家形象也在世界范围内久负盛名。反之，国家形象评价得分就会靠后。

此外，良好的制度设计还能营造一个公平正义的社会环境。公平正义是人类良序发展的制度前提，也是人类追求的目标。保护公平正义也有利于国家形象建设。一个时时处处将公平正义作为资源分配准则的国家，公序良俗能得到基本维护，各种利益群体相互侵害的现象会相应减少，追求国家认同自然也就水到渠成，国家形象建设就有了内驱力。

（四）政府绩效

政府绩效是政府工作效率、工作效能、管理能力及管理效果的一种科学评价体系。它统筹政府行为，衡量政府能力，评判政府管理水平，是行为和结果的统一体。政府在政治、经济、文化、社会中的管理行为和管理结果都被包含在政府绩效之中。[3] 因此，所谓政府绩效，简单而言，就是

---

[1] 〔法〕夏尔·阿列克西·德·托克维尔：《论美国的民主》（下卷），董果良译，商务印书馆，2004，第78页。

[2] 〔法〕孟德斯鸠：《论法的精神》，许明龙译，商务印书馆，1968，第154页。

[3] 王丽平：《政府绩效管理研究》，人民日报出版社，2014，第3页。

政府行政能力、管理能力等的成绩和效果。

从长远来看，政府绩效与人民群众对政府的满意度直接相关。良好的政府形象也建立在群众满意的基础之上。因此，政府绩效亦可成为衡量政府形象好坏的间接指标。

边沁认为政府是"政治社会"，它"对于保护和维持社会秩序是必需的"①。政府是国家权力的执行机关，是公共权力的象征，集司法部门、立法机构与行政单位于一体，是国家权威性的表现形式。因而，政府形象是国家形象的重要来源，一般情形下，民众容易将政府形象等同于国家形象。政府形象是通过政府的行政行为、形状特征、精神风貌等综合表现的，"以及政府在公共行政中体现出的整体素质、综合能力、施政理念和施政业绩等，给国内外公众留下的一种综合印象和看法"。② 因此，政府的政策制定、法律法规的实施、行政方式的展现都联通着民众，传播着政府声誉，塑造着政府形象。

政府绩效要求政府制定的政策科学、民主、可行。相比政治制度与政治价值，人们对政策的感受更加直观，反应也强烈。不同群体的态度共构着国家的形象，政府的政策又能反射到这些群体的心理之上，影响着他们对政府的认同。政策的制定既能巩固国家形象，也能轻而易举地将之挥霍殆尽。深得民心的政策对维护与提升国家形象起到积极作用，而不得人心的政策对国家形象的稳定性可以造成不可估量的冲击。虚伪、冷漠、狭隘、傲慢的政策只会损害国家形象。而公平、正义、团结、贴近的措施则是理想国家形象的潜在来源。③

政府绩效要求政府在法律法规的执行上要依法行政、依法执政。威信与权威是国家形象的有机组成部分，依法行政、依法执政是实现政府与国家威信与权威的有效途径。法律法规的实施与执行牵涉国家公民的基本权益的维护和保障，公民的权利与权益只有在得到基本保障的前提下，人权才能得以体现。行政机关如若不能依法行政，或可激起民众不满、社会反

---

① 〔英〕边沁：《政府片论》，沈叔平等译，商务印书馆，1997，第 144 页。
② 刘小燕：《政府形象传播的本质内涵》，《国际新闻界》2003 年第 6 期，第 49 页。
③ 〔美〕约瑟夫·奈：《软实力》，马娟娟译，中信出版社，2013，第 19 页。

目，甚至酿成民愤与民变，届时国家形象受到严重破坏自不待言。美国白人警察的暴力执法引起多起少数族裔的游行示威，甚至是流血冲突，其向世界展现的不单是美国警察的国际形象，还向世人传递了美国种族政策与国家形象，这也是美国备受诟病的原因之一。

政府绩效还要求政府在行政上保持清廉。政府的清廉指数关系国家的声誉和美誉。声誉是一个国家的名声和声望，美誉则指国家受到欢迎的程度，"它体现一个政府赢得社会公众信任、赞誉的程度以及政府形象在社会公众心目中的美丑好坏"①。声誉、美誉俱佳的政府其受欢迎程度高，也更容易传播国家形象，推行国家政策，实施国家战略。北欧是世界公认的廉洁地区，北欧国家的形象整体上是积极正面的，与之相反，腐败横行的国家，其国际声誉相对较差。中国通过大力反腐，清廉指数较上一年上升了 17 个名次，排在全球第 83 位②，国际社会对此做出了积极的回应，认为中国在改善国家对外形象上又有了新努力。

国家形象的改善，离不开政府形象的提升。政府绩效正是评估国家形象的一个间接指标。因此，强化政府形象，首先要理顺政府内部各机构间的关系，使其良序、透明运行，建立政府声望。其次要科学决策、依法行政，提高政府的权威性与公信力。最后还要建立相应体制机制以杜绝腐败，建立一个廉洁高效的政府。只有如此，一个健康的政府形象才能建构起来。在此基础上，理想的国家形象才是可以期待的。

将政治领袖、政治价值、政治制度与政府绩效作为观察国家形象的四个重要指标，并不意味着这四者之间天然割裂，实质上，这四者间存在某种必然的联系。政治制度规定了政治领袖的权力边界、影响着政府的绩效，政府绩效受政治制度、政治价值制约，政治价值又能规范、影响政府与政治领袖行为取向。政治在整个社会系统中居于核心的枢纽地位。站在这个制高点，不仅可以高屋建瓴，鸟瞰全局，而且能评估政治因素在国家整体形象中的影响力。而政治本身又是一个包罗万象的小宇宙，内容丰

---

① 刘小燕：《政府形象传播的本质内涵》，《国际新闻界》2003 年第 6 期，第 45 页。
② 《2015 年全球清廉指数报告出炉，中国排名上升 17 位》，网易新闻，http://news.163.com/16/0128/07/BEDAO69K00014JB6.html。

富，体系庞杂。本着提纲挈领、纲举目张的原则，才细分政治领袖、政治价值、政治制度与政府绩效四个指标。至于这四个指标各占多大的权重，是否还要设置下一级的观测指标，拟另文专述，此不赘言。

三　基于文化差异的政治考量

人为地将政治从国家体系中与文化、经济、军事等各相关要素割裂开来，目的是聚焦政治，借助政治学这个显微镜，更加细致、深入地观察国家形象。局部的考察，有利于认清事物本质，理解事物内涵，厘清事物的源流。但局部观照不是最终目的，只有局部解剖而没有整体性思考，国家形象只能流于细枝末节的追问，而缺乏宏观的统摄，局部解读是为今后更好地综合打下基础。因此并不由此而否定文化、经济等元素对国家形象的重要作用。

政治、经济、文化等要素原本就是你中有我、我中有你。在某些情况下，文化也是传播价值观念、意识形态的有效工具，甚至比政治本身对国家形象的影响来得更为直接和显著。约瑟夫·奈就指出："世界政治犹如一盘三维棋局，这盘棋局中，上层棋盘是传统的国家间军事较量，中层棋盘是经济力量的角逐，下层棋盘是各种跨国议题。其中军事力量与经济制裁是国家硬实力，文化、政治价值观和外交政策属国家软实力。"[①] 马克·伦纳德也认为向世界展现一个合适的国家形象最好的途径是："尝试使用小甜甜布莱尼、大赦国际和一点真理，以及理解与同情。"[②] 美国之所以强大，是因为它激起了人们的梦想与渴望，吸引了世界各国的文化精英访学、深造、移民。当然这也得益于美国成功地在全球营造的影视形象。好莱坞每年生产大量的文化产品向全球贩卖，它所输出的不单单是孤胆英雄与凄美爱情，性、暴力、个人主义、物质主义、自由主义等美式价值观、美国精神、美国梦及美国形象也充斥其中。音乐，被认为是纯洁的精神产品，它可以无国界地传播，但在音乐的世界里也可包藏意识形态与

---

① 〔美〕约瑟夫·奈：《软实力》，马娟娟译，中信出版社，2013，第7~11页。

② Mark Leonrd, "Diplomacy by Other Means," *Foreign Policy*, 2002, 132（9），p.48.

价值判断。即便是麦当劳也引起了社会学者里茨尔的担忧："一种文化的产品可以更加容易地向其他文化扩散。"①"原来的道德教化和革命教育的内容正逐渐被市场导向的消费主义文化与意识形态所取代。"② 因而，可口可乐、耐克、沃尔玛、苹果也摇身一变成为某种意识形态的文化表现。

国家形象建基于政治等诸要素之上，在国际关系中被构建、认知。因此，国家形象还属于认知心理学范畴，它反映的是知觉对象在人们头脑中的再现。作为知觉主体的人在感知国家形象时又受其所处政治文化环境、生活背景的影响。欧洲在经历过文艺复兴、工业革命的淬炼后，社会发生了深刻变革，这些变化"不仅诱使人们把文明形象化为一个标尺，由此衡量出欧洲比世界其他任何地区都要进步得多，而且诱使欧洲人按照欧洲的范畴、类别对其他文明作粗鄙的分析"③。学习理论也认为后天习得——包括预期、背景和文化力量——对感知的作用非常明显。④ 生活在不同背景、不同国度的民众在感知与评价某一国的形象时其结论可能迥然不同。即使是同一国度，位于不同阶层、持有不同政见的受众也可能在看待某一国的形象时水火不容。到过印度的美国政客、记者称赞印度是亚洲最有潜力的国家，而没有机会亲身体验印度生活的普通民众则将印度想象成一个贫穷、落后、疾病滋生的国度。国家间交往还使得"文化误读"频频发生。文化误读是不同文化遭遇碰撞后所产生的错误解读，有时不可避免。有意或无意都可能造成误读。当人们观察外部世界时，其思维方式总是潜在地使用已有的视域、见解甚至是偏见。吃苦耐劳、含辛茹苦、忍受艰难困苦，这在中国人眼中是一种优秀品德，是一种传统的文化精神，但是在传教士明恩溥的评论中却变成了麻木无知。文化上的误读、文化语境的高低、价值观的分歧、政党的偏见、阶层的差异都有可能是国家形象对外传播达不到预期效果的原因。

---

① 〔美〕乔治·里茨尔：《社会的麦当劳化——对变化中的当代社会生活特征的研究》，顾建光译，上海译文出版社，1999，第22页。
② 于琨奇、花菊香主编《现代生活方式与传统文化》，科学出版社，1999，第16页。
③ 〔英〕雷蒙·道森：《中国变色龙——对于欧洲中国文明观的分析》，常邵民、明毅译，中华书局，2006，第94页。
④ 〔美〕菲利普·津巴多、罗伯特·约翰逊、安·韦伯：《津巴多普通心理学》，王佳艺译，中国人民大学出版社，2008，第188页。

传播生态的改变则是国家形象传播效果不尽如人意的另一要素。今时不同往日，传播环境早已发生翻覆，新媒体的介入、信息的过载、受众媒介素养的提升都在重构着媒介生态环境。传播即使有效，效果也只能是相当有限的。人们再也不像从前那般，从单一渠道中获取信息。人际传播、图书报纸、广播电视、网络媒体正在立体地呈现一个"拟态社会"。实际上，国家形象也是如此，受其影响，传播效果也大打折扣。虽然早期的传播理论支持"皮下注射"式效果理论，但这一观点很快受到现实的批驳。在跨国界传播中，传播媒介效果更显得苍白无力。在多数情况下，目标受众倾向于接受与自己文化相似、语言相通、地域相近的内容，而对那些外来的非本土信息则会采取主动逃避策略——不接触或者抵触。传播的接受本身是一个复杂的心理过程，受众的差异也导致他们对同一传播内容做出个人化的解读，正所谓"仁者见仁，智者见智"。

要解决国家形象传播效果有限的问题，就必须考虑传播对象所在国家的文化环境与个性化差异，具体可将传播方式、传播内容等本土化与在地化。"在地化是相对于全球化而来的另一种趋势和潮流，是指一个地区或国家，任何一种经济或商品流动，必须适应地方需求，才有可能加速发展。"① 首先，应考虑传播对象的文化风俗、兴趣爱好、精神追求及利益诉求。宣传本国立场，展现国家形象，要适应传播对象的接受能力，考虑目标国家的政治情势，推行适应传播对象情况的在地化传播战略。其次，找准传播对象国家的痒点、痛点、兴奋点。痒点是目标对象的基础需求，痛点对准的是期望诉求，兴奋点则是对主动需求有的放矢。解决痒点、刺激痛点、培养兴奋点，调动受众的潜在需求，将国家形象这一弱需求转变为强需求。再次，找准人类共通的情感与价值观念，建立起人类命运共同体，策略性、技巧性地进行"柔性传播"。做到情感相连，才能实现民心相通。民心相通，则事事畅通。最后，还应使用传播对象国的话语表达方式，讲好自己的国家故事。自言自语式的国家故事，讲得再动听，也缺少听众。到什么山头唱什么歌，"井蛙不可语于海者，拘于虚也；夏虫不可

---

① 张昆：《传播先行，实现民心相通——服务丝绸之路经济带建设的国家传播战略》，《人民论坛·学术前沿》2015 年第 9 期。

语于冰者，笃于时也；曲士不可语于道者，束于教也"。只有瞄准目标国家，熟知对象需求，优化本土化策略，才能达到传播目的，实现预期效果。华盛顿的故事尽人皆知；"美国梦"也早已演绎为"世界梦"；德国的严谨认真赢得了世界的尊重；中华民族的勤劳勇敢也被他国所赞赏。之所以如此，就是因为这些故事借助在地化的方式，找准了文化、情感及价值观的痒点与共通点，自然可以收到良好效果。

总而言之，政治居于国家形象各影响因素的核心位置，而国家形象的传播要达到预期目的，也应被置于传播对象所在的文化语境之下。不同国家看似个性鲜明，其实依然具有人类共同的价值观、文化精神和情感。也正如因此，国家形象的跨文化传播、对外传播才能够得以实现。

［本文是张昆教授与王创业的合著，系国家社会科学基金重大项目"跨文化传播中的中国国家形象建构研究"（项目编号：11&ZD024）的阶段性研究成果之一。文章发表于《陕西师范大学学报》（哲学社会科学版）2017年第1期］

"共识" 与"共识的程度":
国家形象认知的别种维度

  时下,伴随世界政治经济一体化进程向纵深推进及全球跨文化传播的相互渗透、融合,国家与国家之间的相互依赖程度和"命运共同体"意识显著增强,以互联网和人工智能为代表的物质与技术承载体以及全球化运动使国际社会的物质和精神交往正日趋向"地球村"迈进。在信息化和全球传播时代下,一国对外政策的制定及其行为效果除了受制于本国的利益和实际需求外,将越来越取决于其他国家公众对该国总体特征和属性的知觉与评价,即通常意义上的国家形象(他我形象)。作为国家"软实力"的重要内容和集中表征,国家形象不仅在一定程度上映射着国家综合国力和国际地位状况,它还是追求和维护国家利益的有力工具,涉及一个国家能否以最小付出和代价实现自己的既定目标问题。因此,国家形象一直都是国际关系中的一个关键变量,对国家间的交往行为和国际政治格局发挥着不可或缺的调控作用,在某些时刻其效用甚至超越了物质和军事实力的影响。"在为生存和权力而进行的斗争中……别人对我们的看法同我们的实际情形一样重要。正是我们在他人'心镜'中的形象,而不是我们本来的样子,决定了我们在社会中的身份和地位,哪怕这镜中之像是歪曲的反映。"① 尽管国家形象在国际关

---

  ① Hans J. Morgenthau, *Politics Among Nations: The Struggle for Power and Peace*, NewYork, The McGraw-Hill Companies, Inc, 1985, p. 87.

系中发挥功能还不可避免地受到其他因素的制约,但不能据此否认它在国际舞台上的角色和地位。事实上,国家形象的战略价值在古代社会就已引起政治决策者和谋略家的关注,只不过在当时的国家战略架构中一直被当作一种边缘性因素。随着全球化时代的到来与国际政治经济竞争的加剧,国家形象的战略地位和作用逐渐凸显,并演进成了主权国家最重要的无形资产之一和国家整体战略中一个独立性的考量因素。今天,各国纷纷从战略高度重新定位国家形象,并将它视为国家软实力的核心要素。

不容否认,主权国家在国际社会形塑和传播国家形象方面的活动受到多重力量的制衡,而其中需要特别指出的乃是国际成员对该国行为合法性的集体判断情况。作为政治学和社会学领域的重要范畴,合法性的本意是政治权力实施统治的正当性、合理性,其本质是一种社会现象,并且这种现象的产生源自于或渗透着民意的力量,而非暴力胁迫下的接受与支持。通常情况下,合法性概念适用阐释国家内部的政治现象,马克斯·韦伯(Max Weber)认为管理国家者欲实现社会的根本稳定,必须在民众中间唤起并维持对其合法性的信仰。[①] 同样,在由基本行为体——国家所组成的国际社会,尽管国家间交往处于无政府状态,但毋庸置疑,一国的外交政策仅有该国民众的支持是不够的,还要最大限度地获得来自其他国家的多边认可和拥护,因为在国际场域亦存在合法性问题。而且更为重要的是,在全球化成为主流趋势的时代语境下,任何国家若抛弃或破坏国际制度与集体共识即"国际合法性"而执行"单边主义",都将注定因"失道"而走向"寡助",该国国家形象的建构与传播事业也将受到冲击,因为在更本质的意义上,良好的国家形象就象征着更高的可信度、更强的接纳性以及更广阔的国际合作与发展空间。鉴之,本研究循着国际合法性与国家形象之间的内在关联,尝试从国际合法性视角来建构国家形象认知。

---

① 〔德〕马克斯·韦伯:《经济与社会》(上卷),林荣远译,商务印书馆,1997,第238~239页。

一 国际合法性理念的提出

关于国际合法性的起源，英国国际政治学家伊恩·克拉克（Ian Clark）把它归结于"国际社会"——国际社会不仅创造了合法性概念的认知，而且使合法性的实践成为可能。在《国际社会中的合法性》一书中，克拉克通过对《威斯特伐利亚和约》和《乌德勒支和约》（1713 年）的历史考察，论证了现代国际关系和国际合法性的真正形成时期应为 18 世纪 20 年代，因为此时《乌德勒支和约》首次将欧洲社会早先确立的主权和独立等行为准则付诸法律条文，意味着国家在国际社会行动开始经受规约和信仰的约束。[①] 按照克拉克的分析，只有当参与成员寻求能够被其他国家承认的共识且根据达成的规范（如主权）和制度（国际法、外交对话）履行有约束力的相互义务时，国际社会和合法性才具有存在的可能，即国际社会是建立在成员国（方）相互承认和共同担当原则前提下的。克拉克从历史视野追溯了国际合法性诞生的时代背景和基础，在学术界最先提出国家的国际合法性问题的是美国政治学家伊尼斯·克劳德（Inis L. Claude）。1966 年，克劳德在《集体合法化：联合国的政治功能》一文中指出：在国际舞台上成员国的行为及其地位的合法性是由处于统一体中的同行所做出的政治判断，而非依赖国际法庭提供的法律认定。[②] 克劳德这里虽未直接使用"国际合法性"这一术语，但"集体合法性"的内涵本质上已与国际合法性理念无异。克劳德的论述对我们今天理解国际社会中的合法性现象依然具有重要启发意义，然而在冷战的格局下由于倡导文化和伦理认同的规范理论被压制，他的思想并未获得普遍关注。直至 20 世纪 90 年代以来，伴随着主权的全球化运动、大国政治与军事冲突以及包括核污染在内的生态灾难等全球治理难题的频发，让世界各国民众更加反思人类未来，意

[①] Ian Clark, *Legitimacy in International Society*, New York: Oxford University Press, 2005, pp. 23, 209, 7, 84.

[②] I. L. Claude, Jr., "Collective Legitimization as a Political Function of the United Nations," *International Organization*, 1996, 20（3）, pp. 367-379.

识到了国际法和社会规范的重要性。在这时,国际关系理论界才围绕国际热点事件掀起研究合法性的热潮。

一般来说,在现代政治中合法性的实现路径和主要内容大体可归纳为"程序合法性"、"价值合法性"与"功能合法性",它们构成了所有行为体或权力类型获取合法性的基础;在国际社会一国之对外政策和行为想要被他者认可与支持同样需要满足这三种维度的要求,只是其内涵和表现不同而已。具体来讲,国家从事对外活动既要遵守国际法和国家间确立的共同规则和价值,又要为国际社会提供力所能及的公共产品。

二 从国际合法性视角研究国家形象的必要性

在国际关系中,"国际合法性"的现实功用主要体现在保障国际社会的稳定与国际政治体系的持久性方面。在以权力和利益为中心的世界体系中,维护本国的国家利益是主权国家对外活动的出发点和落脚点,共同的利益驱使国家走向合作,但利益的差异和相悖势必导致国与国的交往充斥着各种矛盾,进而冲击正常的国际秩序。因此,打造现代国际关系的良序格局离不开约束的力量和国家间的"共识",正如基辛格所言:"稳定往往不是追求和平的结果,而是产生于一种普遍接受的合法性。"① 其实,"国际合法性"在国家形象的认知与传播活动中也扮演着重要角色,这里从以下两个方面来说明。

首先,国际合法性是一国开展国家形象塑造及获得良好传播效果的基础性前提。在国内政治实践中,政府执政若不具有合法性,就无法获得民众自觉自愿的服从,甚至此时政府的任何一个过错或失误都可能招来群众的非议和抵触,在社会上引发病毒式传播;国际社会也是如此,如果一个国家的外在综合表现在很大程度上被成员国解读为非理性和不道义,那么这个国家的对外传播与国家形象塑造活动也将由于"和者寡"而陷入

---

① 〔美〕亨利·基辛格:《重建的世界》,冯洁音等译,上海译文出版社,2015,第6页。

"传而不通"或"通而不畅"的困境，正所谓"名不正则言不顺"，即便该行为主体后期努力地做出一些修复和调节活动，也会遭到当地民众"先入为主"式的排斥，信息传播很难抵达目标对象心中。可以说，地缘关系、思维方式及新闻传媒等因素在具体的国家形象传播实践中处于基础性地位，构成了民众感知和评价"他者"的关键标尺，因此我们进行这种文化和政治的解读一定不能贬低甚至忽视国际合法性在精神交往中的作用，相反很多时候主权国家形塑自身形象的无力或失败往往与目标国家受众对其行为"合法性"的评价紧密相关。当然，良好的国家形象反过来也有助于一国在国际事务和国际竞争中赢得更多的支持与认同，提升本国对外行为的国际合法性。

其次，从国际合法性视角出发考察国家形象具有理论上的必要性。在国际关系几大理论流派中，"现实主义"与"建构主义"对国际事务及政治行为的阐释具有一定的影响力。但从本体论上讲，这两种范式是大相径庭的，如现实主义的代表人物摩根索、欧根斯基与吉尔平等主张世界是由物质基础构成的，在纷繁复杂的国际关系中国家力量和国家利益决定该国的一切外交行为，当国家具备干预或攻击他国的实力时就一定会产生相应的意图。因此，现实主义学者倾向于政治悲观情绪与道德怀疑精神。与此相对，建构主义学派则认为我们生活的世界主要是精神世界，物质世界很多东西的意义是由人类丰富的精神世界所赋予的，在他们看来国家利益的界定不取决于事先的物质性力量，而要受到信仰、情感、意识以及国家认同等精神因素的影响，并随着观念和规范的变化而变化。国家形象是国际关系中的一个重要变量，现实主义与建构主义的对垒也导致当前的国家形象研究在一定程度上受到这两种范式的影响。一方面，现实主义从物质主义视角出发强调主体对客体的反映，坚持国家形象的基本事实源于一国内部因素而非主体间的建构，如经济发展、自然资源、地理位置、历史经验与政治文化等客观物质现实在国家的形象架构与战略选择上起着决定性的制约和驱动作用；另一方面，建构主义指出文化观念、政治制度、社会规范以及道德情感等因素在国家形象及政治行为效果的生成过程中并不都是边缘性解释变量，它主张形象不是与生俱来的，而是一个关系型概念，经由社会交往和互动建构起来。客观地说，现实主义与建构主义流派关于国家形象的阐释各有特色，也各有缺陷：现实主义方法基本上把国家形象的研究置于"静态理论"的真空中，忽视了权力运行的道德基础与政治目的，无法对国家形象的变迁给出有说服力的解释；而建构主义路径解读国家形象又过于强调符号、文化以及意识形态等非物质性力量的作用，带有浓厚的乐观和理想主义色彩。我们应当看到，国家形象既非是对纯粹客观世界的反映，也非一个纯粹建构的产物，因而，无论是片面偏执于物质一端的现实主义还是片面偏执于互动一端的建构主义，都不能够对国家形象这个现实经验问题做出全面正确的解释。国家形象既有研究路径的内在缺陷要求我们应该找寻其他思路来认识这种活动，因此从国际合法性视角把握国家形象的内涵与本质是出于理论自洽的需要，具有一定的必要性。

三 "共识"与"表示共识的程度"：基于国际合法性视角的国家形象认知

由于国际合法性在国际关系实践中扮演着重要的角色，近年来国内外学术界对这一领域亦进行了不少、持续的研究。这里，笔者较为认同克拉克对国际合法性的阐释。在《国际社会中的合法性》一书中，克拉克论述国际社会中的合法性现象时有一段精彩的表述："很明显，作为一项国家实践，合法性历来被视为表示社会共识的程度。无论是在实质的和程序的意义上，共识都涉及合法性，因此，共识要求有规范性原则的实质，并分别在它们如何实施或者授权以其名义采取行动上达成共识。"① 在克拉克看来，"国际合法性"包含"已然"与"未然"两种状态："已然"状态中的国际合法性是一种结果，表现为"共识"；"未然"状态中的国际合法性是一种过程，表现为"共识的程度"。这种界定就很好地规避了现实主义与建构主义理解的偏执狭隘性，全面且权威。由此，我们也可以从

① Ian Clark, *Legitimacy in International Society*, New York: Oxford University Press, 2005, pp. 23, 209, 7, 84.

"结果"与"过程"两个方面来重新认知国际合法性、国家形象及二者之间的内在勾连。

1. "共识"：国家形象不是静态的主客体关系下的认知活动，而是主体间进而是形象间交往互动的产物

在充满多元因素的现代社会，共识具有超乎寻常的意义，因为它是公众意见、态度或信念的最大公约数，所以共识其实是一种评价活动和民心向背的反映，在实践中能够防范和化解那些差异性利益诉求所引发的社会冲突。正是这种内在规定性和功能决定了共识与合法性问题必然深度相关，因为合法性在本质上就是民众基于社会存在而建立的共同意见和信任，是一种对象化了的"共识"。具体到国际关系领域，这种共识则更多地体现为国际成员对某一国家及其外交行为的认知与接受状况。

根据国外目前的研究进展，西方学者在国际合法性及其构成基础——共识上，主要产生了两种观点：（1）伊尼斯·克劳德和英国学派（The English School）的马丁·怀特（Martin Wight）等学者认为，国际关系中的共识是一种政治上的"合意"，这种"合意"的产生出自集体的判断，与国际法庭的认定无关，如怀特相信国际合法性就是"国际社会关于国际大家庭对合法成员的一种集体认定"；①（2）与克劳德和怀特的抽象政治判断说法不同，玛莎·费丽莫（Martha Finnemore）的认识相对直接，她把国家间的共识或国际社会的合法性界定那些具体的国际规则和制度，并强调合法性对监督和制约那些大国力量扮演着重要角色，因为这些规章已经确立和内化到各国的交往实践中，成为一种潜意识，只要遭遇霸权就会引发其他国家的抵制。②虽然对"共识"的理解出现了分歧，但两派学者一致认为：在现代国际社会中，国家的政治权力、决策及其行为是否正当与合理不能依靠自说自话，而是取决于成员国的集体判断。

---

① 章前明：《从国际合法性视角看新兴大国群体崛起对国际秩序转型的影响》，《浙江大学学报》（人文社会科学版）2013 年第 1 期。

② Martha Finnemore, "Legitimacy, Hypocrisy, and the Social Structure of Unipolarity", *World Politics*, 2001, 61（1）, pp. 61-68.

在国际社会中，无论是作为一种抽象的政治判断，还是一种既定的规范和制度，"共识"都构成了国际大家庭成员判断某个国家或某种国际行为合法性的基础。需要指出的是，这种"共识"是集体的认定结果而非某一个国家意志的产物。正是在这个意义上，国际合法性有着某种权力属性。从认识论上讲，国家形象与国际合法性都体现为一种心理认知活动，二者之间有着本质的关联和相通性，这从国家形象的一般定义"国际社会和公众施之于目标对象国的知觉、评价和情感等因素的综合"就可以看出来。因此，笔者认为我们在研究国家形象时也可以将国际合法性理念的"共识"维度作为指导，完善以往研究和现实中关于国家形象概念的认识不足问题，具体需要在两个方面予以重点观照。

首先，我们必须看到国家形象是一种具有强烈集合性的专属政治概念。追根溯源，国家形象的集合性是由国家内部本身的复杂状况和多维性所决定的。不可否认，国家的形成离不开政治、经济、文化、军事以及地理等要素，这就导致国家形象的构成部分中必然包含政府形象、经济形象、媒体形象、旅游形象、国民形象与环境形象等。而且，这些方面是相互作用、有机联结在一起的，对国家形象的生成都发挥着不同程度的影响。为此，国际行为体特别是那些处于地缘政治关系中的国家群落在认知彼此时，不能用冲动的情绪宣泄取代理性的价值判断，将对他者"某种领域"的狭隘识见作为对他国形象的整体评价。"淇则有岸，隰则有泮"，任何事物的界定都有一个边界，对于国家形象的认知亦如此，如果将所有事物都牵强附会地等同于国家形象，国家形象势必将陷入指认不清与"不可知论"的深渊，如此一来这种社会心理认知活动在实践中就失去了它应有的意义。一般只有那些能够对国家间行为产生影响、事关国家利益的要素才可以被认定为涉及国家形象，诸如某项国际赛事的失利等事件对该国的国际形象不会造成多么恶劣的影响。

其次，我们要理解国家形象是形象间交往互动的产物。按照后现代主义的阐释，事物在未进入人的思维视野和认识活动之前，即作为纯粹的客观物质存在是没有任何意义的，它并非否认物质基础对于形象产生的制约作用，而旨在表达一种要素能否成为形象的组成要素的关键在于它在多大程度上符合注视者的知觉、价值体系以及情感诉求。因此，相比事物的外在状况与内在内容所带来的自然属性，其形象的社会性往往显得更加重要。这就说明任何（国家）形象的形成都是在一定的社会关系中而非根据客体本身先存的自然模式线性地进行的，"一定的含义系统确定行为体对周围的物质环境做出一定的反应和理解"[①]，然而，我们要知晓这种"反应"和"理解"不是静态的主客体关系的结果，而是主体间进而是形象间即不同背景或制度的国家主体对某国形象认知综合作用的产物。从国内层次来讲，国家形象反映的是一国的大多数民众而非这一范围内某个个体的知觉和评价，所以巴洛古（Balogu）和麦克里尔（McClear）把国家形象界定为"对某一国家认知和感受的评估总和，是一个人基于这个国家所有变量因素而形成的总体印象"[②]，就犯了以偏概全的错误。从宽泛的角度看，国家形象尤为重要的内涵主要表现在国际层次。在给定的国际关系中，主客体关系下的认知与评价结构之所以是不科学的，就在于这种结构没有看到客体并非时刻都是一种被动存在，机械地等待主体的"注视"。恰恰相反，客体自身的变化以及客体的"自我形象"感觉必然会带动主体的认知出现变化，在此情形下，客体已不再只是被主体认知的对象，它也具有了某种主动性，成为能够影响主体的另外一个"主体"，这就是巴柔所谓的"'我'注视他者，而他者形象同时也传递了'我'这个注视者、言说者、书写者的某种形象"[③]。当然，由于国家形象的主体与客体都是人或人格化的国家以及现代国际社会中国家间的高度渗透，国家 A（主体）在对国家 B（客体）的形象认知过程中不可避免地受到其他国家 A_x（主体）对国家 B 认知的影响，最终导致对国家 B 的认知形成一个多主体参与、交互作用的形象间性结构（A_xB_x），如图 1 所示。

---

① 丁磊：《国家形象及其对国家间行为的影响》，博士学位论文，南开大学，2009，第 11、78~79 页。

② Maurice Ndalahwa Marshalls, "Country Image and Its Effects in Promoting a Tourist Destination," MA Thesis, Blekinge Institute of Technology, Karlskrona, 2007, p. 22.

③ 孟华主编《比较文学形象学》，北京大学出版社，2001，第 4 页。

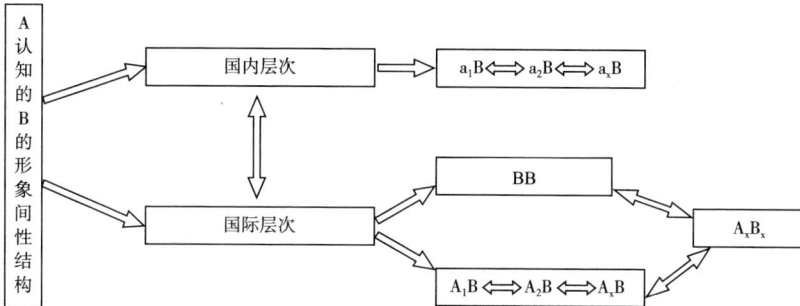

图1 形象间性结构

图1中，a_x代表A国民众，a_1B是一个形象元结构，意思是民众a_1对B国的认知和评价，"$a_1B \Longleftrightarrow a_2B$"意味着A国民众关于B国的认知存在互动和影响；$A_xB$形象元结构代表在国际社会不同行为体对B国的认知，"$A_1B \Longleftrightarrow A_2B$"表示不同国家针对B国的形象认知相互作用；BB意味着作为客体的B国对自身的形象认知即"自我形象"。

不难发现，国家形象实际上投射着国家之间的相互身份认同和建构关系，一国在国际社会中的形象并非取决于该国的客观存在和自我宣示，它必须要获得国际社会其他行为体的认可和接受。因此，国家形象在本质上是国家间进行交往互动的产物。但同时我们也要看到，受认知主体头脑中固有的价值系统和情感诉求影响，即使面对对象国相同的客观现实和信息传播，不同的行为体也会产生不同的印象和评价，比如中国崛起在非洲等第三世界地区和国家中的形象就截然不同于其在西方发达国家民众心目中的形象。这种现实境况表明：国家形象在很多时候并非对一国客观物质存在和表现的真实映射。

2. "共识的程度"：国家形象诞生于动态的国家间的权力博弈，是行为主体综合国力较量的体现

国际社会建立在合法性原则的基础之上，而合法性的实质是一种民意评价和集体认同，它关乎哪些国家能够参与国际关系及其行为的适当性问题。这就是为什么在国际社会行为体特别是大国都热心致力于国际合法性和国际话语权的争夺：只有首先获得了大家庭成员所赋予的正当身份，

大国才能在国际体系中发挥引领和管理作用；更加严峻的现实是，一个国家若失去了其他成员的信任和支持，便无法有效地开展交往活动。因此，政治国家在国际舞台上都会有意识地综合运用政府来往、公共外交及大众传媒等各种手段包装自己，塑造良好形象，根本目的就是欲借此在国际公众和对象国家中获得广泛且稳定的合法性，以实现本国国家利益的最大化。

因此，作为结果的国际合法性并不是自发生成的，无论是集体的政治判断还是既定的国际规范和制度，其实都内含"政治逻辑"、"媒介逻辑"与"资本逻辑"的交织博弈。实践也证明，在国际关系中，纯粹无目的性的观点与意见的集聚是无法存在的，国际话语权的不平衡分配以及国家间利益的种种冲突，决定了在成员国围绕国际事务达成共识和做出决定的过程中天然地裹挟着多重力量的争夺，尤其对地缘政治国家或在重大国际事务中存在利害关系的行为体来讲，当地民众认知系统被权力和利益交互嵌入的情形演绎得极为充分。从表象看来，国际合法性体现为一种已然的"共识"，但实际上国际合法性更多的是一种过程，被视为表示"社会共识的程度"，介乎理性的"彼岸世界"与芜杂的"此岸世界"之间。

按照唯物史观的理解，物质生产劳动不仅把人从动物的本能状态中解放出来，还创造了作为人的重要属性的精神活动。用这一观点来考察人类的信息活动，我们同样能够发现：没有人类的物质生产和物质交往实践，就不会有信息和信息传播的产生与发展。一言以蔽之，在社会大系统内，传播与经济、政治系统是天然地相伴以生、相互依存的。另外一种需要注意的现象是，大众传播媒体设置国际议题倾向于国家对外政策和活动以及国家间的政治、经济、科技与军事关系等宏大叙事，相比国内社会的新闻事件，国际事务的话语生产更为特殊和复杂并夹带着某种神秘色彩，由于超越了国度与个体切身利益，普通民众对这些遥远的事实或想象的存在尚不具备稳定的兴趣、专业化的知识和洞察能力。所以在政治经济系统与媒体宣传的双重影响、裹挟之下，主权国家争夺国际合法性的行为及其结果——使得一国相对另一国在某些领域拥有或丧失权力，将有效作用于人们的知觉、评价和情感。换言之，行为体在国际社会的较量直接影响本国民众对其他国家的形象认知活动,即国家间因利益和国际合法性而生的博弈与国家形象的形成和传播存在线性关系。试以朝鲜半岛内部民众近些年的认知变动与情感纠葛为例说明之。在朝鲜核试验、美国萨德系统入韩等事件引发半岛局势剑拔弩张之时,朝韩双方动用各种资源和手段以证明自身行为的合法性,甚至不惜上演媒体大战互相丑化、攻讦对方。受这种敌对状态及各自政治话语的激发,双方民众对彼此的好感度也降到冰点。然而,随着两国首脑的频繁会晤及平昌冬奥会的推进,朝韩关系逐步趋暖,民众的看法也发生了显著变化。2019 年 3 月韩国盖洛普围绕朝鲜无核化问题对国内 1003 名成年人进行民意调查,结果显示认为朝鲜不会弃核的受访者比例大减,从 2018 年 1 月双边关系急剧恶化时的 90%降到 64%,而回答朝鲜会弃核的比例提升 22 个百分点(2018 年为 6%,2019 年为 28%),越来越多的韩国民众相信朝鲜的承诺和看好统一前景。

在充满权力和利益的国际政治生态中,"集体无意识"是一种常态化存在,这集中表征为民众之于他国行为的评价和感情在群体暗示与传染机制的支配下很难以真实的接触或事实为依托,造成国家形象的建构过程被政治话语和资本力量主宰,大众理性被边缘化。国家形象之所以偶尔或经常性地歪曲映射一国的客观存在和行为表现,就根源于此。

四 结语

作为国际关系中的重要变量,国家形象与国际合法性一样,都表现为一种社会认知活动,由评价的主体、客体以及评价机制等部分组成。虽然,政治理念、地缘关系、大众传媒及思维方式等因素在国家形象的建构和传播过程中起着关键性的作用,但国际合法性也是一种不能被贬低甚至忽视的力量,因为从认识论上讲,国际合法性"映射"着国际大家庭成员对某国及其对外行为的认同与拥护问题。在国际社会,如果一个国家内部属性及其外在表现被解读为不道义和非理性,那么这个国家的国家形象塑造与传播实践在根本上就已经陷入"传而不通"或"通而不畅"的深渊。可以说,国际合法性与国家形象之间有着本质的关联性,二者在一定程度上还直接构成了线性关系，俄罗斯与美国在叙利亚问题等国际事务中争夺合法性的"口水战"引发两国民众敌视、贬损彼此的形象就是典型的例证。鉴之，从国际合法性"共识"与"表示共识的程度"之视野来界定国家形象，具有理论和现实维度的正当性，并且有助于规避既往研究中现实主义与建构主义对国家形象概念认知的偏执狭隘性。具体而言，在研究中我们既要看到国家形象是一种主观见之于客观的活动，它直观地体现一国的主流民众对他国政治、经济、社会、文化与地理等要素的整体性知觉和评价；又要注意到国家形象并非静态的主客体关系的结果和单纯对现实的复制式描述，而是不同国家主体之于该国的所有形象认知共同参与和交互作用的产物，其中不可避免地交织着国家间多种力量的博弈。

马克思说，"哲学家们只是用不同的方式解释世界，问题在于改变世界"①，人类认识世界的根本任务和旨归在于改造世界，而且灰色的理论只有服务于实践，才具有不朽的生命力。其实，上述关于国家形象"形象间性"和"博弈"的知识解读也为我们形塑和传播国家形象提供了重要启示，即因为立场、经济和社会发展水平以及国家利益诉求的差异性，国家形象在不同的民众或国家主体间会呈现出不同的结果（如非洲等第三世界地区对中国的形象普遍地好于欧美国家民众的看法），因此对于形象的"低分""差评"，我们在情绪表达和心理认知上不必紧张甚至"反应过敏"，应持有一种健康和理性的态度，须理解国家形象是一种有着强烈集合性和共识意义的专属政治概念，它反映的是集体的判断认定情况而非某个国家的单边意志。另外，在国际社会，由于"程序"、"价值"和"功能"是所有行为体或权力类型获得合法性的基础条件，本研究建议我国在推进对外传播活动中可以按照现代国际合法性的这三种维度对传播的主体、内容与方式进行优化和调整，借助传播的力量凸显"中国方案"与"中国智慧"对国际规范和人类价值的遵守与契合，通过历史和文化故事的"软传播""巧传播"来唤醒国家间的共同记忆，又力所能及地向国际社会提供有效公共产品（如"亚投行"、金砖国家开发银行、丝路基

---

① 《马克思恩格斯选集》第 1 卷，人民出版社，1995，第 57 页。

金等融资机构），这样不仅能够极大地减少来自国际主流认知图式的质疑与戒备，增强中国对外行为的合法性，更有助于获得对象国家目标受众的情感共振与心理认同，从而建构良好的中国国家形象。

（本文系张昆教授与博士研究生张铁云合著，发表于《现代传播》2019年第6期）

时空维度下的国家形象模型探析

——基于认知互动的视角

资本运作与科技进步正加速推动全球一体化的进程，国家间的政治、经济、文化及人员交往愈加频繁，国家形象也在交往中不断地进行着自塑与他塑。国家形象最能体现国家精神，传播国家品质，提升国家竞争力。因此，国家形象的工作备受各国瞩目，研究成果也日见丰富。

政治、军事、文化、语言等不同学科背景的学者从各自理论视野出发，观照国家形象，提出诸多有益的观点，如"媒介建构说""要素构成说"等。而"认知说"则认为国家形象属于心理学范畴，反映的是知觉对象在人们头脑中的再现。但在前述观念中，多数研究未能跳脱"国家形象静态观"的窠臼，忽视了国家形象动态变化的特质。有鉴于此，本文将互动论与时空观同时纳入国家形象的模型研究中，细述个中关系，并期冀搭建出国家形象研究的另一个"远眺点"。

一　国家形象：国家与形象的表征

一般认为，1956 年美国政治学者肯尼斯·布尔丁（Kenneth E. Boulding）在《形象：知识在生活与社会中的应用》一书中首次提出了国家形象的概念，[①]

[①] Kenneth E. Boulding, *The Image: Knowledge in Life and Society*, Ann Arbor, Mich: University of Michigan Press, 1956, pp. 120-121.

时至今日，国家形象研究已历经半个多世纪，研究成果颇丰。从学科归属看，政治、经济、法律、文化、历史、语言、传播等领域较为活跃。从研究视角看，"要素派"、"关系派"、"建构派"、"传播派"和"认知派"占据主流。如李寿源认为国家形象是"第一性"的，大众传播媒介是国家形象的载体和建构渠道。① 而持认知观点的学者则将国家视为一种客观实在，形象是一种主观意识。②

从词语组成上看，国家形象由国家与形象两部分构成。关于国家，在中国，其演进脉络大致可描述为部族、城邑、国家、天下；在西方则是部落、城邦、国家。古代中国"家国一体"，家被看作构成国的基本单元。许慎《说文解字》对"國"字有很好的解释："國，邦也，从口从或。"③"或"又与"国"相通，亦有"邦"的意涵。许慎解释说："或，从口从戈。以守一，一，地也。"④ 其意为用武力守护人口与土地。而"國"的外部是"囗"，它代指势力范围。古代中国，一般视皇帝统治的为国，而"天下"才具有现代国家的概念。可见，在中国，国家由四部分组成：一是人口（口）；二是军事力量（戈）；三是土地（一）；四是势力范围（囗）。西方则与中国不同，以英语国家为例，表示国家概念的单词有三个，分别为民族（nation）、疆域（country）、政府与政治（state）。

就"形象"而言，中西方对其认知有同有异。中国人对形象的理解较为复杂，仅对其释义就有"形状""样子""外貌""肖像""象征"等；西方人对形象的认识也有多种，如"形式""形状""印象"等。但中西方都认可形象具有物质层面（形状）和精神层面（象征、印象）的含义。图像学家汤姆·米歇尔对形象的认识更为复杂，他视形象为一个家族和谱系。在他看来，形象是包括图像（图画、雕像）、视觉（镜像、投射）、感知（感觉、表象）、精神（思想、幻影）和词语（隐喻、描写）在内的不同制度化话语。"精神形象属于心理学和认识论；视觉形象属于

① 李寿源主编《国际关系与中国外交——大众传播的独特风景线》，北京广播学院出版社，1999，第 305 页。
② 张昆、徐琼：《国家形象刍议》，《国际新闻界》2007 年第 3 期，第 13 页。
③ 《说文解字新订》，臧克和、王平校订，中华书局，2002，第 837 页。
④ 《说文解字新订》，臧克和、王平校订，中华书局，2002，第 410 页。

物理学；图画、雕塑和建筑形象属于艺术史；词语形象属于文学批评；感知形象在生理学、神经学占据一个临界区域。"① 米歇尔更多地关注了精神形象与词语形象，而本文是在认知角度上使用形象的，因此，形象更多地指向感知与精神层面。

总之，"国家形象"是"国家"和"形象"的复合体，但又不能将其简单地等同于国家与形象之和。疆域、人口、自然环境等构成了"物质国家"；政治、经济、文化、历史构成的是"制度国家"；而人们对国家的想象则属于观念国家。国家形象是人们基于"物质国家"、"制度国家"与"观念国家"的一种主观认知，或心灵上的投射。② 也即，"国家"是"国家形象"的物质载体，国家是"第一性"的，"国家形象"是"第二性"的。由于"国家"与"形象"都具有物质性与意识性，当"形象"作用于"国家"之上时，"国家形象"延伸出两种内涵，一为"实际国家形象"，具有客观性；二为"认知国家形象"，具有主观性。其具体关系见表1。

表1　国家、形象与国家形象关系

客观层面的国家		主观层面的国家
物质国家	制度国家	观念国家
疆域、人口、自然资源、自然景观……	政治、经济、文化、历史、人文景观……	对国家的想象，此种想象有可能会突破疆域等实际存在
形象		
实际国家形象		认知国家形象
国家形象		

从表1可知，研究者将国家分为"客观国家"与"主观国家"，客观国家是一种现实存在，在一定时期内具有相对稳定性。在客观层面，国家又被分为物质国家与制度国家，物质国家由疆域、人口、自然景观等构

① 〔美〕汤姆·米歇尔：《图像学：形象、文本、意识形态》，陈永国译，北京大学出版社，2012，第7页。
② 张昆、徐琼：《国家形象刍议》，《国际新闻界》2007年第3期，第13页。

成；制度国家是由政治、经济、文化等规定的。主观国家则指人们头脑中的国家，属于心理学层面、观念层级。当"物质国家"、"制度国家"及"主观国家"与第二层级的"形象"结合后，就分别形成了"实际国家形象"和"认知国家形象"。"实际国家形象"不包含人的认知，具有物质性和客观性；而"认知国家形象"则是通过感知渠道所构建的一种心理层面的形象。实际国家形象与认知国家形象统称为国家形象。在某种意义上而言，"'形'在未进入人的思维视野和认识活动之前本身并不具有任何意义和价值"①。人的能动性赋予了国家形象更为丰富的意涵，因而从心理层面、认知视角研究国家形象更有价值。

二 国家形象模型：四象限与时空关系

近年来，作为认知主体的人愈加为社会科学研究领域所重视，如"自我效能感""政治认同""风险感知"等相关研究都将人的主观感受作为重要因子加以测量。国家形象作为认知主体的心灵上的投射，其认知主体是人，传播对象也是人，可见人居于国家形象研究的核心位置。李普曼指出，人们通过头脑去认知，主体的人"慢慢地，在头脑中描绘出的一幅关于外部世界值得信赖的图景"。② 他无意中道出了认知心理学的实质："就在于它主张研究认知活动本身的结构和过程，并且把这些心理过程看作信息加工过程。"③ 需要指出的是，"事物的真实性并不一定会与人们头脑中的印象相一致"。④ "我们对于中国的看法，一部分是由中国的客观现实决定的，一部分是由我们个性中有意识的利益和潜意识的需求决定的。"⑤ 马克思认为，物质决定意识，而意识对物质具有反作用。作为意

---

① 张昆、徐琼：《国家形象刍议》，《国际新闻界》2007 年第 3 期，第 11 页。
② 沃尔特·李普曼：《公众舆论》，阎克文、江红译，上海人民出版社，2006，第 187 页。
③ 王甦、王安圣：《认知心理学》，北京大学出版社，2006，第 4 页。
④ Kotler Philip, *Marketing Management: Analysis, Planning, Implementation and Control*, New Delhi: Prentice-Hall Internationl, 1984, p. 607.
⑤ Raymond Stanly Dawson, *The Chinese Chameleon: An Analysis of European Conceptions of Chinese Civilization*, London: Oxford University Press, 1967, p. 2.

识的认知也被认为"是一个为进入大脑的信息赋予具体含义的过程"①，也就是说"客观现实"是"个人认知"或"个体头脑图景"构成的基础。个体认知受到所处环境、生活背景、个人知识、性格等各方面因素的影响，从而形成了不同的"头脑图景"。这意味着，同一主体对不同事物会产生不同的认知，而不同主体对同一事物也会有看法上的差异。

布尔丁指出，国家形象是一个国家对自己的认知以及国际体系中其他行为体对它的认知的结合。布尔丁在此区分了"对自己的认知"（自我认知）和"其他行为体的认知"（他者认知）。②葛明驷、何志武认为"一个国家对自己的认知即为自我形象，国际体系中其他行为体对一个国家的认知即是他者形象"③。并认为他者形象的形成"主要依靠媒介传播，是一种拟态环境下的形象建构"。该论述与布尔丁的观点一致。现实主义学者辨析出了"实际拥有的"（实际形象）、"自以为拥有的"（自我认知形象）和"希望别国相信的"（自我期待形象）三个不同的国家形象。匡文波、任天浩认为国家形象是"国家客观现实经过文化价值观、国家利益观、大众媒介三重偏曲后投射在国内和国际公众意识中的主观映象"④。他们描绘了从"国家现实"到"国内印象"和"国际印象"的国家形象认知路径。余红、王琨在梳理了前人的研究后，将国家形象分为"自以为拥有的形象"、"实际拥有的形象"和"理想的形象"三个维度，"第一个维度中的国家形象概念属于自我本位……第二个维度中的国家形象属于他者本位……第三个维度则是从时间轴上将国家形象的含义进行了延伸"。⑤综合上述学者的观点，首先，国家的实际形象与认知形象之间是不同的；其次，根据不同的认知主体可以区别出"自我认知形象"和"他者认知形

---

① 菲利普·津巴多、罗伯特·约翰逊、安·韦伯：《津巴多普通心理学》，王佳艺译，中国人民大学出版社，2008，第160页。

② Kenneth E. Boulding, *The Image*：*Knowledge in Life and Society*，Ann Arbor, Mich：University of Michigan Press，1956，pp.120-121.

③ 葛明驷、何志武：《国家形象的自我认知：现实与想象的冲突——基于对国家形象片网民评论的分析》，《武汉理工大学学报》（哲学社会科学版）2015年第2期，第193~194页。

④ 匡文波、任天浩：《国家形象分析的理论模型研究——基于文化、利益、媒体三重透镜偏曲下的影像投射》，《国际新闻界》2013年第2期，第93页。

⑤ 余红、王琨：《国家形象概念辨析》，《中州学刊》2014年第1期，第171页。

象";再次,不同的认知主体对国家形象抱持某种不同的期待或理想;最后,国家形象还受制于时间因素,如"短期国家形象""长期国家形象"。

但仍需进一步指出的是:第一,前述学者虽暗示国家形象是不同维度间的"结合",但并未阐述"结合"的过程。第二,"理想形象"或"期待形象"根据社会互动论还可进一步细分,包括"自我期待形象"与"他者期待形象"。第三,在时间层面上,历史的国家形象亦能对当下人们的认知和期待产生影响。以中国为例,恰如哈罗德·伊罗生所言:"在许多人心目中,中国是一个优等民族,这一观念是与对中国人古代文明、它的漫长岁月和它那悠久辉煌的有力形象密切相关的。"① 长辫、落后、蒙昧可能是部分西方人一直保持的对中国的认知。第四,空间是影响国家形象认知的另一个维度。韩国和朝鲜对日本的形象认知与美国和德国对日本的形象认知就存有差异。巴基斯坦眼中的印度形象也不同于中国或俄罗斯眼中的印度形象。基于此,本文将"自我认知形象""他者认知形象""自我期待形象"和"他者期待形象"四个象限置于时空维度中加以考量,并期冀从认知互动的视角辨析出形塑国家形象的各象限关系(见图1)。

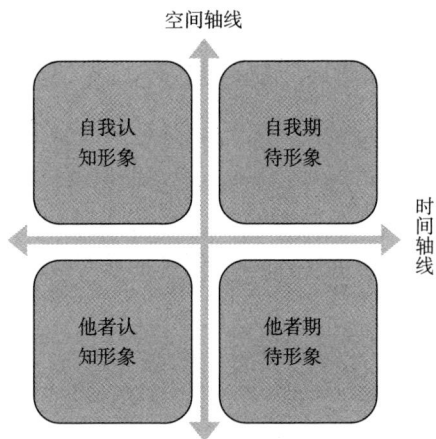

图1 国家形象的多维度模型

---

① 哈罗德·伊尼斯:《传播的偏向》,何道宽译,中国人民大学出版社,2003,第77页。

模型中的自我认知形象是对本国形象的定位和判断，是自以为拥有的一种形象；他者认知形象是对认知对象国形象的判断，是他者以为对象国所拥有的形象。自我期待形象是理想中的国家形象，而他者期待是指别国对对象国所期望的形象。不可否认，一国内部存在差异化的个体、团体、组织等，其对本国或他国国家形象的认知也会不同。个体、团体、组织间也有关于形象认知的博弈，但从整体而言，无论是自我认知还是他者认知，对认知对象国家都会形成一种"主流认知"或"倾向性认知"。由于认知主体内部的互动关系非本文研究的重点，模型中四种形象都是指经过内部互动后所形成的"认知形象"。因此，"自我认知形象"与"他者认知形象"是指一国对本国或他国的判断、评价，是共识性的、主流倾向性认知形象。自我期待形象与他者期待形象也是如此，不再赘述。

从横向的时间轴线观测，模型的上半部分由"自我认知形象""自我期待形象"构成。这两种形象在时间轴上以原点（国家的实际形象）为中心，不断向过去与未来延伸。二者互为表里，具有"反身性"的特点。具而言之，一方面，不同时期的"自我认知形象"和"自我期待形象"存在差异，1776 年的美国，其自我认知与自我期待的形象定会不同于2016 年的美国，具有"时代烙印"。另一方面，历史的形象影响当下的认知与未来的期待，而对未来的期待又反作用于当下的认知。时下的德国极力摆脱纳粹时期的国家形象，期冀建立一个自由、向往和平的国家形象。而日本则与之不同，军国形象的阴霾一直笼罩在日本上空，自认为如今的国际地位与经济实力不相匹配，成为"正常国家"则是它的期待。模型的下半部分由"他者认知形象"和"他者期待形象"构成，其情形与上半部分相似。

以纵向的空间轴线为观察对象，模型左侧是"自我认知形象"和"他者认知形象"，二者受空间制约，在不同区域，国家形象的认知千差万别，澳大利亚的自我认知形象有别于英国、新西兰、越南对它的认知。模型右侧的"自我期待形象"和"他者期待形象"是指在不同的空间内，对某一国家的形象期待有所不同。同样，日本自我期待的形象或许是成为有影响力的大国形象，但是中国则期待它成为一个担负起历史责任的国家，而菲律宾则期待它能给予其更多的经济、军事帮助，甚至将来成为盟友。当然，还存在这样的可能，在不同空间内，有可能会对某一国家的形象有着同样的认知和期待，但现实中，这样的概率微乎其微。

三　互动与平衡：国家形象模型解析

不少学者在研究国家形象时将国家与个人相类比。张昆认为，在柏拉图看来"国家是个人的放大，而个人则是国家的缩小"①。因此在某种层面上，可以将国家与个人加以类比。吴飞也指出对一国之评价与对人的评价一样，都是不同主体在相互交往过程中建构的。② 也就是说，感知国家形象的主体是人，而国家形象传播的落脚点也是人，因此作为主体和客体的人，在国家形象研究中居于中心位置。就一个国家而言，各场域间的争夺最终会表现出主流形象认知或多数人形成共识性的形象认知。基于此，本文将"互动论"引入上述模型中，以分析各向度间的互动关系。

无论是"符号互动"、"象征互动"还是"社会互动"，其本质是作为个体的人并不是孤立的存在，个体的自我意识是在不断地与外界交往后产生的。而人类往往会把自己看作一切的中心，从而形成"焦点效应"。③ 如库利的"镜中自我"的概念，该理论是"关于人类的交互作用反映了个体的当下环境，因此起到了心灵的镜子的作用的思想"。库利从这一观念出发，关注了人与人之间存在的互动关系，他认为个体的人只有在互动中能够形成自我认知，也正是"我想象在你眼里我是什么人，我就是什么人"④。他强调的是"自我感觉的发展和成长是个人在社会环境中人际

---

① 张昆：《当前中国国家形象建构的误区与问题》，《中州学刊》2013 年第 7 期，第 168 页。
② 吴飞：《流动的中国国家形象："中国威胁论"的缘起与演变》，《南京社会科学》2015 年第 9 期，第 7 页。
③ 〔美〕戴维·迈尔斯：《社会心理学》第 8 版，侯玉波、乐国安、张智勇译，人民邮电出版社，2006，第 28 页。
④ 〔美〕罗杰斯：《传播学史：一种传记式的方法》，殷晓蓉译，上海译文出版社，2012，第 154 页。

沟通的过程所造成的"①，他指出互动的双方是相互的，而非彼此孤立的。②米德和布鲁默强调了自我概念的重要性，认为人们感知自我并在不断地与他人互动中建立自我概念。米德认为自我是逐步发展的结果，尽管自我概念是人们主观意识中的核心，但人们并不是天生就具有自我概念③，"而是在社会经验与活动的过程中产生的，即是作为个体与那整个过程的关系及与该过程中其他个体的关系的结果发展起来的"④。自我概念的基础是个人对他或她自身的自我定义或身份的潜在制定。罗萨和赖茨进一步阐释认为"个人在与他人的互动中建立自我概念，自我概念为行为提供重要的动机"⑤。除此之外，互动中不但产生意义、自我，还产生焦虑。

如若将上述的"自我"概念以及"互动"概念放到国家形象中考察，不难发现，上文中所说的"自我认知形象"是在行动的过程中产生的，由于"自我"并不是单独的行动者，而是与外在环境交互作用后产生的。所谓的外在环境，一方面是客观存在的国家形象，另一方面是感知到的国家形象。此外，由于自我概念还意味着人类具有自我互动的机制，并且这一机制被用来引导行为和行动，如自我期待，"也就是说自我期待导致个人按照预期已经实现为前提采取行动"⑥。所以，在国家形象的认知层面，自我认知与自我期待之间亦存在互动关系，而且自我期待对自我认知具有引导的功能和作用，自我认知在自我期待的不断调适下逐渐与自我期待产生共振，但并非单向的，而是在互动中发生的，自我期待也会随着自我认

---

① 〔美〕查尔斯·霍顿·库利：《人类本性与社会秩序》第2版，包凡一、王源译，华夏出版社，1999，第170页。

② 〔美〕罗杰斯：《传播学史：一种传记式的方法》，殷晓蓉译，上海译文出版社，2012，第154页。

③ 〔美〕D.P.约翰逊：《社会学理论》，南开大学社会学系译，国际文化出版公司，1988，第378~386页。

④ 〔美〕乔治·H.米德：《心灵、自我与社会》，赵月瑟译，上海译文出版社，1997，第120页。

⑤ 〔美〕理查德·韦斯特：《传播理论导引：分析与应用》，刘海龙译，中国人民大学出版社，2007，第98页。

⑥ 〔美〕理查德·韦斯特：《传播理论导引：分析与应用》，刘海龙译，中国人民大学出版社，2007，第98页。

知的改变而发生改变。

据上述分析，本文将互动分为四类 13 种互动关系（见表 2）。

表 2　互动关系

类型	互动情形	互动过程	互动结果
现实型	自我认知<≈自我期待	认知的不一致导致费斯廷格所说的认知失调，为了减少认知失调，会出现两种可能	或努力朝期待方向改变自我形象，使自我认知与期待保持一致，在构建与传播国家形象上表现出积极努力的态度；或是降低期待认知，期待认知与自我认知保持一致，在构建与传播国家形象上自暴自弃、画地为牢，认为无论如何努力，国家形象都不会有所提升和改变
	自我认知<≈他者认知		
	自我认知<≈他者期待		
	自我期待<≈他者认知		
	自我期待<≈他者期待		
自我感觉良好型	自我认知>≈自我期待	自我认同表现得极为明显，故步自封是常见的情态	这种情形较少，但也时有发生，一旦这种情况发生会表现出盲目乐观自信，自以为已经成为史上形象最为完美的国家。在与他者互动时也会表现出"自我感觉良好"甚至是"自我膨胀"
	自我认知>≈他者认知		
	自我认知>≈他者期待		
	自我期待>≈他者认知		
	自我期待>≈他者期待		
他者中心型	他者认知<≈他者期待	作为他者对认知对象国表现出形象认知的偏见、不满、批评或指责，这种情形往往出现在他者已经掌控话语体系的情况下	他者以自我为中心，通过话语控制，形塑他国，如对象国家未达到他者期待，则此种情形会被长期保持，如对象国家想要改变他者的认知就会显得比较困难
	他者认知>≈他者期待	不看好认知对象国，表现出放弃姿态	认知对象国的以往形象在他者心目中较差，而又与他者没有利益冲突，认知对象国一旦有所改变，就被认为取得长足进步

类型	互动情形	互动过程	互动结果
理想型	自我认知 ≈ 他者认知 ≈ 自我期待 ≈ 他者期待	动态平衡	国家声誉、威望等都处在高水平，国家形象相对成熟、稳定，被认同度高。多数国家在塑造国家形象时所追求的最终目标也是如此，但很遗憾，由于受到时空维度的制约，这种状态只是理论中的一种理想模式，在现实中，只能不断接近，很难真正实现

注：表中符号"≈"表示"近似于""接近于"，符号"<≈"主要表示"差于""劣于"的含义，但存在特殊情形，如自我认知与他者认知之间表现出的形象认知亦有可能较为趋同，但这种情形一般较为少见。因此符号"<≈"在特定情况下还意指"趋向于""接近于"。同理，符号">≈"表示"优于""好于""强于"，特殊情况下包含"趋向于"的含义。

上述关于模型的讨论，仅是因为理解上的方便而将其人为地割裂开来，在现实中，自我认知形象、他者认知形象、自我期待形象、他者期待形象以及时空因素之间并非如此鲜明地截然分开，它们之间相互影响与作用，更多地表现为一种系统关系。

四 结论与讨论

国家形象的多维度、复杂性为从不同视角对其加以审视提供了诸多可能性。但过往的研究多从外部入手，将其视为孤立的、静态的或者是结果的，并未深入国家形象的内部观察其动态的一面。本文所提出的模型从认知互动的视角切入，一方面揭开了国家形象在自我认知、他者认知、自我期待与他者期待四个象限中的互动面纱，指出国家形象不是孤立的存在，而是在各认知、期待的互动中不断调适、变化的。另一方面，模型还提示时间与空间也制约了国家形象的形成、发展与变化。以中国参与国际事务为例，中国自认为在国际事务中正扮演积极负责的角色，今后还将继续发挥建设性的作用。而美国则认为中国并非负责任的大国，它期待中国今后在国际事务中发挥更为积极的作用。其中就包括自我认知、自我期待、他者认知与他者期待在时空中的关系以及对中国国家形象的作用与影响。

除此外，模型中空间与时间的参与，使得互动呈现出复杂的多元关系。"时间作为一种事件发生的维度而存在，在这个维度内，人类业已脱离了起源的永恒，但是还没有达到目的的永恒。"① 时间轴线在横坐标轴上前后延伸，空间轴线在纵坐标轴上上下延伸。众所周知，一个国家的形象形成并不仅来源于现阶段，历时的国家形象同样能够对现时的国家形象产生影响，从认知的角度而言，主要影响的是认知主体。形象认知是一个复杂的心理过程，作为认知主体的人，在认知过程中会受到多种因素的侵扰，可以是生理层面的，也可是心理层面的；可以是社会文化、所属群体的，也可以是习惯与偏见的。而某种认知一旦形成就很难改变，已形成的认知又会影响以后的认知，这也是社会学家关注的"刻板印象"或者"刻板偏见"。如唐朝时期的中国形象是"富足""开放"，这一形象对内的影响便是"梦回唐朝"或者是"伟大复兴"，对外的表现则是"强大"而"令人向往"。1776 年美国宣布独立后，"自由""民主"一直是其国家象征，这一历时的国家形象同样影响今天人们的认知，不少人赞赏美国的这一积极正面形象，而忽视美国的"霸权"和"非人道"形象。时间轴线的存在暗示，国家形象并不是一成不变的。它会随着时间的变迁而发生改变，或者变成自我期待的形象，或者成为他者期待的形象，或者二者皆否。

同样受到认知主体所处的群体、文化、意识形态等背景的浸染，国家形象还会随着空间转换而发生认知改变。自我认知与他者认知、自我期待与他者期待之间会形成相左认知，不同文化背景的国家间也会存有差异，正所谓情境决定认知。即便是同一文化主体内部，也会互相排斥。至此，空间对国家的作用似乎已经明了，可在福柯看来，权力在空间维度上还有着规训。世界虽然趋向多极发展，但目前西方社会掌控着话语体系，这是不争的事实。西方国家通过话语权力抑制与其步调不一致的国家，并通过媒体建构他国形象，形成话语压制。互动论已表明，国家间的认知相互作用，而处在强势地位的西方，通过话语体系成功地规训着他国形象，地理空间被话语从现实中剥离，并被不断压缩，"一个整齐划一的立法领域，

---

① 阿莱达·阿斯曼、扬·阿斯曼：《论回忆的隐喻》，《文化记忆理论读本》，北京大学出版社，2012，第 165 页。

一个道德教育场所"① 逐步成形。缄默、镜像认识和无休止的审判，作为空间规训的基本策略被西方社会通过媒介、军事、文化等手段反复使用，技术与资本看似正在消灭时间，其实也同时在消灭空间。

该模型还暗示不能单一地、孤立地去对待处在多维度力量作用下的国家形象，而应是"在国家间交往互动的基础之上，相关国家共享知识、观念，展开国家身份的相互认同，从而最终把各自的国家形象建构起来"②。一个国家要有这样一种认识：在清楚自己定位的同时，要明确国家形象前进的方向与目标，目标不清，就会导致战略不明，战略不明，就会出现短视行为，所有的努力也只是求一时一事的解决，最终使国家形象传播效果不佳。

国家形象的传播是一个长久的、动态的、系统的工程，应该在实现"民心相通"上下足功夫。对内积极着力改善民生，提高民众的认同程度；对外则可建立以国家为主体的保障机制和管控机制，使对外传播制度化和集约化运行，优化配置现有的渠道资源。③ 社会心理学的众多研究成果表明"拥抱"是改变认知的一种有效途径。"'造访过'中国的美国民众显著对中国有好感。没有'造访过'中国的美国民众对中国的好感程度明显低于到过中国大陆的美国民众。"④ 因此将他者引进来体验某一国的生活、参与活动亦是一个有效途径。

[本文是张昆教授与王创业的合著，系国家社会科学基金重大课题"跨文化传播中的中国国家形象建构"（项目编号：11&ZD024）的阶段性成果，文章发表于《新闻界》2017年第5期]

---

① 米歇尔·福柯：《疯癫与文明》，刘北成、杨远婴译，三联书店，1999，第241页。

② 李智：《中国国家形象——全球传播时代建构主义的解读》，新华出版社，2011，第47页。

③ 张昆、王创业：《从战略层面提高国际传播话语权》，《人民日报》2016年1月12日，第7版。

④ 徐剑、刘康、韩瑞霞、曹永荣：《媒介接触下的国家形象构建——基于美国人对华态度的实证调研分析》，《新闻与传播研究》2011年第6期。

疏通渠道　实现中国国家形象的对外立体传播

国家形象传播是一个复杂的系统性工程，它关乎传者、信息、渠道、受者、策略与效果，这些环节相互配合，缺一不可。其中传播渠道又是沟通上下，联通内外的关键一环。如果说信息决定生，那么渠道则关乎死。因而，国家形象研究如只偏重内涵阐释、策略制定，而忽视渠道建设，犹如车无轮，鸟无翼，行之不远。国家形象的传播渠道恰如人体脉络，经络通则气顺而血不滞。实际情况是，传播渠道并未得到足够的重视，要想实现国家形象多元立体传播，构建国家形象传播渠道体系，搭建传播渠道平台，优化渠道组合是必不可少的一部分。

今时不同往日，国家间的密切往来、媒介生态格局的改变、传播新技术的革新、受众媒介使用的偏好都为国家形象的对外传播带来了诸多可资利用的资源。本文试图梳理国家形象对外传播渠道，建构渠道模式，旨在整合资源、厘清关系，使各渠道间有效配合、形成合力，发挥"1+1>2"的功用，期冀描摹出一个国家形象对外立体传播的渠道图景。

一　被窄化的传播渠道

美国学者肯尼斯·布尔丁（Kenneth E. Boulding）于 1956 年首提国家形象概念，至今已有 60 余年。自 20 世纪 80 年代起，世界格局不断发生改变，东欧剧变、苏联解体，世界由两强对抗，变成一国独大。欧洲各主要国家建立联盟，中国经济强势崛起，世界格局正由一极演变为多极。各国的发展重心也开始由对抗转变为合作，政治沟通、经贸往来、联合军演、人口流动正不断地重构着国家间关系，合作伙伴关系、战略伙伴关系、全面战略伙伴关系等概念应运而生。国家间的密切关系也使得国家形象的传播、互塑、认同更具张力。在此背景下，如何构筑、传播、使用本国形象则显得尤为重要。具有人文社会学科背景的学人纷纷厕身其中，为国家形象的建构、传播出谋划策，提出诸多有益的观点、策略，国家形象研究一片繁荣。但不可否认，这背后也隐藏暗疾：片面性、浅层性、趋同性问题突出，国家形象传播的实效性问题悬而未决，"媒介中心主义"①的藩篱也未根本打破。

所谓"媒介中心主义"，以往表现为过度依赖大众传播媒介，尤其是主流媒介，如今则过分强调新兴媒体。国家形象的定位、传播渠道的建构、传播策略的制定都是以媒介为中心向外扩散的。诚然，经典的传播理论以大众传播为大宗，相关的研究成果也最为丰富、成熟，在实际操作中将研究视角、方法、对策与大众媒介直接嫁接也在情理之中。新媒体出现后，部分研究视角转向社交媒体、视频网站和自媒体，但关于国家形象的核心内容并未发生改变，所提策略也是换汤不换药，渠道体系依然是媒介中心主义的，而"忽略了非专业性的传播媒体、新兴媒体及其他人际传播和跨文化传播渠道"②。须知，国家间的紧密相连在带来国家认同焦虑的同时也开辟了多姿多彩的国家形象传播渠道。媒介生态的革新，媒介格局的转变，人的跨区域流动，政治组织的超空间整合，经济组织的资本吸附，文化软实力的潜移默化都能桥连起国与国的交流，更能像血管般源源不断地输送国家形象，这也催逼着我们不得不重新思考、定位、整合国家形象的对外传播渠道。

强调国家形象对外传播渠道的多元，并不是否认媒介的重要性。"涵化理论""议程设置""电视收看取代公民活动假说"等都暗示媒介

---

① 荆学民、李彦冰：《政治传播视野：国家形象塑造与传播中的国家理念析论——以政治国家与市民社会的良性互动为理论基点》，《现代传播》2010 年第 11 期，第 15 页。
② 张昆：《当前中国国家形象建构的误区与问题》，《中州学刊》2013 年第 7 期，第 169 页。

依然发挥功效。罗宾逊、哈特、米勒、派特森等学者或通过内容分析，或通过理论推演，都倾向认为媒体对政府的持续性负面报道可以强化民众对政府和社会的负面认知。[1] 事实上，在国家形象的对外传播中，西方一些媒体通过负面报道操纵、影响民众对他国形象的认知。只不过在今天的媒介生态环境中，媒介发挥功用，还受制于媒介可信度、媒介接触及受众的媒介素养。最近的一项调查显示，"52%的欧盟受访者表示不信任大众媒体，67%的美国人认为媒体具有偏向性，37%的民众认为新媒体并不那么可信"[2]。如再固守媒介传播，将其作为国家形象传播的唯一渠道就有些不合时宜了，因此探索国家形象对外传播的多元渠道就势在必行了。

二 国家形象对外传播渠道深描

传播渠道的丰富多元主要体现在它既可以倚重于人，也可以借助于物；既可以是大众的，又能是小群体的。喻国明认为电视、报纸、广播、境外媒体、当面听说、电话手机、手机短信、国内新闻网站、网络论坛、境外网站、单位传达是重大事件传播的主要渠道。[3] 于丹、王蕾蕾也认为电视、广播、报纸和网络是居民获取信息的主渠道，而人际传播和组织传播则发挥了重要作用。[4] 从一些调查数据也能看出，人际传播、组织传播和媒介传播构成了现代社会传播的主要渠道。《中国国家形象全球调查报告2013》显示："49%的俄罗斯受访者通过中国公民了解中国，17%的巴西民众通过中国的跨国企业了解中国，23%的印度民众通过中国文化交流中心和中国公民了解中国。"[5] 《中国国家形象全球调查报告2015》进一

---

① 周树华、阎岩：《媒体可信度研究：起源，发展，机会和挑战》，《传播与社会学刊》2015年第33期，第259页。

② 周树华、阎岩：《媒体可信度研究：起源，发展，机会和挑战》，《传播与社会学刊》2015年第33期，第260页。

③ 喻国明：《面对重大事件时的传播渠道选择——有关"非典"问题的北京居民调查分析》，《新闻记者》2003年第6期，第6~9页。

④ 于丹、王蕾蕾：《2009年国内重大事件的传播渠道与效果分析——基于京、沪、穗城市居民的调查》，《现代传播》2010年第9期，第35页。

⑤ 黄廓：《中国在金砖国家的公共外交效果2013年调查报告》，《中国公共外交发展报告（2015）》，社会科学文献出版社，2015，第187页。

步表明：分别有 62% 和 51% 的受访者通过当地传统媒体和新媒体了解中国，35% 的受访者通过使用中国的产品了解中国，23% 的受访者去过中国，14% 的受访者通过与中国人的交往了解中国。① 但在国家形象的对外传播中，关于渠道的论述却相对泛化，未能形成体系。也正因如此，笔者将从桥梁人群、组织机构、传播媒介三个视角对国家形象的对外传播渠道加以详述。

（一）桥梁人群

"没有哪种媒介比人更能打动其他人。"② 拉扎斯菲尔德在 20 世纪就已发现人际传播的独特魅力所在。他在研究美国大选后发现信息存在流动性，从大众媒介流向"意见领袖"，然后信息再被扩散。"人际交往的覆盖面如此之广，人与人之间的影响能够触及那些更易于发生转变的人，并成为正式媒介传播信息施加影响的桥梁。"③ 一旦"桥梁"建立，国家形象就成为"桥梁"上的"信息流"，而承担"桥梁"功能的人则被称为"桥梁人群"。

桥梁人群本指疾病传播中起到关键中介作用的人群。如艾滋病传播中的失足妇女、嫖客等。在对外传播中，是指沟通内外、发挥信息传递功能并能产生一定影响的人。桥梁人群是化解隔阂的关键环节，他们将受到的文化等因素的影响，"转码后再面向国外受众传播，把'信息流'转换成'影响流'"④，对所在国民众的他国形象认知塑造起到关键性的作用，是国家形象在对外传播中的"意见领袖"。

桥梁人群构成复杂，移居中国的外国人能够扮演这一角色，而在国外的华裔、华侨、中国游客也可堪大任。领导人出访他国，参与国际活动，是一张流动的国家形象名片；访问学者、留学生、记者、企业家是文化精

---

① 中国外文局、华通明略：《中国国家形象全球调查报告 2015》，2015。
② 保罗·F. 拉扎斯菲尔德等：《人民的选择：选民如何在总统选战中做决定》，唐茜译，中国人民大学出版社，2012，第 128 页。
③ 保罗·F. 拉扎斯菲尔德等：《人民的选择：选民如何在总统选战中做决定》，唐茜译，中国人民大学出版社，2012，第 129 页。
④ 赵云泽：《"桥梁人群"对中国品牌的跨文化传播的影响研究》，《国际新闻界》2015 年第 10 期，第 66 页。

英或商界翘楚，他们的行为容易引起所在国的注意；体育明星、文艺明星无论身处何处，都会被媒体聚焦，被粉丝追捧，是国家形象的代言人；维和人员、驻外人士、外交官员的一言一行是他人观察国家形象的窗口。其实，那些能够跨越国界或区域界线的人或群体都属于桥梁人群，包括领导人、旅居人士、外裔、留学生、游客、访问学者、明星（体育明星、文化明星）、驻外记者、外交官、维和士兵等。

　　人是共享性动物，当遭遇震撼、新奇、尴尬或认知失调时，他们乐于分享，不断实践着曼纽尔所说的"大众自我传播"。作为"桥梁"，他们将在中国的见闻、对中国的感受以及认同或偏见传播给周围的朋友、人群。这样的人际传播方式效果长久，威力巨大。"我的好印象来自于那些去过中国的人。……我从高中时期的女友那里获得了对中国人的最初印象，那个女友来自传教士家庭。"① 这是不少西方人认识中国的途径的真实写照。加之"大部分美国人没有兴趣关注中国"②，桥梁人群的传播功能就更加凸显，恰如毛细血管，汩汩流淌，润物无声。2015 年华中科技大学国家传播战略协同创新中心委托中国华通明略与美国 Qualtrics LLC 公司实施的中美公众的世界观念调查（以下简称"世界观念调查"）也能旁证桥梁人群的作用，在 2200 个有效样本中，有 30% 的美国民众通过家人或亲朋的渠道了解和讨论国际资讯。

　　齐格蒙特·鲍曼所描绘的"流动的时代"在当下日益凸显，经济、文化、政治甚至军事等领域的交往越来越频繁，由此带来的移民、留学生、游客、外籍新娘（新郎）以及劳工群体数量愈加庞大。中国国家旅游局的统计显示，2015 年全年入境总人数高达 13382.04 万人，其中入境外国游客 2598.54 万人。③ 谷歌 2016 年 9 月公布的调查显示，2015 年入

---

① 〔美〕哈罗德·伊罗生：《美国的中国形象》，于殿利、陆日宇译，中华书局，2006，第51 页。

② 张梅：《以史为桥沟通哈佛与中国——访哈佛大学副教务长包弼德教授》，《华中科技大学学报》（社会科学版）2016 年第 4 期，第 138 页。

③ 国家旅游局：《2015 年 1－12 月入境外国游客人数》，http://www.cnta.gov.cn/zwgk/lysj/201601/t20160118_758409.shtml。

境中国的海外游客中有 57% 的人是自由行，平均停留时间达 10 天。① 来中国旅游的游客数量如此之多，停留时间如此之长，这些游客无形中会将他们在中国的经历、体验及对中国、中国人的直观感受等通过面对面的方式或借助社交媒体与家人、朋友或陌生人分享，此时他们就是中国形象传播大使。同样，离开国境的中国人也是对外传播的载体，他们在国外的言行举止，彰显的不单是个人的素质与文明程度，更代表整体的国民形象和国家形象。领导人得当的处事风格可以为国家形象增色；明星恰当的言谈举止也能为国家形象加分；出国旅游的游客的文明修养可给景点所在国留下好感；留学生的学业成绩、行为表现是一个国家素质的体现；外出劳工的吃苦耐劳是人民精神面貌的缩影；维和部队士兵处置危机、对待所在国国民的态度是国家综合素养的延展。近年来走出国门的中国人不断增加，不文明现象也时有发生，对中国形象产生了负面影响。飞机上打架斗殴，辱骂乘务员；地铁上脱鞋抠脚，大快朵颐；值机时打牌嬉闹，横躺侧卧；吃饭时大声喧哗，随地吐痰；游览时践踏草坪，乱涂乱画。亦有少数留学生开豪车在校园内横冲直撞，在社交媒体上高调炫富，在考试中作弊，甚至伤害同学、同胞，经过几代中国留学生建立起的国家声誉几乎被消耗殆尽。这些看似只是个别现象，但在外国人眼中，它代表的就是中国形象，结果受损的也只能是国家声誉。

长期驻外人士在国家形象对外传播中的渠道作用也不容小觑。驻外记者、驻外官员、外资机构代表或产品代理人等，他们为完成任务或与所在地新闻机构合作，或与政府官员建立良好的政治关系，或取得当地产品生产商、消费者信任，他们讲述中国故事，传播中国故事、沟通建立政治互信、推销产品服务民众，他们的思想、态度、行为则是中国形象的对外延伸，他们可以通过新闻图片展览、国庆晚宴、节日庆典或服务推销等让国外不同阶层的民众参与其中，身临其境，进而影响外国民众对于中国的印象。

国家形象传播的对象是人，目的是要影响传播对象的认知，人的主观

---

① 中文互联网数据资讯中心：《Goolge：2015 中国入境游海外游客调查》，中文互联网数据资讯中心-199IT，http://www.199it.com/archives/388467.html。

能动性使得影响或改变他人思想成为一项最复杂、操作难度最大的工程。幸而桥梁人群可以发挥潜移默化的渠道作用，"由于其灵活性，面对面交往能够制衡或消减"人的抵触情绪。① 因此桥梁人群是国家形象对外传播渠道中不可忽视的环节，他们多以民间身份出现，更能赢得所在国家民众的信任，他们的言行举止更能被认为是中国国民素质的真实表现，是国家形象的本真反映。合格的桥梁人群既是文化使者，又是国家对外传播的"桥梁"；既能为自己代言，也能为国家增色。

（二）组织机构

荀子言"人能群"。为了满足各种需求，人们根据任务、兴趣、利益结合在一起，形成群体。组织就是一个个群体的放大，"是一个通过协调活动来达到个人和集体目标的一个社会集合体"②。协调互动又表明组织与传播有着天然的关联性。组织内部通过传播沟通上下，连接协调，是为组织内传播；组织外部通过传播获取信息，传递资讯，是为组织外传播。组织内传播有正式渠道和非正式渠道，有纵向传播和横向传播，但组织外传播更多地运用正式渠道和横向传播手段。③ 也就是说，组织内传播更为复杂、多变，组织外传播则借助组织的传播部门实现内外沟通。

组织或以协商政治为职能，或以获取经济利益为目标，或以传播文化为己任，或以维护安全为职责，或以公共利益为责任，虽目的各不相同，但作为国家形象的"名片"，其行为往往暗含国家利益的导向，其国家形象传播意义往往是潜移默化的。④ 如此一来，政府组织、跨国政治组织、非政府组织、跨国公司、文化组织、军事组织等都可以发挥对外传播国家形象的渠道作用。

政府组织是国家的权力机关，代表着国家，是国家的象征，一般而言

---

① 〔美〕保罗·F. 拉扎斯菲尔德等：《人民的选择：选民如何在总统选战中做决定》，唐茜译，中国人民大学出版社，2012，第130、134页。

② 〔美〕凯瑟琳·米勒：《组织传播》，袁军等译，华夏出版社，2000，第1页。

③ 苏林森、李立：《组织传播中组织内、外传播的区别与联系》，《新闻界》2006年第2期，第57~58页。

④ 李行健：《中国"走出去"企业规则困境的法律应对》，载《中国公共外交发展报告（2015）》，社会科学文献出版社，2015，第153页。

政府可与国家等同。政府参与、处理国际事务的同时也对外传递着国家形象。积极、睿智地处理国际事务能够对外塑造一个负责的大国形象，并能赢得世界舆论的欢迎与认同。当今世界，虽然局部仍不时发生冲突，但"世界大家庭""命运共同体"可谓21世纪的国家关系的真实写照。国家间的密切联系决定了更多的国际公共事务需要相互配合。恐怖主义肆虐、艾滋病泛滥、中东局势引发大国博弈，朝鲜核威慑又牵动国际社会的神经，全球气候变暖、环境恶化也是各国共同关心的大事。在诸多公共事务中，政府扮演何种角色，发挥何种作用以及如何发挥作用，都向世界传递着政府能力，彰显着国家形象。

国际（跨国）政治组织是展现国家魅力、传播国家形象的"大舞台"，其影响力、传播力也是国际性的。在国际政治组织内如何行使表决权、投票权，如何协调各国间的利益，出台符合各国利益的声明、宣言、公报、法规，如何维护世界稳定、区域和平，都能体现国家的风度、魅力、品格、形象，继而可以树立口碑，影响国家美誉度。二战以后，为了更好地协调国际、地区性事务，世界上不少国家相互合作组成了诸如联合国、欧盟、东盟、非盟、北约、阿盟、亚太组织、七国集团（G7）、20国集团（G20）等国际政治组织。每一个国家都加入一个或多个跨国政治组织，它们的跨国行动，甚至是国内行为都不同程度地受到跨国政治组织的影响与牵制。这些政治组织多以维护国际秩序或地区秩序的良序发展为前提，其决议被认为符合大多数国家的利益，遵循国际法规和程序正义。一旦国家行为与跨国政治组织决议相抵牾则会对国家形象造成直接的负面影响。

全球一体化不仅带来了国家间的经济合作，也为国家形象传播提供了一个重要渠道——跨国公司。跨国公司是最为常见的组织类型，它兴起于20世纪，与其他组织不同的是"跨国公司是由源自不同地理位置和国家的员工组成的"[1]。既然跨越国界，就会与所在国产生联系，也就具有了传播国家形象的潜力。虽然跨国公司多以企业利益为出发点，但跨国公司

---

① 〔美〕保罗·M. 马金斯基：《心理学与工作：工业与组织心理学导论》，姚翔译，机械工业出版社，2014，第165页。

的内部文化、对外沟通、产品推销及服务无不受母国文化洗礼，传播母国精神。华为、联想、中国国际航空公司、阿里巴巴等是海外民众熟悉度最高的中国品牌，它们的产品、服务被国外组织、个人使用，产品质量的好坏、服务态度的优劣则直接关系使用者对其的评判进而影响国家声誉。麦当劳、沃尔玛就在中国人身边，它们招聘中国员工，浸染中国文化，向母国传递中国故事。跨国公司还能通过资本扩张、海外投资与并购、创造就业机会、聘用海外员工、为当地创收影响当地民众对产品生产国的形象认知。联想收购 IBM、摩托罗拉，吉利并购沃尔沃，中国高铁开拓海外市场，中核电企业正式进入英国市场等，不仅提升了中国的国际知名度，而且对中国在国际舞台上树立经济大国形象有所助益。近年来中国正逐渐改变产品进口大国的形象，开始朝高端、智能产品输出大国形象迈进。

即便是约瑟夫·奈眼中的"硬实力"——军事组织，如果使用得当也能够成为中国国家形象对外传播的渠道。硬与软相反相成，硬实力使用得当可以变成软实力，软实力展现手段僵硬则可能会转化为硬实力。软实力依托硬实力推进，没有硬实力支撑的软实力只有"软"，而无实力可言。中俄军事演习、中美环太平洋军演、亚丁湾护航，展演的不仅是中国的军事实力、科技实力、国防实力和危机应对能力，更是国家态度、行为与形象。

近年来在国际社会中兴起的非政府组织（NGO）在形塑某一国的形象中也有着相当的影响力。非政府组织独立于政府，结构灵活，或致力于经济社会发展，或保障公民权益，或防止环境恶化，或关爱动物生存，"尤其擅长超越国界的渗透活动"。① 它们通过对国家政策、政府行为的监测、评价甚至是批评赢得声誉，在国际社会中享有较高的公信力。被非政府组织批评可能会落得个名誉扫地，而被它们赞赏，则可提升国家声望。可见，非政府组织在国际社会能够影响一国的国家形象，也可以作为软实力而提升国家形象。虽然非政府组织宣称其非政治性，但这些组织已经形成一个强大的跨国政治联盟，他们垄断话语权，形成话语霸权。无论是大

---

① 〔美〕约瑟夫·奈：《软实力》，马娟娟译，中信出版社，2013，第 119 页。

赦国际还是绿色和平组织，都由西方主导，中国完全被排除在外。因此，中国政府也应创造性地鼓励和支持非政府组织，维护好与非政府组织间的关系，间接地为国家争取话语空间，赢得名望。

文化组织是国家形象对外传播的渠道。受经济实力和文化软实力的影响，海外不断掀起汉语学习热潮。中国早在 2004 年在韩国建立了第一所孔子学院，以帮助外国民众规范使用汉语为己任。孔子学院还积极传播中国文化，努力让外国人学习中国文化、认识中国、了解中国、赞同中国。此外，中国还成立了大量的文化组织，如中国文化交流中心、对外友好协会、中国外文局、对外文化集团公司等，目的是传播中国文化，提升中国形象的国际认同度。美国的 ETS、法国的卡蔚蓝语言学院（法盟）、德国的歌德学院、西班牙的塞万提斯学院等也都成立了传播本国形象的文化机构，在向中国传递本国文化的同时，也传播了中国精神。

无论是政府组织、跨国组织还是非政府组织，它们接触中国，传递中国文化，讲述中国故事，是塑造中国国家形象的有效通道。在国外，这些组织传播中国文化、讲述中国故事，是国家形象对外传播渠道中不可或缺的一部分。

（三）传播媒介

媒介是信息传播的载体，从号角、烽火到报刊、电视再到电脑、智能手机，从自然风光到衣食住行再到影视娱乐，可谓包罗万象。但以报刊、电视、广播为代表的传统媒介和以网络、手机为主体的新兴媒介偏向专业化、制度化与政治化，可视其为"硬传播媒介"。而以功夫、饮食、中医等为代表的媒介更为日常化、琐碎化，可将其视作"软传播媒介"。在国家形象的对外传播中，软传播媒介和硬传播媒介作用的区域不同，传播对象的目标也有所差异，发挥的影响力也有所不同。

自报刊诞生之日起，大众传播媒介就被赋予了各种功能，监测环境、引导舆论、娱乐大众……电影、广播、电视的相继出现，让政府更加重视媒体。新媒体出现后，对社会格局、媒介生态产生的影响给人们提供了更多的想象空间。"媒体融合""互联网+"等理念层出不穷，大众媒介与新媒体之间也不像从前那般界限分明，国家形象的对外传播也不可能再是大众媒介的"一言堂"，新媒介与大众媒介作为硬传播渠道可以在国家形象对外传播中发挥自身优势。

皮尤研究中心 2016 年度报告显示，虽然新媒介势头强劲，但电视仍然是美国人获取新闻的重要途径。而在对他国的了解上，国外民众更倾向于依赖当地的传统媒体。以中国为例，有高达 61% 的海外民众通过当地的传统媒体了解中国，比通过新媒体了解中国的民众数量占比高出 10 个百分点。① 可见，传统媒体在国家形象的对外传播中仍然大有可为。

大众媒介是国家形象传播的重要渠道之一，一直为各国重视。在两次世界大战期间，传统媒体在塑造领导形象、军队形象、政府形象、国家形象等方面都发挥了举足轻重的作用。和平时期，尤其是冷战结束，苏联解体，美国将重心转移到亚太地区，中国被美国当成潜在的对手。此时，中西方的对抗更多地表现为"文化的冲突"。② 西方国家通过话语体系污名化中国，在全球范围内将中国塑造成一个在政治上蔑视人权，在经济发展上贪婪攫取资源，在环境保护上傲慢无礼的"恶龙"形象。作为大众媒介，长时期置身其中，它在国家意识形态指引下通过占据国家形象建构的核心位置描绘了一幅幅"遥远的他国想象"，并成功地将此种想象固化为国民的知识甚至是偏见，民众根据已有的"知识"观察他国、认识他国，他国形象也成为大众媒体中的自我文化认同的隐喻。③ 多年的大众传播，在西方已然形成累积效应：中东国家是恐怖主义的策源地，南美国家则盛产毒品、偷渡，非洲国家则与饥饿、贫穷等同，俄罗斯完全不可理喻……对遥远的他国而言，传播国家形象的同时还要打破此种想象。

中国尝试通过电视、广播、报纸提供英语、法语、德语、西班牙语等内容，以纾解国家形象困局。根据"世界观念调查"，虽然有 56.4% 的美国民众通过电视了解中国，但《中国国家形象全球调查报告》（2014 年度和 2015 年度）显示，57% 的海外民众是通过当地的传统媒体了解中国的，

---

① 中国外文局、华通明略：《中国国家形象全球调查报告 2015》，2015。
② 〔美〕塞缪尔·亨廷顿：《文明的冲突与世界秩序的重建》，周琪等译，新华出版社，1998，第 5 页。
③ 周宁：《天朝遥远：西方的中国形象研究》，北京大学出版社，2006，第 3 页。

而通过中国在当地的传统媒体了解和认识中国的民众只占 16%。[①] 因而，中国在积极拓宽传播媒介国外合作路径的基础上，还应不断创新改革国家形象传播方式，实现国家形象传播的在地化与本土化。用西方视角讲中国故事，用西方思维、西方报道方式、民间背景观察中国、报道中国，以因应国际传播的现实诉求，实现中国形象对外传播的良好效果。此外，通过注资、收购以民间身份与传播对象国家的媒体合作也是一种不错的国家形象传播方式。如蓝海电视，阿里巴巴海外的媒体收购行动，万达集团收购好莱坞传奇影业、与索尼公司的合作等都让中国形象的海外传播大有可为。

新媒体的出现改变了传统媒体的生态格局，传统媒体的受众不断拥抱互联网，成为新媒体的拥趸，尤其年轻人更偏爱新媒体。新媒体也正凭借着其独特的魅力，在国家形象的对外传播渠道中发挥着积极的作用。

在网络时代，政府通过政务平台、微博发布信息，领导人通过 Facebook 展现个人魅力，每一个公民都可以使用社交媒体展现自我。而且新媒体基本破除了国界限制，真正成为超时空的媒介，国家形象的对外传播也因此变得多元而富有色彩。国家形象的建构与述说也不再完全掌控在政府手中，人人都有麦克风，人人都可传播自己心目中的国家形象。人民网上的中国强大而富足，人民安居乐业；Youtube 中的中国则充满神秘感和不确定；自媒体中的中国则琐碎而又富有人文气息。

网民非常乐于从网络上获取资讯。2016 年 62% 的美国成年人通过社交平台获取新闻，而在 2012 年时，这一数字只有 49%。其中，70% 的 Reddit 用户通过该平台获取新闻，66% 的 Facebook 用户和 59% 的 Twitter 用户通过各自平台获取新闻。让人更为惊讶的是，64% 的美国成年人只从单一网站中获取新闻。[②] 这意味着，讲好中国故事、传播好中国形象还应借力于国外新闻网站与社交媒体，通过社交网站发布关于中国的信息将会在美国民众中产生深刻的影响。"世界观念调查"表明新闻站点、社交网

---

① 中国外文局对外传播研究中心：《中国国家形象全球调查报告 2014》，2014，第 23 页。

② Jeffrey Gottfried, Elisa Shearer, "News Use Across Social Media Platforms," http://www.journalism.org/2016/05/26/news-use-across-social-media-platforms-2016。

站是美国民众了解中国的重要渠道，其占比分别达到 52% 和 37.4%。不过，海外民众更青睐本地的新媒体，只有 14% 的海外民众通过中国在当地开设的新媒体了解中国。[①] 这一结果与大量海外新媒体的中国官方背景不无关系。而那些非官方背景的自媒体、社交媒体则多以反华面目示人，他们描绘的中国形象充满了不公、欺压与邪恶。

视频分享网站也是传播国家形象的一个有效窗口。海量的网络信息造成信息过载，这给受众带来的不仅是视觉上的压力，更引起了心理上的不适，浅阅读或者可视化是网民减少这种不适感的手段，而视频网站恰好满足了网民的需求。以视频分享网站 Youtube 为例，每天该网站都有视频海量更新，浏览量更高达 40 亿次。以"中国"为关键词检索，就能得到 1000 万条视频，其中"来自欧美地区的主流媒体、非主流媒体、绝大多数非政府组织和个人用户均将中国表征为内政外交上的邪恶强权，对民主人权和世界和平构成威胁。……部分视频甚至表现出比国际主流新闻媒体更强烈的主观性与片面性"。[②] 这些所谓的"有图有真相"的信息严重削弱了中国对外传播的努力，误导了一些不明就里的外国网民，他们认为中国与视频中的形象并无二致，进而形成偏见，这对改变中国形象是非常不利的。

互联网核心技术被西方国家掌握，70% 的大型数据库设置在美国。一些西方国家一方面利用互联网的开放性或直接开设网站，或间接通过反华势力建设站点，以歪曲中国历史、扭曲中国形象；另一方面，凭借自由民主的一套说辞，对中国的意识形态领域进行渗透，或培植亲信，或蛊惑青少年，或直接抹黑中国。各种关于中国的负面信息在网络中流传，成为中国改善国家形象的严重阻碍。除此之外，"在全球互联网的信息中，来自以美国为主的发达国家的英文信息占 90% 以上，中文网站只占 1%"[③]，这也成为中国国家形象对外传播的短板。因此，中国要想扭转国家形象，在净化网络的同时还应主动出击，强化网络建设，善用"首发效应"，抢占网络舆论制高点。

[①] 中国外文局对外传播研究中心、华通明略：《中国国家形象全球调查报告 2015》，2015。
[②] 张春波：《新媒体与旧秩序：YouTube 上的中国形象》，世界知识出版社，2014，第 115 页。
[③] 张岩松、张国桐：《政府公共关系》，清华大学出版社，2014，第 183 页。

还能通过什么样的媒体渠道向世界展示一个理想的国家形象？马克·伦纳德给出的方法是："尝试使用小甜甜布莱尼。"① 韩剧风靡亚洲，它利用俊男靓女的外壳装裹韩国的文化内涵，对外塑造了一个浪漫又矜持的韩国形象，由此也带动了韩国旅游业的发展。美国向来是文化产品生产与输出大国。它的文化产品在贸易自由的旗帜下，遍布全球。好莱坞生产的不仅是孤胆英雄、可爱精灵，它们还生产意识形态、价值观与美国国家形象。中国文化博大精深，中医、饮食、书法、建筑、功夫等都能够为中国形象的塑造与传播加分。里约热内卢奥运会上菲尔普斯的"火罐印"让中医疗法火爆全球；外国领导人到访中国时，中方宴请使用的中国佳肴则让他们"爱不释口"；外国友人欣赏中国戏曲，品尝各地美食，饱览自然风光，练习中国功夫，熟知李小龙、成龙、姚明等明星；等等。这些都为传播中国形象提供了诸多便捷途径。中国的影视作品也正逐步走向世界，《琅琊榜》《步步惊心》《后宫甄嬛传》《花千骨》《美人心计》等在国外热播，广受好评。甚至是一贯奉行"拿来主义"的娱乐节目，也在东南亚掀起了收视热潮。习近平总书记强调的文明大国形象、文化大国形象也在软传播媒介中得以清晰展现。

不过，在软传播渠道方面，中国还没有找到行之有效的方法，文化产品也没有被国外群众普遍接受，文化在国家形象的对外传播中发挥的功能也相当有限。究其原因，首先是中国文化在传统与现代的交织中，渐渐迷失了自我，以西方文化为师，与西方文化趋同。其次，在文化产品的传播中也未能形成前后一致的文化表达，未能提炼出核心内涵。有着浓厚帝王色彩的宫廷戏、苦情悲惨的农村剧成为中国影视剧输出的重镇，而国外民众也由此以为中国现在依然生活在"水深火热"之中。

无论是报刊、电影、广播、电视、社交媒体、视频网站这些"硬传播渠道"，还是饮食、书法、功夫等"软传播渠道"，它们都在国家形象的对外传播中扮演渠道角色。更为重要的是，这些渠道并非孤立存在、截然分开的，它们之间还应相互配合，相辅相成，发挥各自所长，以柔性姿态对外传播中国形象。

---

① Mark Leonard, "Diplomacy by Other Means," *Foreign Policy*, 2002 (132), pp. 48–56.

三　国家形象对外传播的渠道关系及其整合

从词意上看，国家形象由国家与形象两部分组成。国家，除了包括政治、经济、军事、文化等人类活动形成的"制度国家"外，还囊括了疆域、自然景观等在内的"物质国家"，同时还包括观念、态度、思想和精神层面上的"精神国家"。国家形象附着在"制度国家""物质国家""精神国家"之上，是构成"制度国家"、"物质国家"和"精神国家"等的要素在人们心灵上的投射。[①]如此，我们便可提出哲学与科学现实主义都能证明的这样一个事实：首先存在一个我们可观察的客体的真实世界；其次，存在一个能够描述真实世界中的制度、物质与精神的语言或符号世界；最后，"现实是存在的，除了事实，还有我们对事实的解释"[②]。传播是生产现实的符号，也是我们对事实解释的方式，此时现实并非已知，相反，现实是"通过符号形态建构、理解与利用创造的"[③]。简言之，国家形象存在主客体之分。客体是国家的现实存在，不以人的意志为转移，具有客观性与物质性。主体则是人们头脑中的国家想象与认知。主观的国家形象带有个人感情与文化背景，受到时空制约，在时间上是向后的，在空间上是向外的。客体国家是主观国家形象的来源基础，脱离了客体国家，国家形象也就成了无源之水，无本之木。

图 1 意在揭示客观国家形象通过桥梁人群、组织机构和传播媒介作用于传播对象，形成国家的主观印象与观念，而主观国家形象亦能通过这些渠道反塑客观国家形象，是为主观国家形象的客观化。正如布尔丁指出的那样，"国家形象是一个国家对自己的认知以及国际体系中其他行为体对它的认知的结合"[④]。但国家形象的这种结合过程并非线性的，而是一种螺旋上升式趋向。为了直观表现，图 1 只展示了其最为基本的面貌。需要

---

① 张昆、徐琼：《国家形象刍议》，《国际新闻界》2007 年第 3 期，第 12 页。
② 〔美〕詹姆斯·W. 凯瑞：《作为文化的传播》，丁未译，华夏出版社，2005，第 13 页。
③ 〔美〕詹姆斯·W. 凯瑞：《作为文化的传播》，丁未译，华夏出版社，2005，第 13 页。
④ Kenneth E. Boulding, *The Image: Knowledge in Life and Society*, Ann Arbor, Mich: University of Michigan Press, 1956, pp. 120-121.

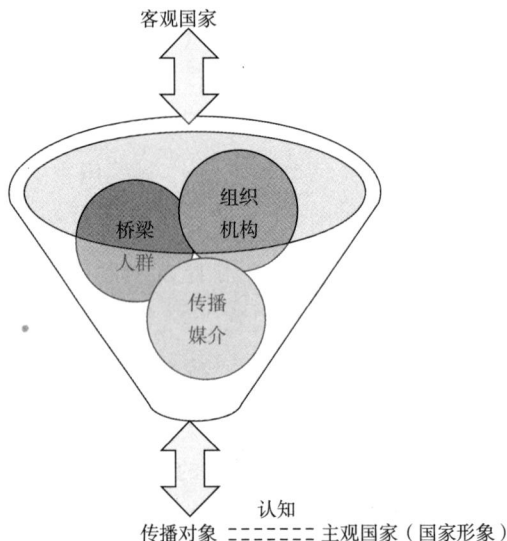

图1 国家形象传播渠道模式

指出的是，图1将传播媒介与桥梁人群、组织机构视为并列关系，旨在弱化以往将它视为核心的认知，并明示出三个渠道相互关联、相互作用。组织机构的内传播包含大量的人际传播现象，一旦这些人际传播发生在国家形象的对外传播语境中，那么这些人员也就扮演了桥梁人群的角色。新兴媒体在传播中也离不开作为"桥梁"的网民，他们在社交网站上晒经历，在朋友圈中发感想，在直播网站里吐槽等，一旦与国家形象牵连，这些表现就可看作新媒体中的国家形象传播。组织机构也要借助大众媒体实现组织外传播，大国政府的言行举动，非政府组织的信息披露，文化组织的海外拓展，经济组织的产品推陈出新、资本海外购买扩张等都会被国际媒体捕捉传播。

　　桥梁人群通过社交媒体传播中国国家形象，政府可以借助传播媒介联通内外，形塑声誉，国家则可依赖传播媒介进行话语争夺、价值观传递以及威望散播。由此可见各渠道是你中有我、我中有你，相互依存的。

　　梳理国家形象对外传播渠道旨在改变以往对外传播中存在政出多门、

十羊九牧等问题，目的是要扩大传播效果，实现国际传播有效性。[①] 各渠道间的相互关联表明，国家形象对外传播是一个复杂工程，不能偏倚于某一种方式方法，而是要将各渠道进行统合，实现国家形象对外立体的"战略传播"。所谓的立体传播，指的是传播渠道的多样化、传播主体的多元化、传播面向的多维度和传播覆盖的多层面，进而形成国家形象对外立体传播体系。

首先，加强顶层设计，桥梁人群、组织机构、传统媒体、新兴媒体要有效分工、相互配合、互为补充。传统媒体获取信息速度快，但是在对外传播中则覆盖广度差，传播效果不够明显，而新媒体恰好可以弥补传统媒体的这一劣势。桥梁人群的传播方式是面对面传播，可信度高，传播效果明显，可以将传统媒体与新媒体的"信息流"转化为"影响流"，但是，它的传播速度慢，影响范围有限。组织传播渠道是内外传播的典范，能够有效发挥"随风潜入夜"的"涵化"效果，在无形中影响桥梁人群，甚至在某些情形下可以制造议题、设置议程影响媒体与受众，达到传播国家形象的目的。

其次，国家形象对外传播并不忌惮信息的不一致性，多元信息反而可以增强信息的丰富度，为传播对象获取立体信息提供可能。整合传播渠道所要实现的也是提升信息的丰富度与信息的协调性。增强信息的协调性不是指只传递一种声音、同一观点，而是要在发挥各渠道自身优势的同时，以讲好中国故事、传递好中国声音为主，在行为上不为国家形象抹黑，在行动中不诋毁国家形象。要做到这一点，必须加强传播对象对认知国的好感度、美誉度与认同度。对内应以改善民生、服务民众为根本出发点，对外则应打开民众心结，真正实现民心相通。

最后，要清楚地意识到，国家形象的对外传播与对内传播同位一体，不可割裂，这也是立体传播的内在要求。在全球化背景下，内外融通，对内传播就是对外传播，对外传播也是对内传播。无论何种渠道，国家形象传播的落脚点都是受众，实现精准传播，要以受众对国家与国家形象认同

[①]　张昆、王创业：《从战略层面提高国际传播话语权》，《人民日报》2016 年 1 月 12 日，第 6 版。

为前提，否则效果都不显见。服务民众、改善民生、努力营造公平正义的社会环境，是获得国内民众拥护的有效途径；做"世界好公民"、积极参与国际事务、成为负责任大国，是增强国外民众好感的通途。由此，提升国家形象，赢得国际社会赞誉也就水到渠成。

［本文是张昆教授与王创业的合著，系国家社会科学基金重大课题"跨文化传播中的中国国家形象建构"（项目编号：11&ZD024）的阶段性成果，发表于《新闻大学》2017 年第 3 期］

当前中国国家形象建构的
误区与问题

什么是国家形象？"国家形象"一方面可以理解为一个国家留给本国公众的总体印象和评价，另一方面还可理解为其他国家公众对本国总体特征和属性的感知。前者是自我本位的"国家形象"，即本国媒介、民众对祖国的综合认识，直接关系本国公众的国家认同感和归属感的生成；后者是他者本位的"他我形象"，即他国媒介、民众对特定国家的总体印象，它直接影响国际舆论对特定国家的整体评价。通常意义上，我们讲的国家形象指的是后者。

为了方便理解，我们可以把国家形象与个人形象做一简单的比较。古希腊学者柏拉图曾指出，国家是个人的放大，而个人则是国家的缩小。中国古代则有所谓的"修身齐家治国平天下"的理念。社会是个人的寄生之所，个人要在社会上生存，必须处理好与他人、与集体的关系；国家虽然是国际社会的主体，但国家要实现自己利益的最大化，国际舆论的认同至关重要。无论是国家还是个人，都有一个形象的建构问题。形象好，则能为"悦己者容"，能得到他者的认同、理解和支持，于是诸事顺畅。但是形象的建构是一个很复杂的系统工程。不管是个人还是国家，形象都是多维的，是多种因素的综合反映和投射。就个人而言，长得漂亮，衣着光鲜，固然能够为自己增色，但是如果没有美好的内在心灵辅佐，只是一个"漂亮者"；个人富足固然好，但如果为人吝啬，为富不仁，也难以获得他者的好感。反之，一个穷人如果能够倾其所有，救济更加困难的弱者，也会拥有光辉的形象。国家也是如此。国家形象的好坏，主要不在于其所有，而在于其所为。山河壮丽、人民富足、国力强大等，不一定能够得到他国公众正面的评价。关键在于国家在国际社会的表现，穷国也能表现出善良、慷慨的品质，富国也会为富不仁；国力强大为捍卫世界和平和正义奠定了物质基础，但也是霸权主义者逞强斗狠的本钱。一个国家在国际社会要树立良好的国家形象，发挥更大的感召力、影响力，关键不是凭借所有，而是凭借所为；重要的是做，其次才是说。当然，富有，才能更好地为；做好了，才有说的底气。

21 世纪以来，随着中国经济的持续发展，综合国力大幅攀升，中国政府高度重视在国际社会中的国家形象建构。一方面通过坚持开放的国策，融入全球体系，并且承担大国责任；另一方面则通过宣传片、网络电视、文化交流、公共外交、孔子学院等多重渠道传播和提升国家形象。从商务部"中国制造"的广告，到 2011 年中国政府主导的国家形象宣传片《人物篇》和《角度篇》亮相世界，再到民间组织发起的"中国文化宣传片"走出国门，越来越多的主体参与到国家形象建构中来。越来越多的非政府组织、企业、教育部门、文化机构等，逐渐意识到全球化背景下自己承担的责任，在输出中国产品和服务的同时，大力传播中华文化，传播中国声音，解读中国的政策和立场，主动地形塑中国形象，也在一定程度上增强了其他国家民众对中国、中国人民、中国文化、中国政府的了解。但是，总的来看，中国近年来硬实力与软实力的提升并不平衡，硬实力提升幅度远远超过了软实力。在硬实力大幅提升的前提下，中国国家形象并没有随之得到根本改善，而是呈现出明显的"两极化"走势。2006 年 5 月 10 日到 30 日，《环球企业家》杂志和全球调查机构 GMI 公司在美国、英国、法国、德国、加拿大、澳大利亚、日本和韩国等 8 国进行了一次关于"外国人眼中的中国公司"的调查，涉及中国公司的产品、品牌吸引力和企业行为等方面。调查结果显示，"便宜、劣质、海量、仿冒"四个词构成外国人眼中的中国产品形象；外国公众眼中最著名的十家中国公司中，前三位是联想、海尔和中国国际航空；外国公众评价中国公司，最常见的三组词是："低成本"、"快速扩张"和"不道德"。英国广播公司2010 年公布的"国家影响力调查"也显示，认为中国国家形象较差的地区主要集中在欧洲发达国家以及美国和日本，认为中国的国家形象较好的地区大多是发展中国家，尤其是非洲地区。类似的结论得到了美国、欧洲其他民意调查机构同类调查的佐证。

审视当前中国的国家形象建构，确实存在许多不尽如人意的地方。在国家战略层面的关注与巨大的物质投入下，实际的传播效果实在难以恭维。究其原因，笔者认为主要在于战术操作方面。

首先是忽视了政治与专业的平衡。政界有一个流行的说法，外交无小事。对外传播、对外宣传事关国家形象与国际舆论，更不能等闲视之。国内宣传尚且要坚持各种政治原则，执行党委政府的指示，何况对外传播？对外宣传、对外传播面临的限制更多，对政治的考量往往优先于传播专业的考量。有些重大的事件，如经济、国防建设的重大进展，从新闻的专业角度出发应该突出报道，但从政治角度考量，又应该淡化处理。政治优先于专业的选择取向，在一定程度上可能会消解传播价值，削弱了对外传播的吸引力与公信力。要增强对外传播的吸引力和公信力，必须强调政治与专业的平衡，实现政治价值与传播价值的统一。

其次是媒体本位。在国家形象建构方面，中国对外传播过于依赖大众媒介，尤其是依赖官方中央级的对外传播媒介，而忽略了非专业性的传播媒体、新兴媒体及其他人际传播和跨文化传播渠道。事实上，在全球化、信息化的背景下，人们对某一国家形象的感知，主要是依靠本地的主流媒体，而不是特定国家的官方媒体。除此之外，国际会议、体育比赛、流行文化、影视剧、留学生，甚至游客都会成为特定国家的名片。比如欧洲人心目中的中国形象，其主要来源绝对不是中国的《人民日报》、中央电视台、新华社，而是欧洲本地的主流报刊、广播电视台、网络媒体的报道，以及来自中国的影视剧、游客、无所不在的中国产品，还有网球冠军李娜等文体明星。

再次是内外不分。对外传播是对内宣传的延伸，但是既然是延伸，就有不同于对内宣传的特征。事实上，中国的对外传播常常忽略了内外宣传对象的差异，从而在传播内容的组织与表达形式的选择方面，对内、对外一个样。国内公众生活在社会主义政治制度下，受到主流意识形态的耳濡目染，信奉社会主义的主流价值；而国外的宣传对象，其生活的制度环境、意识形态环境和文化环境与国内相差巨大，他们的价值观和基本立场也可能迥然不同。所以，国内公众能够接受、理解的内容，外国的读者、听众、观众或网民未必会接受、理解；国内公众普遍支持的观点，可能会遭到国外读者、听众、观众或网民的坚决抵制。

最后是手法粗糙。近年来随着中国政府对国家形象建构的高度重视，相关的投入也越来越多，对外传播机构的硬件设施越来越先进，越来越多的电视频道在国外落地，国家形象宣传片在国外主流电视台播放，中国电影、电视剧开始在一些亚非国家风行，对外广播的语种、时间与覆盖也与日俱增，孔子学院在越来越多的国家建立起来，中国游客潮水般地涌向世界各地等。但是这些传播活动的效果如何？能够肯定的是，对外传播的数量增加了、规模扩大了，到达率也上升了，但是国外公众对中国、中国政府、中国形象的认可度并没有以同样的比例提升。

这些战术操作方面的问题，在一定程度上受到一些认识误区的影响。笔者认为这些认识上的误区主要表现在如下三个方面。

其一，过于放大了宣传的功能，过于相信宣传的力量，认为宣传是无所不能的。应该说，在国家形象建构方面，跨文化传播、对外传播或对外宣传有很大的作用，但作用绝对不是决定性的。一个国家形象的好与坏，主要取决于它做了什么，然后才是它说了什么。智利是个小国，经济也不怎么发达，但是 2010 年的一个灾难性事件中，政府应对得当，为了营救被困的几十名矿工，救援持续了几个月，这件事为智利塑造了正面的国家形象。这是因为智利政府首先做得好，自己才有话说。如果是真新闻，不用自己宣传，外国人也会帮着传播。事实上，智利的矿工救援活动主要是外国媒体报道的。

其二，一些人在潜意识里有一种观点，那就是我们国家一切都很好，有制度的优越性，现在国际社会评价不高，在西方国家认同度不高，主要是因为宣传不好。个人的形象好不好，主要是看你个人天生的品质和后天的作为，你脸上有疤痕，五官不端正，仅仅靠化妆是不行的。要改变本质的缺陷，必须靠整容。国家也是如此，国内外公众对一个国家总体印象的好坏，主要取决于国家的实际情形和国家的作为，如果国家经济落后、制度缺陷、公义不彰，再怎么宣传也无法改变公众负面的印象。

　　其三，不少人认为国外一些主流媒体，尤其是西方一些主流媒体常常有意歪曲中国的形象。殊不知，在有些时候，国外的媒体会帮着你做正面宣传。如在 2008 年 "5·12 中国 '汶川大地震'" 时，国外媒体为赈灾救援出了大力，报道了很多优秀党员干部感人的事迹，让外国公众从正面认识了中国政府和中国人民。为什么国外的媒体有时候会帮助中国，有时候会有意地歪曲我们的形象呢？我们需要反思我们对待外国传媒人士的态度，我们不要低估更不要轻视外国新闻从业者的专业精神和职业理想，当然不排除有少数人具有官方的特别的背景和民族的政治的偏见。

　　这些认识误区的存在，主要源自中外不同国家的政治与文化差异。国家形象的传播或建构基本上是一种跨文化传播行为，即在不同的文化之间，通过相关信息的交流与分享，最终实现对特定国家形象的建构。不同文化之间的差异，特别是核心价值观上的差异，如对个人与国家、民主与集权、公平与效益、程序正义与实质正义、政治与专业等关系的不同认知，造成不同文化之间交流的障碍，增大了不同文化主体之间误解、曲解的可能性，从而直接造成不同文化环境下传媒及社会大众对同样的事情、同一过程完全不同的理解。这就要求我们在开展对外传播，建构国家形象的时候，一定要从跨文化的视角进行，了解文化之间的差异，尊重不同文化的独特性，同时逐步地消融不同文化之间的壁垒，在此基础上进行富有针对性的对外传播。

　　基于此，笔者想就中国国家形象建构提出几条建议。第一，推进改革与加强对外传播并重，"整容" 与 "化妆" 兼顾。国家形象的改善，根本的出路在于继续推进国家的改革开放，促进国家经济文化的全面协调发展。经济发展了，政治文明进步了，人民的素质提高了，必然会投射到国内外公众的认识层面。所以改革和发展是根本，没有改革发展奠定的物质基础，对外传播就失去了依托。物质决定意识，是唯物主义的基本观点。对外宣传、对外传播，充其量只是起到化妆的作用。基础条件好了，化妆就能够起到事半功倍的作用。基础条件太差，再高明的化妆师，也难以化腐朽为神奇。要改变基础条件，只有依靠 "整容"。对于国家而言，"整容" 就是大刀阔斧的改革，就是经济社会的全面发展，只有这才能够带来基础性的、器质性的变化，这远比 "化妆" 重要得多。因此，加强对外传播是重要的，但是绝对不能把国家形象的建构完全寄托于对外传播。

第二，拓宽国家形象传播渠道。国家形象建构不能仅依赖于官方的主流媒介，非主流媒体、非专业性的媒体、文化交流、孔子学院、旅游、体育比赛、影视剧等，都是传播国家形象的重要渠道，要充分地利用多种渠道，进行有效的整合传播。过去我们的对外传播存在的一个重要问题，就是过于依赖官方主导的新闻传播媒介。殊不知，在欧美主要国家，长期的民主传统，形成了民众对于官方质疑、批判的精神氛围，对于官方媒体，就是西方国家本身具有官方背景的媒体，也抱有本能的不信任感。所以我们在改进主流新闻媒体对外传播的同时，要大力拓展国家形象建构的渠道，要充分地利用非专业性媒体、孔子学院等，强化各种形式的文化交流，只有这样，才能在目标国家公众心理上不设防的地方，实现传播的突破。

第三，提升全民的文化素质，彰显负责任的大国民形象。随着经济全球化的进程的推进，各民族之间的杂居越来越普遍，跨境商贸、旅游、求学等更是成为一道亮丽的风景。国民成为国家的名片。对于中国而言，崛起的速度远远超乎人们的想象，与之相映成趣的是，越来越多的中国游客、留学生潮水般地涌向世界各地，中国产品无处不在，吸引中国的投资更是成为世界各国政府的首要政策；另外，富有魅力的中华文化，独特的中国模式，产生越来越强大的磁吸效应，留学中国的浪潮一浪高过一浪，越来越多的外国游客充满了中国通都大邑。在这个背景下，无论是在国内还是国外，普通中国人都在扮演国家形象代言人的角色。中国公民在国内公共场所的言行举止，在国外留学、旅游、购物的行为，都会在不同的侧面、不同的程度上折射出中国国家的形象。近年来国内外不少媒体报道的中国民众的不文明行为，实在是与中国的大国地位不相匹配的。

第四，尊重专业，努力提升对外传播从业者的专业素质，加强与国际同行的专业对话。置身全球化的洪流之中，作为增进各国人民相互理解的传播工作者，要积极地适应传播技术的变化，主动接轨新闻传播领域的国际常规，尊重传播规律，在传播事务中要表现出杰出的专业素养和职业操守，从而打造中国对外传播的公信力。

总之，在全球化的背景下，要改善中国的国家形象，必须从跨文化交流的视角出发，拓展对外传播的渠道，统筹兼顾，秉持系统思维和专业精神，革新对外传播的理念，完善对外传播的实践，与此同时，还要提升全民的文化素质，彰显负责任的大国民形象。只有这样，才可能出现我们期待的结果。

[本文发表于《中州学刊》2013年第7期，是国家社会科学基金重大项目"跨文化传播中的中国国家形象建构研究"（项目编号：11&ZD024）的阶段性研究成果之一。《新华文摘》2013年第20期全文转载，《新闻与传播》（复印报刊资料）2013年第11期全文转载]

理想与现实：40 年来中国
国家形象变迁

40 年来，随着改革开放的逐步深入，中国经济持续高速发展，综合国力提升，中国的国家形象也相应地发生了重大的变化。这些变化背后的决定性原因为何？当前中国的国家形象与我们期待的理想形象存在哪些差距？要完善中国的国家形象，我们应该遵循什么样的路径？采取哪些具体措施？这是关乎国家战略实现与否的重大问题，中国要实现"两步走"，或"两个一百年"的战略，必须正视并解决这些现实问题。

一　40 年中国国家形象的变迁

所谓国家形象，就是特定国家在国内外公众心目中的综合印象，或者说是国内外公众基于特定国家的客观存在和现实行为的一种认知与主观评价。一般而言，国家形象有对内对外两个面向，对内，即国内公众对自己国家的综合认知或评价；对外，则是国外公众对特定国家的总体印象，也是一种认知与主观评价。这两个面向，有时大体一致，有时则完全背离。

40 年前的中国，刚刚结束了十年"文革"，政治中国的梦魇挥之不去，极左思潮仍然支配者民众的思想和行为，阶级矛盾和阶级斗争仍然是吸引社会注意的焦点，国内经济凋敝，百废待兴。这种客观现实，自然地投射到国内外公众的视野中，影响他们对中国的认知和评价。

1978 年，邓小平发起改革开放，将中国引向了持续发展的道路。40年来，中国经济高速增长，社会阶层也发生了深刻的变化，综合国力持续提升，不仅国民的认同感、归属感大幅提升，而且中国在国际社会的话语权、影响力、感召力得到世界的关注。中国的国家形象也逐渐发生了深刻的变化。

首先是从贫穷走向富裕，从弱国转变为强国。改革开放之前，中国的国民生产总值排在印度之后，人均 GDP 也要低于印度。不到 2000 万人口的台湾地区，其 GDP 总量达到了中国大陆的 1/3。当时中国亟待解决的问题是温饱，这是一道很难迈过的坎。邓小平的改革战略切合中国的实际，先经济后政治，从农村到城市，摸着石头过河，以改革的实绩支持继续改革的信心。40 年来，中国的国民经济持续高速增长，这种现象举世罕见。1999 年，中国 GDP 总量排世界第七，2005 年超过法国居世界第五，2006 年超过英国居世界第四，2007 年又超过德国居世界第三，2010年超过日本居世界第二。2017 年，中国 GDP 总量合计 12.14 万亿美元，是第三名日本的近 2.5 倍。根据华中科技大学国家传播战略协同创新中心于 2015 年 12 月~2016 年 1 月，同时在中美两国举行的全国性民调，89%的中国被访者认为美国是经济大国，63%的中国被访者认为中国是经济大国；而在"美国公众眼中，美（77%）、中（62%）两国也是排在第一、第二的经济大国"。两国的被访者都认为德、日、英在经济大国中排在第三位至第五位。① 国家总体经济实力的提升，带来了人民生活水平的普遍提高，先是家电后是汽车逐渐进入百姓的家庭，越来越多的中国人拥有了自己的房产，越来越多的中国人到国外旅游，也有越来越多的国家希望成为中国公众的旅游目的地。

其次是从闭塞走向开放。中国作为一个文明古国，长期以农为本，自给自足。所以在经济方面的开放度并不高。明代以来的锁国政策，加剧了经济社会的封闭性特征。中国实行的改革开放，有两个基本意图，其一是对内激活资源的潜力，其二是要吸纳外部的资源，利用国外的市场。40

---

① 张昆、张明新：《中美公众的世界观念调查报告（2016）》，《人民论坛·学术前沿》2017 年第 1 期，第 56~67 页。

年来，中国经济社会的开放度越来越高。以对外贸易为例，1978 年，中国出口贸易总额为 168 亿元，到 2016 年，增长到 138455 亿元，增长了约 823 倍。出口贸易总额在 GDP 中所占的比重也不断上升，从 1978 年的 4.6%上升到 2016 年的 18.6%。[①] 在改革开放之初，除了发展对外贸易外，还有一项重要的工作，那就是吸引外资，引进外国技术。在一段相当长的时间内，中国接受的外国投资一直居于全球首位。然而进入 21 世纪以来，随着中国经济的发展，中国的对外投资也迅速上涨，成为世界上规模最大的对外投资国之一（见图 1）。

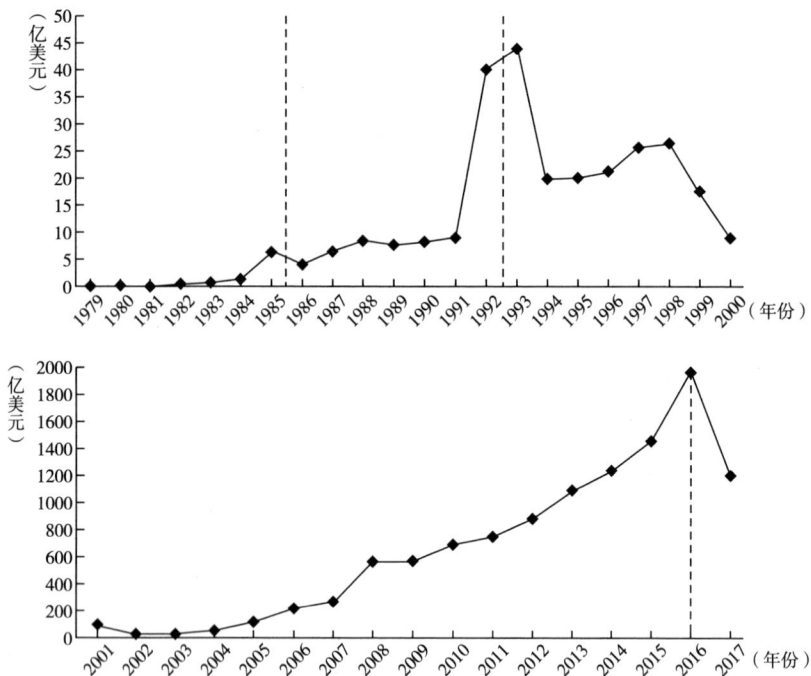

图 1　改革开放以来中国对外直接投资流量[②]

资料来源：**2000 年及以前数据来自 UNCTAD，2001~2017 年数据来自商务部。**

---

① 李计广、王红梅、张娟：《改革开放四十年对外贸易在我国经济中的角色变迁和展望》，《国际贸易》2018 年第 7 期，第 4~10 页。

② 转引自郭凌威、卢进勇、郭思文《改革开放四十年中国对外直接投资回顾与展望》，《亚太经济》2018 年第 4 期，第 111~121 页。

近年来，中国提出的"一带一路"倡议，建立亚投行（亚洲基础设施投资银行，简称"亚投行"），将中国的对外开放推进到一个全新的阶段。当特朗普高喊美国利益优先，不断地在国际社会"退群"，不断地制造贸易摩擦时，中国成为维护自由贸易的旗手。

再次是从一个落后的农业国转变为一个先进的工业国。改革开放之前，中国在各方面都很落后，经济上以农业为主，而农业生产又以人力、畜力为主，科技上与欧美国家的差距甚大。工业及科研上的先进设备完全依靠进口。这种情况在改革开放后逐步得到改善，尤其是进入 21 世纪以来，中国在教育上迅速发力，科研投入猛增，工业上也实现了升级换代。九年义务教育制得到落实，高等教育入学率达到了中等发达国家水平。在许多工业产品的产量上，中国在世界的排位直线上升。在一些基于信息技术的工商业领域，中国实现了弯道超越。目前在电商、电信、电子支付、高速铁路、航空航天、绿色能源、建筑技术等领域，中国已经成为世界强国。如今，中国生产的高铁已经驰骋在非洲大陆，中国品牌华为的 5G 网络正在引领世界。昔日落后的中国，如今正在演变为科技、文化趋向领先的全球大国。这是国内公众，也是国际社会的普遍认知。

最后是从韬光养晦到有所作为、积极进取。20 世纪 80 年代末 90 年代初，改革开放取得了初步成果，但是国际上东欧剧变等事件，使中国面临空前的压力。在这种特殊的背景下，邓小平提出了"善于守拙、决不当头、韬光养晦、有所作为"的战略方针。他强调"我们千万不要当头，这是一个根本国策"，要"埋头实干，做好一件事，我们自己的事"，"不随便批评别人、指责别人，过头的话不要讲，过头的事不要做"，"我们要利用机遇，把中国发展起来，少管别人的事"。① 这一战略方针为江泽民所承袭，他也主张"继续长期坚持冷静观察、沉着应付、绝不当头、有所作为的战略方针。要韬光养晦，收敛锋芒，保存自己，徐图发展"②。在这一战略方针的引导下，在 20 世纪末 21 世纪初，中国在国际事务方面收敛锋芒，聚精会神做好自己的事情。于是中国经济在短期内迅速地发展

---

① 《邓小平文选》第 3 卷，人民出版社，1993，第 363、321、320、358 页。
② 《江泽民文选》第 2 卷，人民出版社，2006，第 202 页。

起来，综合国力增强了，在国际上的话语权也增强了。到 2010 年后，一种建立在强大国力基础上的积极进取的国际战略逐步取代了韬光养晦的战略。在许多重大国际事务上，中国政府果断出头，奋发有为，在国际上树立了良好的形象。如参加《联合国气候变化框架公约》，主动派遣海军参加索马里护航行动，提出了"一路一带"倡议，建立亚投行等，一个负责任的全球大国形象开始出现在国际社会的视野中。

以上四大变化，无论是国内还是国际社会的公众，都有不同程度的感知。这种感知来源于不同的信息渠道，不同渠道的信息量及其观察视角也不尽相同，或许还有不少公众在媒介渠道之外，另有直接体验的方式，如留学、旅游、商务等途径，所以对中国作为一个大国的形象认知和评价也会存在种种差异。由于形象认知和评价的客体是同一的，即当今中国及其现实行为的客观存在，所以这些差别再大，也不会完全背离中国的客观实在。总之，当下中国国家形象大体上包含了四个重要的特质：开放、富裕、先进、进取。这是一个正在继续发展的、充满活力、独立自主的大国形象，这就是中国的现实形象。

二 现实形象与理想形象的落差

现实的国家形象与理想的国家形象往往会存在一定的落差。在一般的情况下，现实形象往往不如理想形象那么好，那么令人满意。关于中国理想的国家形象，习近平总书记曾这样说："要注重塑造我国的国家形象，重点展示中国历史底蕴深厚、各民族多元一体、文化多样和谐的文明大国形象，政治清明、经济发展、文化繁荣、社会稳定、人民团结、山河秀美的东方大国形象，坚持和平发展、促进共同发展、维护国际公平正义、为人类作出贡献的负责任大国形象，对外更加开放、更加具有亲和力、充满希望、充满活力的社会主义大国形象。"① 这是对理想中国形象的精准概括。相对于理想的中国形象，现实的中国形象存在四个落差。

---

① 《习近平：建设社会主义文化强国，着力提高国家文化软实力》，新华网，http://www.xinhuanet.com/politics/2013-12-31/c_118788013.htm，2013 年 12 月 31 日。

第一，现实的中国形象呈现中，国家的硬实力得到过多的宣扬，但是对国家的"文化软实力"关注不够，而文化的力量相对于物质来说更能走进人的内心。如 GDP 的增长、国防力量的增长、针对特定地区的贸易额提升、太空探测等，这些硬实力的宣扬对国内会有很好的宣传效果，能在一定程度上提升国民的自信心、归属感；但是对于相关国家，尤其是邻国或与中国存在利益冲突的国家，可能会让它们产生别样的甚至是负面的体验。譬如，欧洲一些国家对中非贸易就可能心存芥蒂。一些国家对我们的经济增长持消极的态度。譬如美国，在 2006 年至 2011 年，对中国经济增长持积极肯定态度的人的占比从 49% 下降到 37%；在 2007 年到 2015 年，认为中国的经济增长是一个严重问题的美国人的占比从 15% 增长到 82%。① 特别应该指出的是，因为我们过于重视物质硬实力，以至于在相当程度上忽略了国家的文化软实力、忽视了向国际社会弘扬中华文化的深层魅力。2013 年，在中共中央政治局集体学习中，习近平总书记就强调要重视提升国家的文化软实力，向全世界展示中华文化的独特魅力。他认为，"在 5000 多年文明发展进程中，中华民族创造了博大精深的灿烂文化，要使中华民族最基本的文化基因与当代文化相适应、与现代社会相协调，以人民喜闻乐见、具有广泛参与性的方式推广开来，把跨越时空、超越国度、富有永恒魅力、具有当代价值的文化精神弘扬起来，把继承传统优秀文化又弘扬时代精神、立足本国又面向世界的当代中国文化创新成果传播出去。要系统梳理传统文化资源，让收藏在故宫里的文物、陈列在广阔大地上的遗产、书写在古籍里的文字都活起来"②。中华文化博大精深，对于各国民众而言，具有吸引他们、感染他们的魅力，这是不言而喻的。问题在于，我们目前缺少一种超越古今、联通中外的智慧，难以找到中国传统文化精髓与当今社会生活的结合点、与民众欣赏趣味的契合点。这是我们必须克服的重要难题。

第二，在呈现中国国家形象时，对各方面的成就感到自豪，但是对于

---

① 根据美国皮尤研究中心 2006~2015 年的全球民调数据。

② 《习近平：建设社会主义文化强国，着力提高国家文化软实力》，新华网，http://www.xinhuanet.com/politics/2013-12/31/c_118788013.htm，2013 年 12 月 31 日。

这些成就背后的制度原因却未做必要的说明，由此显示出对自己的制度和道路缺乏自信。40 年来中国进行的改革开放，及由此带来的经济上的狂飙突进，不仅改写了中国的历史，结束了贫弱的局面，实现了中华民族的伟大复兴，更重要的是，这场深刻的改革还改变了世界，改变了全球的力量对比，并且为广大的发展中国家提供了一个在落后的农业经济体的基础上实现弯道超越的范例。这就是"中国梦"的魅力所在，而且"中国梦"比"美国梦"具有更广的普适性和现实性。按照西方经济学的说法，自由主义比社会主义更能促进经济的发展，那为什么自称"世界上最大的民主国家"的印度这些年的经济发展却滞后于中国？40 年前，中国的人均 GDP 低于印度，而如今，印度的人均 GDP 还不到中国人均 GDP 的 1/4。中国的成就难道是偶然的？难道没有值得深究的内在的必然性？作为中国人，自然应该是中国形象主要的塑造者，但是我们在讲述改革开放 40 年这段历史传奇时，却没有解释清其背后的原因。这些绝无仅有的成就没有转化为我们自信的理由，却任由无知或怀有恶意的他者随意曲解。对此我们应进行深刻的反思。

第三，我们在建构国家形象时，过于注重单一性、忽视了多元性。国家是一个包含诸多子系统的大系统，而每一个子系统本身又是由许多要素有机地组成的。中国是一个多元、多样化的国家。就民族而言，56 个民族组成了统一的中华民族。就国民而言，"文革"时期的"两个阶级一个阶层"在 21 世纪初就已经分化为十大社会阶层；如今，以现代化取向和市场化取向驱动的"双重转型"，带来了社会阶层和职业结构更大更多的变化。一些闻所未闻、见所未见的阶层和职业破土而出。如中介组织从业人员、社会组织从业人员、自由职业人员、新媒体从业人员、私营企业、外资企业的管理人员和技术人员，加上原有私营企业主和个体工商户等①，构成了我们国家的主体。12 万亿多美元的 GDP，不仅是国有经济的贡献，个体经济、私营经济、集体经济、外资经济及混合所有制经济等也功不可没。还有 960 万平方公里的土地，不仅有东南西北中的地区之

① 张文宏：《改革开放四十年中国社会分层机制的变迁》，《浙江学刊》2018 年第 6 期，第 4~8 页。

别，更有富饶和贫瘠、先发和后发之分。可是我们在建构我们的国家形象时，只注意到了国家的统一性、国家的主旋律，而没有在意国家的多样性，地区、组织、经济、文化、人民的差异性。媒体上报道的多是经济发展、建设成就，感叹"厉害了，我的国！"却看不到还存在为数不少的贫困人口；媒体上随处可见摩天大楼、豪华的机场、奔驰的高铁、繁忙的港口影像，却很难看到严重的环境污染、脆弱的生态，可这正是与我们相伴相随的客观现实。中国是一个发展中的全球大国，先进与落后并存，富裕与贫穷相伴，文明与愚昧同行，单一的主旋律不能代表这个大国行进途中的交响乐；美轮美奂的画面虽然能够引起看客的赞叹，它却不是全面的。

第四，现实的中国形象，已在一定程度上彰显了中国作为一个全球大国的担当、大国的责任，大国民的情怀，但是对于西方媒体的扭曲和污名化，还缺乏必要的"消毒"措施。21 世纪以来，中国在全球舞台上崛起的速度加快，扮演着越来越重要的角色，逐步占据了一些原本属于欧美老牌资本主义国家的政治空间，后者内心的失落是可想而知的。于是对中国的一些刻意的扭曲、费尽心思的歪曲和妖魔化，就在所难免了：要么把想象作为现实，描绘出中国即将崩溃的图画，要么给中国"戴上高帽"，貌似称赞实则引诱中国承担发达国家的相关义务，要么以恐吓的战术发出"中国即将统治世界"的威胁论，或者干脆信口开河，蔑称中国是"坏人"。2018 年 12 月 4 日，美国国务卿蓬佩奥声称，美国正寻求建立一个新的民主世界秩序，在这个秩序中，美国将会通过强化或摒弃有关国际条约阻遏中国等"坏人（Bad Actor）"。最近在波兰卡托维兹召开的世界气候大会上，一些欧美国家就希望中国能够像美国一样承担减排的责任。类似的情形很多，中国新闻传媒、外交部门以及公众在国际交流、对外传播方面，要特别在意，对于国际舆论中不实、不当或别有用心的言论，应该主动地予以消毒，及时予以反击。事实上，我们在这方面做得很不够，既不及时也不得力。中国是一个成长中的大国，在成长中或上升中的国家，总会遭遇停滞中的老大国家的刁难。这是一个必须迈过的门槛。迈过去了，前面一片坦途；否则总是被捏在他人的手中。

三　建构理想的中国形象的路径

40 年来，中国的国家形象有了很大的改善。原来积贫积弱、科技落后、闭关锁国的印象被彻底颠覆，一个开放、富裕、现代、进取的全球大国出现在国际社会的舞台。但是相对于中国的国家战略，相对于世界文明发展的要求，这种现实的国家形象与理想的国家形象还有不小的落差。要消除这些落差，必须审慎地选择行进的路径。

长期以来，一直存在一种误解。我们一谈到国家形象，就以为那是宣传家或新闻工作者的事情。认为国家的形象好不好，主要取决于新闻媒体。其实，国家形象是国内外公众对国家的客观存在和现实行为的认知或评价。说到底，国家形象属于主观意识的范畴，这种主观意识终究是由国家的客观存在所决定的。马克思说："不是人们的意识决定人们的存在，相反，是人们的社会存在决定人们的意识。"[1] 物质是第一性的，意识是第二性的，物质决定意识，这是辩证唯物主义的基本原理。一个国家在国际社会有很好的正面形象，具有强大的吸引力、影响力，引起其他国家民众的羡慕、向往，同时在国内也让自己的人民有一种自豪感、光荣感、归属感，根本的原因不是这个国家的媒体多么会宣传，而是这个国家在物质、文化建设方面，在机会供给、财富分配方面，在国家治理、自然环境方面，比其他国家确实好得多。这是前提，在这个前提下，它的新闻传媒、它的内外传播再在一定程度上发挥好宣传功能，就能够起到建设性的作用。反之，如果一个国家经济落后、政治腐败、环境破坏、民不聊生，就是有再好的新闻媒体，有再优秀的新闻工作者，其政治家的口才再好，也没有办法在国内外树立起一个理想的正面的形象。在这个意义上讲，中国理想国家形象的建构，关键还需要我们心无旁骛，继续全面深化改革，进一步完善我们的制度，坚持把自己的事情做好，把自己的国家建设好。这是最根本的办法，也是最直接的路径。

同时，我们对自己的国家、制度，对自己的道路和模式，对国家的未

---

[1] 《马克思恩格斯选集》第 2 卷，人民出版社，2012，第 2 页。

来要有信心。中国持续的高速发展还远未结束。不少经济学者认为，中国至少还可以以中高速持续发展 20 年。改革开放以来中国发展的最大成果，表现为一个庞大的中产阶层的形成，这一阶层已经解决了温饱，步入了小康，他们最期待的是社会的稳定，也珍惜安定的环境。中产阶层还在随着经济社会的发展继续扩张。在任何一个社会，中产阶层占的比重越大，社会就越稳定。古希腊学者亚里士多德认为：中产阶层"惟其财产适当，所以不致为富不仁；惟其财产充足，所以不会觊觎他人；更为重要的是，惟其人数较多，所以这个阶层就能平衡富有阶层和贫困阶层的势力"，而使国家"少受党争之祸"①。中国孟子也提出了近似的"恒产论"。"民之为道也，有恒产者有恒心，无恒产者无恒心。苟无恒心，放辟邪侈，无不为己。"② 中产阶层就是有恒产的阶层，他们的恒心就表现为对现状的珍惜，对稳定的钟爱。对于中产阶层的规模，学界有各种不同的估计，目前估计有 3 亿~4 亿人，这是我们国家巨大的稳定极。有了他们的存在，我们对未来的发展、对稳定的维持是有信心的。既然继续发展的动力还很足，安定的基础还在，我们还担心什么呢？对于国家形象，无论是国人自己的认知和评价，还是国际社会的主观印象，我们既要在意，也不能太在意。形象好固然可喜，但形象的完善是一个漫长的过程，国家实体建设好了，国家的形象自然会改变。如果太在意了，反而放不开手脚。另外，我们对国内外的媒体也要持一种基本的信任态度。国内的媒体从业者，或者能对内外发声的其他行业人士，在国家认同的基础上，即便有不同的看法，也没有什么大的问题；境外、国外的媒体及其从业者，除极少数别有企图者外，大多数还是职业传媒人，有这个身份，就会有起码的专业操守，如果他们背离职业良心，自有市场机制和社会的舆论纠正。

虽然从理论上说，国家形象的塑造，每个公民都有自己的责任，但是众声喧哗之下，最有公信力、影响力的还是专业的新闻媒体及其从业者。为了实现国家的战略目标，形塑理想的国家形象，必须站在国家战略的高

---

① 吴恩裕：《论亚里士多德的〈政治学〉》，引自亚里士多德《政治学》，商务印书馆，1997。
② 《孟子·滕文公上》。

度，进行顶层设计，统一筹谋内外传播，将传播效率发挥到极致。具体而言，有三点值得注意。

其一，加强顶层设计，建设强大的传播体系。在全球化、信息化时代，每个国家无论是愿意还是不愿意，都被纳入统一的全球体系，没有一个国家能够独立于全球体系之外独善其身。国家的生存发展，不仅依赖国内资源环境，而且需要广大的国际市场；不仅需要国内的人和，也需要国际社会的认同、理解和接纳。就后者而言，一个强大的国家，不仅要拥有强大的经济、强大的物质系统，更应该拥有强大的信息传播系统。国家的物质力量能够投射到哪里，国家信息网络也应该覆盖到哪里。德国军事家俾斯麦曾经说过这样一句话："真理只在大炮射程之内。"这句话显然落伍了，应该补充为在大炮射程和信息网络覆盖范围之内。强大的传播体系，不仅是指拥有强大的网站、通信卫星、社交媒体、广播电视台、电影公司、通讯社、出版社、期刊社等媒体及其对全球范围的覆盖，更重要的是，这些传播系统还要有强大影响力、感召力、公信力。如果中国的信息传播系统没有覆盖到非洲大陆，中国的声音难以到达非洲大陆，就无法为中国在非洲的存在，为中国在非洲的商业、政治利益辩护。就会陷入"有理说不出，说了传不开"的窘境。强大的传播系统是以强大的国力为后盾的，如今，中国已经有足够的实力支撑起全球性的传播网络。全球信息网络不一定要清一色的是国有单位，也可以包括民间媒体，或联合境外在地媒体，或者与国际友好人士发展合作传播。

其二，整合传播渠道，实现内外融通，朝野并举，军民互济，多元表达。国家是一个由众多子系统构成的大系统。国家形象的建构是一个巨大的系统工程，它不仅针对国内而且面向国外；不仅官方发声，民意也能发挥重大的影响；不仅涉及军事国防，更波及民事民生。只有全方位展示，国家的多维性才能在目标公众视野里得到完整的投射，从而形成完整的国家形象。第一，内外融通。长期以来，我们一直坚持内外有别，对内、对外是两条不相交的平行线。在传统媒体占支配地位的时代，这是可以理解的。如今，网络与各种社交媒体的发展，摧毁了国家之间的自然与政治地理屏障，信息可以在全球范围内无障碍流通。对内传播，可能会"墙内开花墙外香"；出口转内销的传播，可能在国内产生更大的反响。全球村庄的现实，要求我们以全球思维，突破隔断内外的藩篱，统筹内外传播。第二，朝野并举。中国的政治传统，历来是同样重视笔杆子和枪杆子，强调"两手抓，两手都硬"。传播或宣传，属于笔杆子的范畴，自然要掌握在政治权力的手中。新中国成立以来，对内、对外传播，都被纳入党政权力轨道。虽然在对外传播领域，也存在以民间机构出现的各种组织，但其背后也具有官方的身份。这一点与欧美国家不同，欧美国家的信息传播领域，平时几乎全部属于民间，非常时期（如战争时期），政府才会予以适当的管控。改革开放以来，中国民营经济迅速发展，众多民间组织也相继登台，如果能够调动民间的资源，将其应用于对内对外传播，与官方传播相呼应，必将强化内外传播的效果。第三，军民协同。和平与战争是人类历史存在的基本形式。在有文字记录的文明史上，发生战争或以战争形式存在的历史时间并不长，但战争是火与刀的碰撞，是血和泪的交融，是对国家、民族命运的生死考验，是历史能量的集中爆发。所以战争时期，军事、国防优先是一个基本的原则，国家安全高于一切。在战争背景下，传播系统是国家战争资源的重要部分，也是战争动员的基本手段。虽然和平时期，没有战火硝烟，枪炮声早已远逝。但是忘战必忧，围绕着国家战略，军方与民间的传播系统应该基于国家利益，进行充分的协同，相互配合，发挥整体的效益。第四，多元表达。经过 40 年的改革开放，我们的社会生活也日趋多元化。阶层分化、职业分化、贫富分化持续加大。不同的利益群体、不同的社会阶层需要正常的表达权利，而这种表达又是健全舆论不可或缺的。无论是对国内问题还是对国际问题，一个国家不可能只有一个想法、一个声音。主流的声音当然应该弘扬，非主流的意见，也应该得到尊重。民意的表达对内可以作为政策决定的依据，对外则可以统一的国际舆论对目标国家施加压力。民气可用，在民主的时代，是基本的政治常规。

　　其三，强化公共外交，发挥非媒介性传播资源的潜力。所谓公共外交是指"政府外交以外的各种形式的，面对外国公众，表达本国国情的，意在提高外国公众对本国形象的认知度的国际交流活动"[1]。就中国而言，

---

[1]　转引自赵启正《全球对话网络——我对公共外交的再认识》，《公共外交季刊》2010 年冬季号。

公共外交的基本任务是向世界说明中国，促进外国公众认识真正的中国——包括文化传统、社会发展、经济状况、政治体制和对内对外政策等，也回答外国对中国的疑问，从而改善中国的国际舆论环境。公共外交有很多渠道，新闻媒体就是其中最主要的一种。在此之外，还有经济外交、体育外交、宗教外交、城市外交、文化外交、智库外交、教育外交等。这些不同轨道的外交都是非政府性、非媒体性的交流活动，是对政府外交、媒体传播的有力补充。尤其是经济外交、体育外交、城市外交，由此带来的国际商务活动、体育竞赛、市民往来等，给目标国家的公众提供了一个直接体验中国、认识中国人民、使用中国产品、享受中国服务的机会，让他们头脑中抽象的中国变得更加具体、更加鲜活。随着中国经济文化的发展，公共外交会越来越活跃，其形式和方法会越来越趋向多样化，其对于媒体传播的补充作用自然会越来越强。

（本文发表于《人民论坛学术前沿》2018 年第 23 期，是国家社科基金重大项目"跨文化传播中的中国国家形象建构研究"的阶段性研究成果之一）

企业家是展示与传播
国家形象的新名片

近年来，随着中国作为全球大国的迅速崛起与改革开放程度的不断深化，越来越多中国企业走向国际，越来越多中国企业家站到了世界的舞台上，对外传播中国声音，与国际社会分享中国经验。2016年2月23日下午，万达集团董事长王健林受英国牛津大学邀请到校主讲公开课，和来自世界各地的近千名学生分享了"万达国际化之路"，向世界传播中国管理思想，成为首位在牛津大学主讲公开课的中国企业家。此前约三个月，亚太经合组织（APEC）第二十三次领导人非正式会议于2015年11月18日至19日在菲律宾马尼拉举行。在工商领导人峰会（CEO Summit）上，美国总统奥巴马与阿里巴巴董事局主席马云就气候变化、环境保护和创业精神进行了讨论。奥巴马更是客串了一把"记者"，向马云一共提出了五个问题，核心围绕环保和创业。2001年，美国《时代》周刊评选联想公司的柳传志为"全球25位最有影响力的商界领袖"之一。在更早的1998年，海尔集团董事局主席、首席执行官张瑞敏，作为第一个中国企业家登上了哈佛讲堂。这些例子不一而足。如何看待企业家走向国际社会的现象，如何发挥企业家在传播中国声音、展示中国形象中的作用，值得深思与研究。

一　企业家是推进公共外交的主体

改革开放以来，中国在政治、经济、文化、科技、军事、对外交往等诸多方面迅速崛起，取得显著成就，成为世界舞台上不可或缺的角色。随着全球化时代的到来，中国与世界各国建立起紧密联系，公共外交成为中国走向世界的重要方式。传统的外交以政府为行为主体，但随着全球化发展进程加快，国际交往的表现形式越来越丰富，公共外交开始成为国际交流的主要渠道，国际交往的行为主体也日趋多元。

中国人民大学新闻学院院长、国务院新闻办原主任赵启正提出，公共外交的"行为主体包括政府、社会精英和普通公众三个方面，其中政府是主导，社会精英是中坚，普通公众是基础。它和政府外交组成国家的整体外交"①。作为社会精英的重要组成部分，企业家是推进公共外交的重要行为主体，为中国民间与世界的沟通开辟了新的道路。

随着中国加入世贸组织，中国对外开放进入新阶段，不仅"引进来"，也要"走出去"。越来越多企业成为跨国公司，越来越多品牌发展为国际知名品牌。在企业"走出去"和品牌国际化的过程中，中国的企业家越来越多地参与到政治、经济、文化等多个领域的国际交流活动中。

政治方面，企业家随同国家领导人出访国外的现象已经屡见不鲜，且规模愈大、领域渐广。2015 年 10 月 19 日至 23 日，习近平主席对英国进行国事访问，由 150 位企业家组成的代表团随行，包含金融、能源、汽车、航空、文化、投资等行业。国家领导人参加博鳌亚洲论坛、达沃斯世界经济论坛等国际经济峰会，中方都会组织企业家随行。2015 年 1 月，国务院总理李克强出席达沃斯世界经济论坛并访问瑞士时，阿里巴巴创始人马云、华为创始人任正非等企业家随行出访。跟随领导人出访的企业家不仅在做国际生意，也在利用各种机会发出中国声音，而这些声音也会在一定程度上影响外国政要对中国的印象与态度。习近平主席访问英国期间，英国首相卡梅伦在"中英工商论坛"的致辞中援引了马云的"利他主义"观点。大国外交和经贸往来相得益彰，企业家随行出访能够促进双边经贸合作，推进公共外交的发展。

经济方面，企业家不仅参加各种国际会议，还自发组团进行国际访问。2011 年以来，中国颇具影响力的 NGO 组织"中国企业家俱乐部"已

① 赵启正：《由民间外交到公共外交》，《外交评论》2009 年第 5 期。

先后对美国、英国、法国、比利时、新加坡、澳大利亚、德国、意大利等国家进行访问，其间与英国首相卡梅伦、法国总统奥朗德、新加坡总理李显龙、意大利总理伦齐等政府高层领导进行会谈，并与社会各界展开深度交流。访问期间，时任中国驻美公使杨子刚表示，企业家们的所作所为是一种很好的民间外交方式，企业家们所做的有时是政府外交难以做到的。中国驻英大使刘晓明认为，"民营企业家是中国人民的民间友好使者，经贸交流能促使国际更好、更客观地了解中国"。英国首相卡梅伦在会见中方企业家代表团时表示："中国对世界经济的贡献越来越大，希望两国企业能够加强合作。英方愿意通过英中之间的各种对话机制，尤其重视民间的商业力量，为未来的广泛合作搭建沟通平台。"企业家自发进行国际访问为中国的公共外交事业开辟了新的有效渠道。

文化方面，受邀到国外大学开办讲座、面向全球发行著作等已成为企业家登上国际舞台的重要方式。万达集团董事长王健林受邀登上牛津大学与哈佛大学的公开课讲台，和来自世界各地的学生分享了"万达国际化之路"，向世界传播中国管理思想。万达并购美国 AMC、瑞士盈方体育公司入选哈佛大学商学院案例，王健林的著作《万达哲学》的英文版将作为教材进入牛津大学、剑桥大学、哈佛大学等多所世界著名大学商学院，这意味着中国企业家的管理思想开始受到世界的关注。中国企业家在国际交流等跨文化传播的重要方面，丰富了中国公共外交的形式与内涵。

民间外交是公共外交的重要组成部分，形式不仅可以公众对公众，也可以公众对政府。企业家作为民间外交的重要力量，不仅可以在国际社会加强公众尤其是精英群体的沟通与交流，也可以与其他国家的政府机构或经济组织进行对话与合作。企业家在增进国际理解、加强国际认同、获得国际信任方面发挥着重要作用。因此，作为公共外交的重要承担者，企业家要积极承担社会责任，主动提升跨文化交流的能力，向世界传播中国声音，推动中国公共外交事业的发展。

二 企业家是展示国家形象的名片

国家形象是国际舆论和国内民众对特定国家的物质基础、国家政策、民族精神、国家行为、国务活动及其成果的总体评价和认定。国家形象是国家物质力量和精神力量的综合表现，是国家最重要的无形资产之一，也是国家立足于国际舞台的重要实力来源。① 一般而言，国家形象的塑造主体为政府、企业和国民。② 在早期的历史上，政府形象在很大程度上代表了国家形象。随着信息社会的不断发展，政府不再是塑造与传播国家形象的唯一主体，企业与国民在传播国家形象方面的重要性日益凸显。作为企业的组织者与经营者，企业的发展在很大程度上依靠企业家个人超凡的智慧和意志力。

近年来，随着经济实力的增强与对外开放程度的提高，中国已从原材料输出、产品输出阶段进入资本输出、产业输出阶段，"走出去"的硬实力不断增强。但同时，中国还需要加强"走出去"的软实力建设，加大文化输出力度。在世界各地兴办孔子学院、与各国开展文化交流年活动、向国外推广国家形象宣传片等文化输出活动反映了中国对输出软实力的重视。但除了政府主导推动的一些文化输出活动之外，由民间的尤其是经济界的力量来推动中国各种文化"走出去"也极为重要。

经济是国家物质力量的重要体现，也是构成国家形象的基本因素。随着中国经济的不断崛起，越来越多中国企业走向国际社会，作为企业的经营者和组织者，中国企业家也逐渐登上国际舞台。作为国民中的精英，企业家的形象不仅代表一个国家的国民形象，也代表该国的社会精英形象。因此，企业家在塑造国家形象方面有着双重身份。

企业家拥有一定的知名度、美誉度，不仅可以使人们认知相关企业品牌，还可以使人们通过企业家的个人形象认知其所属国家的形象。当对企业家产生好感时，人们对企业家的所属国家也会产生积极的情感和肯定的态度。提起"钢铁大王"安德鲁·卡耐基、"汽车大王"李·艾柯卡，人们就会联想到美国；提起"经营之圣"盛田昭夫、"经营之神"松下幸之助，人们就会联想到日本；提起企业家维尔纳·冯·西门子，人们就会联想到德国。这些企业家的故事在国际上广泛传播，其经营理念与管理思想

---

① 张昆、徐琼：《国家形象刍议》，《国际新闻界》2007 年第 3 期。
② 程曼丽：《大众传播与国家形象塑造》，《国际新闻界》2007 年第 3 期。

的影响遍及全球。由此可见,企业家不仅可以成为推动世界经济发展的杰出人物,也可以成为本国"走出去"的软实力体现,更是传播国家形象的重要文化符号。

人是塑造、表现和传播国家形象的基本要素。国家形象比较抽象,但人的形象是具象的,对人的认知可以使公众对国家形象的认知变得具象化。人是一个国家最丰富生动的表情符号,拼搏奋斗的美国人使美国成为世界范围内的梦想之地,崇尚浪漫的法国人使法国成为国际社会上的浪漫之都,矜持庄重的英国人使英国成为全球视野中的礼仪之邦。

企业家在国际舞台上展现的形象特质与精神面貌可以反映出一个国家的国民性格与文化特征,是国家形象的重要缩影。苹果"教父"史蒂夫·乔布斯被认为是计算机业界与娱乐业界的标志性人物,其在世界范围内备受推崇的原因不只是引领了全球资讯科技和电子产品的潮流,更因为其勇于变革、敢于创新、努力拼搏的精神。乔布斯身上的创新精神也加深了人们对于美国作为世界级创新大国的形象认知。

成功的企业家往往拥有独特的人格魅力,且具备一定的号召力与影响力,能够影响人们对企业家所属国家的印象与态度,是国家形象的重要代言人。台湾诗人余光中曾说:"当你不在中国,你便变成了全部的中国。"从国家形象角度理解这句话,当一个人走向国际社会时,其个人形象就代表国家形象,个人的行为举止和能力素养都在一定程度上呈现了"全部的中国"。近年来,中国企业家不断走上国际社会舞台,在展现国家形象方面发挥了重要作用。马云、王健林、张瑞敏、任正非等企业家带领中国企业走向世界,并作为杰出的中国人频繁亮相国际舞台,不仅展现了个人气质与独特魅力,也展现了中国的精神风貌与文化内涵,对正向传播国家形象发挥了积极作用。王健林在 2015 年万达年会上倾情演唱的视频受到全球范围内众多网友的关注与赞赏,许多国际主流媒体对该事件进行了报道。该视频不仅向世界展现了王健林的率性激情与自信乐观,也让各国人民感受到中国企业家的个性魅力,传播了积极向上的中国国家形象。

从一定意义上讲,国家形象是一个国家民族精神和民族性格的象征和表现①，而民族性格或民族精神又通过具体的国民行为展现出来。在五千多年的发展中，中华民族形成以爱国主义为核心，团结统一、爱好和平、勤劳勇敢、自强不息的伟大民族精神。作为民族的优秀分子，中国企业家艰苦奋斗、吃苦耐劳、自立自强，并积极承担社会责任，对外展现出较为突出的民族精神和坚韧的性格，成为展现国家形象的重要名片。

三 企业家的成功是对中国梦的最好阐释

实现中华民族伟大复兴，是中华民族近代以来最伟大的梦想，中国梦具体表现为国家富强、民族振兴、人民幸福。哈佛大学教授、"软实力"理论提出者约瑟夫·奈于 2014 年接受《环球人物》杂志采访时表示："中国梦非常具有吸引力，在中国现代化过程中，一个最动人的故事就是中国经济取得的伟大成就。"②

企业是推动一国经济发展的重要力量，企业的成功也是一国经济崛起的缩影。李克强总理 2014 年 7 月在经济形势负责人座谈会上强调，企业是经济的基本细胞，企业兴则经济兴。改革开放以来，中国经济取得伟大成就，企业在其中扮演着重要的角色；而一些中国企业之所以取得成功，也离不开中国整体经济不断崛起的发展态势。作为企业在经济大海中航行的掌舵者，企业家与企业的命运休戚与共。中国经济快速腾飞、国力不断增强为企业的发展与企业家的成功提供了条件和保障；企业的发展历程与企业家的成功经历则是中国经济崛起、国家富强的缩影。

中国梦的实现离不开一个个具体的个人梦想的实现，万达集团王健林认为，中国梦就是 13 亿个人梦的总和，是在个人基础上的国家梦。王健林是伴随中国经济崛起走向成功的重要企业家之一，在带领万达实现多次成功转型的过程中，王健林一步步靠近人生理想。王健林 1954 年出生于

---

① 张昆、徐琼：《国家形象刍议》，《国际新闻界》2007 年第 3 期。
② 黄滢：《软实力之父约瑟夫·奈接受本刊专访 中国领导人是讲故事高手 习近平提出的"中国梦"非常具有吸引力》，《环球人物》2013 年第 34 期。

一个军人家庭，16岁初中毕业后选择参军，成为一名边防战士，1978年被推荐到大连陆军学院学习。1985年，中央提出大裁军，与此同时，改革开放正在中国逐步深入，王健林看到了中国经济未来的巨大机遇，决定脱下军装到社会上闯荡，于1988年主动接手了一家因为管理不善几近破产的国有房地产企业，该公司就是万达集团的前身。1992年，邓小平发表南方谈话，强调"发展才是硬道理"，中共十四大将"建立社会主义市场经济体制"确立为经济体制改革目标。同年，王健林带领万达完成股份制改造，成立集团公司，并开始进行一系列的扩张，现已发展为世界一流的跨国企业。

和王健林一样，许多中国企业家是平民出身，如阿里巴巴创始人马云、脑白金创始人史玉柱、京东商城创始人刘强东等。他们没有显赫的家庭背景，但凭借自己的智慧、勤奋、坚韧、创新，抓住中国改革开放的经济发展机遇，取得显著成就，令世界瞩目。企业家的个人奋斗史与中华民族实现伟大复兴的进程息息相关，企业家的成功从侧面反映出中国经济实力的增强，企业家的成功是对中国梦的最好诠释。

中国国家主席习近平多次强调，要讲好中国故事。约瑟夫·奈提出，信息化时代，有时候真正的赢家不是看哪个国家拥有最强大的军力，而是看哪个国家的故事讲得最动听。在约瑟夫·奈看来，并不是只有政府才能发挥软实力，民间的故事也很有魅力。① 中国企业家的个人经历与创业事迹不仅是独具魅力的民间故事，更是可以打动人心的中国故事。王健林、马云的故事在全球范围内传播，两人曾登上牛津大学、哈佛大学、斯坦福大学等世界知名大学的讲台分享人生经历和管理思想，向世界讲述自己的成功故事，也是向世界讲述中国故事。企业家的创业历程与中国的经济发展阶段密切相关，其成功经验是对中国梦的最好诠释。王健林的梦想是把万达打造成真正的国际知名品牌，并做更多的慈善事业；马云希望阿里巴巴成为中国的国家企业，把淘宝变成全世界的平台，让世界经济因为阿里巴巴的电子商务发生变化。中国企业家的梦想从侧面体现了中国融入世界

---

① 黄滢：《软实力之父约瑟夫·奈接受本刊专访 中国领导人是讲故事高手 习近平提出的"中国梦"非常具有吸引力》，《环球人物》2013年第34期。

体系的梦想。

中国企业家在带领企业"走出去"的过程中，也积极承担社会责任，努力输出中国文化，让中国文化走向世界，实现国家文化软实力走向世界的中国梦。在王健林看来，将中国文化输出到全球需要有自己的渠道，全球知名电影公司、媒体机构均是文化的载体和平台，万达要与世界级的电影公司合作，拍摄全球发行的中国电影。2011年，万达成功收购美国最大的院线 AMC，作为大股东，王健林提出的要求是至少一年要放 5 部中国电影。2012年，有 8 部中国电影在 AMC 院线上映，2013年则达到 12 部，这是中国电影在美国进行市场放映最多的一次尝试。

企业家的故事是中国梦的重要体现，企业家的梦想是中国梦的有机组成部分，企业家的人生经历与成功经验诠释了中国梦的内涵。

四 企业家的声音是理性的声音

经济是一个理性的社会领域，作为经济行为的主体，企业的价值取向和行为动机主要是实现利益最大化。理性经济人是西方经济学家在做经济分析时关于人类经济行为的一个基本假定，即作为经济决策的主体都是充满理性的，即所追求的目标都是使自己的利益最大化。西方经济学的鼻祖亚当·斯密认为，人只要做"理性经济人"就可以了，"如此一来，他就好像被一只无形之手引领，在不自觉中对社会的改进尽力而为。在一般的情形下，一个人为求私利而无心对社会做出贡献，其对社会的贡献远比有意图做出的大"。① 人是一种理性的动物，而企业家身上的理性素养更为突出。企业家在进行决策时，首先考虑的是企业的经济利益，追求决策行为对企业发展的利益最大化。

王健林在哈佛大学演讲时提出，万达不仅要在英国进行投资发展，还要把英国的企业带到中国去，并希望和英国优秀公司合作开拓全球市场。万达的国际化目标就是海外收入大幅增长，成为一流的跨国企业。这些声音反映了中国企业"走出去"的强烈愿望，也体现了中国坚持改革开放

---

① 〔英〕亚当·斯密：《国富论》，人民日报出版社，2009。

的必要性。作为中国民营企业的代表，万达集团从 2012 年开始跨国发展，迄今在海外投资已超百亿美元，先后并购美国 AMC 院线、澳大利亚 HOYTS 院线、英国圣汐游艇、瑞士盈方体育、世界铁人公司，入股西班牙马德里竞技俱乐部，还在伦敦、马德里、芝加哥、洛杉矶、悉尼等全球门户城市投资建设地标性建筑并运营万达自有顶级品牌酒店。那些站在世界舞台上的企业之所以愿意被万达并购或入股，那些全球门户城市之所以接受万达的投资，就是因为看到了万达的发展潜力，也从侧面反映出对中国企业的信任与肯定。

中国要实现国家富强、民族腾飞，必须成为全球体系的主体成分，在世界舞台上扮演不可或缺的角色，承担与大国地位相称的社会责任。因此，中国需要建设一批国际化知名企业，也需要有一批在国际上发出声音的知名企业家。随着中国经济的不断崛起，中国资本对外输出的力度不断加大，2015 年中国已成为资本净输出国，中国企业的国际化步伐也进一步加快。王健林、马云等企业家为企业制定的国际化战略反映了中国企业参与全球竞争的趋势，也从侧面反映出中国实力的增强与"走出去"的强烈愿望。

企业家具有冒险精神，但同时承担着很大的风险责任，因此企业家在进行决策时往往充满理性，将经济利益作为主要的考虑因素。企业家的精神世界往往会超越政治、德德、情感等因素的羁绊，其呼唤和诉求的心理基础是冷静、理性的思索。他不会追求自己单方面的胜利，而是把双赢、多赢作为其直接的目标。所以，企业家的声音、企业家的诉求，其指向的是基于理性的合作，是争取共赢的欢喜结局。在这个意义上，没有一个职业比企业家更愿意推动国家与国家、民族与民族之间的平等合作，虽然经济世界充满了竞争，但其结局则是全球性的普遍发展。

当我们看到王健林、马云、柳传志、任正非等企业家一个个登上世界舞台，在大国之间穿梭，进行民间外交时，当世界各国领袖和民众倾听中国企业家的声音时，不仅意味着中国资本、产品和服务的全球性空间得到拓展，也意味着横亘在东西方之间的文化和意识形态壁垒在逐渐消融，意味着中外之间相互理解、相互包容、相互信任的程度在逐步增强。正是在这个意义上，我们期待更多的中国企业家"走出去"，更多地在国际舞台上发声，让世界的人民能够聆听中国的声音，感受中国的善意，并且领略中国梦的精彩。

（本文由张昆教授与研究生张宇共同撰写，文章发表于《今传媒》2016 年第 5 期）

邮票中国家形象的符号解析

邮政具有通政、通商、通民和国际传播等特点，在信息传播与邮件交换中发挥着重要职能。邮票的产生与使用是邮政事业发展中的里程碑，其既是邮资凭证，又是展现和传播国家形象的重要媒介。

一 邮票被誉为"国家名片"，能以小见大展现国家形象

国家形象是"国际社会公众对一国相对稳定的总体评价"。① 近年来，各国政府高度重视国家形象的建设与传播，将此作为增强国家"软实力"、提高影响力的重要举措，并视为"主权国家在政治传播中最为重要的一个任务"②。国家形象建设的出发点是政治价值诉求的符号化和可视化，被誉为"国家名片"的邮票正是这种被符号化的产物。

新中国成立后共计发行纪念、特种邮票一千多套，这些邮票取材广泛、蕴含丰富、气象万千，是新中国建设与发展的历史缩影和真实写照，方寸之间展现了社会主义新中国的国家形象，尤其在关注"国家形象"、重视"软实力"建设的时代背景下，充分发挥邮票的独特作用，有望取得事半功倍的传播效果。

---

① 杨伟芬主编《渗透与互动——广播电视与国际关系》，北京广播学院出版社，2000，第25页。
② 李正国：《国家形象构建：政治传播及传媒影响力》，《现代传播》2006年第1期。

其一，从经济上看，邮票是国家的"第二货币"。邮票由国家发行与管理，具有法定的面值，发挥着邮资凭证的功能，甚至是一些国家财政收入的重要来源。邮票在审批、防伪印刷、标准度数孔设计、市场流通及销毁等方面有着特殊性，其从设计到发行过程的管理极其严格，被称为一个国家的"第二货币"。

其二，从政治上看，邮票是国家主权的象征。邮票由国家或地区邮政机构发行，是国家重大事件的官方见证和永恒记载，是政治传播的重要媒介，它总是反映一个国家的意识形态和政治意志，旨在潜移默化中输出本国执政者的价值观念。邮票随着邮件寄递到世界各地，无论是"中国人民邮政"还是"中国邮政"的邮票铭记都镌刻着时代的政治烙印，发挥了宣示国家主权、传播国家形象的重要作用。

其三，从文化上看，邮票是微缩版的"百科全书"。邮票既是文化的重要形式也是文化的有效载体。比如十二生肖是中国传统文化的一个符号，目前全球已有 100 多个国家和地区发行了生肖邮票，尽管他国的与中国的生肖邮票会有所不同，但是都以干支纪年法和生肖动物为依据来设计图案，蕴含了中华民族的文化特质[①]，无不彰显了中华文化的魅力和影响。

由此可见，邮票折射出一个国家一定时期的总体发展状况。基于政治传播的视角不难看出：邮票生产与传播的主体是一国的政府或执政党，他们将其政治立场、执政理念、外交思想等经过概念化、符号化、视觉化之后，借助一枚枚邮票使之成为容易被社会大众所认知、理解、宣传和解释的符号及符号系统。这实质上是邮票设计与传播基于拉斯维尔的 5W 模式的演化与具体化过程，即通过邮票选题、设计、印制与发行将国家在经济、政治、社会、文化和生态文明等领域的价值诉求与所取得的成就展现于世，以此实现其政治意志表达和对意识形态的引导。因此，邮票虽小，却能以小见大，承载国家形象，传播本国政治理念和意志。

---

① 丁蕾：《中国生肖邮票设计研究》，《艺术百家》2006 年第 6 期。

二 邮票的"三大要素"及其符号化过程

邮票虽没有直接标记上"国家形象"字样，但是，受众通过邮票所呈现的图文符号能真切地感知"国家形象"。换言之，邮票是一个承载着政治理念、历史文化和时代精神的被系统化、结构化的符号系统。

1. 邮票的"三大要素"及其符号形式

虽说各国邮票的形态不尽相同，但其构成要素相对一致，均由邮票铭记、面值和图案"三大要素"构成。邮票铭记是指在票面上用以标识邮票发行主体（国家或地区）的标志；面值是表明邮资金额与货币单位的数字及文字；图案则是表现邮票主题内容的图画。从符号表现形式上看，"三大要素"通过文字、图案、色彩等视觉形式予以呈现。邮票中的文字具有内容和形式两方面的特质，文字内容（所指）传达邮票的主题思想和价值观念，形式（能指）则由不同样式的字体或图形化的文字组合予以实现。邮票中的图案是通过绘画、摄影、摄像等方式而展现的图形与图像，能指是所有在邮票票面上呈现的视觉符号，内容（所指）是图像所描摹的对象或代码的事物。邮票的色彩既能表现现实，更能表达传播主体和设计者的审美情感，其所指为邮票主题和对主题的烘托与渲染。从符号要素与组成模式看，所有邮票均从属于上述"三大要素"所组成的符号体系，并在此框架内，将政治现实符号化，利用固定化、模块化的方式，通过艺术性表现促进政治信息转化为可视、可知的视觉符号与图像。

2. 符号系统的结构与关系

对于符号系统的结构与关系，瑞士语言学家索绪尔（Ferdinand de Saussure）有着精辟的论述，后经结构主义符号学家雅各布森（Roman Jakobson）等人不断完善而形成体系。索绪尔认为具体的言语千差万别、千变万化，但万变不离其宗，都必须遵循一定的语言规范，这些规范即构成"语言符号系统"。在这个系统中一切都是以关系为基础的，其中有两种最基本的关系，即组合关系和联想关系。

组合关系又称作毗邻关系，是指人们说话时，各个词或要素总是依次连续发音，"彼此结成了以语言的线条特性为基础的关系，排除了同时发出两个要素的可能性。这些要素一个挨着一个排列在言语的链条上面"①。联想关系又称系谱关系，是指在人们话语之外，"各个有某种共同点的词会在人们的记忆里联系起来，构成具有各种关系的集合"，② 这些集合里的词可供选择、可相互替换。

在符号系统中，组合关系是一种构成符码序列的各单位之间的关系，称为毗邻轴；联想关系是一种既有联系又有区别且可以相互替换的关系，称为系谱轴。系谱轴是选用符号所出自的一组符号；毗邻轴是被选用的符号所组成的信息。毗邻和系谱是结构主义符号学研究符号状态与关系的两大主轴，围绕这两种关系（两大主轴）所形成的理论称为"二轴说"。③在语言或符号分析的各个层次和场合均可见这两种关系的存在。

3. 邮票符号系统的构建

基于符号学的"二轴说"，邮票的符号系统可从三个层面予以考察和分析。从宏观层面看，不同历史时期的不同题材邮票是一个大的符号系统，我们可以将时间（时期、时段）视为毗邻轴，将邮票选题范围与表现空间（内容、题材等）视为系谱轴；从中观层面看，某一类选题、某一系列或某一套邮票是一个符号系统，画面图文符号元素是毗邻轴，题材类型是系谱轴；从微观层面看，一枚邮票所展现的图文元素构成一个符号系统，各元素之间的组合是毗邻轴，邮票主题及相关潜在的且可替换的符号元素出自同一系谱轴。

每枚邮票都是一个视觉形象鲜明、结构相对稳定的符号系统。运用结构主义符号学的理论与方法对邮票进行解读，能有效地揭示其背后的符号系统架构及符号生成规律，既可从宏观上对浩瀚"邮海"展开分析，也可从微观上对某一枚或某一套邮票进行深入解读。从符号系统的组织结构与关系来看，在邮票中符号化的图形、图像等组成图案系谱轴；中文或英文铭记等组成铭记系谱轴；表示邮资面额的，如80分、1.2元、3元等组

---

① 〔瑞士〕费尔迪南·德·索绪尔：《普通语言学教程》，高名凯译，商务印书馆，1980，第170页。

② 〔瑞士〕费尔迪南·德·索绪尔：《普通语言学教程》，高名凯译，商务印书馆，1980，第171页。

③ 陈一：《论广告中的视觉符号：意义与修辞》，《广告大观》（理论版）2007年第3期。

成面值系谱轴。基于"三大要素"构成邮票的基本范式，若从图案系谱轴中挑出人物或景物等形象，从铭记系谱轴中挑出"中国人民邮政"铭记，从面值系谱轴中挑出表示邮票面值金额的"元"或"分"值，就可形成一个毗邻轴，相关信息要素组合为符码系统便构成一枚邮票，即传播主体通过选择邮票所需的信息要素，并依据邮票符号系统结构来组织这些要素就可形成邮票、产生意义。

三　新中国成立初期邮票中国家形象的政治符号解析

新中国第一套纪念邮票"庆祝中国人民政治协商会议第一届全体会议"（纪1邮票）、第二套纪念邮票"中国人民政治协商会议纪念"（纪2邮票）、第三套纪念邮票"世界工联亚洲澳洲工会会议纪念"（纪3邮票）、第四套纪念邮票"中华人民共和国开国纪念"（纪4邮票）在中国邮政史上具有承前启后的重要地位。

这几套邮票早在新中国成立前的1949年4月即由华北邮政总局筹印，是在历史转折时期发行的邮票。纪1邮票是新中国第一套全国通用的纪念邮票，"成为中国人民结束旧时代开辟新时代的真实写照"。纪2与纪1邮票同时选题，拟为正式的庆祝政协会议的邮票，由于印制工艺、邮政资费变动等影响而推迟了四个月才发行。纪3邮票是新中国第一套表现国际题材的邮票。[①] 纪4邮票是1950年1月1日邮电部邮政总局正式成立后，接手发行的第一套邮票。纪1至纪4邮票发挥了巩固中国共产党执政地位、树立新中国国际形象的重要作用。它们记录了中国共产党经过浴血奋斗而获得执政地位后的政治诉求和树立良好国际新形象的政治期望。

纪1至纪4邮票传播广泛，影响久远。这几套邮票具有划时代意义，由此而建立起来的新中国邮政体制和邮票发行机制，规制着以后的邮票选题、设计、生产及发行的路线和原则。上述4套全国通用纪念邮票发行总

---

① 中华人民共和国信息产业部、《中国邮票史》编审委员会编《中国邮票史》第7卷，商务印书馆，2002，第16~21页。

量达 1780 万枚，国际、国内影响深远，为新中国的邮票发行、国家形象建构提供了成功的经验。下面重点以纪 1～纪 4 等邮票为例，运用符号学的理论与方法，从邮票铭记、面值、图案和邮票符号结构与关系等四个方面对邮票所传达的视觉形象、蕴含的符号结构和承载的国家形象做出剖析。

1. 邮票铭记变化的政治内涵

邮票铭记是文字符号，代表着邮政的性质。新中国邮票均有铭记，有的还同时在票面上标明了邮票志号和邮票名称等，如："中华人民邮政"是邮票铭记、"纪 1"代表邮票套号、"庆祝中国人民政治协商会议第一届全体会议"指邮票名称。邮票上所标示的文字，主要是对邮票图案做进一步说明或强调，受众通过这些文字可以明确地知晓邮票主题，有效地解读邮票图案的内涵，更易于领会邮票发行的背景、目的和意义。

当然，通常情况下仅能看到邮票铭记的字面意义，若借助文献和相关知识可以进一步认识新中国邮政乃至国家名称变化的历史脉络和政治主张。1940 年 1 月 9 日毛泽东提出了"中华民主共和国"的概念，1948 年的党内文件中多次出现过"中华人民共和国"的称谓，[①] 还有"中华民国或中华民主国"等。直到 1949 年 9 月 17 日，新政协筹备会第二次全体会议才决定新中国国名为"中华人民共和国"。[②] 因此，纪 1、纪 2 和纪 3 三套邮票铭记为"中华人民邮政"是有历史原因的。邮电部邮政总局正式成立后于 1950 年 2 月 10 日发行的普 1 邮票"天安门图案（第一版）"和 7 月 1 日发行的纪 4 邮票"中华人民共和国开国纪念"开始使用"中国人民邮政"铭记。[③] 从此，新中国邮票以及邮资封、片、简等使用"中国人民邮政"铭记 41 年之久（直至 1991 年底）。自 1992 年开始，邮票铭记改为"中国邮政"。虽说邮票铭记仅几个文字符号的变化，却映射出新中国成立初期政治价值的取向与变化。

---

① 胡阿祥：《"中华人民共和国"国号的成立过程》，《唯实》2013 年第 8 期。

② 霞飞：《中华人民共和国国名的确定》，《党史博览》2009 年第 10 期。

③ 中华人民共和国信息产业部、《中国邮票史》编审委员会编《中国邮票史》第 7 卷，商务印书馆，2002，第 26 页。

2. 邮票面值透射邮资体系和经济工作思想

从邮票面值的变化，可以看到新中国成立之初邮资标准调整及邮票发行工作的轨迹。1949 年 10 月 4 日，中央财政经济委员会即着手统一全国邮政资费标准。直到 1950 年 7 月，国内邮资标准趋于平稳，基本标准是信函邮资分为本外埠，本埠为 400 元（旧币，下同），外埠为 800 元；明信片本埠为 200 元，外埠为 400 元。自此"基本资费标准持续了 40 年之久"。① 国际邮资总体上参照万国邮政公约的基本资率加价 20% 左右核定，国际信函（20 克起重）相当于国内信函邮资的 3 倍。邮票面值变化主要有四个方面的政治意义：一是改变了当时华北、华东、东北、西北等几个大区邮资标准不同的局面，统一了全国邮资标准，创建了邮资体系；二是邮资随物价之涨落而调整，有效地应对了新中国成立初期通货膨胀的危机；三是促使邮政经营自给自足，不增加中央财政补贴的负担；四是追求社会公平，消除了以寄信少的农民补贴寄信多的都市居民的不平衡。这些作用深刻地反映出新中国成立初期中国共产党的执政理念和经济工作思想，呈现出社会主义新气象，树立了清新向上的国家形象。

3. 邮票图案蕴含的象征意义

纪 1 邮票共 4 枚（4 种面值），一图四色，主体图案由北京天安门城楼、宫灯、华表、涌动的人潮和政协会徽等组成（见图 1）。纪 2 邮票共 4 枚（4 种面值），两枚一组，计两组图案：一组的主体图案由北京新华门、政协会徽组成；另一组的主体图案由毛泽东像和政协会场组成（见图 2）。纪 3 邮票共 3 枚（3 种面值），一图三色，主体图案由展现亚洲、澳洲（今大洋洲）的地球东半部版图、大铁锤、工人阶级巨手、地图上的北京、飘扬的旗帜等组成（见图 3）。纪 4 邮票共 4 枚（4 种面值），一图四色，主体图案由天安门、毛泽东正面像、飞机、坦克、五星红旗等组成（见图 4）。

---

① 中华人民共和国信息产业部、中国邮票史编审委员会编《中国邮票史》第 7 卷，商务印书馆，2002，第 28~37 页。

图 1　纪 1——庆祝中国人民政治协商会议第一届全体会议

图 2　纪 2——中国人民政治协商会议纪念

图 3　纪 3——世界工联亚洲澳洲工会会议纪念

图 4　纪 4——中华人民共和国开国纪念

纪1和纪2邮票筹印时曾登报公开征集邮票图案，要求"两种邮票图案均以'无产阶级领导的以工农联盟为基础的民主阶层大团结'为主题……惟务求式样精美，意义庄严，内容深刻"①。纪1邮票于1949年10月8日发行，邮票中飘扬的红灯笼营造了浓厚的喜庆氛围，展现了新中国奋发向上的朝气和蓬勃生机。邮票以隐喻修辞手法将天安门符号化，使之成为中华人民共和国的象征图案之一。纪2邮票上的新华门是中南海的南大门，也是中央人民政府办公所在地的正门，这里象征着中华人民共和国的政治中心。纪3邮票上的地球东半部版图寓意"全球无产者联合起来"，象征社会主义国家阵营；工人阶级的巨手和大铁锤既有阶级属性，也象征砸碎旧世界。纪4邮票上高高飘扬的五星红旗、毛泽东正面像和开国典礼阅兵情景等象征中国人民站起来了、建立社会主义新中国的划时代意义。纪1到纪4邮票在图案和视觉形象上有着一定的差异，但在内涵表达及符号系统的结构上却高度一致，无论是人物、景物还是器物均被概念化、符号化与政治化了，共同汇聚成新中国国家形象的符号集群。

4. 纪1~纪4邮票的符号结构与关系

从符号系统的结构与关系的角度，可以看到上述四套邮票的图案系谱（系统）由若干子系谱组成，如北京天安门城楼、新华门、地球东半部版图是一个系谱（景物子系谱）；宫灯、华表、大铁锤、飞机、坦克等图案是一个系谱（器物子系谱）；毛泽东像、涌动的人潮、工人阶级巨手图案是另一个系谱（人物子系谱）；五星红旗、地图上的中国、政协会徽等由多种视觉元素组成一个独特的系谱（符号系统）。另有"中华人民邮政""中国人民邮政"铭记系谱和30圆、50圆到3000圆等组成的面值系谱（参见表1），这些要素构成邮票的符号系统。在邮票设计时可以根据选题从符号系统中按照邮票铭记、面值、图案等选取符号元素，依据系谱轴和毗邻轴的结构方式，组合创生新的邮票，塑造新的视觉形象，传达新的邮票内涵和意义。

---

① 中华人民共和国信息产业部、《中国邮票史》编审委员会编《中国邮票史》第7卷，商务印书馆，2002，第6页。

表1　纪1~纪4邮票的符号元素及系谱分析

邮票套号	图案系谱				铭记系谱	面值系谱
	景物子系谱	人物子系谱	器物子系谱	符号系统		
纪1邮票	北京天安门城楼	涌动的人潮	宫灯、华表	政协公徽	中华人民邮政	30圆、50圆、100圆、200圆
纪2邮票	北京新华门	毛泽东像	政协会场席	政协公徽	中华人民邮政	50圆、100圆、300圆、500圆
纪3邮票	地球东半部版图	工人阶级巨手	大铁锤	地图上的北京	中华人民邮政	100圆、300圆、500圆
纪4邮票	北京天安门城楼	毛泽东像	飞机、坦克	五星红旗	中华人民邮政	800圆、1000圆、2000圆、3000圆

四　结语

综上所述，邮票是政府组织或执政者为了使其抽象的政治理想与政治意志形象化、易认知、可接受而经过符号化后所建立起的符号系统。对邮票符号结构与关系的分析，有利于我们加深对邮票内涵与意义的理解。概括而言，在国家形象构建与传播活动中有三点被证明是行之有效的：一是将政治事物符号化，即将纷繁复杂的政治现象和社会现实概念化、符号化，使之成为社会大众可以认知、理解和解释的符号集群；二是将符号结构化，即从中选取必需的符号元素依照系谱轴和毗邻轴的结构方式，建构为新的邮票符号系统，在符号与意义之间建立联系；三是促进符号的价值认同，即将前述符号系统纳入受众易于理解和接受的价值体系，进而在受众中形成清晰认识和统一意志。这样通过若干概念符号给受众一定的信息暗示或引导，让他们"可以通过符号体系形成条件反射，迅速导出自己的结论"①，进而使传播变得有效、确定、可以预期。

---

① 　许静：《浅论政治传播中的符号化过程》，《国际政治研究》2004年第1期。

新中国通过符号化方式主动地掌握了邮票生产与传播的话语控制权。邮票从选题、设计、审批、印制到发行的程序极其严格，这个过程实质上是话语选择——将有益于公众对新中国产生认同感的符号资源进行意义重建的过程，也是一个创造符号、运用符号、解读符号的"符号化"过程，将符号"当作教育和培养公民效忠国家、献身民族的载体"。① 设计考究、印刷精美的邮票能使国家形象信息更加集中、传播更有针对性。

符号化方式有效地增强了新中国的识别性，强化了受众对新中国的认同感。五星红旗、天安门城楼、戴八角帽的毛泽东头像、政协会徽等一系列形象鲜明的符号承载着特定的意义与价值，对内不断强化公民的国家认同感，在寄递信件、集邮交流等邮票传播过程中通过上述符号不断加强人们的主流价值观意识，并形成公民的集体记忆；对外则增强国家的"识别性"，强化中国不同于别国之形象，增强社会主义新中国形象的感染力。

本文虽然仅对新中国成立初期的纪1、纪2、纪3、纪4邮票做了以点带面式的剖析，但是通过邮票的符号学解读，可以认识到新中国成立初期为实现有效的政治传播所发行邮票的符号体系与结构规律，从中亦可探寻政治意识演变的历史轨迹、政治传播发展的时代脉络和国家形象构建的政治内涵。一枚枚邮票形象地传播了中国历史文化，表达了新中国的政治理念与诉求，传递着时代精神，向外界展现出社会主义新中国旺盛的生命活力和昂扬向上的国家形象。

（本文系张昆教授与研究生张勇的合著，系2011年国家社会科学基金重大项目"跨文化传播中的中国国家形象建构研究"的研究成果，发表于《现代传播》2014年第6期）

---

① 吴玉军：《符号、话语与国家认同》，《学术论坛》2010年第12期。

中国究竟需要树立什么样的
国家形象？

大千世界，万事万物，皆有其形象；人类社会，小到个人，大到国家，无不重视其形象的塑造。在全球化的背景下，作为正在崛起的世界大国，中国应在国际社会树立什么样的形象，一直是朝野关注的焦点。长期以来，我们在对这个问题的认识上存在不小的偏差，这种偏差导引着国家的对外传播实践，从而影响国家形象的建构。我们一直把其他国家人民的喜爱、认同作为目标，而尽力避免引发他们的畏惧感；我们一向偏好展示自己国家的硬实力，致力于报道我国经济发展、国力强盛，而在一定程度上忽略了软实力的宣扬；在更多的时候，我们忽略了理想与现实的界限，把理想的国家愿景当作现实的国家，按照愿望去描写和呈现现实的国家。其结果可想而知。近年来，国家党政高层围绕国家形象建构问题，从国家战略的高度，规划、发展对外传播、文化交流、公共外交及其他涉及国家形象的系统要素，以提高国家对外传播能力、强化中国特色的话语体系。国家的投入大大增加，可实际效果不如预期。这不能不引起我们的反思。我们究竟应该在国际社会树立一个什么样的国家形象？这个问题涉及目标的定位也关系实现目标的手段。这里笔者想仅就国家形象的目标定位问题做几点思考。

一 喜爱与畏惧

我们希望在国际社会树立令人喜爱的形象，充当一个与人为善的建设性伙伴角色，这本来没错。问题是我们把这当成唯一的路径，排除了其他的选择。我们太看重他人的好感，把这种好感视为唯一的追求。我们有力量，而没有使用力量；我们有脾气，却一直按捺着自己的性子。我们的一切努力在于尽力避免在国际社会引起他人的畏惧。被人畏惧难道就那么可怕？其实，在国际社会并不是所有的行为主体都有令人畏惧的资格的，谁能让他人畏惧？只有那些孔武有力，对敢于冒犯自己或侵害国际公共利益的敌人，能勇敢地使用力量的主体才会令人畏惧。西汉名将陈汤曾向皇帝建议，在国际社会要敢于宣示决心和力量，"明犯强汉者，虽远必诛！"①反之那些温和仁爱的大国，虽有力量而不用，有脾气而不发，不仅难保国家和子民，甚至可能招来亡国灭种之祸。在中国历史上，宋朝经济发达，人民富庶，文化昌明，却由于自毁长城，先折戟于辽金，后灭亡于蒙古。所以被人畏惧，未必是一件坏事。甚至可以说，正是因为拥有令人畏惧的力量和决心，才能赢得尊重，才能杜绝恶邻的觊觎和野心，这是捍卫自身利益的重要途径。

在这个意义上，我们不能太在意他人的好恶，不要太在意他国民众好感度的升降。近年来，国外有不少民意调查机构逐年发表全球性的民调，揭示主要国家在全球居民中的好感度，引起了各国朝野的重视。近年来，中国在欧美及亚洲的日韩诸国的民众心目中，好感度不高，甚至有的年份还在下降；而在非洲、南美、东南亚诸国，却得到了很高的评价，且有上升的趋势。对于那些发展中国家而言，中国模式、中国道路具有相当的吸引力。我们该重视这些数据的变化，理性地解读变化背后的缘由。我们对于世事变幻、指数升降，应该保持起码的定力。意大利文艺复兴时期的政治学者马基雅维里曾这样思考，人们对君主、对某个国家的喜好、爱戴，是靠恩义维系的，它立足于人民自己的意志。可是由于人性的恶劣，当你能够继续施恩的时候，这种爱戴会得到维持，可是一旦终止了施恩，为了自己的利益，他们便会毫不犹豫地将这条喜爱的精神纽带斩断。在国际关系领域有一句名言，没有永恒的朋友，只有永恒的利益，再明白不过地揭示了这一冷酷的事实。

---

① ［汉］班固：《汉书·傅常郑甘陈段传》，中华书局，2007，第702页。

我们也不必太在意他人对我们的畏惧，他人之所以畏惧你，是因为你有力量，畏惧乃是力量和决心的证明。因为你有力量、有决心、有脾气，能够毫不犹豫地、毅然决然地报复他人对你的背叛和侵害，惩罚国际公义的践踏者，所以没有人敢轻视你，没有人敢无视你的意志，没有人敢捋你的胡须，没有人敢挤压你的生存和发展空间。如果说喜爱是基于恩义，恩义在才有喜爱在，那么畏惧则由于害怕遭受绝不放弃的惩罚而始终保持着。在一般的情况下，人们冒犯一个自己爱戴的人比冒犯一个自己畏惧的人较少顾忌。① 所以国家明智的选择，应该是时刻立足于自己的意志，立足于自己的发展，立足于自己的强大。这乃是在爱他人爱世界的同时，捍卫自己、维护公义坚固的盾牌。

在国家形象的形塑方面，一个令人喜爱的国家形象和一个令人畏惧的国家形象是可以兼容的，也是可以并行不悖的。我们一方面要彰显国家令人喜爱的特质，另一方面又要知道爱的限度。作为国际社会具有日益强大影响力的主体，我们应该有悲天悯人的情怀、扶危济困的品德，己所不欲勿施于人，受人滴水之恩，必以涌泉相报。同时，喜爱只有是相互的，才能持久；只有互施恩义，喜爱才有坚实的基础。中国是一个重情重义的国家，从毛泽东、邓小平，到江泽民、胡锦涛、习近平，都感念非洲朋友对中国恢复联合国缔约国地位的支持，因而中国在自己最困难的时候，仍尽最大的力量赞助非洲国家的建设事业。我们还要明白，被人畏惧不仅意味着展示国家之强、展示国家的意志，意味着立威，立国家之威，立正义之威，而且意味着果断地使用强力，报复对自己的侵害，惩罚国际公义的破坏者。但是立威示强绝不等于滥用力量，更不等于以大欺小、以强凌弱、以众暴寡。同时，被人畏惧也不等于为人憎恨。如果说，作为负责任的大国，不但要确保自己的安全和国家利益，而且须履行维护国际安宁秩序的使命。由此，扶危济弱、弘扬正义、惩治邪恶是不容回避的选择，这自然会得罪人，但也自然会令那些宵小恶邻心存敬畏。在得罪人方面，在展示与运用力量方面，应该止于必要的限度。如果被畏惧发展成了被憎恨，那就说明做过头了。

---

① 〔意大利〕尼科洛·马基雅维里：《君主论》，潘汉典译，商务印书馆，2017，第80页。

孟子曾说："鱼，我所欲也；熊掌亦我所欲也。"① 但他认为这两者不可兼得，而必须有所选择。与此不同的是，在国家形象建构方面，被喜爱和被畏惧是可以兼而有之的。习近平在中法建交 50 周年纪念大会上说，实现中国梦，给世界带来的是机遇不是威胁，是和平不是动荡，是进步不是倒退。拿破仑说过，中国是一头沉睡的狮子，当这头睡狮醒来时，世界都会为之发抖。中国这头狮子已经醒了，但这是一只和平的、可亲的、文明的狮子。这里所说的机遇、和平、进步，是中国令人喜爱的关键元素。而狮子则是令西方世界畏惧的。拿破仑作为一世雄主，尚且害怕这头雄狮醒来。狮子固然有其和平、可亲、文明的一面，但既然是狮子，就有狮子的本性，就有狮子的脾气，与人关系好的时候，他温顺可亲；若被惹恼了，也会发出狮子之吼，引起雷霆之怒。由此可见，将当代中国国家形象抽象为一只和平的、可亲的、文明的狮子，是再合适不过的。从它身上，既能体现令人喜爱的魅力，又焕发出令人敬畏的力量和气质。

二 理想与现实

中国作为一个大国，也是一个文明古国，在国际社会呈现的形象，在不同的时期及不同的国际环境下是大不相同的。盛唐时期的中国，文化昌明，经济发达，国力强盛，民族和谐，以至万邦来朝。明清时期特别是康乾盛世，欧洲社会想象的中国，也是文明富足，令人神往的。但是鸦片战争以来，中国落后衰败的"东亚病夫"形象就一直挥之不去。1949 年，新中国成立，中国人民从此站起来了。中国的发展及崛起对于第三世界国家而言，无疑是梦寐以求的榜样。但是由于东西方冷战及社会主义阵营中的矛盾，中国的国家形象在一定程度上被那些对手扭曲了。随着改革开放的深入及经济的持续高速发展，中国作为一个全球大国正式复归其应有的位置。对于那些长期以来被边缘化、处于被支配地位的发展中国家而言，中国的崛起、繁荣和强大在某种意义上代表了他们的梦想，所以中国理论、中国道路、中国模式成了它们学习、效仿的对象。但是由于国家利益

---

① 《孟子·告子》。

的冲突，及意识形态和文化的差异，在欧美主要国家，亚洲的日本、韩国，南太平洋的澳大利亚等国呈现的中国形象与发展中国家截然不同，要么是即将崩溃，要么是野蛮专制，要么是"中国威胁论"，这种形象认知与中国的现状相去甚远，显然是扭曲的，是被妖魔化的结果。

要实现中国梦，在全球框架内实现国家利益的最大化和经济文化最大限度的发展，必须在全球范围内树立、形塑一个理想的中国形象。这种理想的国家形象既是我们期待的形象，又应该是基于中国客观现实的反映，是现实中国在人们观念世界的投射。那么这种理想的中国形象究竟是怎么样的？其内涵该如何把握？对这个问题，学界、政界见仁见智，众说纷纭。但有一个表达了最大公约数的概括，那就是习近平的表述。2013年12月30日，中共中央政治局举行第十二次集体学习，习近平在学习会上强调，"要注重塑造我国的国家形象，重点展示中国历史底蕴深厚、各民族多元一体、文化多样和谐的文明大国形象，政治清明、经济发展、文化繁荣、社会稳定、人民团结、山河秀美的东方大国形象，坚持和平发展、促进共同发展、维护国际公平正义、为人类作出贡献的负责任大国形象，对外更加开放、更加具有亲和力、充满希望、充满活力的社会主义大国形象"①。这里有四个关键点，即文明大国、东方大国、负责大国、社会主义大国。而涉及的形象要素包括：历史文化传统、多元族群和谐、政治清明、经济繁荣、山河秀美、社会稳定、对外开放、公平正义、国际责任以及中国特色的社会主义。

习近平在这里展示的中国形象，显然是我们心中理想的中国。但是我们如今生活在现实的中国。而这个现实，体现在政治、经济、文化、环境诸方面，与我们心中的理想是存在较大的差距的，而且在可见的将来，还难以一下子消除这个差距。在经济发展方面，虽然中国的体量巨大，但是国民财富分配严重不均，GDP增速很快，但是对环境的破坏也触目惊心；在政治方面，社会主义的优越性有初步的显现，但是民主的初级阶段特性、过多过重的权力腐败及民族主义、民粹主义流行，与我们的预期相距

---

① 《习近平：建设社会主义文化强国，着力提高国家文化软实力》，新华网，http://www.xinhuanet.com/politics/2013-12/31/c_118788013.htm，2013年12月31日。

甚远；在国际关系领域，朋友遍天下，但对手也不少，发展中国家朋友多，在发达国家中朋友少，远处的朋友多，近邻的对手不少；在文化方面，中国有几千年连绵不绝的文化传统，创造了博大精深的灿烂文化，但是在传统文化基因与当代文化相适应、与现代社会相协调方面，在立足本国又面向世界，在继承传统精华、去其糟粕方面，还存在不少问题。现实中国既展现了巨大的活力和深厚的潜力，又暴露了诸多我们无法忽略的问题和瑕疵，我们在对外报道展示中国形象的时候，显然是不能无视这些瑕疵的。

理想与现实的差距，在任何国家、任何领域、任何时代都是难以回避的客观存在。当代中国正处于不可遏制的崛起过程之中，"生活在我们伟大祖国和伟大时代的中国人民，共同享有人生出彩的机会，共同享有梦想成真的机会，共同享有同祖国和时代一起成长与进步的机会。有梦想，有机会，有奋斗，一切美好的东西都能够创造出来"①。而这一梦想的核心内容就是国家富强、民族振兴、人民幸福及社会和谐。中国正在朝着这一方向前进，并且取得一个又一个的伟大成就。但是正如前述，现实中存在的问题也俯拾皆是。长期以来，中国新闻宣传领域存在以正面宣传为主的观念，期待着宣传发挥正面引导、鼓足干劲、振奋士气的功能，更何况我们还有"家丑不外传"的传统文化基因，所以在对外传播方面，面对接连不断的成就报道时，得心应手；可一旦出现了问题，面对某些瑕疵时，却不知道如何应对。这种报喜不报忧的形象宣传，很难取得国外公众的信任，只会引发他们普遍的质疑。国外公众需要我们向世界呈现一个客观、真实的中国，我们只有在满足他们信息需求的同时，才能影响他们对中国形象的认知。我们深知，现实中国与理想中国尚存在相当的距离，现实中国还不是一个完好的中国，而可能是一个存在问题、瑕疵的中国，是一个建设中、发展中的中国。虽然存在这样或那样的瑕疵，但是瑕不掩瑜，如果假以时日，一个克服今日种种弊端，比今天更整洁、更美好、更完善的中国将会出现在世人的面前。

在全球化语境下，我们向全球公众展示的中国形象，应该是一个现实

---

① 《习近平阐述中国梦：让人民共享人生出彩的机会》，腾讯网，https://news.qq.com/a/20130317/000589.htm，2013 年 3 月 17 日。

的中国，它虽然存在不少问题，同时也是一个发展中的、充满希望的中国。为此，我们在报道中呈现中国现实时，首先必须坚持真实性原则。视真实为传播的生命，按照事实本来的面目去报道事实，而不是按照愿望去描写事实。好的事情要报道，坏的事情也不能回避，不能报喜不报忧。因为追求真善美是人类的天性，所以进入文明社会以来，中外思想家无不把求真视为最重要的价值。柏拉图就主张，必须把真实看得高于一切。[①] 中国儒家学者更是强调诚信，把诚信作为做人的基本准则。马克思在 19 世纪 40 年代，就指出要按照事实的本来面目描写事实。毛泽东则主张，以事实说话，缴枪一支说一支，不要浮夸。"不要吹，就是要报实数，'实报实销'"[②]。如今已经是信息化时代，报道的真实成了媒介的生命所系，它不仅影响媒体的公信力，更影响国际公众对中国形象的认知。其次是要坚持建设性的立场。面对中国客观存在的各种问题、种种不足，固然应该做深刻的解读，但更应该把它置于中国改革开放、迅猛崛起的大背景下来分析，问题虽然不少，但是属于发展中的问题、改革中的问题，所以应该从发展的建设的角度，而不是看笑话的立场，来报道和呈现当前的问题。再次要从辩证、全局的观点来把握、分析当前的问题。在报道展示当代中国时，一定要有大局观，不论是成绩还是问题，都要放在全局的棋盘上做理性的考量。好事不要缩小，坏事不要放大；反之亦然。只有这样我们才能像列宁所说的那样，做到全局真实，也就是说，不仅每一条报道相对每一件事情是真实的，而且全部的报道加起来，反映的全局、整体都是真实可信的。只有这样的报道，人们才会喜闻乐见，才能正面地影响国际公众对中国形象的认知。

三 硬实力与软实力

一个国家在国际社会的形象展现终究来源于国家的总体状况与综合实力。这种总体状况不外乎其人民、政府、国土资源、经济、文化、军事等因素的叠加。而这些因素大体上又可以分为两类，一类是国家的物质硬实

---

① 〔古希腊〕柏拉图：《理想国》，郭斌和、张竹明译，商务印书馆，1986，第 88 页。
② 《毛泽东新闻工作文选》，新华出版社，1983，第 127 页。

力因素，包括人口、国防军事、资源与经济、政府权力，这是一种支配性的实力，属于硬实力的范畴。拥有硬实力并且常常习惯于对外使用硬实力的国家，迫使其他国际伙伴接受自己的意志，往往会呈现出强大、蛮横、霸道的国家形象，因而常常容易被冠以霸权主义的名号。如今的美国，拥有三亿多高素质的人口，领土辽阔，资源富足，经济发达，军事强盛，而且习惯于以"世界警察"自居，动辄使用武力，随心所欲，其硬实力之强，寰宇之内无出其右者。所以，美国常常被普遍视为唯一的超级大国、"世界警察"，被一些国家冠以"美帝国主义"的称号。

但是，美国在当今世界的影响，并非全然出自硬实力。所谓美国文化、美国梦、美国价值观的感召力，及美国的自由民主制度的吸引力，加上其拥有举世无双的信息传播系统，其影响力、渗透力之强，令其他所有国家难以望其项背，这就使其在许多场合，面对重大的国际问题，能够处于一种道义上的制高点。这就是所谓的软实力。20 世纪 90 年代初，美国哈佛大学教授约瑟夫·奈首创"软实力（Soft Power）"概念，按照他的理解，软实力是一种能力，它能通过吸引力而非威逼或利诱达到目的，是一国综合实力中除传统的、基于军事和经济实力的硬实力之外的另一组成部分。这一部分的重要性丝毫不亚于传统的硬实力。正是在这个意义上，约瑟夫·奈批评美国霸权主义外交政策，他认为执行这种政策所造成的"美国傲慢形象必将损害我们的软实力，而在解决我们所面临的问题时，这种软实力经常是必不可少的。我们一定不要让帝国的幻觉模糊了我们的双眼，使我们看不到软实力日益增长的重要性"[①]。

当代中国，在经历百年苦难的近代历史之后，终于扔掉了"东亚病夫"帽子。尤其是随着改革开放，中国经济腾飞，文化繁荣，物质富足，社会和谐，军力日强。进入 2010 年后，中国的 GDP 总量超过日本居于世界第二位，在对外贸易方面更是成为全球第一商品贸易大国，中国需求的升降直接决定了世界大宗产品的价格，与此同时，中国的国防军事实力也迅猛提升，最新式的隐形战机、大型运输机、洲际弹道导弹、宇宙飞船、

---

① 〔美〕约瑟夫·S. 奈：《美国霸权的困惑——为什么美国不能独断专行》，郑志国等译，世界知识出版社，2002，前言第 10~11 页。

航空母舰、中华神盾驱逐舰、战略核潜艇等标志国家实力的重要武器装备，相继投入现役或实现了研发的重大突破，国家的硬实力明显增强。近年来中国在物质方面的重大变化，在媒体上也得到了比较全面的反映。事实上，国内的媒体往往乐于报道这方面的内容，这样的内容很容易引起大众的追捧，很容易激发民众的自豪感和民族主义的激情。但是在另一方面，过多的硬实力宣扬，正好可能为其他国家营造的"中国威胁论"氛围提供了"佐证"。

在当今国际政治领域，一个强大的国家没有必要张牙舞爪、穷兵黩武，但也无须过度收敛自己的锋芒，适度地展现自己的硬实力和强烈的国家意志，有利于打消周边宵小的狂妄企图。但是这种实力的宣扬只需保持在一个必要的限度内。在这里应该大力弘扬的是国家的软实力，文化的、价值观的、制度的感召力和亲和力。这个道理在两千多年前的春秋战国时代，就已经为当时的儒家代表人物所揭示。孔子曰："为政以德，譬如北辰，居其所而众星共之。"① "有国有家者，不患寡而患不均，不患贫而患不安。盖均无贫，和无寡，安无倾。夫如是，故远人不服，则修文德以来之。"② 在这里孔子强调了道德、制度、价值观的力量。孟子也主张王道而反对霸道，"得其民斯得天下"。"桀纣之失天下也，失其民也，失其民者，失其心也。得天下有道：得其民，斯得天下矣。得其民有道：得其心，斯得民矣；得其心有道：所欲与之聚之，所恶勿施尔也。"③ 由此可以看出，要使远人信服，天下归心，仅仅依靠武力是不行的。文化、价值观、制度的先进性和感召力，这些软实力在国际关系领域能够起到的作用，丝毫不亚于物质硬实力。

应该说，在 21 世纪初期世界格局大变换，大国实力重新洗牌的背景下，中国的迅速崛起不仅仅是物质硬实力的崛起，其在文化上的崛起也得到了国际社会的公认。一个国家能够在 10 年间取得经济社会的全面发展，也许并不为怪，但是一个超过 10 亿人口的大国能够实现持续 30 多年的超

---

① 《论语·为政》。

② 《论语·季氏篇》。

③ 《孟子·离娄上》。

高速发展，这一现象绝不是偶然的。这必须从制度层面去解析才能得到全面深刻的理解。这便是"中国道路"或"中国模式"的由来。与此同时，中国传统的儒家文化、追求和谐的价值观，在国际关系中对第三世界兄弟国家无条件的支持，以不干涉内政为基本诉求的处理国际关系的基本原则，不论国家大小和强弱平等相待的真诚和亲和力，对公平正义的捍卫和对霸权主义的反对，所有这些都在一定程度上增强了中国在国际政治领域的道义力量和政治亲和力。这种源自文化的软实力在第三世界国家得到了充分的展现。美国的皮尤研究中心、英国 BBC 的国际舆情调查数据，以及其他国家重要的国际舆情调查数据都表明，在广大的第三世界国家，特别是非洲、拉丁美洲、南亚、西亚、中亚等地区的发展中国家，中国得到的肯定评价并不低于欧美主要国家。这既是来自硬实力的支撑，同时也是与中国文化软实力的全面提升分不开。

可见，置身全球化的国际环境，国家要获得国际社会的认同和支持，要让他国看得起，心服口服，首先要客观地展示自己的综合实力，特别是物质硬实力，武功高强者不易招致一般人的侵犯，强大的经济与国防、英明果敢的领导者与万众一心的国民，更是不战而屈人之兵的资本。但仅有物质的力量是不够的。如果能够同时占有道义上的制高点，以先进的文明和价值观，以合理的制度，以仁爱的胸怀，以及对公平正义的坚持，焕发出难以抵抗的亲和力、感染力、号召力，软硬兼备，这个国家将会在全球性的角力之中无敌于天下。所以，习近平反复强调，要夯实国家文化软实力的根基。要致力于传播当代中国价值观念。还"要努力展示中华文化独特魅力。在 5000 多年文明发展进程中，中华民族创造了博大精深的灿烂文化，要使中华民族最基本的文化基因与当代文化相适应、与现代社会相协调，以人们喜闻乐见、具有广泛参与性的方式推广开来，把跨越时空、超越国度、富有永恒魅力、具有当代价值的文化精神弘扬起来，把继承传统优秀文化又弘扬时代精神、立足本国又面向世界的当代中国文化创新成果传播出去"。① 为此，要提高国家的文化软实力，还必须努力提高

---

① 《习近平：建设社会主义文化强国，着力提高国家文化软实力》，新华网，http：//www.xinhuanet.com/politics/2013-12/31/c_118788013.htm，2013 年 12 月 31 日。

国际话语权，要加强国际传播能力建设，增强对外话语的创造力、感召力、公信力，讲好中国故事，传播好中国声音，阐释好中国特色，以提高对外传播效果。

总之，在今天这个全球化、媒介化、信息化相辅相成、彼此促进的时代，国际政治、国际关系的运作比过去任何时代都要更加依赖国际信息的传播。作为国际关系的主体，每个国家都追求在国际社会树立自己良好的国家形象，传播国家的声音，表达国家的意志。但并不是每个国家都能如愿，有的国家事半功倍，有的国家功败垂成。中国基于近几十年的历史，在这方面既有经验，又有教训。基于历史的教训，我们在对外呈现国家形象的时候，不要刻意追求别国人民的喜爱，事实上他人的敬畏感与大国的分量更为适宜；还要注意理想与现实的差别，我们怀抱着中国梦，但那只是愿景，绝不能把愿景当作现实来描写，而必须根据事实来呈现当下的中国；还必须注意的是，不能满足于国家硬实力的展示，国家硬实力与国家意志的表达，固然有利于杜绝周边宵小不切实的幻想，但我们更要弘扬自己的软实力，展示中国的亲和力、感召力和吸引力，必须把硬实力与软实力两者有机地结合起来。只有这样，我们期待的国家形象才有可能树立起来。

（本文是国家社会科学基金重大课题"跨文化传播中的中国国家形象建构研究"的系列成果之一，文章发表于《中州学刊》2014 年第 11 期，获《新华文摘》2015 年第 6 期论点摘编）

对外宣传的辩证思维

　　在社会历史发展的过程中，宣传作为一种传播行为，扮演了十分重要的角色。所谓宣传，乃是指个人、团体或国家通过传播各种事实或观念以影响特定对象的思想和行为的社会活动。此种社会活动，可以划分为对内和对外两大领域。对内宣传根据主体的不同性质及服务区间，可进一步细分为若干不同的层次，如县级、市级、省级，但在大多数情况下，还是指面向国内的宣传。与此相对，对外宣传的主体一般是指国家或政府，其目标则锁定于其他国家。其宗旨、使命也明显不同于前者。一般而言，对内宣传的使命有三：一为宣达政命；二为引导舆论；三为激励士气。而对外宣传的宗旨、使命则表现为五：一曰传播国家的立场主张；二曰塑造完善的国家形象；三曰反击敌国的污蔑歪曲；四曰改善国家生存的国际环境；五曰影响对象国家的决策行为。要完成这五大使命，从而在根本上维护国家的利益，对外宣传工作者除了在政治上应该严格要求外，还必须具有科学的头脑和辩证的思维。之所以如此，乃是因为宣传目的之实现，要经历一个复杂的心理过程。在这一过程的不同阶段，都充满复杂的矛盾关系，这些矛盾关系在对外宣传过程中占有十分重要的地位，并且可以直接左右宣传的实际效果。只有具备辩证的思维，才能正确处理宣传过程中各种复杂的矛盾，制定出科学的宣传策略。有鉴于此，本文打算根据唯物辩证法的基本原理，就对外宣传过程中的诸种矛盾关系略做分析，供对外宣传工作者参考。

一　官与民

对外宣传是一种国家行为，是国家外交的自然延伸。其目的之实现与否，不仅取决于国家人力、物力、财力的投入，更重要的还在于其对象的确定。换言之，宣传对象的确定，是决定对外宣传成败的关键。对外宣传的对象有两层含义。一为对象国家，二为对象受众。一般而言，对象国家比较易于确定，根据国力及实际之利害关系，对象国家大多锁定于邻近国家、敌对国家、友好国家、中立国家和强大的国家。在对象国家明确后，还要进一步确定对象受众。在对象国家，对外宣传机构面对的对象受众，涉及社会的各种阶层，三教九流。但根据他们的政治地位和实际影响，大体上可以将他们划分为两大群体，即官与民，或曰统治阶层和一般民众。宣传对象空间应该定位于对象国家的统治阶层，还是应该面向其一般民众，是对外宣传工作必须首先解决的重大问题。

从对外宣传的历史来看，早期特别是工业革命以前的对外宣传，大多是针对对象国家的当权阶层。如中国战国时代的合纵连横，只有王公贵族才决定得了与谁结盟，对于下层民众讲也无益，故而策士的鼓动对象多集中于当政者。其原因虽然很多，但最主要的还是当时的君主体制。君主受命于天，天下人受命于天子，君与民的关系如同父与子的关系，君命不可违，是支配社会的基本纲常。欧洲中世纪的社会结构虽然有异于中国，但在君王决定一切、臣民必须绝对服从的政治伦理方面，却毫无二致。资产阶级革命以来，社会契约学说和主权在民思想日益深入人心，自由民主制度终于取代了君主制度。民主制度与君主制度的差别，主要表现为统治者的产生方式和权力的来源。在自由民主制度下，各国政体形式虽然多种多样。但其最高统治者都是由民选的方式产生的。统治者的权力来源于人民，人民可以选举统治者，也可以罢免废黜无道的暴君。统治者的施政原则必须服从人民的意愿。这与君主政治是完全不同的。在这种情况下，对外宣传将对象仍定位于对象国家的统治者，与时代的现实显然是不符的。

在当代国际政治关系中，对外宣传作为主要的外交手段，对于国家战略的影响比起历史上的任何时期都要重要得多。为了实现对外宣传的目的，在对象定位上就要更加慎重。以我国的具体情况而言，基于现实的大国地位和国家利益。我国的对外宣传必须是全方位的，面向整个世界。虽然这实际上也要求我们确定对外宣传的重点对象国家。由于当今的世界还是一个多样化的世界，多种政治制度、多种意识形态并存。在我们的主要对象国家中有自由主义国家，也有君主专制国家。在这些国家，统治者与一般民众的政治权利、法律地位的差异很大，如果在不同国家确定对象受众时作划一的规定，就容易落入绝对化和片面性的陷阱。这就要求我们在不同的对象国家确定对象受众时，应有所区别。一般来说，在君主专制国家，统治者执掌国家大权，一般民众对于政治进程的影响极为有限。对这类国家的宣传，就应该集中指向统治阶级。但也要兼顾一般的民众，这些民众平时虽然默默无闻，忍气吞声，但在压迫忍耐到了极限时也会爆发。所谓水能载舟，亦能覆舟，就是这个道理。在自由主义国家，由于统治者产生于民选，他必须对民众负责。民众对于现实政治和历史进程的影响比任何时期都要大。所以对这类国家，宣传对象必须主要确定为一般的民众。否则就会本末倒置。在第一次世界大战和第二次世界大战期间，英国的对外宣传之所以成功，就在于他们"自始至终以敌国的国民大众作为宣传对象"。① 与此同时，宣传家还要认识到，从对一般民众的影响到宣传目的之实现，还有一个相当长的过程。因为民众的意志转化为统治者的政策，不可避免地需要一定的时间，而且不是所有的民意都能为政治家所采纳。所以对于自由主义国家的宣传，在以民众为主要对象的同时，也不应该忽视该国的统治阶层。这一原则在和平时期的一般情况下，大体上是适用的。

但是，在战争时期或对象国家爆发政治危机的非常情况下，就不能也不应该坚持和平时期对象受众的定位原则。例如，在太平洋战争爆发前，美国国内的孤立主义一直占上风，大多数民众反对美国直接卷入欧洲和亚洲当时正在进行的战争。在这种情况下，要想通过民众去影响当政者，显然不是一件容易的事情，起码得耗费大量的时间，而这又是反法西斯阵营的同盟国家难以承受的。只有改变策略，将宣传的火力转向美国当权者，

---

① 〔日〕池田德真：《宣传战史》，朴世俣译，新华出版社，1984，第100页。

以事实和道理去影响当权者的判断，进而通过当权者去说服美国民众，这样才能事半功倍。英国宣传家就是这样干的，结果取得了非常大的成功。同样，对于专制国家的对象受众定位，也应该采取灵活的态度。当对象国家（特别是敌对国家）挑起战争或国内危机严重时，就应该果断将宣传转向该国的民众，呼吁民众反对政府的政策，或者直接呼吁他们发动起义，以推翻当权者的统治。在第二次世界大战期间，中国、苏联、美国、英国对德国、意大利、日本的宣传就是这方面最好的例子。这些事例告诉我们，在对象国家确定之后，对于对象受众的确定，不仅要根据对象国家的具体情况而加以区别，而且要根据不同的历史条件进行必要的变化。如果秉持一种原则，到处生搬硬套，此种对外宣传注定是要失败的。

二　自我与忘我

自我与忘我是对外宣传过程中一对重要的矛盾关系。所谓自我，是指对外宣传机构（个人）在宣传全过程中，始终坚持本国的立场，自觉地捍卫国家的利益，履行国家赋予的宣传使命。坚持自我，是对外宣传工作的出发点。失去了自我，对外宣传就会像大海上无舵的小船，随波逐流，甚至为敌所用。这是作为对外宣传工作者的基本常识。坚持自我，与自以为是，只顾自己的宣传不是一回事。高明的宣传家都认为，自己想说什么就向对象受众讲什么，毫不遮掩，痛快淋漓，这种自以为是的思路是一种低劣的宣传方式，不可能达到宣传的目的。但是，坚持自我，与自以为是地只管自己的宣传也有许多近似之处。坚持自我到了过头的程度，在宣传的过程中，就会出现自以为是、无视对象的倾向。要完成对外宣传的使命，宣传工作者在坚持自我、保持坚定的意志的同时，还应该做到忘我。

什么是忘我？一般认为，能把自己的信念、目的、使命隐藏在心灵的深处，设身处地地站在对象受众的立场上思考问题，并以对象受众欣于接受的方式进行宣传，便是忘我的宣传。要做到忘我，对于宣传工作者来说，并不是一件容易的事情。因为人天生有一种自我中心的倾向。在对外宣传时，"不论是谁都往往先想到自己要宣传点什么，并把自己所生活的社会环境浮现在脑子里"。只有坚定地保持着不可动摇的自我，意识到对外宣传的使命和宣传任务的艰巨性，才能主动地做到忘我，时刻把对象受众置于心中，逐渐地熟悉对象受众的民族特性、思想感情、心理需要和接受兴趣。这是成功的对外宣传的重要条件。基于这一认识，日本对外宣传专家池田德真在论述战时对外宣传时主张，从事对敌宣传工作的人，"至少应当在开战以前，在那个敌国住过三年以上，并且在战火发生的时候，同那个国家的人有同样的感觉，和那个国家的人做出同样的反映"。只有达到了这种忘我的心境，"才有资格在对方国家的社会上制造出'有利于宣传的气氛'"①。这虽然是就战时对外宣传来说的，但在和平时期仍有一定的借鉴意义。

　　坚持自我，同时做到忘我，是对对外宣传工作者的基本要求，也是中外宣传历史的成功经验。要满足这一要求，关键的是要做到知己知彼，吃透两头。一头是知己，对外宣传工作者应深入地掌握党和国家的基本战略和具体的方针政策，了解国家的根本利益和政治立场，这是对外宣传工作的出发点和行动的指南。另一头是知彼，对外宣传工作者还应该了解对象国家对象受众的情感、兴趣和需要。毛泽东曾告诫宣传工作者："如果真想做宣传，就要看对象，就要想一想自己的文章、演说、谈话、写字是给什么人看，给什么人听的，否则就等于下决心不要人看，不要人听。""射箭要看靶子，弹琴要看听众……做宣传工作的人，对于自己的宣传对象没有调查，没有研究，没有分析，乱讲一通，是万万不行的。"② 在了解对象的基础上，才有可能站在对象的角度，用对象的思维和观点来看问题，才能用对象的语言来宣传对象易于接受的事实和观点，从而进入忘我的境界。在对外宣传的过程中，坚持自我与忘我是对立的又是统一的。说它们是对立的，是因为自我与忘我存在本质差别和矛盾冲突。说它们是统一的，一方面是由于其目的一致性，坚持自我也好，忘我也好，都是为了实现对外宣传的目标；另一方面，则是基于其相辅相成的关系。坚持自我，是忘的我的前提，没有自我就谈不上忘我；只有做到忘我，进入忘我的境界，才能更好地坚持自我、实现自我，最终实现对外宣传的基本目标。

---

① 〔日〕池田德真：《宣传战史》，朴世俣译，新华出版社，1984，第102~103页。
② 《毛泽东新闻工作文选》，新华出版社，1983，第77~78页。

三　一种声音与多种声音

在对外宣传媒体上，传播一种声音还是多种声音，以一种声音为主，还是多种声音并重，是对外宣传工作者必须慎重解决的问题。此处所言的一种声音，在国内一般指官方声音，在国际意义上则是指本国的主导性意见；而多种声音，在国内是指官方意见和民众的声音，在国际上则是指本国、对象国、中立国、盟国等相关国家的意见。从世界宣传演进的历史过程来看，各国的对外宣传大体可以分为两种类型，一类是以一种声音即本国的官方的意见影响对象国家的对象受众；另一类别是以多种声音（以一种为主）的对外宣传来实现自己的战略目标。从理论上看，不管是宣传一种声音还是多种声音，理由都相当充分。通过宣传媒介对外传播官方的或本国的一种声音，几乎是无懈可击的。因为各国的对外宣传机关，无一例外都是由政府出资开办，直属于政府，其运营开支亦由财政作为保证。既然对外宣传机构由政府创办，隶属于政府，自然应代表政府官方的意见，作为政府的喉舌；既然对外宣传机关的经费来自政府的拨款，最终来源于国民的税金，它当然应该反映本国的声音，作为本国利益的代言人。如果让直属政府的对外宣传机构传播民众的声音，或对象国家、中立国家的声音，至少对于那些实行君主专制或中央集权的国家的领导人，是难以理解、无法接受的。

但是20世纪以来，在对外宣传方面，已有越来越多的国家利用宣传媒介传播多种声音，利用多种声音的传播来实现本国的战略目标。其一，不管是在国内还是在国际，由于地域的、阶级的、民族的、文化的诸多方面的差异，人们对于现实问题的看法是大不相同的。一种声音，无论如何都不能代表一个国家，更不能代表世界各国人民和政府的多种评价和愿望。对外宣传机关无视这些声音，实际是一种践踏真实、蔑视客观的行为。其二，报道宣传国内外客观存在的多种声音，包括反对本国政府的民众声音或敌视本国、威胁国家利益的外国意见，是尊重事实、尊重真理的表现，它能够在较大程度上改善对外宣传机构的形象，提高对外宣传机构的权威性，增强对象国家对象受众对宣传媒介的信赖。其三，报道宣传的多种声音，还有利于利用国内和国际舆论，加大对对象国家的舆论压力，从而造成己方得道多助，而对方失道寡助的印象。当然，这些国家的对外宣传机关，对于多种声音的处理，有着一个共同倾向，即以代表本国政府的一种声音为主，而以代表本国民间和对象国家、中立国家、敌对国家官方和民间的多种声音为辅。传播多种声音是为了凸显、突出本国的一种声音。对外宣传的大忌，是给一种声音和多种声音以同等的待遇，将一种声音和多种声音等量齐观。此种做法虽然看似公允，但如果操作不慎，便会妨碍宣传使命的实现。因为，一旦本国政府的一种声音被淹没在多种声音之中，对象国家的对象受众就会无所适从，不知所措。从对外宣传的历史来看，还没有一个国家的对外宣传机构给一种声音和多种声音以完全同等的待遇。而那些最为成功的对外宣传机构，如英国的 BBC 等，则是反其道而行之，通过多种声音的传播来凸显本国官方的一种声音，此种做法已经为更多的对外宣传机构所仿效。

当代中国是一个开放的充满生机活力的世界大国。其对外宣传应该与现实的大国地位相一致，表现出公允开明、宽容大度的君子风范。这就要求我们的对外宣传机构在传播多种声音的过程中实现宣传的目标。如前所述：传播多种声音，并非给一种声音和多种不同的声音以绝对平等的待遇。只有以一种声音为主，多种声音为辅，才能突出重点，指明方向。所谓以一种声音为主，即以我国政府的基本战略为出发点，把报道政府的意见态度与政策评价放在对外宣传的中心位置。以多种声音为辅，则是通过对我国民众和对象国家、中立国家、敌对国家官方及民间意见的传播，来突出和印证我们的第一种声音，加强我们一种声音的说服力。针对美国的人权外交，我国对外宣传机构进行的反击，就是采用的这种办法。首先表明我国政府对于人权问题的基本态度，然后利用一些突发事件，如美国警察对墨西哥移民残暴施虐案，广泛地报道拉丁美洲、欧洲、亚洲及美国国内一般民众对美国"人权卫道士"虚伪性的揭露和批评。对这些不同声音的传播，不仅巩固和加强了我国政府的第一种声音，而且增强了我国对外宣传的权威性和对象受众的信任感。其成功之经验，值得进行深入的研究和总结。

四　真与假

为了实现对外宣传的目标，在宣传的过程中究竟是该讲真话，还是该讲假话，历来是人们争论的焦点。所谓真话，指的是宣传家使用的材料符合客观实际，对事实的评价公允可靠。而假话，则是指无中生有地捏造事实，或极度夸张，或片面报道，或违心评论。历史表明，这两种截然不同的宣传内容，往往会暂时取得同样程度的成功。但是只要有可能，宣传家们大多还是倾向于通过真实的宣传来实现自己的目标。古希腊著名的学者柏拉图曾主张"必须把真实看得高于一切"。① 毛泽东也认为，在与敌人的论战中，没有必要多用辩论，只要"忠实地报告我们革命工作的事实"就可以了。② 他深信事实胜于雄辩，忠实地报道事实就是对论敌谎言的有力反击。所以他反对说谎，反对吹牛，而主张报实数、"实报实销"。他通令全党，"各地打仗缴枪，缴一支讲一支，不报虚数"。③ 这种通过讲真话、讲实话反击论敌，争取宣传对象的策略，被实践证明是完全正确的。因为追求真实，弃绝谎言是人类的天性。只要有良知，人们都不会愿意接受谎言。"上当受骗，对真相一无所知，在自己的心灵上一直保留着假象——这是任何人都不愿意最深恶痛绝的"。④ 只有真实的报道和宣传，才会赢得对象受众持久的信赖和发自内心的支持。宣传家们一旦丧失了对象受众的信赖和支持，其宣传必然会归于失败。

真实的对外宣传固然能够赢得信任和支持，但它并非在任何时候都能给宣传者带来切实的利益，在一些特殊的场合、特殊的时刻，向对象国家的对象受众宣传真实的内容，反而会有损于国家的根本利益，妨碍对外宣传目标的顺利实现。特别是在形势、事态于己不利的时候，在己方属于非正义、无道的一方时，对外宣传作为政府的战略手段，可能会回避真实甚至是说谎，捏造事实，或对事实做片面的报道，或者对事实进行任意的夸

---

① 〔古希腊〕柏拉图：《理想国》，郭斌和、张竹明译，商务印书馆，1986，第 88 页。

② 《毛泽东新闻工作文选》，新华出版社，1983，第 5 页。

③ 《毛泽东新闻工作文选》，新华出版社，1983，第 127~128 页。

④ 〔古希腊〕柏拉图：《理想国》，郭斌和、张竹明译，商务印书馆，1994，第 79 页。

张。在第一次世界大战期间，英国的对外宣传家总结出了所谓的宣传决战思想。按照他们的设想，"在战争的最初阶段，对自己不利的事也大胆地说出来，先给敌人有这样的印象：这个宣传机构（如英国广播公司 BBC）是说真话的，可以信赖的，最后，再找机会展开一大宣传战，用大谎言来欺骗敌人，粉碎敌人的斗志"①。德国纳粹党领袖阿道夫·希特勒也主张，为了宣传的目的，有必要的情况下，可以无视事实、编造谎言。如果为形势所逼需要说谎，"就要说弥天大谎"。在他看来，"弥天大谎往往具有某种可信的力量：因为一个国家的广大群众常常比自觉或者自愿更加容易地腐蚀在他们感情的深渊中，因此在他们纯朴的思想上，在大谎言与小谎言之间，他们更容易成为前者的牺牲品，因为他们自己时常在小事上说谎，而不好意思编造大谎，他们从来没有想杜撰大的谎言，他们认为别人也不可能厚颜无耻地歪曲事实……极其荒唐的谎言往往能产生效果，甚至在它已经被查明之后"②。谎言不仅被有些国家用作对敌人、敌国、中立国家及其他相关国家的统治者和民众的"宣传炸弹"，在某些时候也被用在朋友身上。古希腊曾主张"把真实看得高于一切"的柏拉图就认为，"在我们称之为朋友的那些人中间，当他们有人得了疯病，或者胡闹，要做坏事，谎言作为一种药物"就会变得十分有用了。③ 为了达到训导的目的，有些宣传家会利用假的故事、传说，甚至是以假乱真。

事实证明，英国宣传家所言的宣传决战思想、希特勒制造的弥天大谎、柏拉图所说的以假乱真，在特别的场合确实能帮助他们达到目的。1918 年春天，当第一次世界大战接近尾声时，英国的对外宣传家发起了震惊世界的宣传决战。他们向全世界宣讲了一个杜撰出来的尸体榨油厂故事，说贫困了的德国，竟然将人的尸体拿来榨油，用人油制造肥皂。这种在平时任何人都不会相信的怪谈，在当时僵持的战局下，由于国民深受大量的物质消耗、亲友伤亡的影响而陷入极端疲惫、绝望的心理状态，看起来愈来愈像是一件真的事情。终于被作为一个真实的可怕的故事为当时的

---

① 〔日〕池田德真：《宣传战史》，朴世俣译，新华出版社，1984，第 97～98 页。

② 转引自张昆《希特勒宣传观念批判》，日本《社会学刊》第 16 卷第 1 号，1991 年 12 月，第 23 页。

③ 〔古希腊〕柏拉图：《理想国》，郭斌和、张竹明译，商务印书馆，1986，第 80 页。

人们所接受。它证明了英国人的宣传理论："象（应为"像"，引者注。）是事实的谎言，有时候会收到比事实更能抓住听众之心的效果。"① 71 年后，1989 年 12 月，也是欧洲，"自由欧洲电台"炮制了一条耸人听闻的消息，说在罗马尼亚的蒂米什瓦拉市发现了一个"杀人场"，有 4630 人被罗马尼亚政府当局集体屠杀。接着欧洲的一些报刊刊登了许多"现场照片"，其中有母亲被剖腹与婴儿死在一起的照片，有双脚被铁丝绞在一起、衣服被剥光而死的男人的照片。这一消息和血腥的照片，对于不在现场的各国（包括罗马尼亚）读者和观众具有极大的煽动力，罗马尼亚政府终于在国内外反对的声浪中垮台。可是，事后不久，经法国《解放报》记者的现场调查，这个"杀人场"纯属子虚乌有，那些照片是把蒂市市立医院一座公墓里挖出的 19 具自然死亡的人的尸体，经人工摆布后拍摄而成的。而母亲与婴儿的照片，则是一个出生才两个月的死婴的照片和比她早死一个月的一名死于肝硬化女子的照片拼凑成的，所谓 4630 人的集体屠杀是彻头彻尾的谎言。②

上述的谎言宣传，在世界对外宣传史上可以找出很多。它们大多是在事实真相不利于本国或传播谎言、假象更有利于本国战略目标之实现时出笼的，而且在当时确实收到了显著的效果。但是既然是谎言、假象，总有一天会被揭穿。而一旦某个宣传机构被证明是一个没有廉耻的说谎者时，对象受众对它的信任就会在顷刻间冰消瓦解。在这个意义上，有人认为编造谎言是一种短视的行为。"即使有作用，也绝对不要说假话。不然的话，被盖上虚伪的烙印，作为宣传家的命运也就完了。"③ 中国是历史悠久的礼仪之邦，也是国际政治格局中举足轻重的世界大国。我们的对外宣传应该是绝对真实的。或许在有些时候，某些事实真相的传播会损及国家的形象，那只要适当控制事件的发布的节奏就可以了，用不着凭空地杜撰那种看起来有利于我们的故事。真实的对外宣传是对于未来的投资，在眼前一段时间内，可能只看到自己在付出，但在不久的将来则会取得巨大的

① 〔日〕池田德真：《宣传战史》，朴世俣译，新华出版社，1984，第 61~62 页。
② 王骏等主编《无形的战争》，国防大学出版社，1990，第 318 页。
③ 〔美〕西多尼·罗杰森：《下一次战争和宣传》，转引自《宣传战史》，1984，第 63 页。

收获，那就是对象受众持久的信任和发自内心的支持。

五　虚与实

实与虚的关系，实际是具体与抽象关系的另一种说法。对这种关系的处理，决定了对外宣传内容的组织形态，进而影响到对外宣传的效果。一般认为，对外宣传是虚与实两大内容的统一。所谓实，是通过宣传媒介向对象国家对象受众传播、报道国内外新近发生的重大事件，为对象受众提供与其生活及切身利益有关的各种材料。而虚，则是在报道事实的基础上，向对象受众解释事件的意义，分析事件的性质，指明事件乃至社会发展的方向。前者主要是通过消息、通讯、特写等来体现；后者则是通过评论、述评及众多报道的组合形式或一段时期的连续宣传所表现的态度倾向来体现。对于对外宣传媒介来说，实与虚、具体与抽象同样是不可缺少的。

在对外宣传的过程中，宣传家应把务实视为一切工作的基础，把向对象受众报道事实、提供情况置于对外宣传的中心位置。之所以要这样做，是因为当今的世界，特别是自由主义国家的民众，已逐渐抛弃了昔日盲从的习性，而在越来越大的程度上习惯自我分析、自我判断。面对外部复杂多样的宣传信息，其往往选择接受对事实的报道或陈述；对宣传者对事实的评价和指导性意义的解释，则抱着一种本能的排斥态度。因此对外宣传工作者，首先应该务实，宣传媒介上应充满各种与对象受众相关联的事实材料，应该绝对禁止与事实无关的高谈阔论，或者一厢情愿的夸夸其谈，在这方面有许多失败的例子。如德国在第一次世界大战时，其对外宣传就沉醉于对战争责任、正义及战时国际法等抽象问题的阐述，并且性急地把结论提供给对象受众。结果非但没有实现预定的目标，反而把对象受众推向了自己的论敌。

但是，对外宣传既然负有传播国家立场主张、反击对方污蔑、影响对象国家的决策行为的使命，在报道事实提供情况的同时，也不能不发点议论，不能不讲点道理。如果仅仅满足于对事实的报道，而不务虚，不对报道的事实加以解释，评析其价值与意义，分析其未来的发展方向，对象受众就会在纷繁复杂的事件面前，惊慌失措，无所适从。那么，怎样的务虚，怎样的分析、评价和解释，才有利于对象受众接受呢？根据一些国家成功的对外宣传经验，最好的办法是把报道与评论分离开来。报道是报道，评论是评论，不要将它们混杂在一起；同时在发议论讲道理时，尽量避免唱高调，而应该"诉诸被宣传者的直接利害关系"①，这样，宣传者与对象受众的心理距离就会大大地缩短。此种评论、意见和解释，必须围绕着对事实的报道来进行。换言之，对外宣传活动，应该以实为主，以虚为辅。作为宣传工具，一方面，务实不是最终的目的，而是务虚的手段；另一方面，务虚又不能脱离务实而存在，只有依傍确凿的事实报道，务虚才会有坚实的基础。

六　利与弊

如前所述，对外宣传必须以实为主，以虚为辅。宣传家应该把向对象受众报道事实，提供情况置于一切工作的中心。可是现实世界是丰富多彩、千变万化的，它每时每刻都在经历新的死亡和诞生。按照新闻的价值法则，值得报道、应予报道的事件不可胜数。但能经过对外宣传媒介公开报道的只是其中极少的一部分。而决定事件取舍的主要依据，便是宣传家对于利与弊的总体判断。即报道宣传这件事情，宣传这种观点，是有利于国家，还是会给国家带来危害？是利大还是弊大？是所得者多还是所失者多？只有对此进行全面周详的权衡，对外宣传才有可能从根本上维护并且促进国家的利益，避免给国家带来伤害。

一个宣传人员对于利弊的考虑，可能会由于所在国家所在阶级的不同而表现出很大的差异。资本主义国家的宣传家所追逐的利，多为垄断资本眼前的物质利益。他们唯恐避之不及的害，则是广大劳动人民的利。与之相反，社会主义国家的宣传家，则以追求国家和整个人类的根本利益为目标。他们之所以具有如此宽广的胸怀，是由于他们从多种视角而不是从单一角度、是从整体而不是从局部、是从长远而不是从眼前来考虑事实报道的利与弊。利与弊并不是绝缘对立而又互不相干的两个孤立的存在，而是

---

① 〔日〕池田德真：《宣传战史》，朴世俣译，新华出版社，1984，第157页。

相互联系、相互依附的矛盾统一体。利兮弊之所倚，弊兮利之所伏。眼前的利益可能会孕育无穷的祸患，而现实的弊端则可能会带来巨大的利益。

正因如此，宣传家在权衡对外宣传的利弊得失时，应该立足于全局，立足于长远。不要把暂时的局部的利看成全局的永远的利。不要因为某事现在对国家有利就对此类事情进行大规模、无休止的宣传，也许正在我们大张旗鼓地宣传时，事情的性质发生了变化，由对我们有利变为对我们有害了。不要把暂时的局部的弊看成全局的永久的弊，因为某事现在对国家不利就将此类事情完全予以抹杀。报道暂时不利于宣传者及其所在国家的事情，并不是一件坏事。1941 年 12 月 9 日下午 3 时，英国舰队在马来半岛海面遭到日军袭击，损失惨重。就在当天晚上正常播出的 BBC 对外新闻节目中，英国"海军部遗憾地宣布，今天下午在马来半岛海面上，'威尔斯王子'号和'里珀尔斯号'为日本轰炸机所击沉"。对于如此重大的灾难性的不利事件，英国能像一个中立的旁观者，以冷静的态度进行如实的报道，实在是其他国家短视的宣传家难以企及的。报道这件事情，似乎不利于国家，但既然事实发生了，你不报道自有别人报道。自己主动报道，虽然有损于国家的面子和信心，却能给对方坦率、诚实的印象，这是黄金都难买到的，是最大的利。何况失败乃成功之母，经受得起失败，才能经受得起成功。对失败能真实报道，对成功的报道自然更值得人们信赖。

在改革开放、经济发展、社会进步、国力上升的今天，我们的对外宣传应该积极主动地维护国家的利益，避免给国家和人民带来可能的危害。这就要求宣传工作者在取舍事件时，要从全局，从历史的发展的眼光来审视事件本身及报道它们可能带来的利益与弊端，而不要被暂时的局部的假象所迷惑。有些事情本身是负面的，如官员腐败、假冒伪劣产品等。报道它们从一个方面来看，对我们是不利的，因为它反映了我国社会存在的种种问题，但从另一方面看，又对我们有利，因为报道它们本身就证明了我们除弊兴利的决心和勇气。同样，对于发生在外国的事情，如对象国家的成就与弊端、突发事件等在利弊关系上也要做辩证的思考，做到利中见弊，弊中见利，把握利弊转换的关系环节，慎重取舍，科学组织，只有这样，对外宣传才会在总体上有利于国家，有利于人民。

七 典型与一般

典型与一般，在对外宣传活动中常常表现为点与面、典型报道与综合报道的关系。这是宣传过程中一对十分重要的矛盾关系。如何处理这种矛盾关系，要不要典型？要不要一般？是以典型为主，以一般为辅，还是以一般综合为主，以典型为辅？对这些问题的选择往往直接影响宣传的效果。从宣传本身演变的历史来看，在很早的时候就有一些宣传家注意到了这对矛盾关系的重要性。但是能够正确地认识和处理这对关系，并在实际的宣传过程中娴熟地加以运用的，还是无产阶级的宣传家。

在苏联社会主义建设的初期阶段，列宁就十分重视典型在指导工作中的作用。榜样的力量是无穷的。"模范公社应该成为而且一定会成为落后公社的辅导者、教师和促进者。报纸刊物应该成为社会主义建设的工具，详细介绍模范公社的一切成绩，研究它们成功的原因和它们经营的方法；另一方面，把那些坚决保持'资本主义传统'，即无政府状态、好逸恶劳、无秩序、投机行动等等的公社登上'黑榜'。"① 中国抗日战争时期，毛泽东也要求各级政治机关注意收集八路军、新四军中涌现的典型的民族英雄，认为"表扬这些英雄及其英勇行为，对外宣传与对内教育均有重大意义"②。在指导此后解放区土改工作时，毛泽东又将平山县、绥德县的典型经验，印成小册子，广为宣传。在他看来，"这种叙述典型经验的小册子，比我们领导机关发出的决议案和指示文件，要生动丰富得多，能够使缺乏经验的同志得到下手的方法，能够有力地击破在党内严重地存在着的反马列主义的命令主义和尾巴主义"③。这类论述，显然是就对内宣传工作而言的。典型宣传被视为指导工作的有效方法。树立典型、带动一般，是无产阶级的工作传统。其实，典型宣传在对外宣传工作中，同样也能发挥积极的作用。好的正面的典型，有利于弘扬正义，塑造国家的良好

---

① 《列宁全集》第 27 卷，1959，第 239 页。
② 《毛泽东新闻工作文选》，新华出版社，1983，第 43 页。
③ 《毛泽东新闻工作文选》，新华出版社，1983，第 145 页。

形象，发扬人道主义精神。如20世纪80年代中国新闻界对日军在华孤儿的报道宣传，对于对象国家特别是日本的一般民众产生了积极的影响，从而促进了中日两国人民的相互了解。

除了正面、好的典型外，还有负面的、不好乃至反面的典型。后者也能成为对外宣传的重要内容。一般来说，此类典型有国内和国外两个来源。国内的负面典型能否对外报道？这一问题的答案涉及宣传家对于利弊的总体权衡。从当今主要国家对外宣传的经验看，对外传播国内负面的典型，也能产生积极的影响。如1996年英国传媒对国内的"疯牛病"的报道，美国传媒对国内的恐怖活动的报道就比较成功。至于国外特别是对象国家的负面典型，更是应该进行大量的报道，如美国国内的种族不平衡、暴力犯罪，日本阁僚参拜清国神社，等等。对外宣传这类负面的典型，不仅有利于揭露这些国家在人权、战争与和平等问题上的虚伪性，而且能争取国际舆论对于我们的同情和支持。

在对外宣传方面，典型宣传无疑非常重要。但是只有典型而没有一般、只有点而没有面的报道宣传还是不行的。通过一滴水能反映出太阳，解剖一只麻雀即能了解所有麻雀的生理结构和生活规律，但它给予人们的毕竟是孤立的单个的印象。而人们的判断与行动是建立在对事件、对世界全面认识的基础上的。因此，要影响对象国家的对象受众，实现对外宣传的基本目标，对外宣传不仅要有典型，而且要有一般对象，不仅要有点，而且要有面，不仅要有对单一人物与事件的宣传，而且要有通观全局的综合报道。至于典型与一般对象、点与面、单一与综合应保持何种比例，从历史的经验来看，一般成功的对外宣传多是以典型为主，以一般对象为辅；以点为主，以面为辅；单一报道多，综合宣传少。这是符合宣传对象心理接受规律的。

八 倾盆大雨与毛毛细雨

宣传的目的是影响对象受众的思想、态度和行为方式。这一目的之实现，一方面要经历一个复杂的心理过程，在短期内难以奏效；另一方面则需有一定的信息量。导致对象思想与行为改变的，不是宣传媒介本身，而是媒介传播的实际内容，即关于事实的报道和意见。在宣传过程中如何恰当地把握信息的流量，是决定对外宣传效果的又一关键。

根据宣传心理学的原理，宣传对象态度行为的变化，都是在一定数量的宣传信息刺激之下实现的。宣传信息达不到一定的量，没有一定的强度或冲击力，连引起对象的注意尚且不能，自然谈不上效果。所以，一旦宣传目的、目标对象确定后，就要立即组织宣传内容，通过各种方式将有关联的内容集中传播出去，这类方式可能是新闻的，也可是非新闻的，甚至是文艺的。应该指出的是，这种集中传播不是灌输。必须根据宣传对象的心理承受能力，讲究分寸。毛泽东就反对疾风暴雨式的宣传。他曾提醒宣传工作者："不要在几小时内使人接受一大堆材料，一大堆观点，而这些材料和观点又是人们平素不大接触的。一年要找几次机会，让那些平素不大接触本行事务的人，接触本行事务，给以适合需要的原始材料或者半成品。不要在一个早上突如其来地把完成品摆在别人面前……不要在几小时之内下几百公厘的倾盆大雨。'强迫受训'的制度必须尽可能废除……要彼此有共同的语言，必须先有必要的共同的情报知识。"① 实践表明，毛泽东的这段论述是很有道理的。信息量大，冲击力强，并不一定有很好的效果，有时还会在宣传对象那里产生消极的反应，引发对抗性的逆反心理。其结果不仅会浪费有限的宣传资源，而且会影响宣传机构乃至国家的整体形象。

信息量过大，冲击力过强不行；信息量过小，没有冲击力也不行。要想实现宣传的目标，最终改变对象受众的思想、态度和行为，宣传信息必须控制在一个合适的范围内。如果把大规模的过于集中的宣传比作倾盆大雨，那么，能够或有利于取得宣传效果的，就应该是毛毛细雨。倾盆大雨冲击力强，但不能持久；毛毛细雨虽然力度不大，却能润物无声，使对象在不知不觉之中改变其固有的态度和行为。在宣传史上，能找到许多这样的例子，有的组织（集团）耗费了很多的心力，购买大量的版面空间和播出时间，在短期内集中进行信息轰炸，宣传自己的政见，以争取群众的支持，其力量之强，足以压倒一切对手。可是群众的反应却非常冷淡。与此相反，其他的组织或集团可能会以少得多的宣传资源，在长时间内做统

---

① 《毛泽东新闻工作文选》，新华出版社，1983，第 206 页。

筹的规划，不温不火，细水长流，结果赢得了比对手多得多的群众支持。对内宣传如此，对外宣传也是这样。它表明，宣传特别是对外宣传是一项复杂而细致的思想工作，急功近利是做不好这件事情的。必须掌握并且遵循宣传对象的心理接受规律，变倾盆大雨为毛毛细雨，做长期打算，锲而不舍，逐步渗透，只有这样，宣传内容才能最终征服对象受众，从而取得预期的效果。

九　定量与定性

客观事实是宣传的主要内容。研究处理各种事实则是宣传人员的基本工作。而一切事实都是质和量的统一体，没有一定的质和一定量的东西是不存在的。所谓质，即事实的性质，是事实内容固有的一种规定性，它决定了此事物是这一事物而不是那一事物，要把这一事物与其他事物区别开来。而量，则是事实存在和发展的规模、程度、速度等。宣传人员在分析、处理客观事实时，除了了解、把握事物的性质外，还应该对它进行必要的数量分析。

在对外宣传活动中，宣传人员对事实性质的把握，是一切工作的基础。面对客观事实，首先必须从质的方面予以定性，做出判断，是好还是坏，是进步还是倒退，是革命还是反革命，是大还是小，是正义还是邪恶，是是还是非，是廉洁还是腐败，是发达还是落后，是利还是弊，应明确地表明态度。没有定性的纯粹自然主义的客观报道，在所有国家对外宣传媒介上是看不到的。但是宣传人员对于事实也不能满足于质的把握。事实的性质是以一定的数量为条件的，没有对事实量的认识，就谈不上对事实质的认识，毛泽东曾告诫党内领导："对情况和问题一定要注意到它们的数量方面，要有基本的数量的分析。任何质量都表现为一定的数量，没有数量也就没有质量。我们有许多同志至今不懂得注意事物的数量方面，不懂得注意基本的统计、主要的百分比，不懂得注意决定事物质量的数量界限。一切都是胸中无'数'，结果就不能不犯错误。"[①] 这段话虽然是就

[①]　《毛泽东选集》第4卷，人民出版社，1966，第1332页。

党委会的工作方法而言的，但是对于宣传工作仍具有一定的指导意义。宣传人员不进行数量分析，自己心中无"数"，就无法说服打动自己的对象受众。因为在影响对象的各种因素中，数据具有强大的说服力。这就要求宣传工作者保持清醒的头脑，在对客观事实进行定性分析的同时，还必须进行相应的定量分析，把握事实性质的数量界限。

对客观事实的把握与分析只是整个宣传的第一步。要实现对外宣传的目标，宣传人员还必须进一步地讲究对于事实性质与数量的表述。由于宣传者的理解与对象受众的理解不是一回事，而国外的宣传对象又有别于国内的宣传对象。对象受众对宣传内容的接受与否，不仅取决于客观事实的性质，还取决于对事实的表述。表述的形式和风格与对象受众接受习惯、情感态度、知识体系一致，就易为他们所接受；反之，则会为他们所拒绝。对于"中国威胁论"的最有力的反击，不是简单的否定和自我表白，而是国与国之间特别是中国与美国人均国防费用的对比；对经济实力的评估，令人信服的不是数量上的人均收入，而是该项收入能够购买的实物商品；要说明一个国家在战争中的损失，仅仅报道有几艘军舰被击沉是不够的，如果把这些军舰换算成对象国家的货币，人们就容易理解。之所以如此，乃是因为人们总是根据自己已有的知识和价值观来审视、摄取外来的信息。要改变他们的态度和行为，就要将对外宣传内容的性质把握和定量分析结合起来。

十　肯定与否定

宣传不同于新闻。新闻报道力求客观公正，宣传则总是爱憎分明。虽然宣传也传播事实变动的消息，却明显地寓褒贬于叙事之中。它每天都在提倡某种倾向，反对另一种倾向；肯定某种行为，否定另一种行为；表扬某些人物，批评另一些人物。此种褒贬可以根据个别的事实，也可以通过好与坏、优与劣、良与莠的对比来表现。立场坚定，旗帜鲜明，对于宣传对象能产生积极的指导作用。这在对内宣传活动中，表现得十分的明显。

对外宣传也是如此。所不同者，只是对象受众不在国内。难以了解和把握他们对于宣传内容的确切反应；同时对象受众基本上以其国内的传播媒介为第一信息来源，他们的第一印象基本上是根据本国的传播媒介提供的消息和意见形成的。对于国内外重大的事件，对象受众已形成自己的基本态度。要想改变他们的态度，显然不能采用对内宣传惯用的手法。对内宣传的褒贬，一般都是直接而鲜明的，很少转弯抹角的情形。对外宣传则应尽力避免采用这种表达形式。如果褒贬的对象是对象国家的某个政治人物，而对外宣传机构对其已形成否定的态度，并且希望对象受众改变其固有的肯定态度，那就不能直通通地表达自己的批评和否定。根据外国的对外宣传经验，"宣传是八分称赞、二分贬低"，"为了贬低别人，首先要称赞别人"①。要改变对象受众固有的支持态度，首先必须肯定其固有的态度的合理性，附和着称赞该政治人物如何了不起，然后把话题转移到他的失误方面来，这样的对外宣传犹如给苦涩的药丸包上糖衣，对象受众很容易接受。

对外宣传不仅要把目标指向对象国家的对象受众，还要对对象国家的对外宣传做出反应。在当今世界，任何对外宣传都不是孤立进行的，我在影响你，你也在利用对外宣传影响我，也许还有第三者正在准备火力对你、我展开宣传战。在这个意义上，可以把对外宣传比作一场没有终结的攻防战。在国家与国家的宣传战中，各个国家使用的往往是同样的武器和策略。你采用"八分称赞、二分贬低"，明肯定、暗否定的方法攻击对方，对方也会以同样的方式来回敬。高明的宣传家能从对方的称赞、肯定中看出其险恶的用心，并以恰当的手段化解敌方的进攻，揭露敌方的真实面目。20世纪70年代末80年代初，日本经济的崛起，引起了欧美诸国的恐慌。于是欧洲的一些战略家、宣传家编造了《日本独占鳌头》、"日本的世纪"的神话。精明的日本人非但没有由此而沾沾自喜，而且还意识到了欧美诸国的敌视情绪。进入20世纪90年代后，西方国家又惊惧于中国国力的上升。其对外宣传家利用经济学领域的购买力平价理论，鼓吹中国的经济实力已超过日本、德国，仅次于美国，下个世纪将是亚洲的世纪、中国的世纪，"中国龙惊醒了"等。这些论调，乍看起来似乎是对中国改革开放成绩的称赞和肯定，其实在动机则是制造"中国威胁论"，进

---

① 〔日〕池田德真：《宣传战史》，朴世俣译，新华出版社，1984，第75~76页。

而使西方阵营团结起来，对中国实行共同的遏制政策；同时挑拨周边国家与中国的关系。这种宣传在当今世界仍有相当的影响，对此，我们决不能为表象所迷惑，而要透过表象抓住实质。运用确凿的事实材料进行切实的有效的解释，旗帜鲜明，以坚定的态度，击退西方国家发动的宣传攻势。可见，在对外宣传过程中，一方面，作为一种宣传手段，褒与贬、肯定与否定、表扬与批评在性质上截然不同，其给予对象的影响也迥然有别；但在另一方面，褒中有贬，肯定中有否定，表扬中含有批评，在特殊的时机与场合，褒、肯定、表扬还能起贬、否定、批评的作用。宣传家如果把握了这种矛盾而又同一的关系，综合交替地运用褒与贬、肯定与否定、表扬与批评等手段，就能够打赢任何宣传战。

十一　爱国主义与国际主义

如何处理爱国主义与国际主义的关系是对外宣传工作者必须解决的又一个重要问题。对外宣传媒介作为国家和人民的喉舌，必须以国家和人民的利益为最高的准则。热爱祖国、忠于祖国，通过报道宣传体现出彻底的爱国主义精神。当今世界主要国家的对外宣传机关，都是以爱国主义为其基本的指导思想的。不坚持爱国主义、不主动捍卫国家和民族的利益，对外宣传机关就不仅得不到国家和人民的支持，而且会失去国家民族的信任。当自己的国家被卷入重大的国际冲突，或者参与重大的国际性竞赛时，对外宣传工作者和国内同胞一样，燃烧起爱国主义的豪情，为祖国的胜利而欢呼雀跃，为祖国的失利而扼腕叹息，这对于一般民众来说，也许是一个极其自然的心理过程，但是对于对象国家的对象受众，这种不加掩饰的爱国主义激情和民族自豪感，可能会给他们带来消极的体验。特别是当宣传人员的爱国主义发展到狭隘的民族主义、沙文主义的极端时，必然会引起对象国家对象受众的反感乃至拒绝。1996 年在美国亚特兰大举行的第 26 届奥林匹克运动会，美国的宣传工具特别是独家转播此次奥运会的全国广播公司（NBC）就由于其偏狭的爱国主义、民族主义和沙文主义行为，引起了世界性的声讨。在转播运动会的过程中，美国的宣传工具一开始就把奥运会政治化、片面化，过分集中地报道美国运动员，冲淡了比赛的国际性质。法国《世界报》总结说，此次奥运会的转播反映了美国社会的负面意识，表现了"一个自大狂的美国，一个被金钱统治的美国"。英国《独立报》则说，此次奥运会宣传反映出的问题，"不是为什么美国是沙文主义，而是美国的沙文主义为什么发展到了严重的脱离现实的地步"。

对外宣传不能没有爱国主义的指导，但仅仅坚持爱国主义是远远不够的。对外宣传不同于对内宣传，对外宣传工作者认同的祖国并非其对象受众所认同的祖国。在爱国主义这一点上，宣传者与宣传对象是没有什么共同性可言的。能够在宣传者和宣传对象之间引起共鸣的，是超越国家的全人类的共同的理想和共同的利益，即国际主义精神。爱国主义和国际主义同是对外宣传的两大支柱。一个对外宣传工作者必须是一个爱国主义者，同时也应该是一个国际主义者。当然在爱国主义和国际主义之间，也有着原则性的区别。在一些场合，坚持爱国主义与坚持国际主义是矛盾的。尤其是在战争和重大的政治外交斗争期间，做一个国际主义者似乎会削弱对于祖国的忠诚，因而会面临国内巨大的舆论压力。但是在实质上，爱国主义与国际主义是一致的。一个不爱国的人绝对不能成为一个国际主义者。而一个爱国主义者为了全人类的利益，则有可能牺牲小我以成就大我，使对祖国的爱服从于对全人类的爱。最近一段时间，中国政府在国际核裁军谈判会议上的立场，就体现了爱国主义与国际主义最好的结合。这种理性的态度，与某些国家偏狭、固执的民族主义立场形成鲜明的反差，从而赢得了世界舆论的广泛支持。

十二　进攻与防守

对外宣传是一场持久的心理攻防战。在激烈的宣传战中，应该主动进攻，还是被动地防守，是宣传家无法回避的重要选择。正如军事上的较量，胜利常常属于有着旺盛进攻精神的人，宣传作战也需要高度主动的进攻精神。任何犹豫、怯懦的表现和被动的防守，都将导致对外宣传的失败。

主动进攻是宣传战的一条最基本的原则，这一原则包含两方面的内容：一为主动，即掌握宣传战的主动权，按照自己既定的计划，牵着论敌的鼻子走，把论敌的宣传引入我方的战略构想中来。二是进攻，在形势有利的时候进攻，在形势不利的时候也进攻。只有进攻，才能确保主动。而这种进攻并不需要武力作为后盾。宣传进攻的力量来源，在于真实与真理。拥有真理的一方，即便没有武力，也能展开强大的宣传攻势。宣传战中的进攻有三种基本的形式：第一是攻坚战。擒贼要擒王，在战争中只有占领了敌人最坚固的城池，才算取得胜利。对外宣传也应该将力量对准对象受众最坚强的信心和最顽固的态度。在这点上，英国的宣传家最为擅长，在两次世界大战期间，他们就是针对敌方在常识上看来根本不能被摧毁的心理堡垒，勇敢地发起主动性进攻的。第二是以子之矛，攻子之盾，使论敌捉襟见肘，穷于应付。当代美国霸权主义者把人权的口号喊得震天响，并以此为借口干涉别国的内政。如果以美国国内普遍存在的人权问题，如警察滥施暴力、种族歧视、对外国移民的迫害等来揭露美国人权外交的实质，美国的宣传家是难以反击的。第三是抓住论敌的弱点，穷追猛打，直至其最后沉默认输为止。

与主动进攻相反，在宣传战中采取退却防守的态势，是宣传战略的下下策，是绝对不能成功的。因为在一般民众看来，理直才能气壮。真理、正义往往属于主动进攻的一方；如果宣传家放弃进攻而专事防守，其给予一般民众的印象，则是宣传者对于自己缺乏信心。既然宣传者自身失去了自信，又怎能赢得对象受众的理解和支持呢？何况，狭路相逢勇者胜。畏缩怯懦者永远不会成为令人仰慕的英雄。在第一次世界大战期间，德国在宣传方面采取被动防守的战略，结果在英国对外宣传家的强大攻势下一败涂地。90 年代初海湾战争期间，伊拉克人在心理防线上掘壕据守，放弃主动出击的机会，也是导致其最终失败的重要原因之一。可见，宣传和打仗一样，也需要主动的进攻，要不断地进攻，牢牢地掌握宣传战役的主导权；防守、退却是绝对不可取的，一旦把宣传上的进攻改变为防守，就意味着向失败迈出了一步。

十三 直接与间接

实现对外宣传的目的，可能有直接和间接两条途径。所谓直接，指的是宣传机构开门见山，原原本本、直接地表明自己的态度和目的；而间接，则是指宣传媒介以迂回的方式，表面上不谈及自己的目标与态度，实际上却能使对象接受自己的见解。在对外宣传活动中，是应该遵循直接的途径，还是遵循间接的途径，应该以直接的表述方式为主，还是以间接的表述方式为主，宣传家必须予以慎重的考虑。

作为社会主义国家的对外宣传工作者，在论战时开门见山、直接地表明自己的态度和目的，是十分必要的。因为这种直接的方式往往是有力量、有信心的表现，只有真理在握、心底无私的人才能够大胆地采用这种形式，也只有这种形式，最能表现出自己的战斗力。"我们必须坚持真理，而真理必须旗帜鲜明。我们的共产党人从来认为隐瞒自己的观点是可耻的。我们党所办的报纸，我们党所进行的一切宣传工作，都应当是生动的，鲜明的，尖锐的，毫不吞吞吐吐，这是我们革命无产阶级应有的战斗风格"[①]。由于直接的开门见山的方式，最易于显示力量和信心，最易于表现进取的战斗精神，因而特别适用于宣传重大的政策声明、成绩战果的发布和在某些重大问题上的政治表态。如中国政府宣布暂停核试验的声明，各国对伊拉克入侵科威特的基本态度，改革开放以来中国经济建设的巨大成就，中国政府对于中美贸易谈判的基本立场，"9·11"事件后各国政府对恐怖主义的态度等，都应该以直接的方式来宣传。但是直接的形式并非在任何时候、任何情况下都绝对适用。在一些特殊的时期和特别的氛围中，直接的宣传可能会在一定程度上加强对象受众的态度防御。由于己方的立场、态度表露无遗，使对外宣传失去转圜的余地，从而增加了变换角度、更新策略的困难。

在对外宣传活动中，间接的迂回的宣传方式也能取得积极的成果。此种间接的方式，不仅可以用于进攻，而且适用于反击。间接形式的进攻不同于直接形式的进攻，前者采用的是迂回包抄的战略，而后者则采用正面突击的方针。在反击对方宣传方面，间接反击不失为一个有效的途径。它通过提出一套新的适当的主题以驳斥敌方宣传的基本观点，力求让另一方转移注意力，或强调其他论点以削弱论敌的宣传效果，从而迫使论敌采取防守的态势。因此，对外宣传方面，宣传家们更多倾向于采用间接的迂回

① 《毛泽东新闻工作文选》，新华出版社，1983，第153~154页。

的形式。20 世纪 80 年代，作家白桦因《苦恋》受到批评，这件事在国外引起了种种猜测，有些国家宣传机构甚至利用此事大做文章。我们没有直接地进行反驳，而是由新华社发表了一篇评述性新闻，报道白桦的诗作获奖，于是一场谣言攻势不攻自破。此种间接的方式，由于避免了观点的直接冲突，给自己留有转圜的余地，便于宣传家天才的创造性发挥。

可见，间接和直接的宣传方式，只要使用得当，都有助于宣传目标的实现。根据历史的经验，这两种不同的宣传方式以交替或综合运用为佳，在某个时期，可以直接方式为主，以间接方式为辅；在另一种场合，两者的关系也可倒置过来，它们必须不断地变化。否则一种宣传方式再好，如果长期使用，不做任何变更，也会导致宣传的失效。

十四　重复与新奇

对外宣传还是一场对抗激烈的持久战。对阵的双方为了实现自己的目的，即影响和改变对象国家受众的思想和行为，变换使用着多种战术手段。重复与新奇，就是宣传家们经常使用的两种。依据宣传心理学的原理，人们态度的改变，来自外界的信息刺激。这种改变不是瞬间完成的，而是需要经历一个从无到有、由拒绝到理解再到接受的心理过程。要使对象受众接受某一观点，并且据此改变他的行为，宣传家必须就这一内容进行多次重复性的宣传。此种重复，可以是从主要观点到全部内容乃至表达形式的全面复制，也可以是其中部分内容和主要观点的创造性重播。重复的战术是实现宣传目标的主要手段。

在对外宣传的过程中，重复战术的主要作用，是加深对象受众对宣传内容的印象。因为在对象受众面对的大量信息中，能够引起他们注意的只是极少的一部分。只有提高刺激强度，宣传内容才能为对象受众所关注，进而为他们所理解。而重复性宣传正是提高信息刺激强度的主要途径。另外，在宣传资源有限的情况下，重复战术还是一个经济而有效的手段。但是，重复性宣传也不是灵丹妙药，作为一种战术手段，它也有一定的局限。这主要表现为，内容与形式的重复与对象受众求新求异的接受心理相矛盾。重复的次数多，会给受众雷同、拖沓、千篇一律的感觉，从而在较大程度上削弱对象受众的接受兴趣。在第一次世界大战期间，德国人的对外宣传由于"总那么千篇一律，对类似的事件经常使用同一的逻辑，不能拿新奇的、有意思的东西去吸引人"①，终于引起对象国家对象受众的抵制，其教训值得人们深思。

能够克服重复宣传弊端的是新奇的战术。用异想天开的方法、新的材料、新的语言风格、新的构思和新的表现形式，去面对自己的对象受众，能产生比重复宣传大得多的影响。但是这种新奇应该而且必须在重复的基础上产生，在重复的过程中发挥作用。如果为了新奇而新奇，把原有的宣传从内容到形式全部予以抛弃，向对象受众宣传另一种毫不相干、完全陌生的新奇的内容，则不仅无益于对象受众接受宣传媒介不断重复的内容，而且会浪费有限的宣传资源。应该出新出奇的，只是宣传的形式和部分材料，而宣传的宗旨、目的和基本观点则应该始终如一，不断地重复。还应该特别指出的是，对外宣传所追求的新奇，是能够为对象受众所理解的新奇，是有助于对象受众接受宣传内容的新奇，而不是"无谓的标新立异"。

总之，重复与新奇两种宣传战术，对于宣传目的之实现是不可缺少的。虽然两者在性质上大不相同，但这并不能说明它们是互不联系的两个孤立的存在。新奇产生于重复，重复是新奇的基础。在对外宣传的过程中，两者完全可以循环使用，犹如农业生产中的轮作制，以收彼此巩固强化之效。宣传家要娴熟地运用重复与新奇的战术，必须具有活跃的求新思维，打破习惯的思维框框，变换思维的角度，另辟蹊径，独树一帜；同时，又要立场坚定，维持固有的基本信念。一个没有主见、没有探索精神的人，是永远也不能成为一个成功的宣传家的。

十五　情感与理智

作为对外宣传的目标对象，人是理性的动物，也是情感的动物。当然对不同类型的人来说，他们所具有的情感与理智的成分及其对外部刺激的

① 〔日〕池田德真：《宣传战史》，朴世俣译，新华出版社，1984，第89页。

反应方式是大不一样的。情感型人的人对于外来信息中感情成分极为敏感，理智型的人则对理性的说服感兴趣。要影响或改变他们的思想态度和行为，一方面需要进行情感的刺激，另一方面也需要进行理性的说服。

一般认为，包括妇女在内的普通群众的情绪特征比较明显，其思想和行为也在较大程度上受到情绪的支配。向他们进行的宣传，不仅是一个信息交流过程和思想交流过程，更重要的还是一个感情交流的过程。如果宣传的内容能引起宣传人员和对象受众的情感共鸣，成为交流双方的交融点，就容易很快地获得宣传效果。古今中外，几乎所有的宣传家，都十分重视情感刺激在宣传过程中的重大作用。中国近代史上"舆论界之骄子"梁启超，之所以能够影响几代人，就是由于他的"笔锋常带有感情"。实践证明，在宣传战中率先使用情感武器的一方，照例会取得宣传的胜利。英国人能把孤立主义传统根深蒂固的美国拉进两场世界性大战，其情感性的宣传发挥了巨大的作用。而近期美国在国际上处于孤立无援的境地，就是因为其肆无忌惮的霸权主义行径，特别是《赫尔姆斯－伯顿法》和《达马托法》在情感上激怒了世界各国人民。但是，情感宣传的实际作用是有一定的限度的。它虽然能在较短的时间内影响对象受众的思想、态度和行为，但是这种影响会随着时间的推移而逐渐减弱。

理智型的特征则集中表现在具有一定知识水准和判断能力的社会上层分子身上，包括当权阶层、知识分子阶层等。他们具有较高程度的人格独立性，外来的情感刺激很难打动他们。对于外部的宣传信息，其取舍往往在自己的理性分析之后。所以，宣传家们总结了一条基本的策略原则，即"对当权者要采用论理方式"，摆事实，讲道理。通过这种形式来说服理智型的宣传对象，其收效虽然不及情感刺激之于情绪型受众那样快，但是一旦对象受众接受了理性的说服，其作用就能比较持久地保存下来。这是一种比较高级、需要耗费大量智力的宣传活动。

这样的分析并不是说情感和理智是两种不相容的心理要素。实际上，理智型的人，也是有情感的人；而情感型的人，也有理性的头脑。虽然情感刺激对于情感型的对象、理性说服对于理智型的对象能产生积极的影响，但是，如果对情感型的对象辅之以理性的说服，对理智型的对象辅之以情绪的感染，将会使宣传的效果更为持久，或来得更快。所以对外宣传的最高境界是情感刺激和理性说服的有机结合，即通情达理、入情入理。这是对外宣传工作者追求的最高境界。

十六 放言与沉默

对外宣传的过程，实际上是说服的过程。说服宣传对象接受宣传家的思想和观点，成为宣传家所信奉的理想和主义的信徒。宣传的性质，决定了宣传家必须多说，必须放言。因为宣传的效果，与宣传信息量的大小，即宣传所占用的时间和空间以及信息内容的多寡，是呈正比例关系的。虽然宣传也有效益高低的问题，但是在一般的情况下，还是会受到投入多产出多、本大利大的基本规律的支配。不说或少说，对象受众就无法了解宣传家的主义、主张，何言信仰与服从？在敌我双方的宣传战中，宣传家放言或多说，滔滔不绝，理直气壮，在一般的对象受众眼里，容易被看成拥有真理、拥有力量的表现。另外，宣传家持续不断的说服，还能起到另一种作用，即垄断对象受众的信息来源，从而在一定的范围内剥夺了论敌说话的机会。正是由于多说、放言、垄断信息渠道能带来这么多的好处，所以各国政府及利益集团都非常重视扩充对外宣传设施，增加人力、财力的投入。第二次世界大战以来，各主要大国对外广播的语种、播送时间和发射功率持续扩张，就是基于这一原因。当然，放言也有其不利的一面。一方的宣传家滔滔不绝，会给对象受众以盛气凌人的感觉；同时，言多必失，持续的放言难免有疏漏欠周之处，容易给论敌以可乘之机。

宣传固然需要放言，但是在必要的时候，沉默也能发挥重要的作用。当宣传者对有关问题的了解尚不够深入，或者事情涉及己方又不便于公开承认，或者论敌的攻击无关宏旨而没有反驳之必要时，沉默比放言的效果要好得多。因为这种情况下的沉默，可以被视为对论敌的宣传表现出的不屑一顾的态度，或者是抹杀、抵制论敌宣传的一种形式。更为重要的是，在沉默时，可以以静制动，以逸待劳，让敌人把话讲完，瞄准论敌的弱点准备火力进行有效的反击。在这个意义上，可以说沉默是金。我们可以从宣传史上找出很多这类例子。但是，沉默并非在任何时候都是十分有效的，即使是在应该沉默的时候，它也给论敌让出了宣传阵地，使论敌得以从容不迫地说明自己的见解，稍有不慎，就会失去自己的对象受众。

沉默与放言是对外宣传活动中的一对主要的矛盾关系。沉默时不能放言，放言时难于沉默，两者难以相容于一时。但是沉默也好，放言也好，都是出于宣传的目的。且沉默并非不言不语，空置宣传渠道，而放言也是有所言亦有所不言。在该沉默的时候沉默，沉默是金子，在该放言时放言，放言也是金子。但就宣传活动的实质而言，放言多说是硬道理，放弃了这一点，就是放弃了宣传本身。所以要使对外宣传卓有成效，必须以放言、多说为主，而以沉默为辅。沉默的次数和时间，必须加以限制，只有这样，一旦沉默起来，论敌才会害怕，沉默才会成为真正的金子。

十七　严肃与活泼

对外宣传机关是国家、人民的喉舌，是推进国家战略、加强对外交流、促进与其他国家相互了解的重要工具。与面向国内的大众传媒不同，提供娱乐不是它的主要职责。对外宣传媒介所传播、所论及的内容，主要是重大的政治问题，需要历史的洞察和深刻冷静的思考，并通过宣传媒介进行严肃的讨论，同时代表国家或政府发表意见，批驳论敌的攻击，改变对象国家对象受众的思想态度，进而影响对象国家的决策行为，是对外宣传的基本职能。要实现这一职能，对外宣传机关必须具备严肃、庄重的品格和压倒论敌的理性权威。一个言谈粗俗、轻佻下流的宣传机关，不仅得不到对象国家对象受众的认同，就是其政府创办者也会对其失望，因而停止对它的财政支持。在这个意义上可以说，严肃是对外宣传的基本特征。

然而，根据心理学的基本原理，人们对于外部刺激的态度在较大程度上取决于其当时的心境。一般来说，在轻松愉快的体验中，人们比较易于接受外来的观点；而紧张戒备的心境，则会使主体拒绝外部的说服。为了实现宣传的目的，宣传家必须于宣传的过程中，尽一切可能营造有利于宣传、有利于说服、有利于接受的心理环境。而心理环境的改变，与宣传方式的变化密切相关。只有活泼、轻松的表现形式才能有利于对象受众心境的改善。大致而言，轻松活泼的表现形式具有如下四个特点。其一是幽默感，在坚持真实性、客观性的基础上，以轻松、戏谑的方式提示各种事物特别是琐屑、卑微事物的内在本质，内庄外谐，在开心的同时引人深思；其二是讽刺，对敌对国家或对象国家负面的人与事、以含蓄的语言加以披露和讥讽，以冲淡论战的火药味；其三是软性的题材，扩大报宣面，选取一个相对轻松、软性的题材，以提起并且维持对象受众的兴趣，其效果有如味精之于菜肴，十分明显；其四，是平和的心态和笔法，改变盛气凌人的强者姿态，显示出开明平和的君子风度，这种心态和笔法有利于增进宣传者的亲和力，有利于争取并维持对象受众的信任感。

表面看来，严肃与活泼既不相同也不相容。实际上，在高明的宣传家手中，完全可以将两者交融起来。严肃的是内容、灵魂和贯彻始终的目的；而活泼轻松的只是语言、形式和操作手法。轻松活泼的形式和语言有助于严肃的内容与思想的传播，加深对象受众的理解，扩大对外宣传的实际影响；而严肃的内容和思想，又能充实活泼形式的内涵，增强对外宣传的厚重感。因此，我们的对外宣传，既要严肃，又要活泼，只有如此，才能使我们的对象受众在轻松愉快的心境中，改变思维定式，接受我们的主义和主张。

十八　雅与俗

对外宣传机关还是国家形象和精神的代表。一个国家的档次规格、道德精神和文化传统主要是通过其对外宣传而为对象国家的受众所了解的。利用对外宣传媒介传播民族文化，表现国家的风范，是各国政府共同的目标。

中国是一个拥有数千年历史的文明古国，也是一个蒸蒸日上、实力强劲、举足轻重的世界大国。要表现出世界大国的风范，再现文明古国的神韵，对外宣传必须具有一定的品位，从内容到形式，都应达到雅的境界。所谓雅，或雅致、典雅、高雅，是与俗相对而言的。雅，即意味着脱俗、不俗。它既标志着完美，也代表着高尚。雅的对外宣传，不仅具有完美的表现形式，而且拥有正义和真理。这种境界，是对外宣传工作者理论上的追求。但是对雅的追求也有一种程度的规定，如果雅到了极致，就会远远地超出对象受众所能理解的范围。曲高和寡，是宣传也是对外宣传活动的一条基本规律。

要实现对外宣传的目的，争取更多对象受众的支持，必须深入地分析对象受众的接受心理，利用他们习惯的语言和表现风格，进行通俗的宣传说服工作。否则对象受众就会接受论敌的主义和主张，加入论敌的阵营。因此，通俗化应该而且必须成为对外宣传的基本原则。但是，这里所言的通俗不等于浅薄，也不等于庸俗。用列宁的话来说，通俗的宣传家"应该引导读者去了解深刻的思想、深刻的学说，他们从最简单的、众所周知的材料出发，用简单易懂的推论或恰当的例子来说明从这些材料得出的主要结论，启发肯动脑筋的读者不断地去思考更深一层的问题"。而庸俗、浅薄的宣传人员"不是启发读者了解严整的科学的初步原理，而是通过畸形简单化的充满庸俗玩笑的形式，把某一学说的全部结构现成地奉献给读者。读者咀嚼也用不着，只有囫囵吞枣就行了"①。另外，通俗的宣传不是要降低水平迁就暂时、落后、理解能力薄弱的宣传对象，而是要通过持续不断、十分谨慎的宣传，逐渐提高对象受众的知识水准和理解能力。从第二次世界大战结束后对外宣传发展演变的历史来看，已有越来越多的国家接受了通俗化的原则。

对外宣传要高雅，要求有一定的品位，同时又要避免曲高和寡，不然大国的风范和气度就难以表现；对外宣传还需要通俗，要适应对象国家一般群众的知识水平和理解能力，同时又要避免浅薄和庸俗，否则，宣传机构的主张、主义就不能为对象受众所理解。但是在实际的宣传活动中，对于雅与俗的程度把握极其困难。稍不注意就有可能雅到极致，或陷入庸俗。最好的办法，是在雅与俗之间设立一个中间目标区，它既有高雅和通俗的一切优点，又避免了浅薄庸俗或曲高和寡的危险。在梁启超看来，这是完全可能的："善牗民者，其所道之学识，不可不加时流一等，而又不可太与之相远。如相瞀然，常先彼一畦步间，斯可矣。吾超距而前，则彼

---

① 《列宁全集》第5卷，人民出版社，1959，第278~279页。

将仆于后矣。"① 也就是说，宣传家不可不领先大众一步，但又不能离之太远。如果远远地超出大众，大众就会像远离向导的盲人，随时有摔倒的危险。这表明，在雅与俗之间，确实存在一个兼具雅、俗两者优点的中间地带，在这里宣传家是可以创造性地发挥其宣传天才的。

十九 问与答

宣传家与对象受众是宣传过程的两端。前者的目的，是通过事实与意见的传播，影响乃至改变后者的思想、态度和行为；而后者的意图，至少在主观上，不是接受前者的影响。一般认为，对象受众接受宣传信息，主要出于如下三大需要：一是了解现实环境的变动趋势，消除不确定性；二是证实强化已有的态度观点；三是为已有的疑问寻找现成的答案。宣传家只有根据对象的现实需要，进行有针对性的宣传，才能顺利地达到自己的目的。而基于需要的宣传有两种基本的形式：其一，是答，即就现实问题向对象受众提供现成的答案；其二，是问，即向对象受众提出种种问题，这些问题足以危及对象受众固有观点、态度的可靠性，由其自行推导出最终的答案。这两种形式，在不同的时机，对于不同的宣传对象，其作用是大不一样的。

一般来说，需要宣传家就现实问题提供现成答案的，基本上属于情感型的一般大众。当社会出现非常的情势，信息渠道不通，消息缺乏，而形势的变化又非常迅速且难以捉摸时，他们心情焦虑，疑心重重。发现了现实存在的种种问题，又苦于找不到现成的答案。他们像不知得数而又不愿意动脑筋继续思考的小学生，希望老师格外开恩，告诉他们最终的结果。在这种情况下，宣传家即时地向他们提供自己关于现实问题的现成答案，不仅可以解除对象受众极度的信息饥渴，消除其不确定性，而且能在对象受众没有丝毫防备的情况下接受宣传家提供的观点，就像沙漠深处因极度干渴濒临死亡威胁的旅行者会迫不及待地喝下洼地的污水一样。

---

① 梁启超：《〈国风报〉叙例》，《饮冰室合集·文集》第九册第二十五卷上，中华书局，1989。

但是，在当今的社会生活中，像这种非常情势出现的概率毕竟很小。在一般的正常的情况下，对象受众因国内信息渠道通畅，官方的具有代表性的立场和观点大部分为他们所接受。理智型的上层分子甚至还有大部分情感型的普通民众的思维已趋于稳定。在这个时候，向他们提供有关现实问题的现成答案，与他们已有的思维定式相一致的自然会为他们所接受，不一致的则会为他们所拒绝。事实表明，这种不一致的大大多于一致的。而对对象受众不同的思维定式，显然不能采用非常情势下提供现成答案的形式。只有向对象受众提出大量的问题，并围绕着问题提供丰富的材料，而这些问题和材料又不利于对象受众思维定式的稳固，引导对象受众自己思考，鼓励他们自己推导出问题的答案，这一办法被实践证明是极有为效的。因为，首先使用此种办法，在这些对象受众看来，是对他们人格的尊重，他们会因此而感到满足；其次，他们通过自己的思考求得的答案与别人提供的答案相比，印象要深刻持久得多；再次，由于他们是靠自己的努力得到这些答案的，其成就感和满足感会油然而生。这些都是提供答案的形式所办不到的。

作为一个对外宣传工作者，应该知道，在什么时候向对象受众提供有关现实问题的现成答案；在什么时候向他们提出种种问题，供给多种材料，让他们自己求得答案。只有那些能够娴熟地把握时机，并且能自如地利用问与答的人，才能成为宣传战中的强者。

二十　快与慢

对外宣传从来都不是单方面孤立地进行的。它是对外宣传机关与其他国家的同行之间进行的一场没有止境的心理攻防战。既然它具有战争的色彩，自然就有快与慢，即先发制人与后发制人的问题。

和对内宣传一样，对外宣传也是在与事件发展几乎同步的情况下，对其对象受众施加影响的。形势变化了，宣传内容亦在随之变化。落后于现实变动的对外宣传，会让论敌占去先机，使自己陷于被动的境地，自然难免失败的命运。快，先发制人是对外宣传的另一重要法则。所谓快，是在事件发生后即时进行报道并就事件的性质意义做出评价，表明态度，或在事先料定某种问题将被论敌用作宣传主题对己方施行宣传攻势时，抢先就这一问题进行宣传。这一法则在宣传战中为人们所广泛采用，主要是出于如下三种考虑。第一，快或先发制人的宣传，在内容上具有新鲜的特性，而新鲜的东西总会比陈旧的东西更吸引人，更富有刺激性，因而易于为对象受众所注目、所接受。第二，根据宣传心理学的原理，第一印象不仅远比第二印象深刻持久，而且对于主体的态度的形成或变化具有极大的影响力。先发制人与后发制人相比，效果更为显著。第三，先发制人的宣传，便于打乱论敌的宣传计划，陷敌于被动，而己方则可牢牢地掌握宣传的主动权，迫使论敌要么跟着己方指挥的节奏跳舞，要么另起炉灶，寻觅新的论战主题，这些优势都是慢的宣传难以企及的。所以宣传应该而且必须快。但是作为宣传家也不能过于求快。太快了，也容易出现一些毛病。由于事物的发生发展有一个过程，人们对它的认识也有一个过程，如果求快心切，急于宣传，则容易出现认识的偏差或报道的失实，有时甚至会发生政治性的错误。

为了争取对象国家更多的群众，为了掌握宣传的主动权，快，先发制人是十分必要的。但快也不是一条绝对性原则。在某些必要的情况下，慢，后发制人，也会成为一种可取的选择。譬如对于本国政府与他国正在进行的秘密谈判，对国家正在酝酿的战略决策，对本质尚未完全显示出来的重大事件等，就不能一味地求快。而是应该慢一些，后推至时机成熟时再宣传。这样做不仅有助于宣传家深入地了解和把握事实的实质，而且有助于寻找和捕捉有利的战机，更为重要的还是它便于宣传家就下一步的论战做充分而细致的准备，以赢得这场宣传战。

由此可见，对外宣传需要快，也需要慢。快的宣传有先发制人之效，慢的宣传也有后发制人之功。在特定的时期，特定的场合，究竟应该快还是应该慢，先发制人还是后发制人，取决于宣传家对时机的判断。如果时机允许快的宣传，或快的宣传有利于国家、有利于人民，则应采取快的方式；如果时机不允许快，或快的宣传不利于国家、不利于人民，则应采取慢的方式。在快的时候要预估快的后果，在慢的时候则要防止先机为论敌所占。换言之，宣传家在决定快慢时，既要顾后又要瞻前，准确地把握时机，只有这样，才能快慢得当、游刃有余。

以上我们分别分析了官与民、自我与忘我、一种声音与多种声音、真与假、虚与实、利与弊、典型与一般、倾盆大雨与毛毛细雨、定量与定性、肯定与否定、爱国主义与国际主义、进攻与防守、直接与间接、重复与新奇、情感与理智、放言与沉默、严肃与活泼、雅与俗、问与答及快与慢等二十对比较重要的矛盾关系。这些矛盾关系涉及宣传者、宣传对象、宣传内容、宣传方法、宣传渠道和宣传时机等方面，在对外宣传过程中占有十分重要的地位，并且直接左右着宣传的实际效果。对此宣传人员完全有必要进行认真审视与思考。只有善于处理这些矛盾关系的宣传人员，才能成为精通韬略的宣传家；只有依靠真正的宣传家，才能实现对外宣传的基本目标。正是基于这一认识，笔者不揣浅陋，提出了自己的一管之见，错谬之处，必定不少，还望同行专家批评指正。

（本文以《对外宣传的辩证思维》为题在《国际广播》杂志连载五期：1997 年第 2 期、第 4 期、第 6 期，1998 年第 1 期、第 2 期。）

略论对外宣传体系

对外宣传总是在一定的环境之下，由一定主体利用不同的媒介，向目标国家特定的对象进行的说服活动。在这种说服活动中，虽然宣传者始终处于主导地位，出自宣传者的信息始终是宣传过程的主流，但是宣传对象并非完全被动，来自对象的反馈信息对宣传者的说服行为具有一定的调节作用。除非宣传者不企求预期的宣传效果，而无视宣传对象的反馈调节。在这个意义上，我们可以把对外宣传看成一个相对独立完整的系统。这一系统包括如下子系统：环境系统、媒介系统、宣传者、宣传对象、宣传内容、反馈。解剖这些子系统，对于深入地认识对外宣传过程，揭示对外宣传活动的基本规律，是非常必要的。

一　对外宣传媒介

对外宣传媒介是对外宣传系统的核心子系统，它是对外宣传活动的物质承载者，犹如沟通当代社会联系的交通运输网络。没有对外宣传媒介，对外宣传活动只能是空中楼阁，宣传者与宣传对象之间就没有联系的桥梁，宣传者的主观意图就无法表达，国家的国际形象也无从建构。一个国家要推进其国际战略，发展对外宣传事业，其最优先的切入点，当是发展对外宣传媒介。

在对外宣传发展的早期阶段，对外宣传媒介比较单一。从最早的口头宣传到文字宣传，连绵数千年。17世纪以来，随着近代报纸的出现与发展，报纸成为主权国家对外宣传的主要媒介。所谓报纸，是指"以刊载新闻、评论、副刊、广告为主的，面向公众的，定期、连续发行的出版物"①。报纸的特点有：主要使用文字，辅之以图片，可详可略，适合对事件的背景、原因做深度的分析报道；信息含量大，内容广泛；有较强的时效性，尤其是比之于杂志；作为消费者的读者有较强的自主性，可以自由控制阅读速度、时间、内容等；便于保存，携带方便，可以核对，有较强的可信度；读者以长期订阅为主，受众市场比较稳定；价格便宜，有利于普及与市场开拓。这些特点，使得报纸在宣传对象那里，具有较高的可信度。但是在近代国际社会，报纸的作用受到较大的限制。在许多情况下，它难以突破主权国家的政治地理和自然地理界限。目标国家为了自身利益，很容易拒其于国门之外。

20 世纪初，广播的出现极大地延伸了国家的对外宣传手段。与报纸相比，广播有以下几个特点。一是极强的渗透力。在媒介系统中，就性能价格比来说，广播的优势是最为明显的。它通过电波进行信息传输，只要发射台具有足够的发射能力，就可以穿越国家之间的自然的、政治的边界，在尽可能大的范围内瞬间传播信息；另外，从对象本身来说，购买一台收音机比订一份报纸或买一台电视机、买一台电脑要便宜得多。特别是在一些经济不甚发达、文化教育落后的国家和地区，由于信息传播的基础设施落后，广播便成为大众最主要的交流工具。二是快速及时。广播通过电波传播信息，电波传输的速度每秒高达 30 万公里。而且在传播者与接受者之间，只是通过机器转换信号，"没有印刷、发行、运输等环节的制约，如果现场直播，还可以节省编排和后期制作的时间"②。从事件发生到社会大众知晓之间的时间缩短到几乎可以忽略不计；相隔数万里，人们几乎可以同时分享全球性的信息资源。三是生动性。由于电波与语言的结合，电波还原声音的技术使得广播进行的信息传播具有印刷媒介难以企及的现场感和生动性。由不同的声音展现出的富有个性的主持风格，能够比报纸吸引更多的信息接受者。四是高度的想象力。从广播里只能听到声

①　张国良主编《新闻媒介与社会》，上海人民出版社，2001，第 27 页。

②　张国良主编《新闻媒介与社会》，上海人民出版社，2001，第 34 页。

音，而看不到人物的活动和形象。广播能够告诉听众的，除了文字语言表达的信息外，还有文字语言外的信息，这些信息从内容的编排、节目的风格、主持人的声音语调等可以领略体会到。要完全理解广播传播的信息，必须充分地调动人的想象力，张开人类思维的翅膀。五是宣传对象的适时参与。与纸质媒介不同，广播可以邀请听众同步参与广播节目，借助电波，主持人和听众可以就社会焦点进行分析、评价，发表自己的意见，实现传者与听众的交流。

电视作为宣传工具除了具备广播的那些特点，如表现力、现场感强，有较高的时效性，便于观众参与，信息容量大以外，还有自己更独特的地方。首先，电视主要是一种娱乐化媒介。"电视基本上是一种娱乐性的媒体，它报道的范围还包括了其他的娱乐事业如电影、唱片等；而另一方面，电视和其他娱乐媒体，又成为报章杂志报道的对象。"① 其次，电视还是一种感情化的媒介。电视拥有更多戏剧化的表现手段，以渲染戏剧性的场面，从而更容易刺激观众的情绪。例如在越南战争期间，美国电视从未解释越南战争是怎么回事，仅仅给出了一张西贡军官枪杀越共刺客的胶片剪辑，就引发了美国民众的反战情绪。对于突发性灾难事件的报道，也渗透了煽情的风格。由于"电视新闻沉溺于可见的东西，这使得电视与其他媒体相比，内在地成为了更加感情化的媒体。电视报道能绕过人们大脑的思考而直指人的内心，这就是它巨大力量之所在"②。再次，电视媒介还是一种极具"亲密性"的媒体。③ 相对于电影中的明星而言，电视明星与观众的距离更近、更熟悉，而且几乎是天天进行例行性接触，加上电视经常采用特写的方式和角度，对明星私密生活的披露，加强了对电视人物的亲近感。

在报纸、广播、电视之外，最近又兴起了"第四媒体"——网络（Internet）。网络是 20 世纪末以来资讯传播技术发展的结晶。在某种意义

① 〔美〕乔治·康姆史达克：《美国电视的源流与演变》，郑明椿译，台湾远流出版公司，1994，第 159 页。

② 〔美〕迈克尔·罗斯金 等：《政治科学》第 6 版，林震等译，华夏出版社，2001，第 179 页。

③ 张锦华：《传播批判理论》，台湾黎明文化事业公司，1994，第 93 页。

上，网络的兴起又是美苏冷战的直接产物。网络作为对外宣传工具，与传统的报纸、广播、电视相比，显示了自己的许多特点。一是传播方式的双向交互性。"网络与以往的传播媒体的根本不同在于，以往的媒体只能硬梆梆的单向输出信息，而网络将做到随时随地的与人对话、交流。语言本来是用于交流的，传统媒体却砍去了它的半壁江山，网络，只有网络才完整地与语言相符合"[①]。在网络上，传播者和受众可以通过电子邮件 E-mail 和公告板 BBS、聊天室等方式即时沟通，使信息的反馈得以即时实现，从而在全新的意义上实现了受众对信息传播过程的参与。二是传播手段的多媒体化。网络作为一种新的传播方式，适用于文字、图像、视频、音频等人类现有的一切传播载体，也就是说各种传统媒介的功能在网络上成功地实现了整合。网络可以发挥多媒体技术手段的优势，使传播效果最优化。三是传播空间全球化。"网络传播超越国界，甚至在缺乏有线电信网的沙漠地区，也可以通过卫星移动电话联网。"[②] 目前，网络已经覆盖到了全球 200 多个国家和地区，用户发展到了近 10 亿。信息在任何角落进入网络，在瞬间就可以传遍整个世界。网络消除了有形的和无形的国家边界，使信息传播达到了全球的规模。四是传播的高效性，能随时更新，甚至实时传播。网络不存在出版、发行环节，网页上发布信息，不受时间限制，可以随时发布、随时更新，大大地提高了信息传播的时效性。五是传播内容的无限性和易检索性。随着计算机数据存储和处理技术的发展，网上信息以几何级数增长，从而为宣传者在渠道利用方面消除了物理空间的限制；另外，网民还可借助方便的检索系统，迅速在信息的海洋中搜寻自己需要的信息。网络的特点不仅使它在与传统媒介的竞争中显示出旺盛的活力，而且在对目标国家渗透方面的优势远远超过了传统媒介。

在报纸、广播、电视、网络之外，电影、通讯社、期刊等在对外宣传领域也扮演着十分重要的角色。美国好莱坞电影就是推销美国生活方式的最有力的渠道，至于通讯社，以美联社、路透社为代表的西方四大通讯社

---

① 陈卫星主编《网络传播与社会发展》，北京广播学院出版社，2001，第 33 页。
② 张国良主编《新闻媒介与社会》，上海人民出版社，2001，第 42 页。

控制了国际新闻领域 80% 的市场，在很大程度上左右了世界各国特别是发展中国家民众认识世界的情报来源，期刊在对外传播领域也有强大的影响力。

必须指出的是，上述的报纸、广播、电视、网络、电影、通讯社、期刊等，一般可以归于专门的对外宣传媒介，它们在对外宣传领域的影响是其他手段无法替代的。但是，一个国家对外宣传目标的实现，也不能完全依赖这些专门的宣传媒介。有的时候，某些非专业的、非正式的沟通渠道，能够起到正式渠道难以起到的作用。例如，在目标对象心目中，来自某一国家的留学生、旅游者，或者是官方、民间的代表团，其成员的言行举止，实际上体现了其所在的国家和民族的形象；来自不同国家的商品或文学艺术作品，也能在一定程度上折射该国的异域风情和文化传统；对方国家来访的体育代表团也可以成为和平的信使，中美之间的"乒乓外交"就拉开了两国关系改善的帷幕；等等。这些沟通方式也能够成为有效的、间接的对外宣传渠道。其有效性正好在于它的随意性，看起来没有明确的目的，没有刻意的雕琢，因而有更高的可信度。相形之下，专门的对外宣传媒介虽然有较高的专业水平，内容精当，表现艺术上乘，但由于其目的性、功利性过于明显，加之当事国政府的居间操作，容易引起对象受众的戒备，使对象受众加强自我防御，反而不利于宣传目标的实现。所以，作为对外宣传渠道，不管是正式的还是非正式的，专门的还是非专业的，都有其存在的必要性，都有其作用发挥的空间。如果能够交叉使用，相辅相成，将在一定程度上提高对外宣传的效果。

二 宣传者

在对外宣传过程中居于主体地位的，应该是宣传者本身。宣传者决定着宣传的动机、宣传的内容、宣传的形式及宣传手段等。宣传者的水平决定了对外宣传的水平，决定了对外宣传的效果。所以要推动对外宣传，必须组建一支专业的对外宣传队伍；要进行卓有成效的对外宣传，还必须提高对外宣传者的专业素养和理论水平。

宣传者是对外宣传过程中的把关人。传播学者麦克内利提出了著名的

"把关人"模式。该模式"试图描述在新闻事件与最终接受者（报纸读者等等）之间存在的各种各样的中间传播者"①。换言之，它描述了信息在流动过程中经过一系列把关的过程。这一过程有四个环节："1）采集信息：寻找适合于传播、有传播价值的信息；2）过滤信息：根据传播目的及信息和受众情况，筛选和过滤已经采集到的信息；3）制作信息：将决定传播的信息符号化（编码），加工成讯息；4）传布讯息：将制作成的讯息通过媒介网络发布出去，最后达到受众。"② 在这一过程中，媒介各部门工作人员在一定程度上参与了把关，从而在不同程度上影响了传播的内容。在对外宣传过程中，把关人散布于各个主要的环节。其主要的职责，就是根据一定的政治、新闻或道德的标准，对流经本区的信息进行选择、过滤、删节、放大、修改，并决定其是否进入下一个传播过程。"它包括疏导与抑制两个方面。疏导即放行、突出、放大；抑制即阻止或暂时搁置、弱化、删减等。"③ 在操作上具体表现为阻止或删节某条或某些政治信息；添加政治信息内容；改变政治信息的重心或性质；修改政治信息的内容与表达形式等。其目的，是保证经过本区的信息能够取得有利于本国根本利益的效果。

把关人在对外宣传过程中的主要标准有三。其一是政治标准。政治标准是每个把关人都必须烂熟于心的，是最重要的判断标准。尽管有些国家特别是西方自由主义国家的大众媒介及其从业人员标榜超党派、独立的立场，宣称远离政治，但其报道立论，无不渗透着阶级、民族的情感和现实的利益考量。通过报道活动服务于政治体系和现实的国家利益，是不言自明的。在中国，对外宣传媒介必须坚持的政治标准就是四项基本原则："第一，必须坚持社会主义道路；第二，必须坚持无产阶级专政；第三，必须坚持共产党的领导；第四，必须坚持马列主义、毛泽东思想。"④ 1992年3月9日至10日，中共中央政治局会议又提出"应该主要看是否

① 〔英〕丹尼斯·麦奎尔、斯文·温德尔：《大众传播模式论》，祝建华、武伟译，上海译文出版社，1987，第136~137页。
② 张国良主编《新闻媒介与社会》，上海人民出版社，2001，第75页。
③ 邵培仁主编《政治传播学》，江苏人民出版社，1991，第208页。
④ 《邓小平思想年编（1975~1997）》，中央文献出版社，2011，第229页。

有利于发展社会主义社会的生产力，是否有利于增强社会主义国家的综合国力，是否有利于提高人民的生活水平"①。虽然这个标准主要针对的是姓"资"还是姓"社"的问题，但在对外宣传方面同样适用。凡是有利于发展社会主义生产力、有利于增强社会主义国家的综合国力、有利于提高人民的生活水平的信息，就应该予以放行，迅速传播给国际社会。其二是新闻标准，也称为新闻价值标准，其宗旨是为了"解决究竟选择什么事实才会引起公众兴趣这个难题的。新闻价值就是事实本身包含的引起社会各种人员共同兴趣的素质"②。也有人认为新闻价值是"受众的需要、要求同足以构成新闻的那些特殊素质的统一；或者说，就是新闻的某些特殊素质对受众需要、要求的满足"③。具有这些素质的，就拥有新闻价值。其三是艺术标准。它是把关人"依据信息的设计框架、线索安排、艺术形象等表现形式，运用语言、色彩、形象、音响等技能、手段的科学性、逻辑性和艺术性的优劣、好坏来决定信息取舍的主观尺度"④。艺术标准是随着时代的发展变化而变化的。艺术标准的执行效果往往受到把关人自身艺术修养，可供选择的信息的数量、质量等因素的制约。艺术标准必须与宣传对象的艺术欣赏水平一致，或略高于后者的水平。如果艺术标准过高，其信息作品就会成为阳春白雪，反之，如果一味迎合大众的欣赏趣味，则难免使媒介的宣传活动流于庸俗。

目标国家的宣传对象能从对外宣传媒介得到什么信息，是由把关人决定的。对外宣传媒介的说服活动究竟能够取得多大的效果，除了信息内容外，还受到宣传者自身形象的影响。对外宣传是由有生命、有意识的人来操作的，宣传者是对外宣传过程的主导者。从个人层面看，决定其形象的最重要也是首要的因素是品德。亚里士多德曾经指出，演说者的品德"是所有说服手段中最有力的"。作为品德的核心内容，诚实引起了他的高度重视："我们越是觉得一个人诚实，就会越快地相信他。在一般的情

① 《十五大以来重要文献选编》（上），人民出版社，2000，第336页。
② 李良荣：《新闻学概论》，复旦大学出版社，2001，第262页。
③ 吴高福：《新闻学基本原理》，武汉大学出版社，1993，第172页。
④ 张笃行、张力行：《社会宣传学》，上海社会科学院出版社，1987，第33页。

况下，当问题超出确切的知识范围时，在意见分歧时，我们就绝对信任他们"①。诚实就是讲真话。不仅其对社会的反映、报道要真实、客观，即媒介报道内容要与社会实际相一致；而且，在发表意见时，也应该诚实，讲自己想讲的话，而不发违心之论。品德的另一个构成因素是公正，不谋私利，不怀偏见。心理学家弗里德曼指出，对于传播者来说，"一个主要问题是如何让听众相信他是一个无偏见的观察者"，如果他要"表现得可以让人信赖，对于他来说有一种方式，就是要为一种看来与他自身利益相反的见解争辩"②。也就是说，立论公正，不偏不私，这样的对外宣传媒介就容易得到目标对象的信任。如果为了一己之私，偏颇立论，就无法赢得对象的信赖。其次是知识与能力。宣传者具有广博的知识和深厚的专业背景，是进行成功说服的前提，它直接关系对外宣传工作者自身乃至媒介的权威性。一个视野开阔、眼光深邃的权威级专家，在对外宣传过程中扮演的角色，显然比一个普通的宣传人员要有效得多。再次是专业技能。对外宣传是一项专业性很强的工作，有其独特的规律。不懂得传播的艺术，没有过硬的专业技能，就不能善用媒介资源。其结果，不仅会导致宣传资源的浪费，而且会引发目标对象的抵制，消解对外宣传活动的效果。

三　宣传内容

对外宣传的使命究竟能够在多大程度上实现，取决于其传播的内容。宣传内容的组织与表现形式，直接影响宣传对象的接受。哈贝马斯的沟通理论认为，任何一项成功的沟通或说服行为，其传播内容必须满足四个必要的条件，即：第一，言辞意义是可理解的；第二，言辞内容是真实的；第三，言辞行动是正当得体的；第四，言辞者的意向是真诚的。③这一概括相当全面。这里仅就内容的客观性、可理解性略做阐述。

---

① 转引自〔美〕威尔伯·施拉姆、威廉·波特《传播学概论》，陈亮等译，新华出版社，1984，第220页。
② 〔美〕J. L. 弗里德曼、D. O. 西尔斯、J. M. 卡尔史密斯：《社会心理学》，高地等译，黑龙江人民出版社，1984，第356页。
③ 黄瑞祺：《社会理论与社会世界》，北京大学出版社，2005，第127页。

对外宣传媒介要说服目标对象，其宣传内容首先必须是客观的，必须完全真实。宣传媒介对世界的描述是人们了解社会的主要来源，也是人们适应社会的基本依据。由于客观及认识上的原因，媒介对世界的描述与现实总会存在这样或那样的偏差。此种偏差既表现在数量方面，又表现在质量方面。由于这种描述与宣传对象的行为有着较高的相关度，所以失实的报道、带有偏差的描述，极有可能将对象带入行动的误区，妨碍他们的社会适应，甚至危及社会系统的稳定。如果宣传媒介沉湎于浮夸风，习惯于说假话，说谎话，把谎言当真实，把扭曲的虚拟环境当成客观的现实环境，必然失去宣传对象的信任。宣传对象渴望真实的信息，厌恶虚假的传播。只有真实的信息、客观的报道，即与现实环境一致的描述，才能取信于目标对象。

其次，对外宣传还必须讲究说服的逻辑。对外宣传媒介的基本职责，是通过事实的报道、文化的传播来影响目标国家的宣传对象。其实现与否，与宣传内容的表现力和说服力直接相关。由于宣传对象一般并没有受过高深的教育，也不具备系统的逻辑知识，他们对媒介信息主要是"凭借生活经验、简单因果关系分析、简单的对比，或以某种流行的衡量标准等等"① 来进行判断、吸收的。严密的逻辑推理、广博的引证，对于知识分子而言也许是再适合不过的，但对于只具备普通文化水准的宣传对象来说，未必有助于他们接受、理解。许多传播学者主张，媒介说服的逻辑应该在无意中发挥作用，而不是摆出一副硬要改变他人的架势。如果遵循事实的逻辑，以讲故事的方式，娓娓道来，将对象引入情景，使其在无意中接受故事蕴含的道理，并融入对象既有的价值体系之中，就容易产生效果。在日后的社会生活中，在个体的社会适应中，故事的逻辑也会使对象举一反三，触类旁通。

再次，内容呈现的方式也会影响宣传的效果。各种心理学的试验及传播学方面的调查表明，媒介传播内容的呈现或表达方式，也会在一定程度上影响宣传的效果。一般而言，生动的表述，带有现场感的报道、影视画面，比枯燥、干巴巴的信息更容易引起宣传对象的注意。这是因为生动的

---

① 陈力丹：《舆论学——舆论导向研究》，中国广播电视出版社，1999，第196~197页。

信息具有较强的刺激，更容易进入对象的头脑，因此在编码时受到更完全的加工，其记忆的痕迹也更深刻；同时，生动的信息还具有很强的形象性，容易引起对象内部的视觉表征①，所以对接受者的影响更深刻而持久。此外，面对目标国家的宣传对象，宣传媒介是直接提供有关问题的结论，还是让对象自己得出结论，当宣传对象面对两种尖锐冲突的信息时，应该先呈现其中的哪一种，宣传媒介是否将说服的动机直接明白地告诉宣传对象等，都会影响宣传对象的接受状态，进而影响他们对宣传媒介政治倾向的认同和记忆。

四　宣传对象

宣传历史上曾有这样一段时间，业界、学界普遍把信息接受者、宣传对象视为被动的客体，或是应声而倒的"靶子"。按照这种理论——"魔弹论"，宣传媒介似乎是无所不能，无往不胜。但后来的宣传实践表明，这不过是宣传者的一厢情愿。信息接受者在宣传过程中，往往显示出顽固、难以改变的一面。他不是被动地接受，不是按照宣传者设计好的路径接受，而是积极地、主动地寻求信息为己所用。在这里，宣传对象的主体性表露无遗。他是根据自己的需要、既有定式和接受趣味，对信息进行主动的选择。尽管在与媒介的关系上，接受者是宣传过程的客体；但在对信息的处理上，宣传对象无疑又是这一过程的主体。也就是说，宣传过程具有双主体的特性。② 在对外宣传媒介面前，宣传对象既是客体，又是主体。从对宣传效果的影响而言，宣传对象自身特性的影响力并不亚于宣传者、环境等因素。

根据叙事学理论，人们对现实的描述总是不完全的。没有一部小说、一篇报道可以说出所有事情，每一个文本都有大量的空白需要读者填充。作者总是选择某些事情进行描述并且假定读者会以其固有的知识去丰富他

① 〔美〕S. T. 菲斯克、S. E. 泰勒：《社会认知——人怎样认识自己和他人》，张庆林、陈兴强等译，贵州人民出版社，1994，第 202 页。

② 参见陈秉公《思想政治教育学原理》，辽宁人民出版社，2001，第 111~114 页。

们所读取的故事。读者读解文本的过程，实际是对文本重新创作的过程。"而不同的读者填充空白的方式是不一样的。这就是没有两个人以同一种方式阅读某一个特定文本的原因。"① 这一看法与传统的"魔弹论"完全对立，后者认为，一条信息以同样的方式传达给千百万只眼睛或耳朵，其引发的反应是基本相同的。那么是什么因素决定了读者以不同的方式去读取同一信息，从而决定了宣传的不同效果呢？一般而言，宣传对象的社会类型差异是决定对外宣传效果的重要因素。物以类聚，人以群分。根据年龄、职业、地域、民族、文化水平、政治态度、宗教信仰等因素的差异，可以把人群区分为不同的社会类型。而每一社会类型的人都具有独特的语言、信念、兴趣、性格、价值观、政治情感、政治态度、行为方式和思维方式。② 他们对于媒介传播的同一信息，一般会进行大致类似的解读；这种解读与其他社会类型的人可能截然不同。比如，年轻人可能较老年人更容易接受激进的政治主张和新奇的政治意见；市场经济条件下的宣传对象对公共事务、国际事务的兴趣比自然经济条件下的对象要高得多等。凡是针对某些社会类型的信息，必然会在这一类型的宣传对象中引起预期的反应；而其他类型的宣传对象，可能会采取置之不理的态度，以至难以产生效果。

与社会类型有关的还有一个重要因素，那就是认知能力的差异。美国心理学家齐格勒认为，认知因素是作为社会化的中介而起作用的。"每个人都有自己的世界观，……这种世界观决定了人们如何解释他所看到和他所经历的一切，决定了他认为什么是强化，什么是惩罚，以及决定他选择模仿的对象。"③ 伯格也提出了近似的见解，在伯格看来，"读者对叙事的理解取决于他们是否有许多的知识以便能够明白正在发生的事情。如果读者不知道绵羊、羊毛、主人和夫人分别是什么，'咩，咩，黑绵羊'就没有任何意义。以幼儿为对象的故事讲述的一般是动物和他们所了解的其他

---

① 〔美〕伯格：《通俗文化、媒介和日常生活中的叙事》，姚媛译，南京大学出版社，2000，第 14 页。
② 参见徐耀魁主编《西方新闻理论评析》，新华出版社，1998，第 305 页。
③ 〔美〕E. 齐格勒、I. 基尔德、M. 拉姆：《社会化与个性发展》，李凌等译，北京航空航天大学出版社，1988，第 46 页。

形象，情节相对比较简单……以成人为对象的故事的作者一般假定我们能够理解或者领会他们所写的一切"①。可见，宣传对象的认知水平是理解、填充媒介文本的前提。一个认知能力低下的宣传对象，是无法理解、发掘文本中的微言大义的。但是对象的认知因素作为解读文本的基础，在对外宣传过程中，与宣传媒介的影响又是互为因果的。以电视媒体来说，观众的观念和经验"左右他们对于电视内容的阐释及领会，而与电视接触的结果，又反过来影响他们对于事物的看法及价值观，因此又改变了他们日后对电视节目的接受力。两者互相影响，反复循环"②。

宣传对象的媒介接触水平和动机，也会在一定程度上影响对外宣传的效果。宣传效果的实现，是以宣传对象对媒介的接触为条件的。只有宣传对象能够接触宣传媒介，即能够读到报纸、听广播、看电视，或上网浏览，宣传媒介才能发挥实际影响作用。反之，一个远离媒介的个体，媒介当然无法对其态度改变产生影响。此外，宣传对象接触媒介的动机差异，也会影响媒介效果发挥的空间。D. 麦克艾尔等人把人们接触媒介的动机区分为四大类型。一是转换情绪（逃避日常生活的束缚、逃避烦恼、从精神上获得解放）；二是促进人际关系（促进亲友关系、发挥社交作用）；三是保持个性和同一性（获得个人行为标准、探求现实、强化价值观）；四是监视环境。③ 还有学者将宣传对象接触媒介的动机归结为"获取信息，松弛神经以使身心舒适，消除烦恼、疲劳以及社会生活的其他方面所带来的不满，逃避问题，获取谈话的资料，以及作为与家人相处的一种方式"④。不同的接触动机决定了宣传媒介可能发挥的不同作用。如果宣传的内容能够迎合宣传对象的这些动机，就有可能在满足他们信息需要的同时，影响他们的情感、态度和行为倾向。

应该补充的是，这里所称的宣传对象，指的是目标国家的所有民众。

① 〔美〕伯格：《通俗文化、媒介和日常生活中的叙事》，姚媛译，南京大学出版社，2000，第 13 页。

② 〔美〕乔治·康姆史达克：《美国电视的源流与演变》，郑明椿译，台湾远流出版公司，1994，第 165 页。

③ 〔日〕竹内郁朗编《大众传播社会学》，张国良译，复旦大学出版社，1989，第 168 页。

④ 转引自〔美〕詹姆斯·M. 伯恩斯、杰克·W. 佩尔塔森、托马斯·E. 克罗宁《民治政府》，陆震纶等译，中国社会科学出版社，1996，第 467 页。

不过，在信息传播日趋分众化的情况下，单一宣传媒介不可能面向目标国家所有的国民。它必须对宣传对象进行细分，就对象进行准确的定位，要么是面向精英阶层，要么是面向社会大众；要么以当权阶级为对象，要么以被统治阶级为对象。在中青年与老年人之间，在农民与城市居民之间，也应该进行区分。只有富有针对性的宣传，才能做到事半功倍。

五　反馈

在直观的意义上，宣传者是对外宣传过程的主体，宣传对象则是这一过程的客体。对外宣传就是宣传者利用宣传渠道，将经过选择并精心加工的宣传信息源源不断地发往宣传对象的过程，这是一种信息的单向流动。其实这是一种误解。对外宣传和其他传播形式一样，宣传者和宣传对象的关系也具有双向互动的性质。宣传者在向宣传对象发送信息，宣传对象也会以某种形式做出回应，这种回应可能是有意识的，也可能是无意识的。在正常的情况下，来自宣传对象的回应信息会对宣传者的传播行为产生一定的影响。事实上，宣传者只有对宣传对象的回应做出恰当的反应，适时调整宣传的内容和形式，才能取得预期的宣传效果。这种由宣传对象向宣传者的信息回流过程，就是反馈。正是由于反馈的存在，宣传过程才得以成为一个闭路循环系统，而一个没有反馈的宣传过程只能是一个开链系统。①

在人际传播的情况下，反馈对传播者行为的调节是及时的现实行为。几乎所有的宣传家都意识到了能够对受众反馈信息做出恰当反应，对宣传效果将会产生很大程度的影响。在公众集会上发表讲话的演说家，能够调动听众的情绪，使他们为之着迷、为之癫狂，关键在于他充分地利用了听众的反馈。正是因应了反馈，演说家和听众之间才实现了双向互动。在大众传播领域，反馈的意义也同样不能忽视。不少传播媒介及从业人员，高度关注传统的反馈渠道，如读者来信、发行量的增减等，同时还不断地开拓新的反馈渠道，收集受众的反馈信息，如定期不定期的收视率调查、读

---

① 《中国大百科全书·新闻出版》，中国大百科全书出版社，1990，第 101 页。

者调查，以求提高媒体的市场份额。

对外宣传与对内宣传的最重要的不同，在于对外宣传的目标对象生活在遥远的国外，看不见，摸不着。宣传对象对内容的回流远不如国内对象那么及时、有效。宣传者把握来自宣传对象的回流信息的手段也不如国内的多。这就要求宣传者要以更大的耐心，集中精力，捕捉零星的反馈信息，并加以放大，及时地对目标对象的反馈做出适切的反应，选择适当的时机，灵活地调整对外宣传的内容和表现形式。只有这样，对外宣传才能更加富有针对性、贴近性。在这方面，西方国家专门的对外宣传媒介做得比较好，它们知道目标国家的宣传对象最想知道什么，知道他们对热点问题的态度和情感倾向，了解他们对特定事件的反应模式。相形之下，中国的外宣媒体及宣传工作者则存在较多的问题，他们对来自目标国家宣传对象的回流信息，缺乏敏感，有时即便是感受到了这种反馈，也由于机关作风，无法做出及时的因应。正是因此，中国目前进行的对外宣传，在某种程度上，类似于一个开链系统，而不是闭路循环系统。在宣传者与宣传对象之间，信息的流动基本上是单向的，即由宣传者流向宣传对象，来自宣传对象的回流信息不仅量少，而且得不到适当的反应。在某些情况下，即便内容不对宣传对象的胃口，即便对象已经鲜明地表达了自己的反感，也难以得到及时的改正，其宣传效果就可想而知了。

六 环境

在对外宣传体系中，具有重要意义而又最容易被人们忽略的，就是环境。英国政治学者格雷厄姆·沃拉斯有一句名言："人的冲动、思想和行为都来源于他的天性与他降生在其中的环境之间的关系。"[1] 个体置身环境之中，其个性、思想、态度的形成与改变，无不与环境息息相关；同时个体作为社会的一分子，时时刻刻又在以其社会行为反过来影响环境的变迁。那么环境是什么？美国心理学家斯通认为，环境也可以称为社会

---

[1] 〔英〕格雷厄姆·沃拉斯：《政治中的人性》，朱曾汶译，商务印书馆，1995，第37页。

"生活空间"，它包容着影响个体行为的一切力量，"包括丈夫、孩子、政治问题、他居住的房子和城镇、气候"等，"环境通常是人类行为的第二个源泉"①。也有人把环境界定为"环绕在人的周围并给人以某种影响的客观现实"②。或者说，环境是除了对外宣传媒介之外，影响目标国家宣传对象的一切外因的总和。对环境做这样的理解，似乎过于笼统。为了揭示不同的环境因素在对外宣传过程中的影响，有必要对环境做进一步的区分。在这方面，可以把环境分为社会环境和自然环境两个不同的层面；也可以把环境区分为现实环境和虚拟环境两个层面。这里仅从现实环境与虚拟环境的角度来分析环境的影响。

所谓现实环境，就是斯通所指的"生活空间"，它是实体性的，是影响宣传对象认知、情感和行为倾向的一切外因的总和。现实环境作为独立于人的意识、经验之外的客观存在，是不以人的主观意识为转移的，但总是直接地为个体所感知、所体验。在这个意义上，现实环境又可以称为直接环境，它是个体心理的客观基础。个体置身的团体氛围是重要的现实环境。美国传播学者赖利夫妇指出：作为传播过程的接受者，"他可能在如何对讯息做出选择、理解和反应方面受到这些群体的指导"③。例如，一所学校的学生一般来说至少属于一个伙伴群体（基本群体），而这个群体则是班级和整个学校（更大的社会组织结构）的组成部分。基本群体的态度和行为，一部分受成员的相互影响，另一部分则受到这个更大的结构的影响。群体并不是每个成员完全平等的结合。每个群体都有自己的意见领袖或头领，他在群体中的地位十分重要。他是"各色人等形成组织的第一因素，他为他们组成派别铺平了道路。一群人就像温顺的羊群，没有头羊就会不知所措"④。一些社会学者甚至认为，群体及其领袖对宣传对象的影响，比专门的宣传工具的影响更大，特别是意见领袖的作用。巴特

---

① 〔美〕威廉·F. 斯通：《政治心理学》，胡杰译，黑龙江人民出版社，1987，第57~58页。
② 陈秉公：《思想政治教育学原理》，辽宁人民出版社，2001，第279页。
③ 〔英〕丹尼斯·麦奎尔、斯文·温德尔：《大众传播模式论》，祝建华、武伟译，上海译文出版社，1987，第48~49页。
④ 〔法〕古斯塔夫·勒庞：《乌合之众——大众心理研究》，冯克利译，中央编译出版社，2000，第97页。

勒认为，"在每一个问题上——无论是时尚问题，还是政治问题，每个社会群体都有少数被视为'权威'的人物。群体成员挑选这样一些受尊敬的'舆论领袖'，他们的意见具有高度的影响力"①。在对外宣传过程中，是不能忽视宣传对象所在的群体及其领袖既有的态度倾向的。

虚拟环境是借助某种中介被人意识和体验到的客观世界，其内容虽然是客观环境的反映，但毕竟不等于客观环境自身。例如一个人没有到过外国，但可以通过媒介了解外国的生产、生活、民情、风物。这就是虚拟环境，它并不需要个体亲身经历，而借助信息中介间接体验感受。因此，虚拟环境又可以称为间接环境。② 尽管人们都希望亲身经历、亲身感受现实环境。但是世界之大，人生之短暂，使我们无法事事经历，事实上也没有必要事事经历。因此虚拟环境对于人们认识世界、适应社会所发挥的影响远比现实环境要大得多。它使物理上局限于某一狭隘地域的人们能够接触个体无法亲历的外部世界，为个体提供了一个可以感知的、仿佛是亲身经历的间接环境。如果说环境是人类行为的第二个来源，那么这个来源主要是指虚拟环境。但这个来源是人为的、虚拟的，而且在许多场合是歪曲的，甚至是伪造的。美国专栏作家李普曼认为，虚拟环境仅仅是模拟现实环境，同现实世界的复杂多样相比，虚拟环境仅是现实环境的一部分。虚拟环境对现实的描述往往具有欺骗性，容易使人们产生误解，从而在宣传对象心目中形成关于现实环境的歪曲图像。③ 当人们将扭曲的虚拟环境视为现实环境并据此行动时，难免会产生悲剧。例如，一些影视剧和不负责任的新闻报道，将西方社会描述为遍地黄金的梦幻之地，结果导致一些发展中国家面向西方国家的移民、偷渡风潮，以至于不少偷渡者带着无法实现的梦想惨死在远洋货轮的集装箱中。应该指出的是，各种宣传媒介对现实社会的歪曲，固然有相当部分源自描述者的个人目的，但并非全然如此。有些描述者也怀抱远大的理想、高度的社会责任感，但是其由于受观察问题视角的局限以及自身素质等因素的影响，难免成为偏见的囚徒，以

---

① 〔英〕戴维·巴勒特：《媒介社会学》，赵伯英、孟春译，社会科学文献出版社，1989，第 28 页。

② 参见张国良《新闻媒介与社会》，上海人民出版社，2001，第 80~81 页。

③ 〔美〕李普曼：《舆论学》，林珊译，华夏出版社，1989，第 9 页。

至于好心干了坏事。

对外宣传媒介能够对目标对象产生重大的影响，但是要发挥这种影响，必须正视媒介及对象置身的现实环境和虚拟环境。这两种环境不仅会对宣传对象而且对宣传者产生持久的影响。对外宣传媒介固然也是塑造虚拟环境的主要力量，但其传播的内容不论是报道还是意见，都不能够完全背离环境。不仅不能背离客观的现实环境，而且不能背离其他传播渠道建构的虚拟环境。对外宣传媒介的传播内容只有与环境保持一致，与其他渠道保持一致，才能最大限度地发挥其影响力。

总之，作为对外宣传体系的子系统，宣传媒介、宣传者、宣传内容、宣传对象、来自对象的反馈以及宣传活动置身的内外环境，都是我们在研究对外宣传活动时不能忽视的。这些子系统本身相互影响，彼此制约，形成了一个相对封闭的循环系统或信息链；同时，这个循环系统又是绝对开放的，其每一个组成要素，都可以与社会大系统及其子系统发生联系，实现与社会系统的互动或共振。如宣传媒介、宣传者总是隶属于一定的社会集团并受其制约，宣传内容总是一定社会变动的反映，宣传对象也总是一定国家的特定社会群体，而环境正是宣传活动与社会系统对接的大平台。在这个意义上，对外宣传活动不是外在于社会的孤立行为，它与社会系统息息相关。在全球化如火如荼的今天，甚至可以说，每个社会成员都可以成为对外宣传者，都免不了成为他国的宣传对象，其言行举止既有可能成为对外宣传的内容，也可能被他国对外宣传媒体视为反馈，而他们生息的舞台则是对外宣传的环境。所以，从大格局审视对外宣传体系，注重对外宣传系统与社会系统的关联和互动，实乃发展对外宣传事业的前提。

（本文发表于《今传媒》2006 年第 1 期）

讲好中国故事，
树立国家形象

大家下午好！今天非常高兴，在这个艳阳高照、春光融融的初春时节，第一届"讲好中国故事"创意传播国际大赛正式启动，来自各地的专家、学者齐聚一堂，切磋国际传播的理论与实践问题，对于中国的持续发展和崛起，对于国际传播、公共关系、跨文化交流的学术探讨具有重要的意义。在此，我代表华中科技大学新闻与信息传播学院，向各位嘉宾、各位同仁的莅临表示热烈的欢迎。同时，我也要向国家外文局长期以来对我们的支持表示衷心的感谢！

我们十分幸运，能够生活在这个伟大的时代，见证了世界历史的风云变幻，大国兴衰，传媒转型，社会变革。今天为讲好中国故事这个命题聚会在一起，主要是基于三个原因。

第一，日益全面、日趋紧密的全球化进程，使得地球的空间越来越小，各地区、各国家的联系不断加强，作为国际社会行为主体的国家再强大，也不能自绝于全球体系，闭关自守只能是自取灭亡。在这一自然历史进程中，我们国家怎么样才能顺利地融入全球体系，在融入的过程中，怎么样才能得到国际社会、其他国家的认同和接纳，取决于在这一过程中呈现的国家形象。

第二，今天我们置身信息传播高度发达的媒介化时代，基于信息传播技术的突破，各种新的传播媒介层出不穷，海量的信息弥漫于我们全部的生活空间，无处不在，无孔不入。现在我们面临的问题不再是信息缺乏，信息饥渴，而是信息过剩。面对潮水般涌来的信息，人们不是去拥抱，而是回避、逃避。在这种背景下，如何提高信息传播的有效性，增强传播的针对性，强化信息内容的不可替代性，是我们必须解决的重大问题。

第三，中国持续崛起的态势，已经并且还在继续改变世界的力量对比。20 世纪 80 年代以来，因为改革开放而蓄积的动能继续地释放，中国的综合国力持续提升，GDP 连续 40 年高速增长，现已经超过日、德、英、法诸强，仅次于美国而居全球第二。当中国强大起来了，还会如今天一样平和与谦逊吗？还会遵循由西方国家制订的国际规则吗？大国在忧虑，小国、邻国也在观望。他们需要了解中国的真正意图。我们必须回应他们的关切。

所以，了解中国，认识正在发展、正在崛起的中国，是当前国际社会的重大需要。在中国这片壮丽的河山、富饶的土地上，正在上演着一幕幕惊天地、泣鬼神的话剧，流传着千万个动人的真切故事，它们是发展的中国、充满活力的中国的现实写照，也是最能够打动人感动人的内容。

我们要在世界上树立富有文化魅力的、和平的中国形象，树立中国负责任的全球大国形象，就需要面向世界讲好在中国这片土地上发生的故事，或者在全球舞台上由中国人扮演重要角色的感人故事。这是外国公众了解中国、认识中国的切入点。

向世界人民讲好中国故事，不仅是职业传媒人的责任，每一个中国人，每一个能够接触到外国人的中国人，都有这个义务；另外，每一个中国人都还有可能是外国人亟待了解的中国故事的主人公，都有可能是彰显中国形象的流动的名片。我们还期待热爱中国的外国朋友们，也能够成为讲述中国故事的高手。

今天我们在这里开会，举办"讲好中国故事"大赛，就是为了讲好中国故事，就是为了发现、培养更多的会讲故事的人，就是为了在国际舞台进一步擦亮中国的名片，就是为了在国际社会树立理想的中国形象，就是为了增强各国人民、全球舆论对崛起中国的理解和认同。在今日中国，可以说，悠悠万事，唯此为大。

故事天天有，精彩须高手。今天高朋满座，群贤毕至，聚焦中国故事，探索传播艺术，可以想象我们的目标一定会实现。预祝我们的会议取得圆满成功！

（本文是张昆教授于 2017 年 2 月 27 日在北京第一届"讲好中国故事"创意传播国际大赛启动仪式暨专家研讨会上的致辞）

讲好中国故事，占领道义高地

随着中国经济实力不断增长，中国及中国国民频繁亮相国际舞台；五千年灿烂的历史文明与当今的繁荣发展交相辉映，也吸引着众多国际友人到访中国、定居中国。众多中国故事正在上演，共同谱写中华民族伟大复兴的中国梦。讲好中国故事，占领道义高地，向世界展现和谐、友好、博爱的中国，消除国际社会对中国的敌意，对形塑中国形象、争取国际社会的认同和理解，具有重要的意义。

一 什么故事最感人

讲好中国故事，首先要解决讲什么故事的问题。从对外传播实践来看，"创业英雄成就的中国梦"、"平凡人的不平凡故事"、"在华外国人的友好交往故事"以及"担当大国责任的道义故事"等，最能体现中国魅力和中国价值，最能得到受众的接受和认可。

创业英雄成就的中国梦。国家经济的发展离不开杰出企业家的辛劳奉献，万千企业家的价值总和集中体现为一国的经济数据。中国经济的繁荣就得益于无数企业家的奋斗打拼。在改革开放以来的经济发展浪潮中，一部分中国人白手起家，凭借自己过人的胆识和智慧，抢得先机开启了创新创业之旅。中国企业不断壮大，形成庞大的商业帝国，并将业务不断延伸至国外，在世界市场上与国际顶尖企业同台竞技，与全球经济共进步。《福布斯》杂志公布的数据显示，榜上 1810 名富豪中有 251 人来自中国大陆，中国拥有富豪数量仅次于美国，居全球第二。这些企业家无论出身、不问来路，凭借一己之力瞄准商机艰苦奋斗，缔造了个人商业上的成功，共同创造了经济腾飞和国家繁荣，堪称创业英雄，赢得了国际社会的尊重，成为每个创业者学习的榜样。

平凡人的不平凡故事。杰出人物是国家的优秀代表，但平凡人在言行举止间透露的秉性修养、价值取向，最能反映国家的品性和风貌。中国自古推崇儒家文化，以"仁"为核心思想，讲求"孝、悌、忠、信、礼、义、廉、耻"，形成高尚的道德准则、完整的礼仪规范和优秀的传统美德，当代中国国民仍深受其影响。平凡人或许没有创业英雄波澜起伏的生活，但仍能在平凡的岗位上实现人生价值、绽放不平凡的精彩。新中国成立以来，涌现的著名劳模时传祥、李素丽等，扎根平凡岗位，以高度的责任感和使命感奉献社会，在平凡的生活中谱写不平凡的中国故事。不以财富的多少、地位高低衡量成功与否，无数平凡的中国人以实际行动和毕生精力追求有价值、有意义的人生，塑造了中国国民善良质朴、敬业奉献、诚实守信的良好形象。

在华外国人的友好交往故事。中国以开放、包容的心态主动融入全球体系，同时也欢迎和接纳外国友人的到来。作为创造当代中国历史的主体，外国人为中国的进步和发展做出了不可磨灭的贡献。深圳广播电影电视集团以广播专题的形式，讲述了美国人罗恩惠变卖家产在深圳创办关爱特殊儿童机构，帮扶自闭症儿童改善现状的故事。罗恩惠不仅收养了一名患有自闭症的中国弃婴，更倾尽所有为自闭症患儿提供更专业的康复治疗。其大爱情怀，深深地感动了中外的民众。李克强总理在 2014 年夏季达沃斯论坛开幕式致辞中表示："中国永远做一个开放的大国、学习的大国、包容的大国，努力建成一个创新大国。"外国友人在华的交流活动，充分体现了中国兼容并包、兼收并蓄的大国风范。

担当大国责任的道义故事。作为世界上最大的发展中国家，中国坚持把本国利益与各国人民的利益结合起来，全面融入现行国际体系，遵守国际规则，履行国际义务。前不久，受强厄尔尼诺现象的影响，澜沧江—湄公河流域各国均遭受不同程度旱灾。应越方请求，中方通过境内景洪水电站对下游实施应急补水，缓解邻国旱情，受到国际社会的好评。中国还通过国际救援、维和等方式主动承担国际责任，提供力所能及的帮助。中国维和部队成立 17 年以来，已派出维和士兵近万名。2011 年日本 9.0 级地震引发海啸，并造成日本福岛第一核电站发生核泄漏事故。中国红十字会当即向日本红十字会捐款，中国国际救援队也迅速奔赴灾区展开救援工作。中国人均 GDP 虽然与发达国家差距甚远，却主动承担减排责任。2014 年中美共同发表《中美气候变化联合声明》，承诺 2030 年前后达到碳排放峰值并争取尽早达峰。此举意味着中国将在保持经济增长的同时完成能源结构的调整，这对中国经济发展而言，是一个严峻的挑战。中国的大国责任担当，在全球范围产生了积极的影响。

二 怎样讲才动听？

好故事能够感人，但是好故事讲得不好，也难以引起听众的关注，更难为听众所接受。好的故事只有通过恰当的表达，才能插上飞翔的翅膀，而直接进入听众的心灵深处。正如一个哲人所说的，发现真理固然伟大，但是如何表述真理更加重要。

怎么样才能讲好中国故事？须知，好故事感人，根本原因在于它是真实的。古希腊学者柏拉图非常重视故事、诗歌的教化功能，在他看来，要发挥故事、诗歌在净化灵魂、形塑人格方面的作用，必须坚持真实性的原则，绝对不能任凭想象肆意捏造。必须把真实性置于高于一切的位置，因为对于人而言，没有比被人欺骗而不自知更可悲的事情了。在人类思想史上，对交流过程中陈述的真实性要求，不仅是一个道德原则、政治原则，更是一种宗教的信仰。无论是佛教、基督教还是伊斯兰教，都把讲真话、不打诳语视为人类行为的基本准则。这就要求传播工作者在处理故事时，一定要坚持真实性原则，不仅要做到总体真实，在细节上也要真实，只有这样，才能给听众一种真实、客观的感觉。这是他们接受的前提。虚假的东西，没有事实根据的传说，哪怕编得天花乱坠，也无法打动人心。

好的故事还要在适当的时候、适当的氛围中讲述。什么时候适当？一般情况下，打铁趁热，越快越好，要追求时效性，最好是在第一时间告诉听众，给听众留下深刻的第一印象。当然这种快速，是以确保真实客观为前提的。讲故事还要注重社会氛围或舆论环境，有些故事，与当下的舆论气候不大协调，勉强讲下去，效果不一定好，甚至会出现反效果。如果适当延后，另择恰当的时机，就能够使故事内容与眼前的舆论气候发生共鸣效应，从而取得最佳的传播效果。

讲故事还要看对象是谁，根据不同的对象，进行不同的讲述。毛泽东曾经在《反对党八股》一文中要求，写文章要看菜吃饭，量体裁衣，到什么山上唱什么歌。在国际传播领域，向外国朋友讲中国故事，不仅要注意听众的个人差异，更要注意目标对象族群乃至国家的文化差异。由于民族性格、文化传统及价值观的不同，同样一个故事，同样一种讲述，在不同的目标对象那里可能会引起截然不同的反应，有的会接受、理解、认同，有的可能会排斥、拒绝。所以面对不同文化圈层的听众，故事的讲述在内容与形式上，都应该有所区别，增强针对性、贴近性，这样才能提高外国听众对中国故事的接受度。

三　谁讲最可信？

好的故事能否在国际交流中发挥实际的影响力，还得看是由谁来讲。在古代西方，行吟诗人的职责就是为人民讲述过去发生或现在正在进行的故事，荷马就是最有影响力的讲故事的专家。在国际传播领域，故事的讲述要跨越国界，超越民族文化的屏障，克服基于文化差异的误读，对于讲故事者的要求就更高了。

一般来说，专业人士容易取得听众的信任。职业的传播工作者，尤其是有专业操守、坚持职业理想的传媒和传媒人，因为其职业素养和道德品质保障，其讲故事的效果就比其他人要好得多。古希腊学者亚里士多德在其《修辞学》指出："有些修辞学作者在他们的课本中认为演说者的善良品质无补于他的说服力，这个说法不合乎事实；其实演说者的性格可以说是最有效的说服手段。"职业传播工作者之所以容易得到认可，关键在于他们的故事讲述，与物质利益或政治权力有较少的关联，其对客观、中立的坚守，在一定程度上排斥了故意歪曲、误解真相的可能性。在这个意义上，中国故事，在更大的范围内，应该由专业媒体或职业传媒人来讲。目前，相对于国家的现实需求，这种高水平的职业传媒人还太少。当务之急，是提升对外传播队伍的职业素养，培养一批又一批的高级传播人才。

对于境外的听众，最可信赖的说书者，恐怕还是被他们视为自己人的本国的权威媒体或本国的传媒人。发生在中国的故事，由中国专业媒体或职业传媒人对外国人来讲，自然有其可信的一面；但是对于国外听众来说，这个讲者毕竟来自别国，不是自己的同类，利益不同、立场不同、价值观不同，令其难以没有保留地信任，所以他们在听故事的同时少不了还会产生一些质疑。他们最信任的，应该是本国的媒体和传媒人。所以，要让中国故事传播得更有效，就应该借用目标国家当地的权威媒体。最近 BBC 推出一部译名为《中国新年》的纪录片，从两位英国老爷爷体验中国新年和美食的视角，为全球观众讲述中国人关于归乡、团聚和庆祝的故事，此片一经播出，便在全世界范围内引起了轰动。

无论是本国还是目标国家的权威媒体或职业传播工作者，都是中国故事的最主要的传播者，正是他们决定了国际信息传播的基本格局。我们要依靠他们，充分地发挥他们的积极性、创造性。但是在全球化、信息化时代，仅仅依靠他们还不够。因为当下国际交流已经远远超越了单一的新闻传播，国际贸易、旅游、文化体育竞赛、留学生、公共外交等，都成了国际交往的重要渠道。每一个国民、每一个企业、每一个社会组织，都成了展示国家形象的名片。所以，要向各国人民讲述精彩的中国故事，还需要故事的主人公自己站出来。他们的现身说法，不仅能够弥补专业媒体传播的不足，还能丰富、活跃故事的讲述方式，更何况当事人的陈述最值得信赖。

总之，向世界各国讲述中国故事，占领道义高地，展示中国形象，是一个极其复杂的系统工程。它需要各方面的参与和投入。如果我们能够从中国现实火热的生活中选取最感人的故事，无论是创业英雄成就的中国梦、平凡人的不平凡故事、在华外国人的友好交往故事，还是担当大国责任的道义故事，无论是振奋人心、激扬士气的正能量输出，还是令人感伤的悲情故事，都在向世界全方位地展现中国作为文明大国、东方大国、负责任大国、社会主义大国的形象。如果我们能够在坚持真实性的前提下，恰当地运用艺术的表达形式，在合适的时间和氛围中，利用最富专业背景和公信力的传播者传播，那么中国故事、中国声音、中国形象就能够为国际社会所普遍接受。孔子说："为政以德，譬如北辰，居其所而众星共之。"中国作为道义的化身，作为负责任大国，将会在全球范围内产生更大的吸引力、影响力和感召力。

（本文由张昆教授与研究生陈亭竹共同撰写，发表于《中国社会科学报》2016 年 4 月 29 日）

"联接中外、沟通世界"

——打造具有影响力、公信力、感召力的外宣旗舰媒体

2016 年 2 月 19 日，习近平在北京主持召开党的新闻舆论工作座谈会并发表重要讲话，提出新闻传媒应"高举旗帜、引领导向，围绕中心、服务大局，团结人民、鼓舞士气，成风化人、凝心聚力，澄清谬误、明辨是非，联接中外、沟通世界"。① 其中"联接中外、沟通世界"，旨在加强国际传播能力建设，增强国际话语权，切实提高对外传播的传播力、引导力、影响力和公信力，着力打造具有较强国际影响的外宣旗舰媒体。这是习近平总书记继 2013 年"8·19"讲话、2014 年 8 月 18 日在中央全面深化改革领导小组第四次会议通过《关于推动传统媒体和新兴媒体融合发展的指导意见》并讲话之后，对我国媒体国际传播提出的最新要求。

一　打造外宣旗舰媒体的时代意义

所谓"外宣旗舰媒体"，是站在国际传播战略的高度提出的概念。它是指能够代表国家形象，兼具对外话语的创造力、感召力、公信力，能够讲述好中国故事、传播好中国声音的媒体。在国际传播领域，各国对自己的"旗舰媒体"都颇为重视，如美联社、合众社、路透社、法新社等

---

① 《担负起新闻舆论工作的职责和使命》，《人民日报》2016 年 2 月 20 日。

西方传统的四大通讯社，CNN、BBC 等电视媒体，《纽约时报》《泰晤士报》《朝日新闻》等传统纸媒，在国际传播领域都占有举足轻重的地位。我国欲加强国际传播能力、提升国家文化软实力、提高国际话语权、引导国际社会全面客观认识中国，就离不开"外宣旗舰媒体"的建设。

打造外宣旗舰媒体，是全球化背景下中国融入世界体系、实现其全球战略的需要。在全球化、信息化的浪潮中，如何在国际传播中加强中国声音，讲好中国故事，正确认识全球化带来的机遇和挑战，已成为一个亟待解决的重要课题。2014 年 2 月 27 日，习近平在主持召开中央网络安全和信息化领导小组第一次会议时指出：信息化和经济全球化相互促进，互联网已经融入社会生活方方面面，深刻改变了人们的生产和生活方式。① 我国正处在这个大潮之中，受到的影响越来越深刻。全球化进程的日益推进，加剧了不同社会制度国家间信息与文化的碰撞与融合。信息技术的发展、资源信息的共享，促使不同的文化与价值体系相互渗透，也使各个国家、民族的文化可以突破地域限制，在世界范围内形成全方位的沟通、联系、交流与互动，并在全球范围内接受检验与评价。这些新的传播环境给正在不遗余力地加强外宣建设、积极融入世界的中国提出了挑战。改革开放以来，我国对外传播的规模和力度，随着综合国力的逐步提高、经济的不断发展，也得到了相应的进步。但是我国仍缺少具有强大影响力、感召力、公信力的国际传播媒体，缺少具有强大吸引力、亲和力的传播内容，进而不能展示"传统中国"的文化魅力，展现"当代中国"的勃勃生机。

打造外宣旗舰媒体，也是在国际传播领域打破西方话语垄断，打破西方文化霸权的需要。国际传播领域的不平衡，并没有因为网络时代的到来而得到改善。事实上，西方发达国家正采取现代高科技、大众传媒、互联网传播等手段及其文化优势对发展中国家进行文化宣传、渗透、扩张，推行文化霸权，以达到影响控制这些国家的精神文化发展的目的。美国是当今世界唯一的超级传媒大国，它有着在经济、军事、科技、政治、文化、传播媒介等诸多领域的强大优势，成为能够凭一己之力影响全球舆论的超

---

① 《总体布局统筹各方创新发展　努力把我国建设成为网络强国》，《人民日报》2014 年 2 月 28 日

强一极。它主导着全球的文字、图像和声音的新闻传播，并通过电视节目、电台广播、音乐和互联网等多种渠道，形成对世界超强的舆论影响力。在其为主导的全球化体系中，中国目前仍然处在一个相对弱势的地位。抵御外国文化霸权，守护我们的精神家园，增强我们的民族自信，进一步增强国家的软实力，建设一个强大的与国家硬实力相匹配的传播体系，已经成为中国的国家战略。在西方大国把持着国际话语垄断权的环境下，中国只有实施具有针对性、实效性的国际传播策略，建设具有强大传播力、竞争力的"外宣旗舰媒体"，才能在国际话语权的竞争中赢得主动。

相对于时代需求和国家的现实需要，当下中国的对外传播系统本身还存在诸多短板。在管理协调方面，十羊九牧，缺乏在国家层面的顶层设计，缺乏统筹和协调；在业务运作层面，常常会忽略不同目标国家的文化差异，千篇一律；等等。这些问题在相当程度上制约了中国对外传播能力的提升，进而影响到中国理想国家形象的树立。习近平 2016 年 2 月 19 日在新闻舆论工作座谈会上的谈话，对于改变中国在国际传播领域的不利地位，对于提升中国的对外传播能力，对于实现中国未来的国际战略目标具有重要的意义。

二　建设外宣旗舰媒体的有利条件和制约因素

建设具有全球影响力的外宣旗舰媒体，是历史赋予我们的重要使命，也是时代给予中国传媒人的重要机遇。要实现这一目标，既有有利的条件，也有不利的因素。

1. 建设外宣旗舰媒体的有利条件

首先，党和国家的高度重视。中共十八大以来，以习近平同志为核心的党中央高度重视党的新闻舆论工作。2013 年 8 月全国宣传思想工作会议上，习近平强调要"精心做好对外宣传工作，创新对外宣传方式，着力打造融通中外的新概念、新范畴、新表述"。在主持中共中央政治局第十二次集体学习时，习近平表示，"要努力提高国际话语权，加强国际传播能力建设，精心构建对外话语体系，增强对外话语的创造力、感召力、公信力，讲好中国故事，传播好中国声音"。2014 年 11 月在中央外事工作会议上，习近平进一步指出，要提升我国软实力，讲好中国故事，做好对外宣传。要推动国际体系和全球治理改革，提升我国和广大发展中国家的代表性和话语权。在 2015 年，《人民日报》海外版创刊 30 周年之际，习近平也做出重要批示，希望《人民日报》海外版用海外读者乐于接受的方式、易于理解的语言，讲述好中国故事，努力成为增信释疑、凝心聚力的桥梁纽带。在之后的党的新闻舆论工作座谈会上，习近平提出的加强国际传播能力建设、增强国家话语权、集中讲好中国故事、优化战略布局，则为打造"外宣旗舰媒体"指明了方向。党和政府的高度重视，为对外传播事业的发展奠定了重要的物质基础。近年来，我国对外传播领域获得了大量的物质投入，其力度之大绝对是此前无法想象的。

其次，中国综合国力的提升、国际地位的提高，增强了中国在国际议题上的话语权。21 世纪以来，随着经济、科学、文化的蓬勃发展，中国的国际地位得到显著提高。现在中国是世界上发展速度最快、变化最大的国家。短短三十多年间，国民生产总值上升到全球第二的位置，按照世界银行的购买力平价理论，中国的经济规模在 2014 年即已超过美国成为全球第一。中国目前还拥有全球最大的外汇储备规模，是全球最大的能源及其他原材料进口国。从横向看，中国的发展变化正对世界产生广泛而深刻的影响。现在的中国已经成为世界关注的焦点，中国在国际事件中的每一次行动和发言，都对整个世界有着举足轻重的影响。英国广播公司 BBC 以往"只对诬蔑中国感兴趣……BBC 的路线就是除非我们能够给中国抹黑，否则就别提中国"①。而近年来，这种现象明显改观，2016 年 BBC 推出了迄今为止国外媒体对中国春节最大规模、最深入拍摄的一部纪录片 *Chinese New Year：The Biggest Celebration on Earth*，记录了五位英国主持人沉浸在中国新年中的特殊体验，在国内外引起了轰动。② 从侧面来看，这体现了中国国际地位的提高。尽管世人对待中国仍持不同的立场和态度，

---

① 李希光等：《妖魔化中国的背后》，中国社会科学出版社，1996，第 135 页。

② 《用国际声音讲好中国故事》，《人民日报》2016 年 3 月 18 日。

在评论中国时会有不同的声音，但因为世界的关注，中国已成为在世界媒体的报道中出现频率最高的国家之一，其现实背景显然与中国作为大国的崛起直接相关。

再次，和平发展的外交政策需要强大的外宣旗舰媒体护航。外交是内政的延伸，对外传播在某种意义上也是外交的延伸，有些国际关系学者甚至认为，对外传播是公共外交的重要组成部分。在一般的情况下，外宣覆盖的范围往往大于外交的范围，但是外交覆盖领域内的外宣较之覆盖范围之外的外宣，能够得到政府力量的强化；当然，外交覆盖范围之外的外宣，也能够为正式外交关系的建立打下坚实的基础。十八大以来，以习近平同志为核心的新一届中央领导集体积极运筹外交全局，因应国际体系变革、国内社会改革的现实需要，融合中华传统历史文化，逐渐形成富有时代气息的外交战略与外交理念。2013 年 6 月，习近平主席同奥巴马在美国加州进行中美元首会晤，这次会晤，开创了一条"不冲突、不对抗，相互尊重，合作共赢"① 的新型大国关系之路；2014 年 3 月，在对欧洲四国进行国事访问时，强调共同打造中欧和平、增长、改革、文明四大伙伴关系②；2014 年 6 月 28 日，在和平共处五项原则发表 60 周年纪念大会上，习近平再次强调了中国式"群体导向"的世界观，要积极促进与其他国家共同发展，让发展成果更多更好惠及各国人民。③ 中国和平自主的外交政策，特别是"一路一带"建设、亚投行的设立、金砖五国集团运作等，一方面给外宣媒体提供了丰富的报道题材；另一方面，这些重大的外交战略及其实施，都需要外宣媒体营造良好的国际舆论环境。

2. 中国外宣旗舰媒体发展的制约因素

当前制约中国外宣旗舰媒体发展的因素很多，其中最重要的有如下两点。其一是思想观念落后于传播全球化发展。在政治经济全球化的背景下，传播全球化无法回避。一个内外不分、上下混同的网络化社会成了我们生存的现实。新的社会结构、新的传播模式及网络新媒体新的社会功

---

① 《不冲突、不对抗，相互尊重，合作共赢》，《光明日报》2013 年 9 月 22 日。
② 《中欧要架和平增长改革文明四座桥》，《光明日报》2014 年 4 月 2 日。
③ 《习近平出席和平共处五项原则发表 60 周年纪念大会并发表主旨讲话》，新华网，http://www.xinhuanet.com/politics/2014-06/28/c_1111364117.htm，2014 年 6 月 28 日。

能，在相当程度上改变了国际传播的基本格局。可我们的对外传播领域，基本上还恪守内外有别、自上而下、正面为主等传统的对外宣传理念，无法与国际传播界的常规接轨，以至难以实现传播资源的最佳配置，在激烈的国际舆论竞争中难以赢得主动，无法实现传播效益的最大化。

其二是缺乏全球化、跨文化沟通的人才。国际传播的竞争，实际上就是职业传播人才的竞争。美国在国际传播方面强大的竞争力是与美国拥有一支数量庞大、素质优秀、业务精通、技术精湛的专业传播队伍分不开的。英国 BBC 的成功主要依赖于它与两个关键公众群体的关系：那些收看和收听节目的人——观众；那些制作节目的人——具有创造力的人才。[①] 在 2016 年 2 月 19 日的座谈会上，习近平总书记强调，媒体竞争的关键是人才竞争，媒体的优势核心是人才优势。要加快培养造就一支政治坚定、业务精湛、作风优良、党和人民放心的新闻舆论工作队伍。虽然我国媒体队伍日益壮大，人才机构得到优化，但与国外先进同行相比，离建构现代国际传播体系的各项要求，还存在很大差距。

三 提高旗舰媒体的影响力、公信力、感召力

外宣旗舰媒体不是自封的，更不是来自权力部门的授牌。外宣旗舰媒体是建立在其影响力、公信力、感召力之上的。外宣旗舰媒体在国际传播领域如果没有起码的影响力、公信力、感召力，其行政级别再高，官方再怎么表扬，也承担不起旗舰媒体的荣耀。

习近平强调要"加强国际传播能力建设"，推动传统媒体与新兴媒体融合发展，树立全球视野，向世界"讲好中国故事、传播好中国声音"[②]。要做到这一点，必须扎扎实实地做好以下几个方面的工作：第一是从国家战略的高度，强化国际传播的顶层设计，统筹内外传播，实现物质资源和

---

① 〔英〕露西·金·尚克尔曼：《透视 BBC 与 CNN：媒介组织管理》，彭泰权译，清华大学出版社，2004，第 100 页。

② 《讲好中国故事更好沟通世界》，《人民日报》（海外版）2016 年 2 月 20 日。

信息资源的优化配置，以求获得最大的传播效益。第二，树立新的传播理念，把国际传播看成发生在两个主体之间的完整过程，在传播实践中注重交流、共享和互动，在满足对象信息需求的基础上实现传播的目的。第三，加强与国际媒体的交流合作。目前中国外宣媒体已经有相当的体量，但在影响力、感召力上还稍显不足。外宣旗舰媒体应该与国际权威媒体以及第三世界媒体深化合作、建立友好合作关系，通过新闻资源共享、人员交流互访、互派记者等形式加强交流沟通，增进彼此的了解。第四，改变国际社会对于中国外宣媒体的刻板印象，中国外宣媒体固然是执政党的媒体，也是代表全国人民利益的媒体，它虽然承担着政治职能，但是在业务运作方面十分专业，遵循国际传播领域通行的业务准则，尊重新闻规律，是完全值得信任的权威媒体。第五，要注重国际传播的本土化、在地化，以增强国际传播的针对性、贴近性，更为接近对象国家和地区的受众。如今我们虽然已经步入全球村时代，但当前国际社会公众主要是通过当地文化，利用当地媒体了解中国、认识中国。在这个意义上，要学会利用目标国家的主流媒体、主流文化，以达到影响当地舆论、产生良好传播效果的目标。面向世界的听众，故事不仅要讲得精彩，而且要"接地气儿"。只有这样，一个具有国际影响力和中国气派的外宣旗舰媒体才能迅速成长起来。

[本文由张昆教授与研究生吴金伟共同撰写，是国家社会科学基金重大项目"跨文化传播中的中国国家形象建构研究"的阶段性研究成果之一，文章发表于《对外传播》2016 年第 4 期]

非职业因素对跨文化传播中
"误读" 现象的影响

  所谓跨文化传播，指的是不同文化背景下人们之间的互动，或者说是两种以上异质文化之间的交流。在这一交流过程中，存在普遍的信息"误读"现象，即传播者对异质文化的认识与现实相背离，或接受者对文本信息的误解、曲解。误读这一术语源自文学接受理论，它是相对于"正解"而言的。当接受者对文本的理解与作者的真实意图和文本的意蕴基本一致时，这种解读就可以看成正解，否则就是误读。而误读本身又有正误与反误之分。正误是指"读者的理解虽与作者的创作本义有所抵牾，但作品本身却客观上显示了读者理解的内涵，从而使得这种'误解'看上去又切合作品实际，令人信服"①。而反误则是指读者自觉不自觉地对文本进行了穿凿附会的解读，以至出现了某种程度的曲解。很显然，不管是正误还是反误，在跨文化传播过程中都大量存在，我们可以将其纳入"误读"的范畴。本文使用"误读"这一概念时，还把传播者对事实的理解与处理上所表现出的与真相的偏差包括在内。也就是说，误读不仅表现在受众接受过程中，而且存在于信息传播的全过程。

  表面看来，跨文化传播过程中的误读是一种消极的接受现象，似乎与荒谬结下了不解之缘。在文本如实地反映了真相的情况下，对文本信息的曲解、歪曲自然是消极的。但是，如果传播者本身就误读了事实，

---

  ① 童庆炳主编《文学理论教程》，高等教育出版社，1998，第431页。

接受者对文本的误读，则未必是一件坏事。这种情况下接受者的误读，不仅与其创新的心理机制直接相关，使其回避了简单的盲从倾向，而且正是借助于这种误读，接受者得以挣脱权力话语中心的羁绊，进而赢得接近真相的机会。也就是说，误读可能歪曲真相，但又可能是对假象的一种矫正机制。从这个意义上看，对于跨文化传播过程中的误读现象，没有必要过分担心。

从误读现象产生的心理机制来看，导致误读的原因是多方面的。就传播者方面而言，其自身的职业因素应该是主要的原因，特别是传播者的职业理念、道德精神、新闻价值观，以及传播过程中截稿时间的压力等，关于这些因素，笔者拟以专文论述。本文仅打算就造成误读现象的非职业因素，包括文化、环境差异、个人差异及政治因素等——这些因素对于传播者、接受者几乎有着同样的影响力——略做探讨。

一

文化差异是造成跨文化传播过程中误读现象的重要原因之一。关于文化的定义，学术界众说纷纭。美国人类学家莱德·克鲁克洪认为："文化是历史上所创造的生存式样的系统，既包含显型式样又包含隐型式样；它具有为整个群体共享的倾向，或是在一定时期中为群体的特定部分所共享。"① 著名史学家庞朴则将文化划分成物质的、制度的和心理的三个层面。用他的话说，"文化的物质层面，是最表层的；而审美趣味、价值观念、道德规范、宗教信仰、思维方式等，属于最深层；介乎二者之间的，是种种制度和理论体系"②。可见文化实际是物质文明和精神文明的总和。这是广义的文化观。如果说这种界定过于宽泛，还有狭义的文化观，即把文化限定于人们的精神生活领域："文化是代表一定民族特点的，反映其理论思维水平的精神风貌、心理状态、思维方

---

① 转引自〔美〕克鲁克洪《文化与个人》，浙江人民出版社，1986，第4页。
② 庞朴：《要研究"文化"的三个层次》，《光明日报》1986年1月17日。

式和价值取向等精神成果的总和。"① 文化作为人类的精神成果，具有民族性、历史性和稳定性三大特征。每个民族的文化中都包含了该民族独有的基因，缺乏民族特性的文化是没有生命力的文化；同时，每个民族、国家的文化总是其历史成就的积淀，"除却历史，无从谈文化"②；文化一经形成，一旦获得定格，就获得了某种程度的稳定，就会经久而不灭，哪怕是受到外来文化的冲击，也只会在维持其主体的前提下实现自身的更新。

任何国家、民族的文化，都是统一的世界文化的有机组成部分，是人类社会文明进化的宝贵结晶。人类共同的天性、相同的生理结构和基本需求，使得各民族、国家的文化具有共同的基础。但是，由于各文化主体生存环境的不同、面临挑战的差异，以及独特的历史传统，每种文化都有自己独特的个性，这种个性不仅体现在哲学、宗教、道德、法律等精神领域，而且表现在政治、经济、社会结构等制度层面。例如，中国儒家文化追求自然和谐、天人合一的境界，重知觉、比较感性；而在西方人的眼里，自然是神秘可怕的，他们重逻辑，比较理性。同样是经典，中国的《论语》展现的仁义道德、天人合一的思想，是西方读者难以理解的；而《圣经》中表现出的神的无所不在的力量和恐怖的战争场面，中国人也难以接受。为了避免中国人对耶稣被钉在十字架上的形象产生误解，西方传教士更多的是向中国人展示怀抱圣婴的圣母形象。不同文化的差异，还表现在语言的不对等性上。不同民族对等使用的词汇，其实在内涵上可能存在重大的差异。最显著的例子莫过于英文中的"rule of law"，中国人习惯将它翻译为"法治"，将它等同于先秦法家鼓吹的法治，这完全错会了其含义。英文中的"法"，通常与权利、正义、自由、义务相联系，含有某种社会契约意识，这是中国的法所没有的；而中国古代的法治，重在刑赏，法家将号令、斧钺、赏禄视为治国三器，以刑为核心，旨在令行禁止，与西方的法大相径庭。这实际就是一种典型的文化误读。

---

① 李宗桂：《中国文化概论》，中山大学出版社，1988，第8页。
② 钱穆《中国文化史导论》弁言部分，商务印书馆，1993。

作为文化的主体，每个现实的人既是文化的创造者，又是由既定文化形塑而成的。文化不仅赋予了其特定的生活方式和生存方式，而且还赋予了其一定的思维方式、情感方式，决定了其认知结构。也就是说，个体认识社会、认识异质文化的心理准备状态，是由其自己置身的文化传统所决定的。文化的差异，必然影响到主体对文本的解读。在跨文化交流中这种影响更显著。跨文化传播的现实基础，就是各种文化之间客观存在的差异，正是差异的存在，才有交流、沟通的必要。而在交流、沟通之中，这些文化的差异，必然会直接、间接地影响主体对异质文化的理解。以至于同样的信息、同样的文本，在不同文化背景的接受者那里会得到迥然不同的解读，误读也就在所难免了。1988 年，中国国产影片《红高粱》上映，在国内外引起了截然不同的反应。张艺谋曾多次解释过他的拍片意图："我这个人一向喜欢具有粗犷、浓郁的风格和灌注着强烈的生命意识的作品。莫言的小说《红高粱》的气质正与我的喜好相投。那高粱地里如火如荼的爱情，那无边无际的红高粱的勃然生气，那些豪爽开朗、旷达豁然、生生死死狂放出浑身热气和火力、随心所欲透出做人的自在和欢乐的男人和女人们，都强烈地吸引着我。这部影片表达了我对生活、对电影的思考，是一次真正的自我写照。"[①] "我就是要通过人物个性的塑造来赞美生命，赞美生命的自由、舒展，爱就真爱，恨就真恨，大生大死，大恨大爱，我就是要赞美生命的纯洁……发乎自然，合乎性情，坦坦荡荡。"[②] 为了贯彻这一意图，他一反传统电影单一僵化的表现模式，大胆地使用各种电影技巧，同时还表现出对传统的叛逆，将千百年来遭人唾弃的"野合"视为歌颂生命和人性的象征，一段抗日历史用虚幻现实主义的形式而不是用严肃的态度娓娓道来，影片中的抗日英雄尽是些憨厚的农民，不再是"高大全"的形象。这些变化在 21 世纪初对于中国观众来说也许可以理解，但是在十几年前的中国，对于那些看惯了传统电影的观

---

① 刘炳琦、刘国梁：《生活艺术　民族精神——张艺谋就电影〈红高粱〉答本报记者问》，《光明日报》1998 年 3 月 15 日。
② 周友朝：《张艺谋谈电影〈红高粱〉》，《大西北电影》1998 年第 4 期。

众来说是一个极大的冲击，甚至引起了他们的愤怒，以至于国内不少人对影片进行了严厉的批评，说它是"一部丑化、糟蹋、侮辱中国人的影片，同时也是一部矛盾百出、胡编乱造的影片"①。可是在国外，这部影片则受到空前的好评，导演张艺谋、女主角扮演者巩俐一炮走红。很显然，《红高粱》在国内遭到的误读，并没有影响异质文化理性观众对它的正确理解。事实上，随着环境的变迁，今天的中国民众在观看这一影片时，认同张艺谋的创作的远比反对者多。

二

在影响误读的各种非职业因素中，具有决定意义而又容易被忽略的，就是环境的影响。英国学者格雷厄姆·沃拉斯有一句名言："人的冲动、思想和行为都来源于他的天性与他降生在其中的环境之间的关系。"② 个体置身于环境之中，受到环境的影响；同时个体作为社会的一分子，时时刻刻又在以其社会行为反过来影响着环境的变迁。那么环境是什么？美国心理学家斯通认为，环境也可以称为社会"生活空间"，它包容影响个体行为的一切力量，"包括丈夫、孩子、政治问题、他居住的房子和城镇、气候"等。"环境通常是人类行为的第二源泉"③。它也在一定程度上决定了主体对异质文化的解读。还有人把环境界定为环绕在人的周围并给人以某种影响的客观现实。或者说，环境是除了大众媒介之外，影响文化传播对象的一切外因的总和。对环境做这样的理解，似乎过于笼统。为了揭示不同的环境因素的影响，有必要对环境做进一步的区分。我们可以从现实环境与虚拟环境两个方面来分析。

所谓现实环境，就是斯通所指的"生活空间"，它是实体性的，是影响接受者个体认知和行为倾向的一切外因的总和。现实环境作为独立于个体的意识、经验之外的客观存在，是不以人的主观意识为转移的，但总是直

---

① 《〈红高粱〉是丑化中国人的影片》，《中国电影时报》1988 年 5 月 5 日。
② 〔英〕格雷厄姆·沃拉斯：《政治中的人性》，朱曾汶译，商务印书馆，1995，第 37 页。
③ 〔美〕威廉·W. 斯通：《政治心理学》，胡杰译，黑龙江人民出版社，1987，第 57~58 页。

接地为个体所感知、所体验。在这个意义上，现实环境又可以称为直接环境。现实环境是个体接受心理的客观基础。列宁曾指出，不能认为人们的思想和感情似乎是偶然出现的，"而不是从一定社会环境（它是个人精神生活的材料、客体，它从正面或反面反映在个人的'思想和感情'上面，反映在代表这一或那一社会阶级利益上面）中必然产生的"①。每个人都生活在一定环境中，农村与城市，工人家庭与知识分子家庭，商人和工薪阶层，经济发达地区和贫困地区，自由主义政治结构和专制封建的政治结构等，都会在个体人格、认知结构、情感体验上留下痕迹，并且直接或间接地影响他们对于外部信息的辨认、摄取、理解和记忆。比如农村背景，一个人生活在农村还是城市，本身就意味着很多东西。② 农村的接受对象所受的文化教育质量可能比同龄的城市人要低，农村的自然经济特性可能会在较大程度上限制其观察社会的视野和对外部信息的需求，农村受传统文化的影响远比城市要深，所以其权威服从性格会比城市市民鲜明得多，由于远离社会的经济中心、文化中心，农村居民接触大众媒介的机会也很少。这种环境特质很显然会对接受对象的媒介选择、信息选择及其解读产生影响。

现实环境还包括传播对象置身的团体氛围。美国学者赖利夫妇指出：作为传播过程的接受者，"它可能在如何对讯息做出选择、理解和反映方面受到这些群体的指导"③。例如，一所学校的学生一般来说至少属于一个伙伴群体（基本群体），而这个群体则是班级和整个学校（更大的社会组织结构）的组成部分。基本群体的态度和行为，一部分受成员的相互影响，另一部分则是受到这个更大的结构的影响。群体并不是每个成员完全平等的结合。每个群体都有自己的意见领袖或头领，他们在群体中的地位十分重要。他们是"各色人等形成组织的第一因素，他为他们组成派别铺平了道路。一群人就像温顺的羊群，没有头羊就会不知所措"④。一

---

① 《列宁全集》第1卷，人民出版社，1955，第383页。
② 〔美〕阿列克斯·英克尔斯、戴维·H. 史密斯：《从传统人到现代人——六个发展中国家中的个人变化》，顾昕译，中国人民大学出版社，1992，第412~413页。
③ 〔英〕丹尼斯·麦奎尔、斯文·温德尔：《大众传播模式论》，祝建华、武伟译，上海译文出版社，1987，第48~49页。
④ 〔法〕古斯塔夫·勒庞：《乌合之众——大众心理研究》，冯克利译，中央编译出版社，2000，第97页。

些社会学者甚至认为，群体及其领袖对个体的影响，比传播媒介产品的影响更大。特别是意见领袖的作用，得到了传播学者、社会学者的高度关注。巴特勒认为，"在每一个问题上——无论是时尚问题，还是政治问题，每个社会群体都有少数被视为'权威'的人物。群体成员挑选这样一些受尊敬的'舆论领袖'，他们的意见具有高度的影响力"①。在跨文化传播过程中，更是不能忽视传播对象所在的群体氛围及其领袖的既有倾向。意见领袖对特定文化的态度，会在一定程度上影响普通对象对相关信息的误读。

虚拟环境是借助于某种中介被人意识和体验到的客观世界，其内容虽然是客观环境的反映，但毕竟不等于客观环境自身。例如一个人没有经历商业生涯，但是，他可以通过书刊、电影、电视连续剧等渠道认识、了解商业的基本情形；一个人没有到过农村，他同样可以通过以上的媒介了解农村的生产、生活、民情、风物；一个人没有到过外国，他也可以借助于各种媒介储备关于某些国家的知识，对异国文化具有一定的了解。这就是虚拟环境，它并不需要个体亲身经历，而是借助信息中介间接体验感受。因此，虚拟环境又可以称为间接环境。由于现实环境的物理特性，人们无不希望亲身经历、亲身感受现实。但是世界之大，人生之短暂，生活的艰辛，使我们无法事事经历，事实上也没有必要事事经历。因此虚拟环境对于人们认识世界所发挥的影响远比现实环境要大得多。它使物理上局限于某一狭隘地域的人们能够接触个体无法亲历的外部世界、异域文化，为个体提供了一个可以感知的、仿佛是亲身经历的间接环境。如果说环境是人类行为的第二个来源，那么这个来源主要指的是虚拟环境。但这个来源是人为的、虚拟的，而且在许多场合是歪曲的，甚至是伪造的。美国专栏作家李普曼认为，虚拟环境仅仅是模拟现实环境，同现实世界的复杂多样相比，虚拟环境仅是现实环境的一部分。虚拟环境对现实的描述往往具有欺骗性，容易使人们产生误解，从而在传播对象心目中形成关于现实环境的

---

① 〔英〕戴维·巴勒特：《媒介社会学》，赵伯英、孟春译，社会科学文献出版社，1989，第28页。

歪曲图像。① 也就是说这种扭曲的虚拟环境本身就是长期误读的结果，它本身又是人们接受、解读异质文化的重要参照系。当人们将扭曲的虚拟环境视为现实环境，并据此接受、理解异域文化时，难免会产生传播者不愿见到的误读，甚至是更严重的后果。例如，一些影视剧和不负责任的新闻报道，将西方社会描述为绝对自由、遍地黄金的梦幻之邦，结果导致一些发展中国家面向西方国家的移民、偷渡风潮，以至于不少偷渡者带着无法实现的梦想惨死在远洋货轮的集装箱中。应该指出的是，各种媒介对现实社会的歪曲，固然有相当部分源自描述者的邪恶用心，出于其自私、牟利的企图，但并非全然如此。传播媒介固然是塑造虚拟环境的主要力量，但其传播内容不论是报道还是意见，都不能够完全背离或无视现实环境。只有尽可能与现实环境保持一致，才能最大限度地融入接受者既有的认知结构之中，并对解读异域文化产生影响。

三

在文化、环境相同的情况下，接受者对异质文化的解读是否就会趋于一致呢？跨文化传播的实践对此做出了否定的回答。事实是，对于同一信息、同一文本，即使是同一文化背景、同一现实环境中的不同个体，其解读也会出现较大的差异。沃尔特·李普曼早就发现了这一现象："对于所有的听众来说，完全相同的报道听起来也不会是同样的。由于没有相同的经验，每一个人的领会也就有不同，每个人会按照自己的方式去理解它，并且掺入他自己的感情。"② 《大众传播学诸论》在论及这种解读的差异性时，在经验和情感之外，还指出了"兴趣、信念、原有的知识、态度、需要和价值观"，总之是"不同认知结构"使不同的人们"实际上对任何复杂的刺激都会产生不同的认识（即赋予意义）"③。欧文·拉兹洛提出了类似的论点："认识是以认知为先决条件的；认识某物就是将其归入我

①　〔美〕李普曼：《舆论学》，林珊译，华夏出版社，1989，第9页。
②　〔美〕李普曼：《舆论学》，林珊译，华夏出版社，1989，第114页。
③　〔美〕梅尔文·德弗勒、桑德拉·鲍尔-洛基奇：《大众传播学诸论》，杜力平译，新华出版社，1990，第220页。

们以前已知的某物，并通过以前有的知识将其区分开来。要是缺乏这样的参考（物），那我们只能面对一个谜；全新的事物是无从认识的。"① 这说明，与传播对象既有知识、经验无关的信息，是难以进入他选择的视野的。在此基础上，不同的接受者，对于来自异质文化的同一个电影、同一个电视连续剧、同一篇文章、同一条消息，其理解可能完全不同。例如，对于古代经典《诗经》，孔子高度赞美，曰"诗无邪"；可是宋代朱熹却认为它是"淫诗"。鲁迅甚至断言，不同人看《红楼梦》其判断截然不同："经学家看见《易》，道学家看见淫，才子看见缠绵，革命家看见排满，流言家见宫闱秘事。"② 至于现代经典剧目《白毛女》，有过被压迫被剥削经历的中国观众，从中看出了阶级压迫，旧社会使人变成"鬼"，而新社会则使"鬼"变成人；反之，没有这种经历的中国现代观众和外国观众，则未必会对杨白劳和喜儿的悲惨境遇表示阶级兄弟般的同情，甚至会有人认同黄世仁的追债行为。在接受这些文本的过程中，不能排除接受者为了维持自己内部态度的一致性，消除认知的不和谐状态，而对媒介信息所做的歪曲性的解读。换言之，既然接受者无法把与既有态度体系不一致的外来信息排除在自己注意的范围之外，那么把它理解为跟自己的观点不是那么对立，或者跟自己的态度比较接近，就比较能够消除自己认知上的不和谐状态了。

个人差异更多地表现在情感方面，这种情感方面的差异也会影响主体对文本的解读。作为跨文化交流的接受者，人是理智型的动物，也是情感型的动物。作为理智型动物，他能够对事物做出正确的判断；作为情感型的动物，其认知、判断和行为，又时常受到情绪、情感的影响。英国社会学家赫伯特·斯宾塞甚至断言："各种情感，无论程度如何，都会妨碍人们均衡地思考。""情绪激动使我们错误判断可能性，也使我们错误判断重要性。"③ 苏联宣传心理学家肖·阿·纳奇拉什维里断言："情感推动人

---

① 〔美〕欧文·拉兹洛：《系统、结构和经验》，李创同译，上海译文出版社，1987，第71页。

② 《鲁迅全集》第7卷，人民出版社，1988，第419页。

③ 〔英〕赫伯特·斯宾塞：《社会学研究》，张宏晖、胡江波译，华夏出版社，2001，第124页。

去行动，而理性则阻碍人的活动。因此，用诉诸情感的语言，比诉诸理性，可以给予人的行为更大的影响。"① 情绪、情感是人们对于现实世界的一种特殊的反应形式，是人们对客观事物能否满足自己的需要而产生的态度体验。它介乎认识与意志之间，是人的心理过程中不可缺少的一个主要环节。情感、情绪和人的认知、行为一样，也有一个发生发展的过程，而且对不同主体，情感的作用表现出相当大的差异。在交流过程中，"当人们抱友好态度或憎恨态度的时候，抱气愤态度或温和态度的时候，他们对事情的看法不同，不是完全不同，就是有程度之差，当他们对他们所要判决的人抱友好态度的时候，他们不是认为他没有罪，就是认为他的罪很小"②。现代心理学的实验完全证明了亚里士多德的观点。当人们处于某种态度体验，诸如愉快、忧愁、赞叹、激愤、爱慕中时，这种体验的色彩总会或多或少地影响他对接触对象的感知，或直接投影到对象身上。例如，对日本侵略耿耿于怀的韩国观众，本来十分喜欢中国电影演员赵薇，可是，当他们看到赵薇身着日本国旗做成的服装时，他们的态度发生了急剧的变化，由喜欢转为排斥。当美国在伊拉克"虐俘"丑闻曝光后，亲美派与反美派的心理感受是全然不同的。反美派找到了证实美国"假人权卫道士"的证据，而亲美派则力图说明参与"虐俘"的只是极少数美国士兵，"虐俘"与美国的文明无关。当然，对不同类型的人来说，情感和理智成分在他们的人格结构中的地位及其对外部刺激的反应方式是不一样的，其对于误读的影响力也有区别。

情感因素对于传播者的影响更直接。作为跨文化的传播者，尽管有不少人标榜国际主义、世界主义，但其民族血缘的脐带是割不断的，在现实世界还没有世界公民，传播者总是一定国家、民族的文化使者，所以民族情感、爱国主义精神总会在·定程度上有意无意地影响他对于事实的取舍和评价。在和平时期，这种倾向还不是十分明显。但在战争报道中很容易表现出强烈的"爱国主义"，从而对他国的形象造成不同程度的误读。这在从 2003 年开始的伊拉克战争中再一次得到证实。在爱国主义的旗帜下，

① 〔苏联〕肖·阿·纳奇拉什维里：《宣传心理学》，金初高译，新华出版社，1984，第 49 页。
② 〔古希腊〕亚里士多德：《修辞学》，罗念生译，三联书店，1991，第 69 页。

英国、美国的一些新闻媒体普遍把本国的利益置于至高无上的地位，一些专业人士对平时绝对会唾弃的行为——迎合政治权力，现在自己却做起来，并感到自然、合理，而没有丝毫的不适。美、英新闻一些媒体自愿充当政府和军方的代言人，还根据官方意图"设置议程"，引导舆论，并且散布谣言，传播假新闻。新闻媒介的爱国主义行为，使其背离了专业主义的传统。其结果首先是新闻真实性的丧失，以至于相关战争新闻变为三分想象、七分事实，有的是七分想象、三分事实，有的甚至是纯属谎言。其次是充斥偏见和政治倾向性。"无论是美国还是伊拉克，愿意提供给媒体的只是对自己有利的消息。"美国一些媒介的报道中加入大量的"爱国主义"色彩，忘记了公正评论、客观报道的职业准则，或公开偏袒、或公然攻击，倾向性立场毫不隐讳、旗帜鲜明。例如前线记者充满情感地使用"我们"的军队、"我们"的战争等进行描述。在美、英媒介中可以看到被精心"制作"的电视画面——航母上发射导弹的火光、伊拉克境内美军的长驱直入、沙漠中快速行驶的坦克和装甲车、空中肆虐飞行的直升机和夹道欢迎美英联军的伊拉克人民等，一切如美国大片中的画面；而卡塔尔半岛电视台让世界人民看到了轰炸过后的断垣残壁、眼含热泪的伊拉克儿童、惨死的伊拉克人民。类似的情形事实上早在20世纪初就受到英国社会学者斯宾塞的批评："在我们社会当中，新教教徒只记得罗马天主教的残暴行为，而罗马天主教教徒只记得新教的残暴行为。这种片面性就像各国在保存的传统观念中表现的片面性一样——那些传统观念说明了与本国交过战的国家的野蛮行径。"[①] 如果把罗马天主教徒、新教徒分别置换为伊拉克与英美诸国，这种批评仍然是中肯的。美、英新闻媒体对战争的误读，表现为：一方面对本国的战争行为进行合法性论证，另一方面极力地丑化敌对国家的形象，这对于伊拉克国家和人民，显然是不公平的。

与认知、情感因素相关的是接受者对异质文化的成见或偏见。成见也可以理解为对异质文化的刻板印象，即接受者此前通过多种渠道获取的关于异质文化的不完全信息，并由此而形成的概括与固定的看法。由于信息

---

① 〔英〕赫伯特·斯宾塞：《社会学研究》，张宏晖、胡江波译，华夏出版社，2001，第180页。

不完全，其看法未必准确。比如关于男女角色，就性格而言，"理性、勇于探索、进取、勇敢、坚强、喜欢高技术等通常被归为男性的特征，而柔弱、温和、感性和被动等则被归为女性的特征"①。这种刻板印象必然会在一定程度上影响接受者对两性相关问题的解读。这种成见在跨文化交流中更是普遍，在美国一般公众眼里，中国虽然经济发展较快，但是政治上"不民主""不自由"，在军事上还对美国构成了威胁；一般发展中国家的民众对美国的看法，似乎比美国实际情况还要好，不仅自由民主，而且充满机遇，遍地黄金，这种刻板印象主要是由大众媒介长期不平衡的信息传播所造成的。偏见也是立足于不完全的信息，但是取向更负面，而且误解程度更高。英国《简明大不列颠百科全书》认为："偏见是对某个集团成员所持的敌对态度，通常没有充分的理由，也缺乏足够的证据。"在跨文化传播过程中，偏见往往表现为对异质文化的否定性态度，这种态度没有经过理性的思维过程。不管是成见还是偏见，对于传播者和接受者的影响都是一样的，它们会在一定程度上，决定他们解读文本的基本倾向。对于与自己的成见偏见比较一致的信息，他们会感到比实际情形更加一致；反之，对于与自己成见、偏见不一致或对立的信息，他们会感到与实际情形更对立。也就是说，成见、偏见，几乎没有例外地会导致接受者对文本的误读。

四

在当今世界，有规模的跨文化传播，特别是借由大众媒介进行的跨文化传播，其背后都有政府权力的影子。政府通过自己掌握的政治、经济和信息资源，直接或间接地影响大众媒介对外传播的政治倾向。其直接动机就是维护国家或民族利益，当然也有政治统治集团自身的利益考量。比如美国政府在伊拉克战争期间，出于政治利益的考量，就冒天下之大不韪，撤换了"美国之音"台长；英国政府对于不甘心与之合作的BBC也失去了耐心，而打算将BBC拆散为四个小的地方广播公司。政治的影响在跨

---

① 刘晓红、卜卫：《大众传播心理研究》，中国广播电视出版社，2001，第202~203页。

文化传播中不一定都表现为自上而下的高压。有时，对外传播媒体及传播者作为国家公民的责任感和爱国的、民族的激情，会使迎合国家、民族利益的行为成为一种政治自觉。当他们感受到国家、民族的呼唤时，传播者就会利用自己控制的媒体服务于国家的需要。BBC 的一位高层说："伊拉克战争中的假新闻超过了我报道过的任何军事冲突，包括海湾战争、科索沃战争。"而伊拉克媒体同样制造了"农民击落美军直升机"等假新闻。伊拉克战争中的"嵌入式"报道中，其记者绝大多数是西方国家的，仅美国有线新闻网（CNN）一家就多达 20 名，几乎每项采访都有他们的记者，他们几乎控制了战争的话语权。其他国家的媒体不得不转用 CNN 等美国新闻媒介的信息和图像，可他们并不清楚在美英等西方国家主流媒体背后的政治因素。

政治因素不仅影响媒体对信息的报道，而且影响接受者对文本的解读。最有趣的例子莫过于对《论语》中"民可使由之不可使知之"的解读。过去一般是这样标点："民可使由之，不可使知之。"相应的，其含义为：对于老百姓，只能让他们照着统治者的命令去做，而不能让他们懂得为什么要这样做。这样一来，孔子就成了宣扬愚民政策的祖师爷。可是也有人提出了新的标点方法："民可，使由之；不可，使知之。"如此，这句话的含义彻底改变了：如果老百姓认可，就应让他们照着去做；如果老百姓认为不可，那就应该设法教育他们使他们知道要这样做的道理。这样一来，孔子又成了中国历史上宣扬民主思想的伟大先驱。政治立场的差异，使得对孔子所说的这十个字的解读迥然不同。其中必有一个是误读，或者两个全是。类似的误读在跨文化传播领域更是普遍。1973 年，意大利电影大师安东尼奥推出了他以新现实主义的表现手法摄制的大型纪录片《中国》，他将中国陈旧而古老的平房、狭窄而简陋的街巷摄入镜头，也将尿片、唾沫和斑驳的城垣收入眼底，在他看来这些都是非常现实、非常大众化的生活，是常态下的中国市容、街景、民情的某种反映。它"向人们展示出的是一个落后但不失生气的朴实无华的中国形象。这基本上是真实的生活图影"。他真实地反映了中国当时的现实，却没有想到引起了中国人民的反感，引起了中国有关部门和民间人士的强烈不满，并视之为一次严重的反华事件。如果联系到当时的政治环境，其实也不难理解：

"文化大革命"滋生出的政治狂热，已使大部分中国人不认识自己了，他们沉湎于自己创造出的"幸福"的神话，可这部纪录片却将他们拉回现实之中，这当然是他们不愿意看见的。可见，由于当时政治因素的影响，中国官方和民间误读了安东尼奥的优秀作品。

总之，在跨文化传播领域，误读现象十分普遍，而且根本无法消除；误读也不是一种纯粹消极的传播现象，在文本误读了现实的情况下，接受者的误读可能是接近真相的机会；在信息来源单一化的背景下，误读还是冲破权力话语中心羁绊的努力。从误读现象的生成机制来看，导致误读的因素很多。在非职业因素之外，特别应该注意文化、环境的因素、个人差异和政治因素。这些因素很少单独导致误读的结果，在更多的情况下，正是这些因素与职业因素的共同作用，才引发了跨文化传播中的误读现象。在这个意义上，误读本身也有着深刻而丰富的文化内涵，值得研究者深入探讨。

（本文在跨文化传播国际学术会议上发布，收入《跨文化传播新论》，武汉大学出版社，2005）

文化多样性与对外传播的
差异化战略

　　传播是将个人独特经验变成共同经验的过程。[①] 对外传播，是传播主体将本国经验与目标国的受众进行分享的过程，目的在于使目标国受众认知、了解、熟悉传播主体，消除隔膜、误解和敌意，进而形成正面的态度和评价，为该国的国际关系发展和国际交往活动营造积极的舆论环境和民意基础。在很多情况下，实现这一目标的努力往往事倍功半，根本原因就在于，对外传播者"忽视了人的因素的重要性，忽视了由人际关系、信仰、价值观和各种动机组成的复杂网络——而这正是文化的核心"[②]。

　　分析 2013 年由皮尤研究中心（Pew Research Center）提供的关于中国形象调查的数据[③]：在 38 个调查对象国中，对中国的正面评价多于 60% 的国家，主要集中在南美洲、非洲以及东南亚地区，其中南美洲的委内瑞拉和巴西等国对中国的积极评价分别为 71% 和 65%；非洲的塞内加尔和尼加拉瓜对中国的积极评价分别高达 77% 和 76%；东南亚的马来西亚对中国的积极评价最高，达到了 81%，印度尼西亚也高达 70%。对中国的

---

① 〔英〕雷蒙·威廉斯：《文化与社会》，吴松江、张文定译，北京大学出版社，1991，第38~39页。

② 联合国教科文组织、世界文化与发展委员会：《文化多样性与人类全面发展——世界文化与发展委员会报告》，张玉国译，广东人民出版社，2006，前言第1页。

③ 皮尤研究中心：《中美全球形象调查》，http：//www.pewglobal.org/2013/07/18/global-image-of- the-united-states-and-china，2013 年 7 月 18 日。

正面评价低于 50% 的国家则主要集中在中东和欧美地区，其中中国在土耳其的评价最低（27%），其次是意大利和德国（均为 28%），再次为捷克和美国（分别低至 34% 和 37%）。

形成这种态度差别的重要因素，除去历史和政治等原因，在很大程度上源于各国文化间的差异性。长期以来的西方文化霸权和愈演愈烈的媒介全球化趋势，使中国的对外传播往往将"西"与"外"等视之，忽略了西方文化和媒介生态之外的其他文化和媒介生态形式；标准化的信息大生产和传播模式使中国的对外传播遭遇了不同程度的"文化折扣"。面对世界文化和文化主体的多样性，制定对外传播的差异化战略应该成为对外传播研究和实践的重要议程。

值得注意的是，文化不是自变量，其本身受到环境、历史等多种因素的影响。文化也不是孤立的，决定对外传播效果的因素必然是复杂多方面的。本文仅仅是以一种经济分析的方式，假定其他变量为常数，集中从文化多样性的角度来进行考察，以探讨优化对外传播效果的传播战略。

一　文化与文化多样性

1. 文化

在中国，"文"的意思较为丰富，可指社会文化现象、诗书礼乐制度、文德治理等；"化"作动词用，意为教化，教育。"文化"这一表达最初是分开使用的，如《周易·贲》曰："刚柔交错，天文也。文明以止，人文也。观乎'天文'，以察时变；观乎'人文'，以化成天下。"唐代孔颖达在《周易正义》中疏："'观乎人文以化成天下'者，言圣人观察人文，则《诗》、《书》、《礼》、《乐》之谓，当法此教而'化成天下'也。"《北齐书·文苑传序》中云："夫玄象著明，以察时变，天文也；圣达立言，化成天下，人文也；达幽显之情，明天人之际，其在文乎"[①]；

---

① 《卷四十五列传第三十七》，[唐] 李百药撰《北齐书》第二册，中华书局，1972，第601页。

《论语·季氏》则曰："故远人不服，则修文德以来之，既来之，则安之。"① "文""化"的联用约出现在汉代，一般与"武功"、"威武"或"神理"对举而用，意为文治和教化，如刘向《说苑·指武》中曰："凡武之兴，为不服也，文化不改然后加诛。"② 晋代束广薇（束皙）《文选·补亡诗·由仪》提到，"时之和矣，何思和修，文化内揖，武功外悠"③；南齐王元长（王融）的《三月三日曲水诗序》中有云，"设神理以景俗，敷文化以柔远"④；前蜀杜光庭的《贺鹤鸣化枯树再生表》中云，"修文化而服遐荒，耀武威而平九有"⑤；元代耶律楚材的《太阳十六题·活分》中亦有云："垂衣端拱愧佳兵，文化优游致太平。"⑥

在西方，"文化"的英文 culture（拉丁文 cultura），本意为生物的培植。Culture 的现代意义源于古罗马时期，当时著名的演说家西塞罗（Cicero）在他的著述 *Tusculan Disputations*（《图斯库兰的谈话》）中使用了"cultura animi"（cultivation of the soul）这一表达，意为灵魂或心灵的培养，第一次将 culture 用在了非农业领域；后来，德国的普芬道夫（Samuel Pufendorf）第一次在现代语境下使用了这一表达，强调"文化"意为对个人素质的培养和完善。⑦ 18~19 世纪，"文化"具有了社会性和民族性意涵，意为民族或社会的精神或意识形态；20 世纪，"文化"成为人类学和文化研究的中心概念之一。

"文化"一词的今用，分狭义和广义两种意思，广义指"人类社会历史发展过程中所创造全部物质财富和精神财富"⑧，"是由人类创造的各种

---

① ［清］纪昀等：《经部·论语》第十六篇，载《四库全书》第一卷，线装书局，2007，第 116 页。

② ［汉］刘向编纂《说苑·指武》，收录于《百子全书》第 1 册第 15 卷，浙江人民出版社，1984，第 4 页。

③ 罗国威：《敦煌本〈昭明文选〉研究》，黑龙江教育出版社，1999，第 125 页。

④ 罗国威：《敦煌本〈昭明文选〉研究》，黑龙江教育出版社，1999，第 21 页。

⑤ ［唐］杜光庭：《广成集》卷二，董恩林点校，中华书局，2011，第 30 页。

⑥ ［元］耶律楚材：《湛然居士文集》卷七，谢方点校，中华书局，1986，第 166 页。

⑦ Richard Velkley, "The Tension in the Beautiful: On Culture and Civilization in Rousseau and German Philosophy," *Being after Rousseau: Philosophy and Culture in Question*, The University of Chicago Press, 2002, pp. 11~30.

⑧ 转引自《辞源》（修订版），商务印书馆，1980，第 1357 页。

特质构成的有意义的复合体"①。英国最早的文化人类学奠基人爱德华·泰勒（E. B. Taylor）将"文化"定义为一个社会中社会成员所有人类经验和生活方式的总结，包括知识、信仰、道德、法律和其他能力与习惯。② 美国人类学家克拉克·威斯勒（Clark Wissler）认为"文化是由人类的反思性思维发展出来的积累性结构，文化因素的积累是这类反思性行为在语言和客观性物质操作中的表达"③。狭义的文化指"社会的意识形态，以及与之相适应的制度和组织结构"④，比如毛泽东在《新民主主义论》中论述道："一定的文化（当作观念形态的文化）是一定社会政治和经济的反映，又给予伟大影响和作用于一定社会的政治和经济。"⑤ 本文所指的"文化"为广义的"文化"，是以价值意识（包括价值观、世界观）为内核，通过符号、思想、习俗、制度、体制、技术文化等所有客观性人类社会成果进行表达的累积性复合体。其中，价值意识为文化的深层结构，包括价值观和世界观，主导着文化主体的心理模式和行为模式。

2. 文化多样性

文化多样性，是相对于全球文化一元化（Global Monoculture）或文化同质化（Homogenization of Cultures）而提出的，具有两层含义：一是全球文化具有差异性和多元性，二是强调不同文化要彼此尊重。根据文化的定义，价值意识的多元化是文化多样性的根本原因，符号、习俗、制度、体制、技术文化等所有客观性人类社会成果是判断文化差异的外化依据。文化多样性本质上是文化群体共享的思想和观念的异质化，体现为文化群体的行为模式、生活习惯、社会风俗和文化产品等方面的多元性。

20 世纪 80 年代起，国际社会对世界文化多样性的发展进行过多次讨论，其中具有代表性的三次重大的国际性辩论是：The New World Information and Communication Order——世界信息与传播新秩序（NWICO，

---

① 司马云杰：《文化价值论》，山东人民出版社，1990，第 1 页。
② Raymond Scupin, *Cultural Anthropology: A Global Perspective*, Prentice Hall, 1998, pp.31～33.
③ 〔美〕克拉克·威斯勒：《人与文化》，钱岗南、傅志强译，商务印书馆，2004，第 1～6 页。
④ 转引自《辞海》，上海辞书出版社，1989，第 4022 页。
⑤ 《毛泽东选集》第 2 卷，人民出版社，1991，第 663～664 页。

1980)，The Cultural Exception Debate——"文化例外性" 辩论 （GATS，1993)，The Cultural Diversity——文化多样性讨论 （UNESCO Convention，2005 and WSIS，2005）。① 经过长达两年对提案的讨论和商议，2005 年 10 月，联合国教科文组织的 148 个成员国投票通过了《保护和促进文化表达多样性公约》（The Convention on the Protection and Promotion of the Diversity of Cultural Expressions）；该公约的初衷是强化关贸总协定 （GATS）对于文化产品和服务的法律约束力，但是对于发展中国家的政府和机构而言，文化多样性公约更是保护和促进世界多元文化发展的有利机制。② 这些对文化多样性的国际性共识，以及之后形成的一系列的公约，重申了人类文明由多种文化组成的信念，强调了世界民族文化多样性的重要性，就世界文化生态多元化的客观存在性和现实必要性向对外传播活动的参与者做出了提醒。

3. 文化主体的多样性

文化主体，既是文化的创造者、传承者，又是累积性文化结构中的原子化个体——文化的作用对象。文化多样性，既是各种文化主体社会文化行为所产生的结果，又是多样化文化主体形成的根本原因。文化主体的多样性，一方面源自文化深层结构的差异性。中国对外传播的对象是全球除中国以外的 50 多亿人口，他们来自 195 个具有不同历史文化背景的民族国家，分别拥有伊斯兰教、基督新教、天主教、佛教、犹太教、印度教和儒学等不同的信仰，各自继承着不同民族的文化价值观和世界观。深层文化结构的差异导致不同文化群体对现实抽象思维的方式的多样性，进而形成不同的主观现实。另一方面，文化具有促成个体社会化和同类价值意识形成的作用。不同的社会、政治文化孕育了差异化的社会环境和媒介生态，形成多元的受众群体——他们在信息需求、信息的选择、理解、记忆，以及反馈模式与内容等方面各有不同，表现为不同的信息获取能力、媒介使用习惯、信息内容偏好和不同的信息价值判断标准。

---

① Divina Frau-Meigs, "Cultural Diversity and Global Media Studies," *Global Media and Communication*, 2007, 3 (3), p. 261.

② Garry Neil, "Assessing the Effectiveness of UNESCO's New Convention on Cultural Diversity," *Global Media and Communication*, 2006, 257 (2), pp. 257-258.

二 文化多样性对传播接受的影响

1. 决定主体的信息需求差异

信息需求，是信息消费的始发阶段，是引发信息行为的内在动因。按照需求满足理论，信息需求是在满足人的五个层次的总体需求（生理、安全、社交、尊重、自我实现）而从事的活动中产生的。① 认知过程理论认为，信息需求产生于个人的知识过程，比如研究信息行为的元理论的德尔文（Dervin）指出信息需求产于人知识的不连续性和知识差；贝尔金（Bellkin）认为信息需求是在个人知识状态的异常状态下产生的；库尔斯奥（Kuhlthan）则主张认知的不确定性原则。② 信息需求的差异与文化主体原有的社会环境、文化环境、文化积累以及知识结构密切相关。不同的文化群体对外来信息和知识的需求在层次和内容上各不相同。不同的文化群体，在面对外来文化的本土传播时，是基于各自的信息和知识需求，以"有用性"和"适应性"为原则而进行批判性吸收的。

从历史看，两汉时期的中西"丝绸之路"，体现了西域诸国对中国物质文化的需求；隋唐时期的中日海上"书籍之路"，体现了日本对中国汉文典籍的热衷。18 世纪在欧洲大陆掀起的近一个世纪的"中国热"，体现了处于资本主义文明发端的欧洲诸国在发展资本主义过程中所出现的差异化的信息需求。如英国在引荐中国的科举制度用于改良其文官制度方面更为突出；法国的思想家们更关注中国的御史制和文武百官掣肘皇帝的传统对西方三权分立制度的启发意义；意大利的耶稣会士则注重向教会介绍中国的主流信仰（儒学），以缓和教廷和中国皇帝的矛盾。从现实看，与中国具有经济合作的贸易伙伴国关注的是中国的经济数据和政治新闻，而与中国具有地缘冲突的国家则更关注中国的军情动态和外交事件。从数据上看，根据《中国国家形象调查报告 2012》③，发展中国家和发达国家对中

---

① 胡昌平：《信息服务与用户研究》，武汉大学出版社，1993，第 109 页。

② T. Hewins Elizabeth, *Information Need and Use Studies*, ARIST, 1990, pp. 145–172.

③ 《中国国家形象调查报告 2012》，中国网，http://www.china.com.cn/international/txt/2012-12/20/content_27470693_4.htm，2012 年 12 月 20 日。

国的信息需求在内容上和程度上各不相同：发展中国家的民众对中国各个方面（风景名胜、普通人生活、传统文化、经济、政体和品牌等）的兴趣度均明显高于发达国家的民众，比如对于中国品牌，发展中国家的兴趣度为45%左右，而发达国家仅为20%；对于中国经济发展状况，发展中国家的兴趣度为45%，发达国家为25%左右；即使差距最小的方面——中国普通人生活，发展中国家对此的兴趣度也高于发达国家7个百分点左右。

2. 决定主体的信息选择差异：注意、理解和记忆

大众传播心理学的研究表明，受众由于受到原有的态度倾向、观点和兴趣的影响，在信息接收的过程中会产生选择性心理机制：（1）选择性注意，倾向于接触与自己观点相吻合的信息；（2）选择性理解，倾向于根据自己的价值观及思维方式对信息做出个人化的解释；（3）选择性记忆，倾向于将对自己有用、有利和有价值的信息储存在大脑中。对受众个体而言，受众的人口特征、社会身份以及生活经历是导致选择性心理机制差异化的个性原因；而对受众群体而言，来自文化差异的累积性作用是产生选择性心理机制差异化的共性原因。

对外传播过程中，文化主体在面对来自异文化的信息时，强烈的文化身份认同会使得选择性心理机制被强化。《伊本·白图泰游记》中提到，"中国地区尽管十分美丽，但不能引起我（伊本·白图泰）的兴趣，由于异教徒气味浓厚，反而使我心绪烦乱。只要出门，就看到许多不顺眼的事，使我惴惴不安，除非万不得已，我绝不外出"①。这本伊斯兰教信徒的游记，对于中国的思想和宗教谈及很少，即使提及，也是将儒释道混为一谈。原因就在于，游记作者对伊斯兰教信仰和文化身份的强烈认同，削弱其对中国信仰文化的注意力，导致其对非伊斯兰教信仰的淡漠和排斥。而《利玛窦中国札记》中却有这样的描述："（利玛窦）他进城就决定采用适度的外表（儒生装扮），穿上正式访问时已习惯的绸袍，还带上知识阶层所特有的帽子"，"这个洋人（利玛窦）谙习中国礼仪并通晓中国文献"。② 与

---

① 〔摩洛哥〕伊本·白图泰：《伊本·白图泰游记》，马金鹏译，宁夏人民出版社，2000，第550页。

② 〔意〕利玛窦、〔法〕金尼阁：《利玛窦中国札记》，何高济等译，中华书局，1983，第293~300页。

伊斯兰教信徒伊本·白图泰相反，耶稣会士利玛窦在面对中国的主流哲学理论——儒学时表现出了极大的兴趣，且身体力行表现出其对儒学的极大推崇。两相比较可见，不同的文化主体在面对来自异文化的信息时，会根据自身的价值观、思维定式、信息积累以及利益相关性，产生不同的信息选择行为。

3. 决定反馈模式和内容的差异

反馈，是控制论的核心概念之一，指信息的回流，后被传播学借鉴，意为受众根据文化内的符号系统、话语实践和现实情境对接收到信息做出的反应。"反馈是一种强大的工具。当反馈处于隐性、延迟和微弱的状态，或当受众处于远距离而对传播者一无所知；或当学生听讲座过程中没有机会提问的情况下，传播者就会产生疑问和顾虑，受众则会出现失望甚至是不友好的情绪"①。传播者根据受众的反馈，可以及时消除疑问和顾虑，改进传播方式，调整传播内容，优化传授关系，促进传播活动的顺利开展。受众是反馈的实施者；反馈，体现了受众的能动性和文化性。作为文化主体的受众，其文化身份的多样化，使得反馈模式和内容呈现出较大的差异。

对外传播的反馈模式差异首先体现为反馈的延迟程度差异，按照这种划分依据，其可以分为即时反馈模式和延迟反馈模式：即时反馈模式表现为文化群体在接收到异文化信息后，在短期内所做出的可感知的反应（可以是由文化隔阂而引发的误解和敌意，也可以是由文化魅力而引发的共鸣和好感）。这一模式最具代表性的事件就是丹麦的《日德兰邮报》连载讽刺穆罕默德的漫画后，瞬时引发了伊斯兰世界的强烈不满，后更导致了伊斯兰世界与欧美国家一连串的外交危机和恐怖事件。另外，北京奥运会开幕式在全球范围播出后，短时间内获得海外媒体高度评价也属于即时反馈模式。延迟反馈模式，指文化群体在累积性接收到异文化信息后，基于自身的文化框架和经验系统，形成对异文化的整体认知和态度，并通过日后的价值判断和行为得以体现；比如文化产品出口增加、海外游客数量

---

① Schramm Wilbur, William E. Porter, *Men*, *Women*, *Messages*, *and Media*: *Understanding Human Communication* (*Second Edition*), Peking University Press, 2007, p. 48.

增加、本土品牌的国际影响力增强、国际对华舆情变化等，都属于延迟反馈模式的表现形式。

反馈模式差异其次体现为反馈的强度差异，据此标准，其可以分为强反馈、有限反馈和微弱反馈。反馈的强度主要受制于两方面。一是反馈主体所属文化群体的大小和地位：不同文化共生的情况下，主流文化群体做出的反馈强度要高于亚文化或边缘文化群体；主流文化群体中的意见领袖，由于其所具有的话语权和传播能力，其反馈的强度要高于普通民众。二是反馈主体的信息需求被满足的程度：反馈主体收到信息后，如果产生了共鸣或满足感，其反馈就会较强烈，比如中国影片《卧虎藏龙》在海外公映后同时收获票房和口碑，作家莫言的文学作品荣获诺贝尔文学奖引起全国范围的"莫言热"，韩国影视剧在亚洲范围的热播带动韩国旅游业的繁荣等情况，就属于强反馈模式的表现形式；反之，则属于有限反馈或微弱反馈模式的表现形式。

对外传播的反馈内容差异主要体现在受众态度和行为倾向差异，按照这种标准，反馈内容包括正反馈和负反馈。正反馈，如一国赴另一国的旅游人数的增加，产品需求的上升，主流媒体对另一国的报道呈正面趋势，国际话语权提高等。负反馈，如一国对另一国产品的抵制，负面报道增加，外交关系变冷等。

三　差异化的对外传播战略

文化的多样性在一定程度上导致了文化主体的信息需求差异、信息选择差异，以及反馈模式和内容的差异。基于文化多样性的现实性，以及由此对传播接受产生的影响，对外传播主体应该制定和践行差异化的对外传播战略。

1. 调适传播者角色：以独立、专业为标准

国际新闻惯例和主流媒介文化是与西方"民主""分权"的政治文化相一致的。一方面，权力制衡的观念在民主社会深入人心，媒介的监督职能作为一种普遍的信念，主导着媒体实践和大众的媒介行为；另一方面，参与式民主的价值，即公民通过自由而负责的媒体知晓信息并广泛参与民

主活动的价值，得到了普遍的认可；媒体的公信力来自客观性、独立性、职业化的新闻实践和操守，官方媒体由于与权力的密切关系而被边缘化。然而，中国的媒体，尽管在市场化背景下不得不遵循经济运行的逻辑，参与市场竞争，但是仍然承担着重要的政治传播的职能，官方媒体仍然是中国媒介市场的主导性力量。这种媒介文化的差异，使得中国的官方媒体在承担对外传播职能时经常遭遇公信力缺失的尴尬。

中国的对外传播机构，必须以独立、专业为标准，重新调适传播者角色，树立与对象国家媒介生态和国际新闻惯例相一致的传播者形象，避免将中国的媒介文化和传统"生搬硬套"。首先，从媒介运营上，应该使媒介与党政权力保持适当的距离，从而树立对外传媒独立、专业的职业形象。尽量淡化官方色彩和宣传职能，在形式上弱化权力与媒介的关系。其次，从职业操作和专业操守上，应该接受和践行与国际新闻惯例接轨的传媒职业精神和行为，避免市场力量的过多干预，树立中国对外传播机构的权威和口碑。再次，从承担国际责任上看，中国的对外传播机构应该对国际社会普遍关注的议题，如全球气候变化、核危机、国际反恐、能源危机等，给予足够的重视和持续性的关注，逐渐提升自身在国际议题中的责任意识和话语权，树立一个负责任的国际权威媒体形象。全球范围内可以借鉴的经验很多，以BBC为例，"BBC是在旧BBC即私营英国广播公司（The British Broadcasting Company）的基础上，根据英王乔治八世颁布的'皇家约章'，于1927年建立起来的公营的英国广播公司（The British Broadcasting Corporation）。它既不为私人所有，又不受政府控制。其经费来源主要依靠视听执照费。这一体制使得BBC在日常工作中能够最大程度地不受政府的干涉和商业利益的驱使，从而制作出公众普遍认可的相对客观独立报道和高质量的信息产品，这一历史传统形成了BBC独有的公信力"[①]。

2. 认识多样化的受众：洞察文化差异

受众是传播活动的对象和目标。作为不同文化主体的受众群体，因为文化的累积性作用而呈现出不同程度的差异化特征。

---

① 张昆、杨林：《BBC公信力的培育》，《新闻记者》2004年第9期。

　　首先，认识多样化受众，关键是区分传播对象国之间的文化价值观的差异。文化价值观作为文化的深层结构，是指盛行于整个文化的价值观，是文化内个体成员感知模式和行为模式的内在动因。G. 霍夫斯泰德将文化价值观分为四个维度：（1）个人/集体主义（该国较重视集体主义价值观还是个人主义价值观）；（2）不确定性规避（该国文化是喜欢不确定性和灵活性，还是偏向成文的规则，提供稳定性）；（3）权力距离（该国倾向于反对社会等级和不平等则权力距离小，反之则表示该国的权力距离大）；（4）阴性/阳性主义（社会成员的性别在社会交往和社会角色扮演中的差别程度）。① 按照其在 38 个国家（阿拉伯国家未被包括其中）获得的调查数据，笔者分析发现，荷兰、丹麦、澳大利亚、加拿大、英国、美国等欧美发达国家具有"高度个人主义＋喜欢不确定性＋权力距离小"的价值观特点；而智利、墨西哥、哥伦比亚、秘鲁、委内瑞拉等南美国家的文化价值观则呈现出"高度集体主义＋规避不确定性＋权力距离大"的特点；菲律宾、新加坡等受到东西方文化双重影响的东南亚国家的文化价值观具有"集体主义＋规避不确定性＋权力距离大"的特点；印度文化具有既偏好自由和冒险，又重视社会等级和权力的双重特征。还有的国家的文化价值观呈现出单极化倾向，如日本呈现出"高度不确定性规避"（这与日本的岛国属性具有一致性）；意大利显现出"高度的个人主义"；巴基斯坦的集体主义价值维度尤为明显。② 这些分类方法，一方面重申了文化价值观差异化的普遍性和现实性；另一方面，为对外传播者制定传播战略，提供了类别化和国别化研究的一种考察依据（当然还存在其他的分类方法）。

　　其次，认识多样化的受众，必须辨析传授双方的文化身份定位。个人根据其所处的群体所传递和灌输的主流文化（知识、信念、价值观、态度和生活方式），对自身的正式或非正式的群体成员身份产生的自我感

---

① G. Hofstede, *Culture's Consequences: International Differences in Work-related Values*，转引自〔美〕拉里·A. 萨默瓦、理查德·E. 波特《跨文化传播》（第四版），闵惠泉、王纬、徐培喜等译，中国人民大学出版社，2010，第 54 页。

② G. Hofstede, *Culture's Consequences: International Differences in Work-related Values*，转引自〔美〕拉里·A. 萨默瓦、理查德·E. 波特《跨文化传播》（第四版），闵惠泉、王纬、徐培喜等译，中国人民大学出版社，2010，第 54~59 页。

知，即为群体文化身份；群体成员对群体文化身份认同的程度，影响着其对外来文化的态度。① 强烈的文化身份认同往往会导致文化中心主义。明末清初天主教在华传播时，罗马教廷和清朝政府因天主教教义和中国传统规范的冲突而爆发的"礼仪之争"，本质上便是"欧洲中心主义"与中国的"天朝上国"思想的冲突。文化中心主义仍然在欧美许多国家具有深层的社会基础，美国的"一滴血原则（One-drop Rule）"等现行人口政策即为有力例证，按照"一滴血原则"，只要祖上有一个黑人，那么这个人即被视为黑人。② 中国的对外传播者应该认清传播对象的群体文化身份定位，克服文化中心主义，基于文化平等的理念，进行文化身份对等传播。

再次，认识多样化受众，必须对其所处的媒介文化进行详细考查。一国的媒介文化，是传媒业与本国权力系统、市场力量、文化大环境长期博弈的累积性结果，体现了一国的社会传统、政治文化和市场需求。受众是媒介文化的有机构成者，媒介文化的差异，会形成不同的媒介环境，使得身处其中的受众具有与之相适应的媒介使用习惯、信息处理能力和社会文化框架。

最后，认识多样化受众，必须对其所处的舆论环境进行逐一考量。一国媒介在长期的实践中，会形成相对稳定的国际新闻报道的话语和框架。对中国使用某种话语和框架进行持续性的报道，在很大程度上会左右该国民众的对华态度，影响对华舆情的变化。对华舆情，是一国民众基于已有信息积累所形成的对中国的整体认知和评价的趋势和倾向。舆论环境之于对外传播的重要性在于影响着传授关系和传播环境的优劣。

3. 传播恰当的内容：把握文化语境，运用多义性话语

传播内容的设计和选择，关系到传播活动是否能够满足受众的信息需求和偏好，是否能获得受众的积极反馈。传播内容的设计和选择涉及信息编码的有效性和内容的针对性。

---

① Daphne A. Jameson, "Reconceptualizing Cultural Identity and Its Role in Intercultural Business Communication," *Journal of Business Communication*, 2007, 44 (3).

② Raymond Scupin, *Cultural Anthropology: A Global Perspective*, Prentice Hall, 1998, p.55.

对外传播主体应该预先掌握一个文化内的符号系统与文化语境，要在把握不同文化语境的基础上，进行内容表达形式的精细加工。符号系统，是由一个文化特质复合体中的语言符号和非语言符号构成的系统，体现了文化传统和社会关系。文化语境，即言语活动进行的社会文化环境，体现了社会成员在实践和心理活动中的群体习惯和一种文化对传播活动进行的各种规制。文化语境分为高语境文化和低语境文化。高语境文化在交际中较少依赖言语符号，而较多依赖非语言符号和语言环境进行编码，具有内隐、含蓄、灵活的特点；低语境文化则相反，在较大程度上依赖言语表达进行。① 高语境文化依次包括日本文化、中国文化、朝鲜文化、非裔美国人文化和土著美国文化等；低语境文化依次包括德裔瑞士文化、德国文化、斯堪的纳维亚文化、美国文化、法国文化等；阿拉伯文化、希腊文化、拉丁文化和意大利文化则属于中等语境水平。② 把握语境文化差异，可以帮助对外传播者有效进行符号系统的转换，缩小编码—解码信息差。

对外传播内容的编码应该运用开放的文本，设计多义的话语。"开放的文本，是指它的话语并未将解读者限定在特定的意义之内，与封闭的文本不同，不会导致传者的主流观点或意识形态被强化，因此，避免了不被差异化受众接受的风险"③。为了使对外传播的内容更具适应性，传播内容的表达形式必须是建立在多义性话语基础上的开放性文本，允许不同类型的文化主体从中发现能够满足自己文化身份认同所需要的意义。这一点在约翰·菲斯克的《电视：多义性与大众化》中也有提及："比起一个国家的受众，世界范围内的不同受众则具有更广泛、更戏剧化的象征意义。一个节目要流行，它就必须拥有不同的话语实践和不同亚文化的意识形态框架，以用于对文本进行接受和解码。"④

---

① Edward Hall, *Beyond Culture*, CA: Doubleday, 1976, p. 7.
② Larry A. Samovar, Richard Porter, Edwin R. McDaniel, *Communication Between Cultures*, Peking University Press, 2009, pp. 158-159.
③ 〔美〕丹尼斯·麦奎尔：《麦奎尔大众传播理论》，崔保国、李琨译，清华大学出版社，2006，第 298-299 页。
④ 约翰·菲斯克：《电视：多义性和大众化》，载于罗杰·迪金森、托马斯瓦莱·哈里德拉纳斯、奥尔加·林奈编《受众研究读本》，单波译，华夏出版社，2006，第 212 页。

对外传播应该选择和制作恰当的传播内容。恰当的传播内容应该满足以下标准。一是能够兼具传授文化间的相似点，与文化群体的主流价值观和世界观不会产生冲突。《周易·系辞上》提到，"方以类聚，物以群分"；英语中也有类似的谚语：Birds of a feather gather together（羽毛相似的鸟儿聚在一起）。文化的差异性，使不同的文化主体之间产生区隔，而"成千上万的人都相信，他们能找到确定性和安全感的最好的避风港就是基于种族的相似性、共同的信念、经济利益或政治上相同的志趣群体"[1]。在传播内容中偏重中国文化和其他文化之间的相似点，能够增强传播内容的亲切感，提高对外传播活动的信度。二是能够满足特定文化群体的信息需求和异文化体验的欲望。从张骞出使西域到马可波罗东游，从遣唐使沿海上"书籍之路"汉学东渐，到耶稣会士苦译汉书典籍东学西渐，跨文化传播的历史证明，文化群体对异境的向往和对外来信息的强烈需求，是推动对外传播的内在动力。选择能够满足受众异境好奇心和信息需求的传播内容，能够增强传播内容的吸引力和有用性，提高对外传播活动的效度。三是能够跨越文化鸿沟，凸显中国文化中具有普适性的魅力。英语中有这样的谚语：One man's meat is another man's poison（你之美味，我之毒药）。中文中也有同样的表达：萝卜青菜各有所爱。不同的文化主体对各自文化魅力的认同标准和内容各不相同。只有发掘中国文化中具有普适性的魅力所在，才能使对外传播避免"文化折扣"。

4. 整合传播渠道：官方宏观调控，民间微观自主

传播渠道是信息传播和流动的通道，是传播者传递信息，受众接收信息的途径。按照传播者的性质，对外传播的渠道可以分为官方渠道、半官方渠道和民间渠道。传统的对外传播，实质上是以官方渠道为主导，民间渠道长期以来则被边缘化。随着全球化的趋势加强，国际人员流动日益频繁，贸易交往、文化和学术交流，非官方组织间的国际合作都成了重要的对外传播渠道。"目前我国对外传播渠道狭窄，效果欠佳"[2]，整合传播渠

---

① H. Cleveland, "The Limits of Cultural Diversity," in the *Intercultural Communication: A Reader* (*8th ed.*), L. A. Samovar & R. E. Porter, Eds., Belmont, CA: Wordsworth, 1997, p. 427.

② 陶大坤、丁和根：《中国对外传播渠道建设之路径选择》，《当代传播》2010 年第 5 期。

道，是加强对外传播渠道建设的重要路径选择之一。

其一，官方宏观调控，主导顶层设计。

在对外传播的渠道整合过程中，官方机构应该掌握对外传播的国际通行规则，做好充实对外传播相关法律和制度方面的准备；通过考察评估对象国家的媒介格局，从媒介类型的比例和布局、人员设置、资金投入等方面入手，制定对外传播渠道的横向布局战略。官方机构还应该协助开拓中国文化产业的海外发展渠道，为中国文化产业的国际化提供前期的市场调研、制度保证，中期的资金储备、技术支持，以及后期的人才培养和效度评估。

其二，民间微观自主，主导人文交流。

民间对外交流机构和组织，作为更具人文性的非官方主体，应该成为对外文化交流活动的主导，自主灵活地在各个领域、层次开展不同形式的人文交流活动。对于半官方文化传播机构（如孔子学院），应该在资金和管理上尽量淡化行政色彩：（1）减小政府财政拨款的比例，吸引民间资本参与投建；（2）避免行政命令式的管理模式，吸收多种民间文化团体协同理事；（3）避免意识形态式的文化输出，致力于文化平等交流。此外，在跨文化人际交流方面，个人也是国家的名片。不论是作为海外机构职员、务工人员、留学生，短期的赴海外旅游的游客，还是国外游客的接待人员，必须认清自身的角色——个人的言行也在行使着对外传播的职能。

5. 反馈的因应

面对文化主体差异化的"反馈"，对"反馈"进行归因分析具有重要意义。一方面，对外传播主体应该增加异文化考察、调研的机会和频率，加强文化主体间的话语实践差异的研究，从语言文化和语境文化的角度对"反馈"的差异进行归因分析。另一方面，应该积极参与全球媒介事件的报道工作，增加与国际主流话语的对话机会，学习国际传播的职业通行规范和操作，掌握不同媒介体制下的新闻生产惯例和流程，了解不同媒介文化下受众群体的媒介使用习惯、固有文化框架等，从媒介环境和媒介文化差异的角度对反馈的差异性进行归因。

从短期看，对外传播主体应积极获取、应对即时性反馈，及时改进传播方式和内容。获得即时性反馈的渠道主要有两种,其一是主动开拓的与受众互动的反馈渠道。其二是通过"被报道"而了解受众意见的反馈渠道。前者主要包括对外传播媒体官方网站上对各类议题设置的各种问卷、论坛、博客、微博等,后者主要指关于突发事件、重大事件的国际新闻报道中的涉华舆论。通过收集各种网络意见和突发事件、重大事件发生时的涉华舆情,对传播对象的疑问和批评积极回应,可以对负面舆论起到及时"灭火"的作用;通过分析传播对象的短期需求和偏好,改进传播方式和内容,可以促进对外传播活动的"可持续循环"。

从长期看,对外传播主体应定期收集整理延迟性反馈,提高传播活动的针对性和适应性。定期收集和整理延迟性反馈,通过数据分析和处理,考察把握其中的规律性,可以对日后的传播活动起到指导和预测的作用,提高对外传播活动的科学性。获得延迟性反馈的渠道主要包括:各类调查机构开展的全球态度调查,国外主流媒体涉华报道的历时性分析,官方、半官方以及民间组织举办的各种国际性会议和论坛,等等。其中,较有代表性的舆情调查报告包括皮尤研究中心(Pew Research Center)的"全球态度调查"项目(Global Attitudes Projects)、BBC World Service 的"全球国家形象调查报告"(Country Ratings Poll),以及美国校际社会科学数据共享联盟(Inter-university Consortium for Political and Social Research,ICPSR)发布的亚洲软实力调查(Soft Power in Asia Survey,2008)。[1] 皮尤研究中心的"全球态度调查"项目,专门设有中国专题[2],下设若干子议题,包括:(1)"对中国的意见和态度"(Opinion of China,2002 年、2005~2013 年),(2)"中国是否为他国的利益考虑"(China's consideration of other countries'interests,2008 年和 2013 年),(3)"中国的影响力"(China influence on country,2007 年、2008 年和 2013 年),(4)"中国的伙伴/敌人"(China partner/enemy,2008~2013 年),(5)"中国的军力增长"(China's growing military power,2006~2008 年,2010~2013 年)。除此之外,

---

[1] 美国校际社会科学数据共享联盟:《亚洲软实力调查 2008》,http://www.icpsr.umich.edu/icpsrweb/ICPSR/studies/25342? searchSource = revise&q = Soft + Power + in + Asia + Survey&classification = ICPSR. XI. D. &groupResults = false。

[2] 皮尤研究中心:《中国形象》,http://www.pewglobal.org/database/indicator/24/。

该项目还会根据形势变化开设有针对性的议题。2013 年其进行的调查主要有：《中美全球形象调查》（*Global Image of the United States and China*）①、《亚洲对中国的态度》（*Asia's View of China-mostly Wary，but Japan Most of All*）②、《世界主要经济强国调查》（*World's Leading Economic Power*）③。BBC World Service 的"全球国家形象调查报告"由加拿大国际调查公司"环球扫描"（Globalscan Incorporated）和美国马里兰大学国际安全研究中心（The International and Security Study Center）的国际政策态度研究计划（The Program on International Policy Attitude，PIPA）共同实施；该调查报告每年春季以调查结果为主题对外进行发布，历年的报告结论主要包括："Global Views of United States Improve While Other Countries Decline"（美国的国际评价在提升，其他国家则在下降，2010 年）④、"Views of US Continue to Improve"（美国的国际评价持续上升，2011 年）⑤、"Views of Europe Slide Sharply in Global Poll，While Views of China Improve"（欧洲的国际评价下滑，而中国的则在改善，2012 年）⑥、"Views of China and India Slide While UK's Ratings Climb"（中印国际评价下滑，欧盟的评价在上升，2013 年）。⑦

　　从正负反馈的外部性看，对外传播主体应主动争取正反馈，抵消和避免负反馈。基于正反馈所具有的积极外部性，对外传播者应该掌握话语权和新闻发布的先机；面对负反馈的消极外部性，则应该及时回应，避免被

---

① 皮尤研究中心：《中美全球形象调查》，http：//www. pewglobal. org/2013/07/18/global-image-of-the-united-states-and-china/，2013 年 7 月 18 日。
② 皮尤研究中心：《中美全球形象调查》，http：//www. pewglobal. org/2013/07/18/global-image-of-the-united-states-and-china/，2013 年 8 月 5 日。
③ 皮尤研究中心：《世界主要经济强国调查》，http：//www. pewglobal. org/2013/07/18/worlds-leading-economic-power/。
④ World Public Opinion：《BBC 全球国家形象调查报告 2010》，http：//www. Worldpublicopinion. org/pipa/pipa/pdf/apr10/BBCViews_Apr10_rpt. pdf，2010 年 4 月 10 日。
⑤ World Public Opinion：《BBC 全球国家形象调查报告 2011》，http：//www. Worldpublicopinion. org/pipa/pdf/mar11/BBCEvalsUS_Mar11_rpt. pdf，2011 年 3 月 11 日。
⑥ World Public Opinion：《BBC 全球国家形象调查报告 2012》，http：//www. Worldpublicopinion. org/pipa/pdf/may12/BBCEvals_May12_rpt. pdf，2012 年 5 月 12 日。
⑦ World Public Opinion：《BBC 全球国家形象调查报告 2012》，http：//www. Worldpublicopinion. org/pipa/2013% 20Country%20Rating%20Poll. pdf，2013 年 5 月 22 日。

动"误读"。虽然媒介文化在各国各具特色，但是国际传播的准则和标准具有一致性。对于对外新闻传播，官方媒体应该抢占第一信源，通过及时发布、及时辟谣、随时更新的方式，掌握国内事件国际传播的话语权，及时从文化差异的角度对国际对华报道中的文化误读现象进行阐释，争取国际社会的理解和正反馈，抵消和避免负反馈，防止敌意和不友好言论。

四　结语

"人类的危机往往是理解的危机。"① 从《日德兰邮报》连载讽刺穆罕默德的漫画引发的外交危机和恐怖事件，到不久前由埃及穆兄会和世俗派之间矛盾引发的国内政治动乱，现实一再证明，文化的冲突正是人类诸多分歧和冲突的症结所在。对外传播的困境，也往往来自文化的异质性。本文从对外传播的文化视角，对文化、文化多样性和文化主体的多样性等相关概念和问题进行了论述，进而分析了文化差异之于传播接受的影响模式；旨在探讨和提出文化多样性背景下优化对外传播效果的可行性传播战略。文章认为，文化多样性导致了文化主体的信息需求差异、信息选择差异（注意、理解和记忆），以及反馈模式与内容的差异；对外传播者应该从五方面实施差异化的传播战略：一是以专业、公正为准绳，调适传播者角色；二是分清文化差异，辨识多样化的受众；三是把握文化语境，运用多义的话语，传播恰当的内容；四是官方宏观调控，民间微观自主，整合传播渠道；五是"反馈"多元化的因应之道。

[本文由张昆教授与研究生陈雅莉共同撰写，系国家社会科学基金重大项目"跨文化传播中的中国国家形象建构研究"（项目编号：11&ZD024）的阶段性研究成果之一，文章发表于《武汉大学学报》（人文科学版）2015 年第 4 期]

---

① 〔英〕雷蒙·威廉斯：《文化与社会》，吴松江、张文定译，北京大学出版社，1991，第416 页。

做好议程设置，提高重大活动的
对外传播效果

所谓重大活动，是指具有重要意义、重大影响，在规模与程度上超出一般想象的活动，如大型会议、重大节庆、全球性赛事、国家领导人活动等。这些活动既有限于各主权国家范围内的、具有本国特色的活动，也有多国甚至全球参与的国际性重大活动。在全球化的背景下，重大活动具有向世界展现本国魅力、形塑国家理想形象的重要意义。

近年来，随着中国的力量、国家地位的不断提高和话语权的增加，中国已成为世界瞩目的全球大国。发生在中国，或者由中国主导、参与的重大活动所带来的影响不仅局限于中国内部，而且与国际社会的发展、相关国家的利益乃至人类的命运息息相关。如中国共产党全国代表大会、一年一度的"两会"、奥运会、世界互联网大会、G20峰会、博鳌论坛、世博会等，成为世界各国了解中国的窗口。随着中国作为一个全球大国的崛起，了解中国成了世界各国与日俱增的重大需求。而中国担任主角的各种重大活动，更是吸引了各国人民的关注眼光。

要提高重大活动的传播效果，需要预先筹划，做好议程设置。议程设置（Agenda Setting）是传播学的一个重要原理。它表明，大众传播媒介具有一种为公众设置"议事日程"的功能，传媒的新闻报道和信息传达活动以赋予各种"议题"不同程度的显著性的方式，影响着人们对周围世界的"大事"及其重要性的判断。① 换言之，新闻媒体或许无法决定人们怎么想，却可以影响人们想什么。加强对重大活动传播的议程设置，有利于将当事国及其行为始终置于国内外公众关注的视野，吸引他们的注意力，帮助他们理解和接受相关的信息，从而起到引领国际舆论的效果。但是就目前中国对外传播的现状而言，议程设置的原理并没有被很好地运用，从而影响到重大活动对外传播的效果。

一　当前重大活动对外传播存在的问题

对外传播一般分为直接传播和间接传播。直接传播是指中国通过本国的对外传播体系，以目标国家的受众为目标群体所进行的信息传播行为。间接传播则指能够对直接传播起到补充或修补作用的、可以真正"落地入户"的媒体的传播行为，这些媒体主要包括海外华文传媒和西方主流媒体。② 传播效果的强弱是检验国家传播战略是否科学的重要衡量指标。近年来，我国虽然大大提高了在对外传播上的投入，但其效果产出并没有达到预期的目标，具体体现在三个方面。

1. 有效传播的范围有限

语言是阻隔传播范围的直接因素。宏观来看，我国的对外传播，以英语的对外传播占据主要份额，其他语种的对外传播却十分贫乏。对于小语种国家，在获取来自中国的相关消息时，英文信息就会变得软弱无力。③ 语言上的不畅直接导致小语种国家失去了解中国活动新闻的途径，造成有效传播范围的缩小。还有传播技术和政治方面的屏障，使得覆盖率和到达率也难以达到预期。

2. 国外受众对中国重大活动关注度比较低

尽管中国媒体在"走出去"的力度上不断加大，但中国对外传播的信息能否真正"落地入户"，即目标国家到底有多少受众可以接收到中国

---

① 郭庆光：《传播学教程》，中国人民大学出版社，1999，第214页。
② 王维佳、程曼丽：《对外传播及其效果研究》，北京大学出版社，2011，第86页。
③ 李雪、方明豪：《我国对外传播中的不足及策略分析》，《今传媒》2011年第6期。

媒体传播的内容，如是否能够收看中央电视台国际频道的节目或其他媒体的内容，目前并无确切的答案。① 在他国，中国的重大活动与当地新闻相比，无论在与当地受众的利益相关度、生活贴近性、文化共鸣度，还是在报道强度和解读深度等方面，均处于弱势，关注度自然较低。例如，对于主题和主要面向群体仅限于中国国内或亚洲的重大活动，西方媒体相比于亚洲媒体对它们的关注度相对较低。对 2010 年的亚运会的报道，亚洲媒体就多于西方媒体。②

3. 正面活动产生负面联想

在间接传播中，西方媒体传播的内容与中国新闻事实产生了一定偏差。他们习惯对活动中的某些新闻事实进行随意曲解，进行负面联想，导致我国对外传播的信息与活动本身事实不符。如在广州亚运会期间，澳大利亚、美国等国的有些媒体对开幕式上水上飞艇表演赋予了政治外交意义，澳大利亚《年代报》在报道中称："亚运开幕式水手护卫下与风浪搏击的中国渔船象征着最近日本扣押中国渔船事件。曼彻斯特大学国际政治教授认为亚运开幕式让人联想到亚洲各国去天朝朝拜的帝国时代，中国通过这种方式显示中国海军可以保护亚洲邻国。"③ 类似的情形在对外传播领域十分普遍。

4. 不能及时回应国际舆论的挑战

西方向来以"中国威胁论""霸权主义"来妖魔化中国形象。例如，中国在"一带一路"倡议下开展各项活动时，美国、日本就试图给中国贴上"新殖民主义"、掠夺资源的标签，左右国际舆论，引发他国对"一带一路"倡议产生负面的看法，以此来阻碍中国"一带一路"建设的实行。这种国际舆论的挑战已持续多年，但中国并没有做出有效的回应举措，甚至面对西方媒体强势的议程设置，我国媒体常常不自觉地成为跟随者与信息接力者。④ 在这种舆论环境下，其他国家也容易陷入西方的阴谋论中，使中国的对外传播处于被动地位。

---

① 王维佳、程曼丽：《对外传播及其效果研究》，北京大学出版社，2011，第 87 页。
② 郭光华：《境外媒体广州亚运会报道分析》，《现代传播》2011 年第 5 期。
③ 郭光华：《境外媒体广州亚运会报道分析》，《现代传播》2011 年第 5 期。
④ 钱晓文：《媒体对外传播议程设置效果简析》，《青年记者》2013 年第 33 期。

5. 难以配合和服务国家外交和国际战略

重大活动及其对外传播是中国外交活动的重要组成部分，是实现国家战略的重要路径，活动的成功举办与有效的对外传播，两者缺一不可。效果不彰会直接影响国家的外交和国际战略的推进。

重大活动的对外传播效果不佳的原因很多，主要有以下三点。

其一，对传播规律认识不到位，混淆了新闻与宣传。

有一段时间，我国的对外宣传话语政治色彩偏重，以至于西方受众对于我国官方的话语体系感到不理解，甚至是不信任。[1] 如中国媒体习惯于以正面报道的方式展现中国的"经济发展""社会和谐"，此类话题在"两会"报道中最为突出。但这些祥和的中国图卷带给国外媒体的却是质疑。这样一来，我们的正面宣传却带来了负面的效果。[2] 究其原因，在于对传播规律认识的不到位，将对外传播等同于一般的宣传。实际上，宣传重过程，重符号，注重反复，重观点，重时宜，重操纵，讲重点；而新闻重本体，重信息，重新意，重事实，重时效，重沟通，讲平衡。对外传播是国际传播，既不应单纯地追求信息的新闻价值，也不应一味地强调信息的宣传价值，而是要注意信息的新闻价值与宣传价值的协调和统一。[3]

其二，缺乏顶层设计意识，不同传播渠道间协调不够。

在对外传播过程中扮演劝服者角色的，既有传统的新闻传播媒介，如报纸、广播、电视、书刊，又有新兴的网络媒体；既有专门的信息传播工具，又有其他非专业性的沟通渠道，如政府外交、首脑会晤、旅游、体育竞赛、商业贸易、留学生教育等。作为国际关系的主体，国家必须充分挖掘所有的对外传播资源，利用一切可以利用的传播手段。[4] 要发挥对外传播的最大效益，必须优化资源的配置，这就需要有科学的顶层设计。可在这方面，我们做得严重不足。

---

① 杨娜：《面向世界传播中国话语》，《中国社会科学报》2016年8月30日。
② 李雪、方明豪：《我国对外传播中的不足及策略分析》，《今传媒》2011年第6期。
③ 陆地、高菲：《如何从对外宣传走向国际传播》，《杭州师范学院学报》（社会科学版）2005年第2期。
④ 张昆：《国家形象传播》，复旦大学出版社，2005，第11页。

其三，缺乏明确的议程设置意识。

在议程设置理论中，议程是指媒介对当前的议题进行筛选，并为选中的重大新闻赋予不同程度的强化和公开报道。① 由于各国语言、文化习俗、社会制度背景、宗教信仰的差异，直接会影响国外受众对新闻解读角度和媒介使用习惯。在跨文化传播中，我们还缺乏明确的议程设置意识，没有明确受众定位，根据他们的信息喜好、媒介习惯、文化取向等，制定差异化传播内容和方式。譬如在由中文稿翻译成的英文稿中，充满了明显的汉语讲话方式和思维方式。这种情形经常造成外国受众的误解和疑惑，即使言辞达意，也已经让外国受众失去兴趣了。②

二 做好重大活动传播的设置议程

习近平在中共十九大报告中要求："推进国际传播能力建设，讲好中国故事，展现真实、立体、全面的中国，提高国家文化软实力。"③ 同时提出，"高度重视传播手段建设和创新，提高新闻舆论传播力、引导力、影响力、公信力"。很显然，这是一个系统工程。要将这一精神落到实处，必须做好重大活动传播的议程设置。

1. 强化议程设置意识

议程设置这一理论，在西方新闻传播实践中已经得到广泛应用。西方新闻理论的原则是客观、真实、平衡，而这些原则在具体传播实践、新闻报道中，是靠严格的主题设计、分类和对不同主题的不同报道方式来实现的。④ 在对外传播中，强化议程设置需要基于国家战略，要以国家外交战略的目的及目标要求为导向选择议题；要坚持客观性原则和价值中立原则，而不要为了宣传目的过分渲染事实和夸大意义；还要坚持持久性原则。受众的态度并不会在短期内发生根本改变，议程设置也不会有立竿见

---

① 王维佳、程曼丽：《对外传播及其效果研究》，北京大学出版社，2011，第 121 页。
② 陈力丹：《对外传播存在什么问题，我们如何做好？》，《对外大传播》2005 年第 8 期。
③ 《习近平在中国共产党第十九次全国代表大会上的报告》，人民网，http://cpc.people. com.cn/n1/2017/1028/c64094-29613660.html，2017 年 10 月 28 日。
④ 邢志刚、王素芹：《对外宣传应该重视议程设置》，《对外大传播》2006 年第 7 期。

影的效果，经过长期报道后的累积才能形成一定的效果。① 只有持之以恒，才能水滴石穿。

2. 尊重传播规律，做到全面、立体、真实

尊重传播规律，意味着要遵循国际传播领域的通则，摒弃传统意义上的"政治挂帅"式、"政治宣传式"的对外传播。尽量避免一味地"唱赞歌"，而要注重正面消息和负面消息相结合，赞同观点与反对观点相平衡，同时及时地对负面消息和质疑做出官方回应，报道在不足中取得的进步，只有这样才能展现出一个全面、立体、真实，且勇于承担责任的大国形象。简而言之，要将"以正面报道为主"的指导思想转变成"以正面效果为主"。效果是目的，报道形式只是一种手段。无论内容正面与否，只要造成的效果是正面的，或者总体上来说是正面的，就是成功的对外传播。②

3. 整合传播渠道，发挥加法、乘法效应

按照传播者的性质，对外传播的渠道可以分为官方渠道、半官方渠道和民间渠道。为提高传播效果，一方面，应强调官方宏观调控，主导顶层设计；另一方面，则应支持民间微观自主，主导人文交流；同时还要发挥半官方渠道的作用。在重大活动中，既要结合国家在活动中倡导的精神意旨，通过顶层设计事前布置筹划好系统性的对外传播方案，利用官方媒体把控传播大方向，还应鼓励民营媒体、自媒体等的自主化传播。除此之外，政府外交、旅游、体育竞赛、商业贸易等非媒体渠道，在活动结束后依然可以延续传播效应。在微观交流方面，个人也是国家的名片。海外机构职员、务工人员、留学生、短期的赴海外旅游的游客，或国外游客的接待人员，每个人的言行也在行使着对外传播的职能。③ 整合这些渠道，彼此互补、烘托、加强，能收到事半功倍之效。

① 涂鸣华：《对外传播中的议程设置》，《对外传播》2015 年第 5 期。
② 陈力丹：《对外传播存在什么问题，我们如何做好？》，《对外大传播》2005 年第 8 期。
③ 张昆、陈雅莉：《文化多样性与对外传播的差异化战略》，《武汉大学学报》（人文科学版）2015 年第 4 期。

4. 尊重文化差异，实施"差异化"传播

文化多样性在一定程度上导致了文化主体的信息需求差异、信息选择差异以及反馈模式和内容的差异。由此对传播接受产生重大的影响，所以应该制定和践行差异化的对外传播战略。对外传播的主题需要能够兼具传受文化的相似点，与不同文化群体的主流价值观和世界观不会产生冲突；能够满足特定文化群体的信息需求和异文化体验的欲望；传播中的核心思想能够跨越文化鸿沟，凸显中国文化中具有普适性的魅力。① 如追求民主、均富、和谐、稳定是人类的普世价值，文明可以在重大活动中挖掘此类题材，重点突出传播。要善于用鲜活的内容吸引海外受众的眼球。坚持"权威声音，亲切表达"，用小切口反映大主题，既突出新闻性，又突出人文色彩，通过讲故事的方式来吸引人、打动人。② 要注重挖掘在重大活动中的故事，例如奥运会中关于各国运动员的故事，"两会"中区域发展故事，世博会中外国游客的观感等，以"经历描述"替代"讲解介绍"，使新闻更富有生动性和趣味性。

5. 利用目标国家的权威媒体，增强接近性

目标国家的权威媒体在当地具有最强的公信力，能够实现聚源贴近性优质传播。中国需要加强与目标国家权威媒体的合作，增强彼此亲近性。一方面，需要为外媒提供客观和全面的海量信息，供外媒挑选报道；另一方面，还要为外媒做好新闻解读。如外媒难以完全理解"两会"是符合中国国情的人民参政议政方式，难免用西方的"民主标准"对中国现行制度妄加评论。③ 对此需要尽可能地为外媒做好"两会"的背景信息解读，为他们普及中国政治历史常识，消除他们内心对于"两会"的不解和误解。

总之，重大活动的对外传播作为国家对外战略的重要组成部分，在建构国家形象、打造国家品牌上有着无可取代的价值。充分利用重大活动，

---

① 张昆、陈雅莉：《文化多样性与对外传播的差异化战略》，《武汉大学学报》（人文科学版）2015 年第 4 期。

② 刘加文、夏小鹏、韩琳：《新华网十八大对外传播策略》，《对外传播》2012 年第 10 期。

③ 朱振明：《从西方"议会频道"到中国"两会报道"》，《新闻与传播研究》2011 年第 4 期。

做好议程设置，对于获得国际社会的关注、接受、理解和认同，进而引领国际舆论，具有重大意义。

[本文由张昆教授与研究生张心怡共同撰写，系 2011 年度国家社会科学基金重大项目"跨文化传播中的中国国家形象建构研究"（项目编号：11&ZD024）的阶段性系列成果之一，原文发表于《对外传播》2017 年第 11 期]

在新闻传播中践行
"以人为本"的原则

2008 年 6 月 20 日，胡锦涛前往人民日报社视察，并发表重要讲话，在国内外引起重大反响。胡锦涛的讲话论及新闻宣传工作的多个重要方面，其中最重要的一点——"坚持以人为本，是做好新闻宣传工作的根本要求"，是胡锦涛此次讲话的最大亮点之一。这是对党的新闻思想的重大创新。在当下少数新闻媒体信奉"以领导为本""以金钱为本"的情况下，胡锦涛的讲话可谓针砭时弊，正当其时。

一 坚持以人为本，是发展社会主义民主的题中应有之义

将"以人为本"作为新闻宣传工作的根本要求，是发展社会主义民主政治的题中应有之义。根据宪法，我国的国体是人民民主专政，政体是人民代表大会制度。国体的核心是人民当家做主。要真正让人民当家做主，就需要不断发展和完善社会主义民主政治。改革开放三十年来，我国的经济建设已经取得巨大进展，但是政治改革却进展缓慢，远远滞后于经济改革。中国政治体制改革和民主建设已经到了攻坚和突破阶段。党的十七大报告将发展社会主义民主政治作为一项重要内容写了进去，旗帜鲜明地提出"人民民主是社会主义的生命。发展社会主义民主政治是我们党始终不渝的奋斗目标"。报告中一共 69 次提到"民主"，显示了党中央对

民主建设的重视和进行政治体制改革的决心。

"以人为本"是社会主义民主发展的必然逻辑。胡锦涛提出"以人为本"的执政思想，充分体现了社会主义国家人民当家做主的主体地位，顺应了社会主义民主政治发展的潮流。新闻传播改革又是政治体制改革和民主建设的重要组成部分，在这个意义上，坚持"以人为本"既是新闻宣传工作的根本要求，又是新闻宣传必须坚持的政治原则，是推动社会主义政治文明建设的重要动力。

胡锦涛在十七大报告中还提出了实现人民民主的具体举措。"要健全民主制度，丰富民主形式，拓宽民主渠道，依法实行民主选举、民主决策、民主管理、民主监督，保障人民的知情权、参与权、表达权、监督权"。这是我党第一次明确将保障人民的知情权、参与权、表达权、监督权写进党的代表大会报告。这四项权利是人民的最基本和最重要的权利，保障这些权利是保证人民当家做主的基本前提，也是胡锦涛"以人为本"的执政思想的核心内容。

新闻传播媒介是实现、保障人民的知情权、参与权、表达权、监督权的重要手段。所以，胡锦涛在人民日报社的讲话中主张借助新闻媒介，"把体现党的主张和反映人民心声统一起来，把坚持正确导向和通达社情民意统一起来，尊重人民主体地位，发挥人民首创精神，保证人民的知情权、参与权、表达权、监督权"。这是党的最高领袖首次提出要通过新闻媒介来保障人民的基本权利。

传统的报刊、广播和电视媒体的作用更多体现为"替人民说话"而非让人民"直接说话"，人民在传播当中更多的是充当受众而非传播者角色。互联网出现之后，人民则可以更多地"直接说话"了，实现了从受众到传播者的身份转换，党和政府与人民成为平等交流的双向传播的主体。所以互联网对于保障人民的知情权、参与权、表达权、监督权，具有特别重要的意义。胡锦涛早就意识到互联网的重要性，早在2003年"非典"时期，胡锦涛在视察广东时，就对一位参与防治非典的一线医生说："你的建议非常好，我在网上已经看到了。"在此次讲话中，胡锦涛还敏锐地认识到"互联网已成为思想文化信息的集散地和社会舆论的放大器"，"我们要充分认识以互联网为代表的新兴媒体的社会影响力，高度重视互联网的建设、运用、管理，努力使互联网成为传播社会主义先进文化的前沿阵地、提供公共文化服务的有效平台、促进人们精神生活健康发展的广阔空间"。胡锦涛在人民网强国论坛上与网友平等地进行线上交流，正是他尊重人民的主体性，以及贯彻以人为本执政理念的具体体现。

二　在新闻传播中坚持以人为本，是新闻传播规律的基本要求

在新闻传播过程中坚持以人为本的原则，是遵循新闻传播规律的基本要求。新闻传播与世间万事万物一样，作为一种客观存在，也有其不以人的意志为转移的规律。胡锦涛在此次讲话中，强调"要按照新闻传播规律办事，创新观念、创新内容、创新形式、创新方法、创新手段，努力使新闻宣传工作体现时代性，把握规律性，富于创造性，不断提高舆论引导的权威性、公信力、影响力"。胡锦涛对新闻传播规律的重视由来已久，早在 2002 年的全国宣传部长会议上，他就要求"尊重舆论宣传的规律，讲究舆论宣传的艺术"。这一观念在早期马克思主义者那里也有充分的论述。19 世纪中期，马克思、恩格斯就呼吁尊重报刊规律，"必须承认它具有连植物也具有的那种为我们所承认的东西，即承认它具有自己的内在规律，这种规律它不能而且也不应该由于专横暴戾而丧失掉"①。

怎样理解新闻传播的规律性？所谓规律，指的是客观事物发展过程中的本质联系，具有普遍性、必然性的特点。它是事物本身所固有的、深藏于现象背后并决定或支配现象的方面。规律是反复起作用的，只要具备必要的条件，合乎规律的现象就会重复出现。在新闻传播领域，这种具有普遍、必然性的本质联系，就是媒介与人民的关系。人民的信任是人民报刊存在的基础。人民的新闻媒介生存于人民之中，不断地从人民之中获得滋养。所以，"人民的信任是报刊赖以生存的条件，没有这

---

① 《马克思恩格斯全集》第 1 卷，人民出版社，1956，第 190 页。

种条件，报刊就会完全萎靡不振"①。要遵循新闻传播的规律，就必须把人民放在平等对话的伙伴位置，尊重人民的主体地位，尊重人民的感受和基本利益。

坚持新闻传播规律，首先要求新闻传播媒介以人为本，尊重人民的切身利益，反映人民的心声。马克思主义一直认为，利益是人们行为的出发点。只有照顾到人民的利益，满足人民基本的需求，人民才会和你一道前进。所以，胡锦涛在人民日报社视察时的讲话中再次强调"要坚持把实现好、维护好、发展好最广大人民的根本利益作为新闻宣传工作的出发点和落脚点，坚持贴近实际、贴近生活、贴近群众，把体现党的主张和反映人民心声统一起来，把坚持正确导向和通达社情民意统一起来"。胡锦涛的这一见解与160年前的马克思不谋而合，后者主张"报刊只是而且应该是有声的、'人民（确实按人民的方式思想的人民）日常思想和感情的表达者，诚然有时这种表达是热情的、夸大的荒谬的'"②。在另一个场合，马克思更是明确指出，报刊应该是"是无处不在的耳目，是热情维护自己自由的人民精神的千呼万应的喉舌"③。在中国共产党的历史上，刘少奇也表达了类似的意见。他把党报工作者看成"人民的记者""人民的喉舌"，手中拿的是"人民的笔"，"是给人民办报的"。因此党报工作者要善于"把群众真正的思想搞清楚，把人民心里不敢说的，不肯说的，不想说的，想说又说不出来的话反映出来"，"如果能够经常作这样的反映，马克思主义的记者就真正上路了"④。

其次，要充分地尊重人民群众的知情权。胡锦涛在人民日报社视察时的讲话中提出"保证人民的知情权、参与权、表达权、监督权"。所谓知情权，是指社会公众（即公民和法人等）知悉、获取社会资讯、公共信息的权利和自由。知情权是公民实现其他民主权利的基础。为了保障人民的知情权，国务院出台并开始实施《中华人民共和国政府信息公开条例》。为落实条例的精神，胡锦涛在人民日报社的讲话中进而指出，"要

① 《马克思恩格斯全集》第1卷，人民出版社，1956，第234页。
② 《马克思恩格斯全集》第1卷，人民出版社，1956，第187页。
③ 《马克思恩格斯全集》第6卷，人民出版社，1961，第275页。
④ 引自《中国共产党新闻工作文件汇编》下册，新华出版社，1980，第248~263页。

完善新闻发布制度，健全突发公共事件新闻报道机制，第一时间发布权威信息，提高时效性，增加透明度"。在前不久的汶川大地震报道中，中国共产党和各级政府努力践行"以人为本"的执政理念，对震情灾情和抗震救灾情况进行及时、全面的公开和透明报道，为抗震救灾工作的顺利进行提供了有力保障。在胡锦涛看来，"其中的成功经验值得认真总结，并要形成制度长期坚持"。随着中国政治文明的发展，政治上的透明度将会得到更大的提升，人民的知情权也会得到切实的保障。

再次，要尊重人民在传播过程中的主体地位，将新闻传播过程理解为一个双向互动的交流过程。新闻传播工作者固然是传播过程的主体，作为传播对象或受众的人民群众也并非单纯的客体，或新闻信息的被动的接受者。人民群众对信息的接受也并非没有条件的、被动的接受，他们有自己的需要和接受趣味，这些都会在一定程度上影响人民对信息的选择、接受、理解和记忆。西方传播学早已证实了"魔弹论"的谬误，受众在传播过程中的主体地位得到确认。胡锦涛对"尊重人民主体地位"的强调，不仅符合传播规律，而且与社会主义民主的基本原则接轨，这对于新闻传播工作社会责任的践行，具有重要的现实意义。

三 坚持以人为本，是新闻职业道德
建设的关键所在

在社会发展进化过程中，新闻传播媒介处于意识形态的前沿，对社会精神、文化有着巨大的影响。胡锦涛在人民日报社的讲话中强调，"做好新闻宣传工作，关系党和国家工作全局，关系改革和经济社会发展大局，关系国家长治久安"。所以"要充分认识新闻宣传工作的重大意义，更好地发挥新闻宣传工作在推动经济发展、引导人民思想、培育社会风尚、促进社会和谐等方面的主要作用"。但是，毋庸讳言，在市场化进程中，由于商品经济的冲击，拜金主义的流行，新闻传播领域面临前所未有的道德困境。虚假新闻泛滥，有偿新闻流行，不少新闻工作者因为红包丧失了原有的立场，甚至沦落到有计划地进行敲诈勒索的地步，新闻从业者的形象被败坏到难以修复的程度，新闻媒介的公信力也空前地下降。因此，加强

新闻传播职业道德建设，乃是重整职业形象的当务之急。正是在这个意义上，胡锦涛在人民日报社的讲话中呼吁："广大新闻宣传工作者要加强自身思想道德修养，带头实践社会公德，恪守职业道德，做积极实践社会主义荣辱观的表率。"

新闻传播领域的职业道德建设，具有丰富的内涵。举凡真实性原则、客观性原则、公正性原则的践行，媒体及从业者社会责任感的强化，对公共利益的执着追求以及不畏强权、坚持专业理想的精神等，都是必须坚持并且发扬光大的价值。而其中的关键所在，就是以人为本，为人民服务。《中国新闻工作者职业道德准则》（1997年修订版）明确规定，"为人民服务是社会主义道德建设的核心，是社会主义道德的集中体现，也是我国新闻工作的根本宗旨。""努力使党和政府的方针、政策及时、准确、广泛地同群众见面，为人民群众提供参与政治、经济、文化等社会生活以及了解世界所需要的新闻和信息，热情宣传他们建设社会主义的伟大创造和奉献精神，准确反映他们的愿望、呼声和正当要求。""支持符合人民利益的正确思想和行为，勇于批评、揭露违背人民利益的错误言行和消极腐败现象，积极正确地发挥舆论监督作用。""牢固树立群众观点，满腔热情地做好群众工作，密切联系群众。"新闻宣传工作者是否将人民置于高于一切的位置，能否做到为人民的利益牺牲自己的利益，能否全面地传达人民的心声，决定了他们的职业生涯的社会历史价值。

以人为本，为人民服务，不仅是中国新闻传播职业道德的核心所在，也是世界新闻传播工作者共同的职业精神。美国报纸编辑人协会在其《报业信条》中强调报纸社会责任的同时，要求报纸"必以公共利益考虑为范围。报纸吸引读者越多，其对读者所负的责任愈大。报社工作的每一同仁，均分担严肃的责任。既然读者信赖报纸，若报纸利用读者的爱戴，实施自私自利的企图，谋求不正当的利益，实在有负于这种崇高的责任"①。在国际新闻界还有一个重要的文件指出，新闻"职业行为的崇高标准，是要求献身于公共利益。谋求个人便利及争取任何有违大众福利的

---

① 《报业信条》，美国报纸编辑人协会1923年制定。

私利，不论持何种理由，均与这种职业行为不相符合"①。这里所谓的公共利益，就其本质而言，就是广大人民群众的利益。媒体及其从业者如果"私"字当头，对公共利益、人民群众的利益置之不理，无视人民的感受和愿望，不仅在中国，即便在西方社会完全市场经济的环境下，也是为社会道德所不容的。

要解决当前中国新闻传播领域面临的道德困境，首先必须强调"以人为本""全心全意为人民服务"的精神，使广大新闻工作者真正做到"民之所欲，常在我心"。如果真正达到了这样的境界，那么即便是他们的个人利益受到损害，遭遇到身心痛苦，甚至面临生命的危险，他们也决不会退缩。在"非典"肆虐、雪灾连绵，乃至在汶川大地震后余震不断的危险境况下，总能看到一些记者无惧死神的威胁，忙碌奔波于第一线，这才是业界的精英，这才是民族的脊梁。

四 如何在新闻传播中实现
"以人为本"的原则

在新闻传播活动中怎样才能实现"以人为本"的原则？首先也是最重要的，就是尊重人、尊重人性、尊重生命的价值和人的尊严。前不久在四川发生的大地震及其抗震救灾活动，提供了新闻媒体践行"以人为本"原则的典范。当地震发生后，温家宝总理和胡锦涛总书记多次亲临抗震前线视察、指导救灾工作，并且提出抢救生命是第一位的，尽最大的可能抢救尽可能多的生命。顿时，国内外新闻媒体聚焦抗震救灾活动，面对灾难造成的惨状，面对大量的死伤，把对生命的救助、关爱放在高于一切的位置，于是数不清的感人画面和情节在世界范围内传播，地震灾区和灾民吸引了世界各国人民的同情和支持。其中感人至深的一个镜头是日本救援队为中国死难者举行的遗体告别式，他们为刨出的遇难者遗体清洗、整理遗容，全体救援队员列队，庄严肃穆地向死难者默哀敬礼，表现出对生命和死难者尊严的敬畏。新闻媒体围绕地震本身及救援活动的大量报道，展示

---

① 《国际新闻道德信条》，联合国新闻自由小组委员会，经过五次讨论制定。

了地震带来的灾难性后果和中国政府的民本意识,以及灾区人民面对灾难不屈不挠的坚韧意志,从而唤起了各国人民特别是海外华人对灾区、灾民深切的同情,激发了遍及世界的捐助活动,其规模达到史上前所未有的程度。

其次,"以人为本"还要求新闻媒体让人民——历史的创造者——成为新闻人物,成为媒体报道的主角,还原人民在历史进化过程中的主体地位。胡锦涛在人民日报社的讲话中提倡,新闻工作者"要面向基层、服务群众、深入实际,多报道人民群众的工作生活,多反映人民群众的利益要求,多宣传人民群众中涌现的先进典型,激励全体人民信心百倍地创造美好生活"。这一见解,与当代中外新闻传播领域流行的潜规则大相径庭。如今充斥于媒体版面、画面的无不是精英人物、领导人物,普通民众想要进入媒体版面空间是难上加难。中国目前正在进行的新闻改革的重要内容之一,就是要使人民真正成为新闻媒体报道的主要角色。

再次,要贯彻"以人为本"的理念,必须深入地了解人民群众,了解媒介服务的对象——受众,了解他们的基本立场和精神需要。在2008年1月22日召开的全国宣传思想工作会议上,胡锦涛就要求"准确把握人民精神文化需要的新变化"。在人民日报社的讲话中他又提出,"要认真研究新闻传播的现状和趋势,深入研究各类受众群体的心理特点和接受习惯","要从社会舆论多层次的实际出发,把握媒体分众化、对象化的新趋势"。在此基础上,胡锦涛主张尊重差异、包容多样,努力满足人民多层次、多方面、多样化的精神文化需要,让人民共享文化发展成果,促进人的全面发展。对人民群众的了解,是新闻传播活动的出发点。很显然,在这方面,胡锦涛受到了中国共产党早期领袖毛泽东的影响。虽然毛泽东不是在"以人为本"的意义上重视对宣传对象心理、习惯和接受能力的了解,但他在《反对党八股》中提倡的"看菜吃饭,量体裁衣",对胡锦涛无疑有一定的启示意义。

此外,坚持"以人为本"的理念,还必须在传播过程中贯彻"三贴近"的原则,即贴近实际、贴近生活、贴近群众,充分发挥人民的主体作用,把人民是否满意作为根本标准,努力以人民群众喜闻乐见的方式服务人民。毛泽东早年强调新闻宣传形式的中国作风和中国气派,刘少奇则寄语新闻工作者，"你们写东西是为了给人家看的，你们是为读者服务的。看报的人说好，你们的工作就是做好了。看报的人从你们那里得到材料，得到经验，得到教训，得到指导，你们的工作就是做好了"①。为了让人民群众满意，胡锦涛进一步要求增强新闻报道的亲和力、吸引力、感染力，此前他已多次强调新闻宣传工作要与人民群众日常工作和生活的实践性统一起来，使宣传教育工作做到形式多样，生动活泼，为群众所乐于接受，要切实改进文风，写文章、搞报道都要言之有物、生动鲜活、言简意赅，切忌八股习气等。只有这样，新闻媒介的传播才能为人民所接受，"以人为本"的理念才能落到实处。

总之，胡锦涛在人民日报社的讲话，特别是他关于"坚持以人为本，是做好新闻宣传工作的根本要求"的论述，是近年来中国共产党有关新闻论述的最大亮点之一。它既是发展社会主义民主政治的题中应有之义，也符合新闻传播规律的本质要求，是新闻传播职业道德建设的关键所在。在新闻传播实践中坚持"以人为本"的理念，对于指导中国正在进行的新闻改革，促进政治文明建设和社会和谐，具有重要的理论价值和现实意义。

（本文是张昆教授与研究生陈勇的合著，原文发表于《国际新闻界》2008年第7期）

---

① 《刘少奇选集》上卷，人民出版社，1981，第346页。

以理性的灵魂引领健全的舆论

　　大家上午好！今天风和日丽，气氛热烈，第二届舆情监测理论与实践研讨会在美丽的华中科技大学隆重举行。来自国内各地高校、媒体和党政部门的专家欢聚一堂，可谓高朋满座，群贤毕至。在此，我谨代表华中科技大学新闻与信息传播学院对于各位的莅临表示热烈的欢迎，谢谢大家！

　　今天会议的主题是舆情监测。我认为在今天全球化如火如荼、信息化潮流奔涌的时代，这个主题具有重要的意义。

　　我们都知道何为舆论。法国启蒙时期的思想家卢梭认为舆论是公意，是公众讨论的结果。在中国古代，所谓"舆"，乃是"车轿"，引申为"抬轿子的人"，"舆""论"连用，意指"人民的声音""人民的诉求"。无论是在专制时代，还是在民主时期，舆论都是不可忽视的力量。所以法国启蒙学者伏尔泰称"舆论"是世界之王。

　　电视剧《雍正王朝》的主题曲中有句歌词："有道是得民心者得天下，看江山由谁来主宰"。这个朴素的真理，在两千多年前，儒家的代表人物孟子已讲得非常透彻："得天下有道，得其民，斯得天下矣。得其民有道，得其心，斯得民也。得其心有道，所欲与之聚之，所恶勿施尔也。"

　　中国共产党的宗旨就是为人民服务。习近平在中共十八大后首次举行的记者会上说，人民对美好生活的向往，就是我们的奋斗目标。在前不久刚刚结束的中共十九大上，习近平又明确地提出了未来中国的战略目标，要建设富强、民主、文明、和谐、美丽的现代化强国，这五个关键词中，至少有两个与我们今天会议的主题有关：第一，民主，就是人民当家作主，将人民的意志上升为国家的意志，而舆论就是人民意愿的体现。第二，和谐。这里我们可以尝试着来解字，"和"者，左"禾"右"口"，意味着"口中有粮"，"谐"也是个左右结构，皆"言"也，表示人人可以自由表达心愿。简单来说，中国共产党的目标，就是要人民当家做主，丰衣足食，自由自在地生活。

无论古今，舆论都是一种巨大的精神力量，梁启超形容这种力量沛然莫之能御。但是，因为舆论有情绪性特征，故舆论也可能成为一种破坏性的力量。所以，所贵者不是舆论，而是健全的舆论。健全的舆论在大多数情况下需要理性的灵魂去引领。

引领舆论的前提是倾听舆论、了解舆论的真意。《尚书·泰誓》："天听自我民听，天视自我民视。"用今天的话来说就是，上天有眼，上天有耳，上天看到的就是万民看到的，上天听到的乃是万民心中的呼声。《左传》里面有"听舆人之颂"。《晋书·王沉传》："自古圣贤，乐闻诽谤之言，听舆论之论。"唐太宗李世民被视为千古贤君，就是因为他有兼听之明。

我们要亲自倾听，尤其当政者，更需要兼听。但是，由于生理机能的限制，人们接收信息、处理信息的能力有限。尤其是在今天的信息化时代，信息爆炸，我们必须借助技术手段，如大数据、数据挖掘技术等来监测，只有这样才能全面掌握舆情的动态。

在此基础上，我们才能够正确地引领舆论。

今天我们置身全球化、信息化及社会结构转型的新时代。健全的舆论表达、活跃的舆论生态，对于国家、社会的治理，对于国际关系的改善，具有重要的意义。对国内，它有利于促进政治民主，促进阶级、阶层、族群的和谐，促进对民族、国家的认同；对国外，以民意为后盾，所谓民气可用。如南海问题、朝鲜问题。我们有强大的民意为基础，就会大大地增强政府决策的合法性。在国际关系领域，民意牌十分重要，其作用与影响有时甚至会超过军事硬实力。

一个文明的国家，一个民主的政府，一个成熟的政党，必定是唯国民公意、唯健全舆论是从。而在反映舆论、引领舆论方面，传媒人扮演着重要的角色。今天我们的这个会议的理论与实践价值即在于此。

我记得，2016 年 12 月，第一届舆情监测研讨会也是在这个会议室召开的。仅仅一年时间，技术的进步，使得舆情监测、研究与服务，发生了重大的变化。值得注意的是，人工智能在信息传播方面的应用，势必影响新闻的生产、舆论的生成与扩散，我看到不少专家的报告和论文关注人工智能、情感计算、大数据、算法推送等话题。我院陈少华教授长期以来致力于智慧媒体与新闻机器人的探索，取得了一些成绩，希望能够得到与会各位专家的支持和指导。

所以我对会议充满期待，预祝会议圆满成功！

同时祝各位来宾身体健康，心情愉快！

谢谢！

（本文是张昆教授 2017 年 12 月 16 日上午在第二届舆情监测理论与实践研讨会上的致辞）

新闻媒体与未成年人的
政治社会化

　　所谓政治社会化，是一定的政治体系为了维护其政治统治，通过一定的渠道将政治文化传授给社会成员，进而塑造合格的政治人的过程。政治社会化与政治社会共始终。最早的政治社会化开始于奴隶社会。在斯巴达，"国家严格控制着公民的教育和私生活"，其教育制度和生活方式"服务于一个目的，即培养合格的、能够献身国家的公民和军人。由于斯巴达公民都是职业军人，所以他们把军人的美德如团结、服从、尚武、吃苦、禁欲、牺牲精神，贯彻到公民社会生活的各个方面"①。古希腊、古罗马早期的公民教育，则十分重视纪律的作用。柏拉图在其《理想国》中，试图把给予一个雅典绅士的儿子的训练，同给予斯巴达青年的由国家控制的训练结合起来，并把这两种训练的内容做了不小的修改。在古代中国，秦朝丞相李斯建议秦始皇焚书坑儒，"以吏为师"②。汉代以来，以儒学为核心的中国传统政治文化的发展数千年来一脉相承，呈现出一种极其强烈的历史延续性，成为中国古代政治社会化的主要内容。

　　在中国现代史上，毛泽东最早关注到未成年人的政治社会化，他认为儿童"需要发展身体，这种发展要是健全的。儿童时期需要发展共产主

---

① 丛日云：《西方政治文化传统》，大连出版社，1996，第 52~53 页。
② 《史记·秦始皇本纪》。

义情操、风格和集体英雄主义的气概"①。邓小平作为中国共产党第二代领导集体的核心，不仅关心未成年人的政治社会化，而且重视政治社会化的渠道建设，他认为，"思想战线上的战士，都应当是人类灵魂工程师。在当前这个转变时期，在社会主义精神文明建设和整个社会主义建设事业中，他们在思想教育方面的责任尤其重大"②。"中国的事情能不能办好，社会主义和改革开放能不能坚持，经济能不能快一点发展起来，国家能不能长治久安，从一定意义上说，关键在人"③。关键在于人的素质，即我们的人民是否有理想、有文化、有道德、守纪律。④ 江泽民继承了毛泽东和邓小平的相关论述，进一步指出："我们的宣传思想工作，必须以科学的理论武装人，以正确的舆论引导人，以高尚的精神塑造人，以优秀的作品鼓舞人，不断培养和造就一代又一代有理想、有道德、有文化、有纪律的社会主义新人，在建设有中国特色社会主义的伟大事业中发挥有力的思想保证和舆论支持作用。"⑤ 在培养新一代政治人方面，江泽民主张以青少年为主，从小抓起。"儿童教育至关重要。童年时代所受教育的好坏，往往影响一个人的一生。"⑥ 所以媒体"必须以健康向上、具有艺术魅力的精神产品教育青少年"⑦。

一　人与政治社会化

人究竟是什么？这历来就是一个令学术界、宗教界困扰的问题。最早提出这一命题的是古希腊学者亚里士多德。他认为人类在本性上是一种"政治动物"，或者说是自然趋向于"城邦生活的动物"。"人类生来就有

---

① 毛泽东：《教育与劳动结合的原则是不可移易的》，《毛泽东 邓小平 江泽民论教育》，中央文献出版社，2002，第73页。

② 《邓小平文选》第3卷，人民出版社，1993，第40页。

③ 《邓小平文选》第3卷，人民出版社，1993，第380页。

④ 《邓小平文选》第3卷，人民出版社，1993，第110页。

⑤ 《江泽民论有中国特色社会主义（专题摘编）》，中央文献出版社，2002，第408页。

⑥ 江泽民：《儿童教育至关重要》，《毛泽东 邓小平 江泽民论教育》，中央文献出版社，2002，第268页。

⑦ 江泽民：《教育必须以提高国民素质为根本宗旨》，《毛泽东 邓小平 江泽民论教育》，中央文献出版社，2002，第283页。

合群的性情，所以能不期而趋于这样高级（政治）的组合"，凡隔离而自外于城邦的人，"他如果不是一只野兽，那就是一个神祇"①。马克思则主张，"人即使不象亚里士多德说的那样，天生是政治动物，无论如何也天生是社会动物"②。他还在另一个场合说："既然人天生就是社会的动物，那他就只有在社会中才能发展自己真正的天性。"③ 人只有置身社会之中，才能获得其社会的属性，一个刚生下来就被孤悬于人类共同体之外的人，即便他拥有人的生理结构，也只是一个生物意义上的人，他不会拥有作为现实的人的思维、情感和社会意识。人的社会属性是在后天的社会适应中逐渐形成的，是在社会化的过程中得以形成的。也就是说，是社会生活和社会化过程把生物人造就为真正意义上的社会人。

作为现实的、发展的人的寄身之所，社会为个人获得其社会属性提供了舞台。社会乃是人类生活的共同体，生活于其间的人们不是以孤立的方式存在，而是按一定的社会关系联结成一个有机的群体。他们在相同的时间和地域，在共同文化背景和生产活动中，通过相互的交往、合作、互助，创造着自己的历史。人自始至终是社会的主体，在其本质意义上，社会乃是生产关系的总和。作为人类生活的共同体，社会首先是一个有文化、有组织的系统。其次，社会是人们交互作用的产物，而这种交互作用又是建立在信息交流的基础上，在这个意义上我们可以说："传播是社会得以形成的工具。"④ 人是天生的社会动物，在进入政治社会后，便成了天生的政治动物。正如人是天生的社会动物意味着只有在社会之中，经过社会化，才能够实现人的天性；同样，只有在政治社会中，接受政治生活的洗礼，经历政治社会化过程，人才能具备作为政治动物的本质而成为合格的政治人。如果说，社会化是生物意义上的人转化为社会人的关键，那么政治社会化过程就是社会人转变为政治人的必由之路。

在政治生活中，政治社会化有三大价值功能：培养政治人；政治文化

① 〔古希腊〕亚里士多德：《政治学》，吴寿彭译，商务印书馆，1997，第7~9页。

② 《马克思恩格斯全集》第23卷，人民出版社，1972，第363页。

③ 《马克思恩格斯全集》第2卷，人民出版社，1965，第167页。

④ 〔美〕威尔伯·施拉姆、威廉·波特等：《传播学概论》，陈亮等译，新华出版社，1984，第2页。

的传播和创新；政治体系的维持与变革。在一般正常的情况下，只要政治社会化渠道及其主体遵循客观规律，政治社会化的价值功能是可以实现的。但是某些特殊的情形及政治社会化策略的失误，也会导致政治社会化的失败。这种失败在现实政治过程中并不少见。所谓政治社会化的失败，也称不成功的政治社会化，主要有两种具体的表现。一是指个体对社会的不良适应。结构功能学派认为，不成功的社会化多半指造成许多适应不良，或具有反社会倾向与行为的个体之社会化，其后果可能使社会的既定秩序产生动荡与不安。这种情况在现实生活中随处可见，西方国家大众媒介的暴力节目与青少年暴力行为的高度相关性，就是最好的证明。二是表现为个体对社会的过度适应。冲突学派主张，不成功的政治社会化造成了太多过分的社会适应或从众（conforming）行为，使个体失去个性和批判精神，对于社会不合理现象听之任之，结果会不利于社会的变革，甚至阻碍社会的发展。[①] 这种情形在非常的政治条件下，尤其是在政府垄断信息渠道并伴随以强力威胁时，比较容易实现。20 世纪 30 年代，德国纳粹党政府推行的政治社会化政策，就得到民众没有条件的盲目的服从。要营造一个健全的政治社会，必须避免失败的政治社会化，朝着正确的方向塑造新一代的政治人。

二　未成年期的政治社会化

政治社会化作为政治过程的一个重要方面，其内涵是多彩多姿的。政治社会化是贯穿人一生的绵长过程。伴随着作为主体的政治人的成长，政治社会化在不同的人生阶段也有不同的表现。人不同于一般动物的一个重要标志是婴幼儿时期对他人的依赖性。一个幼婴"实际上很长一段时间是不能自助的。他早年依靠父母得到食物和保护，这使得他必须好多年同别人生活在一起"[②]，从而在人生的很早阶段便开始与他人的交往。就大

---

① 吕亚力：《政治学》（修订三版），台湾三民书局，1995 年，第 368 页。
② 〔美〕J. L. 弗里德曼、D. O. 西尔斯、J. M. 卡尔史密斯：《社会心理学》，高地等译，黑龙江人民出版社，1984，第 57 页。

部分人而言，政治社会化开始得较早，至少在三岁半时即已开始，而一直持续到死。尽管在不同的文化背景之下，不同人的社会化的速度和内容有很大的区别，但是在人生若干大的阶段，人们都表现出显著的共同性。对于政治社会化历史阶段的划分，学术界也存在很多不同的看法。笔者认为，政治社会化的阶段划分，以下面四个时期为宜。

一是儿童时期。这一阶段从儿童出生到十一二岁，其间又可以划分为三个小的阶段，即婴儿期（0~3岁）、幼儿期（3~6岁）、学龄初期（7~十一二岁）。这是人生政治社会化的开端。对于个体来说，儿童时期的政治社会化具有重要的意义。因为儿童特别是婴幼儿的心灵几乎是一张白纸，其最初接触的政治知识作为第一印象对后来的同类接触有重大的影响。心理学家证实了这一点："儿童时期，心灵的大门毫无遮拦地敞开着，时时准备接纳新鲜事物。这时，他不仅接受能力强，而且记忆力强。少年学的，好比石上刻的。"[1] 在儿童阶段初期，影响最大的社会化渠道是家庭和新闻媒体（特别是电视），待进入学校后，学校和同辈群体以及新闻媒体的影响力开始上升。其间新闻媒体的影响主要表现在提供新知、影响青少年的社会态度、提供新的道德标准、刺激情绪、提供模范样本、影响青少年对事物的理解、干扰睡眠等方面。[2] 在这一期间形成的政治意识、政治情感和政治态度，对于此后青年乃至成年时期的政治倾向、政治行为和政治信念都有着深远的影响。也就是说，儿童时期政治社会化的重要性不仅在于它的遗迹要延续到成年期，而且"它在形成或决定成年期的政治方向上也必然是强有力的"[3]。儿童时期政治社会化的主要特点表现在情感化、理想化方面，其对政治现象的认识也多带有直观的感性特征。儿童对国家、民族一般容易形成比较强烈的认同感，甚至带有幼稚的沙文主义性质，尤其是对于"政治世界的各种符号（如国号、国旗、民族等）的执著，较之更大的小孩要坚定。但及年纪稍长，就开始有下降

---

[1] 〔英〕塞缪尔·斯迈尔斯：《品格的力量》，宋景堂等译，北京图书馆出版社，1999，第34页。

[2] 参见刘晓红、卜卫《大众传播心理研究》，中国广播电视出版社，2001，第253页。

[3] 〔美〕格林斯坦、波尔斯比：《政治学精选手册》（下卷），储复耘等译，商务印书馆，1996，第60页。

的倾向"①；儿童对政府的认识也带有人格化倾向，即总是以权威人物为中介，将权威人物视作政府的化身；并且容易将权威人物视为"自己最喜欢的人"②。

二是青少年时期。这一阶段从十一二岁到 20 岁，可以把它看成第一阶段的继续。应该说第一阶段的政治社会化经验对此阶段的政治社会化有重大的影响，但是我们不能"天真地相信正面的早期经验能使儿童抵消后来反面的经验所造成的一切有害的影响。正如，认为早期不良经验的影响是一个人永远不能补救的是错误的结论一样"③。事实上，十一二岁到 20 岁，正是个体发展历史上一个关键的时期。其间个体的生理和心理均趋于成熟，因而可以视为个体的"第二次诞生"或"心理上的断乳"，即个体在心理上真正地脱离母体，摆脱父母的监护而获得独立。由此，个体对政治体系的认识和反应相当敏感并带有情绪色彩，对政治十分热心，其对现实的判断常常是批判性的，这必然会导致行为倾向的偏激。在这种情况下，个体的政治心理会经历五大新的变化："a. 权威主义的瓦解；b. 对外部政治实体的本性和要求有更进一步的把握；c. 知识和认同的吸收；d. 认知能力的提高；e. 意识形态的形成。"④ 这些变化无疑会对青少年期的政治社会化产生直接的影响。青少年期政治社会化的特点主要表现在四个方面：首先是家庭作为政治社会化渠道的影响力逐渐下降，其地位开始被学校、同辈群体及大众媒介所取代；其次，政治社会化的主要内容是政治理想、信念、价值和政治行为规范；再次，在政治社会化过程中形成的政治心理和政治思想带有很浓的理想主义色彩，对政治现实的批判态度常常使个体在心理与行为上趋于极端；最后，个体作为政治社会化的对象对外部信息的接受和理解能力远高于儿童时期，其对政治参与的积极性也远非此前或此后各阶段所能比。

---

① 彭怀恩：《政治学的世界》（增订版），台湾风云论坛出版社，1993，第 77 页。
② 王乐理：《政治文化导论》，中国人民大学出版社，2000，第 118~119 页。
③ 〔美〕E. 齐格勒、I. 基尔德、M. 拉姆：《社会化与个性发展》，李凌等译，北京航空航天大学出版社，1988，第 4~5 页。
④ 王卓君：《文化视野中的政治系统——政治文化研究引论》，东南大学出版社，1997，第 228~229 页。

以上两个阶段大体上属于未成年期。经过未成年期的政治社会化，个体在政治上基本趋于成熟，形成了比较独立的政治人格、比较系统的政治意识和比较坚定的政治态度。20 岁以后还有成年时期（第三阶段）和老年时期（第四阶段）两个阶段，这后两个阶段的社会化基本上是在未成年期的基础上发展的，前期的政治社会化在很大程度上决定了后期政治社会化的基本方向，从而决定了个体一生在政治社会中的角色。

三　媒体在政治社会化过程中的作用

早期的政治社会化研究，主要集中于家庭和学校的作用，对于新闻媒体的影响，还没有足够的关注。20 世纪 70 年代以来，新闻媒体特别是电视作为主要信息来源的地位，日益得到社会的公认。以美国为例，由于传播工具的普及，90% 以上的美国人一般可以在一个重大事件发生后 24 小时内获知这一事件的消息，并与家人、同事或朋友谈论和做出评价。"传播工具不仅通过显示警察或政府的形象、宣读政治新闻条目来引导人们关心政治大事、增加政治知识，它还往往是政治暗示的传播者，能加强人们现有的政治倾向。"[1] 一般来说，新闻媒体影响未成年人政治社会化的方式，主要是以下几种。

首先是提供政治信息。未成年人生活在政治现实之中，而政治世界又是千变万化的。世事的变幻不仅影响社会未来的发展，而且直接或间接地影响个体利益及其目标的实现。因此，在物质需求之外，人先于一切的要求，就是把握外部世界的变化。只有了解世界的变动，才能做出合适的反应，适应社会变化，跟上进化的步伐。在这个意义上，新闻媒体正好成为未成年人瞭望世事变幻的窗口。这个窗口可以展现世界的轮廓。"窗口的尺寸与形状，制约着我们能够从窗口看到什么；由于窗口的位置和观察者的姿势的不同，也决定了所看到内容的差异。"[2] 从社会层面上看，传播事业发达，消息灵通，也是该社会充满活力与生机的表现。所以，梁启超

---

[1]　黄育馥：《人与社会——社会化问题在美国》，辽宁人民出版社，1986，第 158~159 页。

[2]　〔日〕吉见俊哉等：《媒介和信息化的社会学》，岩波书店株式会社，1996，第 52 页。

主张报刊的基本使命是做人民的耳目，通中外之故，通上下之情。他说，国之强弱，"在于其通塞而已。血脉不通则病；学术不通则陋；……上下不通，故无宣德达情之效，而舞文之吏，因缘为奸；内外不通，故无知己知彼之能，而守旧之儒，乃鼓其舌"。在现代社会，如果没有报纸等媒体，人民孤陋寡闻，闭目塞听，则比邻之事不知，可谓"有耳目而无耳目"①。对于共同体而言，要自立于世界民族之林，避免被列强兼并、瓜分之祸，也需要认识比邻，了解世界。清代魏源说："欲治外夷者，必先悉夷情始。欲悉夷情，必先立译馆，翻译书始。"② 各国传播事业的发达程度、接受工具的普及率，与其人民的世界观、政治意识、政治参与能力呈正相关。在广播电视问世之前，报纸是最基本的信息渠道，对于一般人来说，"实在是他们政治知识之唯一的渊源，也许是他们唯一的读品。并且新闻纸又是继续不断的；它的议论是天天发表的，个个星期发表的，它的报告也是天天发表的，个个星期发表的"③。20 世纪中期以来，广播电视特别是电视，在越来越大的程度上成为未成年人认识社会新的窗口，不少实证研究提供的数据表明，经常接触新闻媒体的未成年人，其对政治事务的了解和政治知识、政治技能远远高于不接触或较少接触媒体的人。

其次是表达政治意见和宣传政党政府的政策。表达意见是新闻媒体主要的职能。在西方国家，新闻媒体多是民间经营的私人企业，社会各界倾向于把媒体看成公共领域的重要组成部分，是展现各种意见的广场。各种意见、主义在此论争，显示其存在的合理性。固然，新闻媒体最终是由经济上、政治上占支配地位的阶级所掌握的，尤其是主流媒介，几乎完全操纵于权势阶级之手。但是弱势群体的意见、少数派的意识形态也能够找到传播的渠道，虽然在效率上不能与权势阶级控制的主流媒介相提并论。因此，通过新闻媒体，未成年人可以看到对于政治现象、政治问题的各种意见、态度，既有官方的也有民间的，人们可以就此自由地甄别选择。在社

---

① 梁启超：《论报馆之有益于国事》，《饮冰室合集·文集》第一册第一卷，中华书局，1989。

② 魏源：《海国图志·筹海篇三·议战》。

③ 〔英〕詹姆斯·布赖斯：《现代民治政体》（上册），张慰慈译，吉林人民出版社，2001，第 103 页。

会主义国家，新闻媒体成为政府和执政党的政治宣传和教育工具，因此，借助媒体表达的主要是占支配地位的共产主义意识形态，是执政党和政府的路线、方针、政策。列宁曾经明确表示："我们不打算把我们的机关报变成形形色色的观点的堆砌。相反地，我们将本着严正的明确的方针办报。一言以蔽之，这个方针就是马克思主义。"① 毛泽东则主张，新闻媒体的主要任务就是宣传贯彻党和政府的路线、方针、政策。"我们的政策，不光要使领导者知道，干部知道，还要使广大的群众知道。" 其渠道就是报刊。所以"有关政策的问题，一般都应当在党的报刊上或刊物上进行宣传"。"报纸的作用和力量，就在它能使党的纲领路线、方针政策，工作任务和工作方法，最迅速最广泛地同群众见面。"② 官方意见的普遍传播，不仅有利于统一思想，有利于进行合法性论证，而且有利于未成年人政治态度的形成及规范未成年人的政治行为，维系政治体系的平稳运行。

再次是提供榜样示范。通过日常的报道活动，突出事件中人的思想、情感和行为，向未成年人提供学习模仿的榜样，是新闻媒体影响未成年人政治社会化的主要方式。从心理学的意义上看，"模仿这一事实还意味着一种比较单纯的能动性：感知别人的行为，使人产生实现同一行为的趋向"。这一趋向可以是出自实现类似行为的强烈愿望，也可能根本就不需要愿望，如环境中某一个人的哈欠对于已经疲倦了的其他个体就有"十分强烈的感染作用"③。这种榜样的示范效应在传播过程中表现得也十分显著。"媒介是容易得到的和有吸引力的榜样的来源。它们提供了几乎所有可以想象的行为形式的象征性模仿。丰富的文献显示出，儿童和大人都从各种媒介，特别是从电影和电视，学到态度、情绪反应和新的行为风格。"④ 这种示范的方式完全可以应用于政治教化过程。通过树立政治榜

---

① 《列宁全集》第4卷，人民出版社，1958，第316页。
② 《毛泽东新闻工作文选》，新华出版社，1983，第149页。
③ 〔苏联〕肖·阿·纳奇拉什维里：《宣传心理学》，金初高译，新华出版社，1984，第116~117页。
④ 〔美〕梅尔文·德弗勒、桑德拉·鲍尔-洛基奇：《大众传播学诸论》，杜力平译，新华出版社，1990，第243页。

样，展示榜样的思想、情操和行为，鼓励未成年人模仿，会收到很好的效果。一般来说作为榜样的个体，应该具备超凡的魅力和高尚的人格。"那些得到公众信仰的道德模范是非有大伟人作先例不可，因为大伟人的行为能够予当时的人民以深刻的印象，而成为后世人模仿的标本。"如美国首任总统华盛顿的"勇敢、温厚、光明、正直是后世执公务的人的准绳"；林肯的"无私的爱国心，以及果敢的精神，和确信自由的决心，都可以造成国民最好的教化"。① 事实上，利用榜样示范在社会主义国家也十分普遍。列宁在十月革命后指出："模范的生产工作，模范的共产主义星期六义务劳动，对取得和分配每普特粮食所表现的模范的关心和诚实，模范的食堂，某个工人住房和某个街区的模范的清洁卫生工作，——这一切是我们的报刊和每个工农组织应当比现在更加十倍注意和关心的对象。"② 模范的事迹得到广泛的宣传，榜样就会成为后进、一般的"辅导者、教师和促进者"③。毛泽东也十分重视榜样的作用，他认为典型事迹的传播，特别是英雄及其英勇行为，对于对外宣传和对内教育均有重大意义。不仅好的榜样具有积极的示范作用，坏的典型也能产生积极的影响。如对于没有公德心、见死不救、麻木不仁的行为的揭露和批评，在客观上也能够收到振聋发聩的效果。

最后是引导未成年人的行为趋向。即通过传播先进的政治文化、行为范式及正确的社会舆论，或者以自身规范的行为及人格的力量，为未成年人提供行为的指向。西方学界普遍认为，新闻媒体是现代社会中各个社会群体组织的"模式化社会期待的一个主要来源。也就是说，媒介的内容描述了当代社会生活中所知的各种群体的规范，角色，等级和制约"④。这些内容会在很大程度上影响其接受者的态度和行为。事实上，传播者、教育者引导未成年人行为的作用，在古代社会就广为人知。古希腊柏拉图

---

① 〔英〕詹姆斯·布赖斯：《现代民治政体》（上册），张慰慈译，吉林人民出版社，2001，第139~140页。

② 《列宁全集》第29卷，人民出版社，1956，第391页。

③ 《列宁全集》第27卷，人民出版社，1958，第239页。

④ 〔美〕梅尔文·德弗勒、桑德拉·鲍尔-洛基奇：《大众传播学诸论》，杜力平译，新华出版社，1990，第251页。

向未成年人提倡自我克制，即以理智节制欲望，让激情服从理智，这是统治者引导国民、培养政治顺民的基本原则，因此那些"受到侮辱而能克制忍受的言行"受到他的鼓励。① 近代报纸产生以来，其在引导未成年人行为归趋方面的作用，越来越引起人们的重视。被称为中国近代历史上"舆论界之骄子"的梁启超就主张，"对于国民而为其向导者"，乃是报纸的两大天职之一。20 世纪后半期，新加坡总理李光耀认为，新兴国家要发展，其人民"就不应该摹仿当代西方国家一时的歪风和怪异的念头"，"大众传播媒介可以创造出一种气氛，让人们在这种气氛中更热心于求取知识，接受先进国家的技能和训练"。② 江泽民也主张新闻媒体必须"以正确的舆论引导人"。这种引导是未成年人从自然人成长为社会人进而转变为政治人不可缺少的环节。

以上新闻媒体的四种作用形式，使未成年人在政治社会化过程中实现了内化过程和外化过程的统一。所谓内化，是个体将政治体系所确认的政治观念、政治价值、政治行为模式等内化为自己的政治信念；而外化，则是个体将经过内化形成的政治信念转化为现实的行为实践。由于内化与外化过程的循环往复，未成年人得以成功地适应政治社会，扮演政治角色，政治体系才得以延续。因此，新闻媒体应该明确自己的责任，尽一切可能，在未成年人的政治社会化中发挥积极的影响。

（本文系张昆教授与周芳合著，文章收录于《媒体与未成年人发展论文集》，中共党史出版社，2005）

---

① 〔古希腊〕柏拉图：《理想国》，郭斌和、张竹明译，商务印书馆，1986，第 90 页。
② 新加坡《联合早报》编《李光耀 40 年政论选》，现代出版社，1994，第 530 页。

善用新闻媒体　创新社会管理

　　社会是人类生活的共同体，是共同生活的人们通过各种社会关系联系起来的集合。生活在同一社会的人们不仅具有共同的利益、共同的愿景，更有共同的文化、习俗和价值观。社会管理就是政府和社会组织为了维系社会系统的永续发展，对社会系统的各个子系统、各个不同的社会生活领域的统筹管理。一个时代具有不同于其他时代的故事，也有不同于其他时代的社会管理。时代进步了，社会系统发生了深刻的变化，社会管理自然也要与时俱进，以改革创新的姿态适应、促进社会的持续发展。在这个意义上，创新社会管理应该是一个永恒的主题。

　　20世纪70年代末期以来，中国社会随着改革开放的逐步深入，经济突飞猛进，文化空前繁荣，人民生活改善，综合国力上升。但是，由于利益分配不均，机制不全，在发展的过程中，也积累了不少的社会矛盾，产生了诸多不和谐因素，直接影响到社会的稳定和永续发展。针对这些问题，中国共产党在十六届四中全会提出"要加强社会建设和管理，推进社会管理体制创新"。随后的十六届五中全会上，中共中央又进一步强调，"建设社会主义和谐社会，必须加强社会建设和完善社会管理体系，健全党委领导、政府负责、社会协同、公众参与的社会管理格局"。

　　2011年2月19日，胡锦涛在省部级主要领导干部社会管理及其创新专题研讨班开班式上发表讲话，重申加强与创新社会管理的主题。强调要"深入贯彻落实科学发展观，紧紧围绕全面建设小康社会的总目标，牢牢把握最大限度激发社会活力、最大限度增加和谐因素、最大限度减少不和谐因素的总要求，以解决影响社会和谐稳定突出问题为突破口，提高社会管理科学化水平"。胡锦涛认为，创新社会管理的基本目的，就是维护社会秩序、促进社会和谐、保障人民安居乐业，为党和国家事业发展营造良好的社会环境。为此，社会管理应在协调社会关系、规范社会行为、解决社会问题、化解社会矛盾、促进社会公正、应对社会风险、保持社会稳定等方面发挥积极的建设性作用。① 2011 年 3 月 2 日，全国政协十一届四次会议新闻发布会在北京人民大会堂举行，大会发言人赵启正在回答记者的提问时谈到了胡锦涛的这个讲话，他说："我们的体会，这个讲话的目的是要加强和创新社会管理，目的很清楚，是维护人民的权益，促进社会的公平正义，保持社会的良好秩序，保证社会既充满活力又和谐稳定。"

在当前这个媒介化时代，要创新社会管理，建设良好秩序，促进社会和谐，离不开新闻媒体。如前所述，社会是人类生活的共同体，是特定土地上人们的集合，而这个共同体、集合的黏合剂，就是新闻媒体。正是新闻媒体提供了监测环境、告知消息的工具，提供了人们彼此间交流意见的公共平台。社会生活空间的大小及其发展水平，在很大程度上取决于其信息传播的发展水平。口头传播与原始部落民主相适应，手抄文字、马车驿站与民族国家相适应，印刷传播、电子传播、网络传播与全球政治相适应。在网络环境下，消息弥漫于整个社会空间，无孔不入，无处不在，它不仅影响到人们的精神生活，更影响到人们的行为和社会的运行。社会管理的实质是对人的管理，必然涉及管理者和人民两个基本要素，管理者要认识人民，理解人民的心声，人民也要了解管理者，审查管理者的资质。在这两者之间，其沟通、联系的主渠道，非新闻媒体不可。早在 19 世纪40 年代时，马克思、恩格斯就视自由报刊为第三种因素，即治人者与治于人者之间的因素。在他们看来，"这个因素应该是政治的因素，而不是官方的因素，这样，它才不会以官僚的前提为出发点；这个因素应该是市民的因素，但是同时它不直接和私人利益以及有关私人利益的需求纠缠在

---

① 《胡锦涛：扎扎实实提高社会管理科学化水平》，搜狐网，http://news.sohu.com/20110219/n279424917.shtml，2011 年 2 月 19 日。

一起。这个具有公民的头脑和市民胸怀的补充因素就是自由报刊"①。正是在这个意义上，报刊、政府、人民构成一个稳定的三角结构，支撑起了完整意义上的社会天空。

对于政府而言，在媒介化时代要想创新社会管理，增进社会和谐，必须善待媒体、善用媒体。所谓善待，就是尊重，尊重媒体的运作规律，尊重传媒工作者的正当权益。马克思、恩格斯认为，人民报刊与世间万事万物一样，作为客观的存在，也有其不以人的意志为转移的规律。要使报刊"完成自己的使命，首先不应该从外部施加任何压力，必须承认它具有连植物也具有的那种为我们所承认的东西，即承认它具有自己的内在规律，这种规律它不能而且也不应该由于专横暴戾而丧失掉"②。2008 年 6 月 20日，胡锦涛在人民日报社视察时也强调，"要按照新闻传播规律办事，创新观念、创新内容、创新形式、创新方法、创新手段，努力使新闻宣传工作体现时代性，把握规律性，富于创造性，不断提高舆论引导的权威性、公信力、影响力"。胡锦涛对新闻传播规律的重视由来已久，早在 2002 年的全国宣传部长会议上，他就要求"尊重舆论宣传的规律，讲究舆论宣传的艺术"。尊重传播规律还有一层含义，那就是政府作为公权力的主体，还应该正视民众的认知和理解能力。在媒介化时代，民众比任何时代都要聪明，都要富有想象力，都更了解情况，发达的信息传播已经使他们足不出户也能了解天下大事，并且能够对各种事件、过程，做出自己的判断，提出自己的意见；加上网络新媒体的发展，"公民记者""人人都有麦克风"，俨然成为一道新的传播景观，言论自由不再是一种奢侈的权利。人民的权利意识也空前高涨，任何无视民众认知能力、无视民众感受、无视民众基本权利的管理者，都会在实践中受到制裁。在尊重新闻传播规律的同时，尊重新闻传播工作者的合法权利，其受到法律保护的采访权、评论权、监督权，不应受到不合理的干扰。善用媒体对政府也是一个重要的挑战。在信息化环境下，新闻媒体对于传播政令，引导舆论，社会动员，形塑政府形象，具有重要的意义。但是政府公权力在利用媒体的服

---

① 《马克思恩格斯全集》第 1 卷，人民出版社，1956，第 230 页。
② 《马克思恩格斯全集》第 1 卷，人民出版社，1956，第 190 页。

务时，必须严格自律，只有出于正当、公益的目的，其利用才是合理合法的。政府要维护新闻媒体及其从业者正当的报道权，支持独立的采访和公平立论，只有这样，媒体的公信力才能得以维持。

在民众方面，要保持自己作为国家、社会主人的地位，为自己营造一个和谐、宽松、有序的生存与发展环境，必须维护自己接近、利用新闻媒体的权利。加拿大传播学者麦克卢汉认为，媒介即万物，万物皆媒介，而所有媒介都可以与人体发生某种联系，是人体机能的延伸。如石斧是手的延伸，车轮、飞机是脚的延伸，书籍、电视是眼的延伸，广播、电视是耳的延伸，衣服是皮肤的延伸。媒介无时不有，无处不在。在这个意义上，接近、使用媒体是人民的自然权利。中国宪法保障的公民"四权"，即知情权、参与权、表达权、监督权，是公民基本的人权。而其核心又是知情权和表达权。人民对社会上发生的重大事件、对于社会的重大变迁不了解，就无法形成自己的意见和态度，就没有能够表达的内容，无法参与，更无法监督。马克思曾指出："报刊只是而且应该是有声的、'人民（确实按人民的方式思想的人民）日常思想和感情的表达者，诚然有时这种表达是热情的、夸大的、荒谬的'。"① 如同生活本身一样，报刊始终是在形成的过程中，在报刊上永远也不会有终结的东西。它生活在人民当中，它真诚地和人民共患难、同甘苦、齐爱憎。它把它在希望与忧患之中从生活那里倾听来的东西，公开地报道出来；它尖锐地、激情地、片面地（像当时激动的感情和思想所要求的那样）对这些东西做出自己的判决。今天它所报道的事实或所发表的见解中的错误之处，明天它自己就会推翻。人民不仅要有自己的耳目喉舌，而且还要使自己的耳朵更灵敏、眼睛更明亮，使自己发出的声音更响亮。只有这样，人民才能对公权力进行有效的监督，保证权力行使在合法的轨道内。1998 年 10 月 7 日，朱镕基总理在中央电视台与《焦点访谈》的编辑、记者座谈时赠言："舆论监督，群众喉舌，政府镜鉴，改革尖兵。"2011 年 3 月 14 日，温家宝总理在全国人大会议结束后回答记者提问时指出："我以为最大的危险在于腐败。而要消除腐败的土壤还在于改革制度和体制。我深知'国之命，在人

---

① 《马克思恩格斯全集》第 1 卷，人民出版社，1956，第 187 页。

心'。消除人民的怨气，实现人民的愿望就必须创造条件，让人民批评和监督政府。"① 真是不刊之言。历史的经验表明，当人民不能利用合法的诉求工具表达自己的愿望、通过评价政府的运作来矫正政府的行为时，就必然会出现失序的举动，社会的稳定就难以维持，和谐就会被打破。

对新闻媒体来说，在创新社会管理的进程中，担负着重要的职责。媒体作为社会的公共意见平台，作为政府和民众之间沟通的精神纽带，作为监测社会环境变化的哨兵，必须坚持职业伦理，弘扬专业精神，恪守社会责任。在西方国家，新闻媒体被视为无冕之王，是社会的良心。在中国，社会大众也普遍期待新闻媒体成为公平正义的守护者，客观报道消息，理性引领舆论，传承历史文化，监督公共权力。胡锦涛总书记也希望新闻传媒在促进社会公正、应对社会风险、维护社会和谐稳定方面，发挥建设性的作用。在传播事业自身的历史进化中，形成传媒行业超越国界的共同价值和道德规范，那就是客观、公平、独立、诚信、正直、庄重。在新闻传播实践中，传媒工作者须在坚持党性原则和公共利益优先的前提下，在行使自己报道权利的同时，实行道德自律。传媒工作者必须时刻体认传媒不同于其他行当，记者不同于其他职业。传媒工作者必须具有强烈的社会责任感。在中央电视台栏目《焦点访谈》创办十周年时，温家宝总理专门致信祝贺，并且深刻地阐释了传媒社会责任的内涵："责任就是新闻工作者对国家的责任，对社会的责任，对人民的责任。责任，源于对国家和人民深刻的了解，对国家和人民深厚的感情。只有对国家和人民了解得深，爱得深，才会有强烈的责任感。责任体现在对焦点的关注和正确的把握，特别是善于把握关系人民切身利益的事。责任还体现在坚持真理、实事求是，一切从实际出发，讲求效益。'知屋漏者在宇下，知政失者在草野'，人民的意见、要求和呼声，是对政府工作最好的批评和监督，只有人民的批评和监督，政府才不敢松懈，才不会犯骄傲自满的错误。"② 可见，新闻媒体的责任就是对国家、对社会、对人民的责任，它来源于对国家、对人民的深厚的感情。责任还体现为坚持真理、公平正直、客观诚信。唯有

---

① 《［社论］国之命在人心，也在信心》，《南方都市报》2011年3月15日。
② 《温家宝致〈焦点访谈〉的信》，人民网，2004年4月8日。

严格要求自己，践行道德规范，善尽社会责任，大众传媒才能在创新社会管理的进程中，发挥建设性的作用。

总之，在媒介化时代，我们要为社会的永续发展营造和谐环境，促进公平正义，保持良好秩序，必须充分地发挥新闻媒体的社会功能。使媒体在与政府和大众的三角结构中，扮演建设性的沟通角色，成为监测环境的哨所和公共的意见平台，不仅代表民意，监督权力，而且从社会系统整体发展的高度传承文明，引领社会进步的方向。为此政府必须善待媒体、善用媒体，尊重新闻传播规律，捍卫传媒工作者正当的采访报道权；而人民也要拥有接近和利用媒体的权利。如果人民的诉求能够得到新闻媒体客观而充分的表达，人民的意愿能够为政府所接纳和尊重，就不会出现失序的过激行为。在这个意义上，新闻媒体应该体认自己的社会责任，并且善尽责任，只有这样，我们所期待的社会管理创新才能落到实处，才能实现真正的社会和谐。

（本文发表于《今传媒》2011 年第 5 期）

中国公众的世界观念
调查（2015）

一 调查的缘起

1978 年改革开放以来，中国的国力快速上升，GDP 增速一直保持约 8%，甚至接近两位数的水平，是全球唯一保持三十多年高速发展的国家。2010 年，中国 GDP 超过日本，成为世界第二大经济体。在综合国力方面，中国与全球最强大、最发达的国家美国之间的相对差距迅速缩小，甚至已超越后者。中国实力的急遽上升引起了西方社会的警觉和恐慌，诸如《当中国统治世界时：西方世界的终结和一个新全球秩序的诞生》一类著作的出版和流行，则是此种心态的表征。

与此同时，随着全球化趋势的逐步加深，中国也越来越深刻而全方位地融入世界。2014 年，我国对外投资已遍布全球 184 个国家和地区，涵盖绝大多数产业领域，中国投资存量亦居世界之前列。在文化交流方面，截至 2013 年底，全球已建立 440 所孔子学院和 646 个孔子课堂，分布于 120 个国家或地区，遍布世界五大洲。在民间交流方面，2014 年，中国出境游人数突破 1 亿人次，国外民众来华旅游人数更接近 1.3 亿。由此可见，中国已成为名副其实的"世界之中国"，构成世界体系的重要部分。

在中华民族复兴和中国崛起的背景下，构建国家形象的实践成为中国融入世界的一种有力而且必要的举措。在这一进程中，自 20 世纪 90 年代末以来，在权威政治话语主导之下，关乎国家形象的研究迅速成为新闻传播学和国际关系等相关领域的热点话题。这些研究试图回答的关键问题是"世界如何看待中国"以及"中国应该怎么办"。大量研究采用定性或定量的方法，讲述西方社会的政治家、精英阶层、普通民众、媒体人士等群体眼中的中国形象，分析这些形象背后的文化、历史、政治、社会和心理等方面的根源；另一些文献，则基于现实问题的解决和实践策略的考量，从研究者的个人经验出发，为中国国家形象的提升或改善而提供操作层面的谋划、建议。

在全球文化交融如此便捷和深入的当前，与外部世界如何看待中国、如何看待中华文化的思路不同，一个同样重要却一直受到忽视的问题是：中国人如何看待世界？其之所以重要，是因为世界怎么看中国，在很大程度上取决于中国怎么看世界——既然中国是世界体系的重要构成部分，那么中国人对世界的看法，理所当然是世界认知中国的重要参照系。1976年，《纽约客》杂志封面曾以"纽约人眼中的世界"为主题；与之相映成趣，到了 2009 年，《经济学人》杂志封面则以"中国如何看待世界"（"*How China Sees the World*"）作为主题——在杂志封面的插画上，长安街的尽头就是太平洋，然后是美国；这篇封面文章指出的重要观点是：中国人怎么看世界，是非常关键的问题。

因此，跨文化传播中的中国与世界之间，存在一个话语互构与形象互现的双向互动进程，其中，国家命运的升沉起伏是最关键的影响因素。近些年来，中国国力的迅速上升，既改变了世界看待中国的心态，也改变了国人看待世界的观念，以及二者之间的相互关系。改革开放以来尤其是 21 世纪以来至今，时间虽然短暂，"不足以沉淀出具有历史影响力的大型思想体系和脉络"，但世界体系中，东西方的实力架构和心理平衡同时被打破，历史坐标体系和观念话语体系同时被重整。① 由此而来，世界观察中国，以及中国想象世界的方式也必然在经历同样的剧变。

本文所谓中国人的"世界观"，是指国人对于当前的世界格局和各个主要国家的总体性认知、评判和态度，而非哲学意义上的世界观。对于此

① 吴旭：《西方"中国观"在新世纪的三次转换》，《对外传播》2014 年第 12 期，第 43～59 页。

概念的如此运用，已有大量先例可循。此前一些研究者已有专文或专著探讨中国人的"日本观""美国观""欧洲观"，以及西方社会的"中国观"等话题，并曾引起社会各界的关注。[①]

二　研究设计与数据

本文主要探讨中国人"世界观"的四个方面："大国观"、"美国观"、"邻国观"和"欧洲观"。具体而言，"大国观"考察国人对当今世界大国的认知状况，"美国观"关注国人对美国的认知和评价，"邻国观"聚焦国人对周边国家的看法，"欧洲观"则勾勒人们心目中欧洲几个主要国家的面貌。我们认为，以上问题构成当今国人世界观的关键。

本文的研究数据来源于华中科技大学国家传播战略协同创新中心2014年度"中国人的世界观"全国性民意调查。该调查于2014年11月24日~2015年1月17日实施。调查对象为居住在武汉、上海、西安、深圳和北京五城市的成年（年满18周岁）居民。课题组首先全面搜集了五城市三大手机运营商的前7位号段，然后在各城市以约2%的抽样比例，以等距离取样方法抽取一定数目的号段（武汉42个、上海60个、西安42个、深圳60个、北京60个）。在每个被抽中的号段，以3%~5%的比例，由电脑辅助电话调查系统（CATI）以简单随机抽样方法抽取一定数目的手机号码，即从10000个号码中抽取300~500个。最终，在每个城市抽取21000个手机号码，合计105000个手机号码，构成调查的样本池。

通过采用CATI系统，90名经培训后的学生兼职访员完成了调查工作。在上述五城市分别完成590份、503份、491份、475份和453份有效访问，合计为2512份。根据美国舆论研究协会（AAPOR）计算调查成功率的第六公式：$RR6 = (I+P) / (I+P+E)$，在武汉、上海、西安、深圳和北京五城市，成功率分别为17.6%、13.4%、19.7%、19.2%、19.6%。

[①] 杨玉圣：《中国人的美国观：一个历史的考察》，复旦大学出版社，1996；张春：《冷战后中国人的美国观：两个美国、三种态度与走向理性》，《开放时代》2004年第3期，第89~100页。

为了增强样本的代表性，根据五城市男女居民实际比例，对样本进行加权。经加权后，五城市女性被访者比例分别为 48.6%、48.5%、48.7%、45.9%、48.3%。年龄方面，18~25 岁的被访者占 31.7%，26~35 岁的占 31.5%，36~45 岁的占 13.1%，46~55 岁的占 6.4%，55 岁以上的占 6.1%（其余为不愿意回答者或系统缺失）；在受教育程度方面，初中及以下学历的被访者占 14.6%，高中或中专学历的占 18.6%，大专学历的占 15.2%，本科学历的占 30.1%，研究生及以上学历的占 7.8%（其余为不愿意回答者或系统缺失）。

三 调查结果

（一）大国观：当今的世界大国

在"大国观"中，我们希望回答的问题是，中国人眼中的世界大国有哪些，体现在政治、经济、科技方面，各个大国的相对地位如何，中国的地位如何。为此，我们向被访者询问如下三个开放式的问题：①在您看来，哪些国家在国际事务中发挥着重要影响力？②当前世界上哪些国家的经济实力非常强大？③您觉得哪些国家的科学技术非常发达？以上任一问题，如被访者列举了某国，如美国，表明至少在他/她的心目中，美国是该领域的世界大国。

结果表明，9 个国家为被访者提的平均比例超过或接近 1%。如图 1 所示，就政治大国而言，按照被提及比例大小排序，依次是美国、中国、俄罗斯、英国、日本、德国、法国、韩国、印度。就经济大国看，美、中顺序不变，日本则位于第三，随后是德、英、俄，法、韩、印仍处于最末三位。在科技指标上，美国仍稳坐头把交椅，日、德分列第二和第三，中国第四，随后是俄、英，法、韩、印三国顺序不变。从绝对数量看，不论是在政治、经济还是科技指标上，美国作为世界头号大国，其被提及的比例几乎是第二大国的两倍，甚至更多。不论在何种指标方面，接近七成的中国人认为美国是世界头号大国。中国作为第二号大国，其优势主要在于政治方面（37.3%），其次是经济方面（32.9%），在科技上，中国作为人们心目中的大国印象并不强（12.0%），尚不足日本的一半（27.1%），也不如德国（18.3%）。

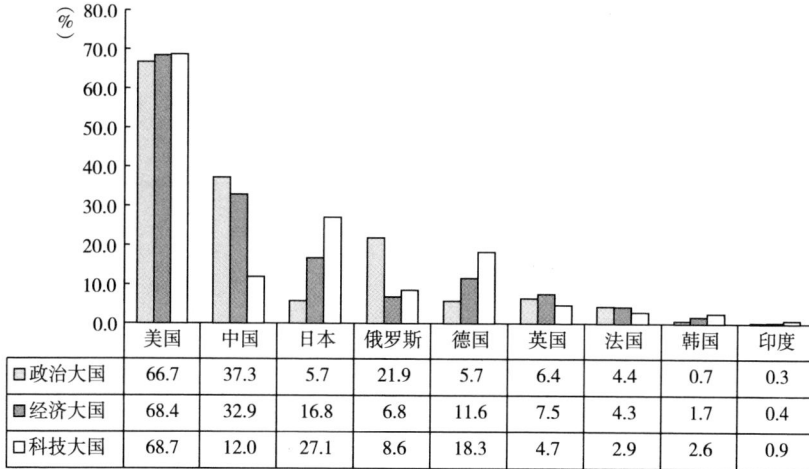

	美国	中国	日本	俄罗斯	德国	英国	法国	韩国	印度
□政治大国	66.7	37.3	5.7	21.9	5.7	6.4	4.4	0.7	0.3
■经济大国	68.4	32.9	16.8	6.8	11.6	7.5	4.3	1.7	0.4
□科技大国	68.7	12.0	27.1	8.6	18.3	4.7	2.9	2.6	0.9

图 1　被访者心目中的世界政治、经济和科技大国

将政治、经济和科技三项指标综合，如图 2 所示，当今国人心目中的 9 个世界大国，依次是美（67.9%）、中（27.4%）、日（16.5%）、俄（12.4%）、德（11.9%）、英（6.2%）、法（3.9%）、韩（1.7%）、印度（0.5%）。这些国家分布在亚洲（4 个）、欧洲（4 个）和北美洲（1 个）。

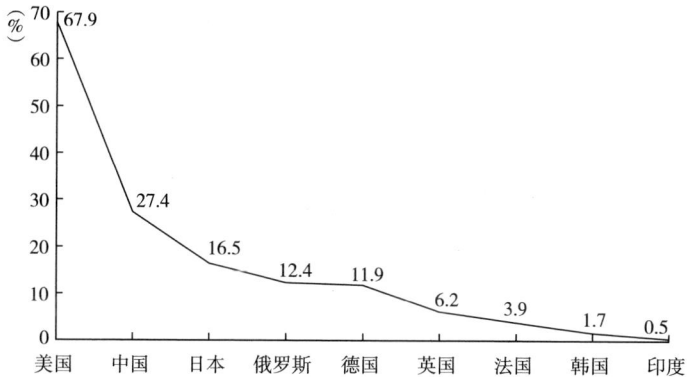

图 2　被访者心目中的 9 个世界大国

（二）美国观：美国什么样

在当今世界格局中，美国的地位自不待言。人们对世界的认知和判断不可能绕开美国，在某些情形下，对美国的认知甚至会影响对世界格局的理解。在"美国观"部分，我们关注如下三个方面：①中国人是否了解美国；②人们如何看待今后美国的发展；③人们眼中的美国是敌还是友。

对美国的了解，我们询问被访者"您认为自己了解美国吗？"选项包括"非常了解""比较了解""不怎么了解""完全不了解"，以及"不知道"和"不愿意回答"。除231位被访者（9.3%）选择"不知道"或"不愿意回答"，以及系统缺失（没有作答）外，余下2281名被访者，仅0.7%表示非常了解美国，7.8%表示比较了解，42.3%表示不怎么了解，49.2%认为完全不了解。合计来看，认为比较或非常了解美国的中国人，比例不足10%。如图3所示，在被调查的五个城市，结果都比较相似。可见，对于美国这个头号世界大国，绝大多数（至少九成）国人并不认为自己了解它。

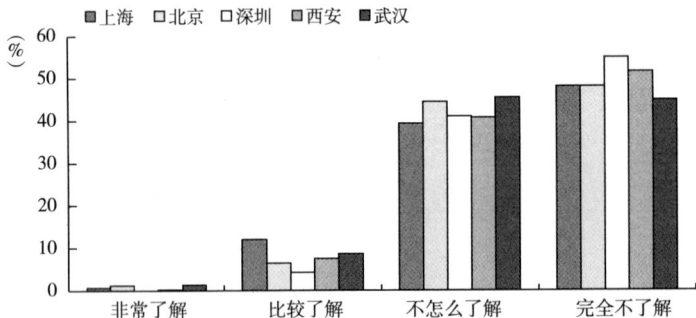

图3　被访者对美国的了解程度

对于美国今后发展趋势的判断，我们向被访者询问"您如何看待美国今后的发展？"共有500名被访者未做出有效回答，即选择"不知道"或"不愿意回答"，或系统缺失。余下2012位被访者，40.7%选择"越来越好"，18.4%选择"越来越差"，40.9%选择"说不清"。在五个被调查城市中，结果也非常相似（见图4）。可见，对美国未来发展态势的判断，国人看法不一。

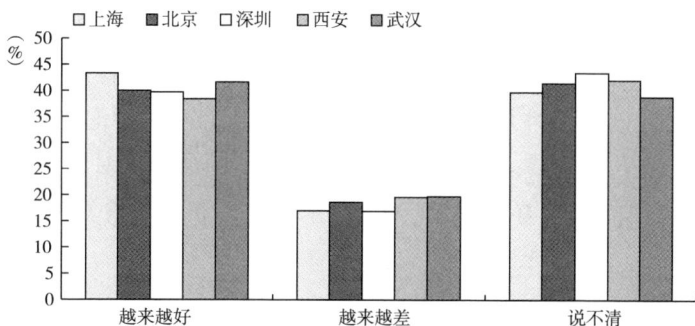

图 4　被访者对美国今后发展趋势的判断

在美国与中国的关系上，我们询问被访者两个开放式的问题：①您认为当今世界上哪些国家是中国的朋友？②您认为哪些国家与中国的关系很糟糕？如果被访者在回答中提及美国，则表明在他/她心目中，美国是中国的朋友/敌人。作为对比，我们也将被访者的回答中提及日本和俄罗斯这两个大国的数据涵盖进来一起分析。

如图 5 所示，5.5%的受访者在回答谁是中国的朋友这个问题时提及美国，18.2%的受访者在回答谁是中国的敌人时提及美国。可见，美国更多的被认为是中国的敌人而非朋友。将日本和俄罗斯作为对比，72.2%的受访者在列举中国的敌人时提及日本，25.5%的受访者在回答谁是中国的朋友时列出了俄罗斯；同时，日本被列为朋友以及俄罗斯被列为敌人的比例，都不足1%。可见，日本主要被视为中国的敌人，俄罗斯主要被视为中国的友邦。

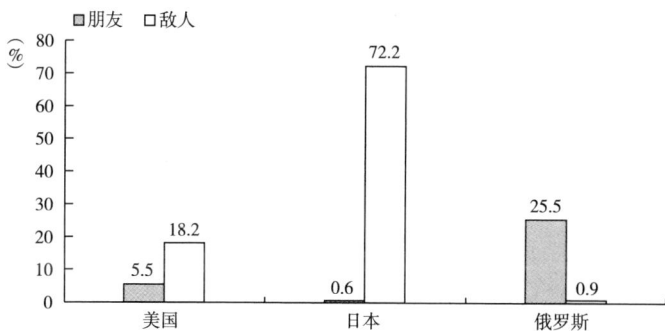

图 5　被访者对美、日、俄三国与中国关系的判断

（三）邻国观：我们的邻居

国家利益往往通过邻国关系得到集中体现。我国的邻国众多，近年来，积极发展与周边邻国的睦邻友好关系是外交战略的重心。我们希望在"邻国观"中，分析国人如何看待周边国家，以及国人对这些国家的态度。本文关注的邻国有如下 10 个：巴基斯坦、朝鲜、俄罗斯、菲律宾、韩国、马来西亚、日本、印度、印尼和越南。

我们采用上文述及的三个开放式"大国"问项表达国人心目中的邻国形象。如图 6 所示，日本、俄罗斯、韩国、印度是周边国家中的大国。其余国家，如巴基斯坦、菲律宾、马来西亚、印尼和越南，被视为大国的概率几乎是零。唯一的例外是朝鲜，0.6% 的被访者将其视为政治大国，这或许与它在世界政治舞台上常常制造一些话题或"看点"有关。

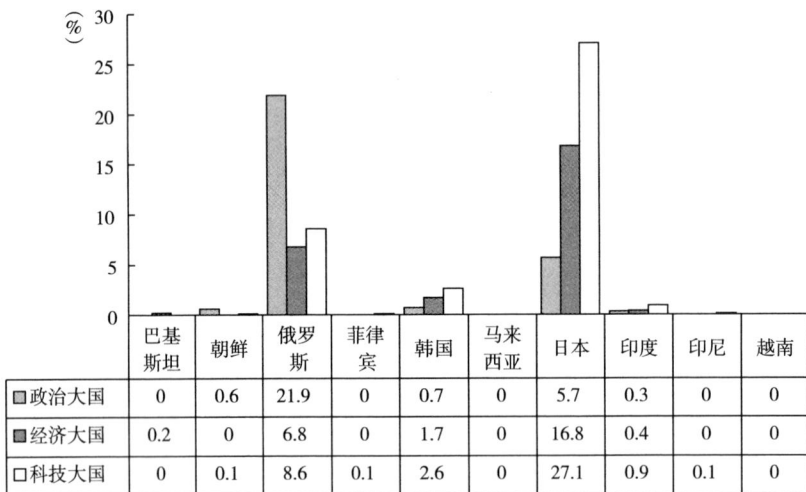

	巴基斯坦	朝鲜	俄罗斯	菲律宾	韩国	马来西亚	日本	印度	印尼	越南
■政治大国	0	0.6	21.9	0	0.7	0	5.7	0.3	0	0
■经济大国	0.2	0	6.8	0	1.7	0	16.8	0.4	0	0
□科技大国	0	0.1	8.6	0.1	2.6	0	27.1	0.9	0.1	0

图 6　被访者对周边 10 个主要邻国的印象

我们使用两个开放式问题了解国人对邻国的态度：①在当今世界上，您最喜欢哪些国家？②您最不喜欢的国家有哪些？如图 7 所示，就最喜欢的国家而言，韩（4.7%）、日（3.9%）、俄（1.7%）被提及的比例稍高（超过 1%）；也就是说，在本文关注的 10 个邻国中，被访者对这三国的喜欢程度最高。就最不喜欢的国家看，日本（47.8%）、朝鲜（3.5%）、韩国（3.1%）、印度（2.6%）、菲律宾（2.1%）、越南（2.0%）被提及的比例较高（超过1%）。其中，特别值得关注的是日本，几乎一半被访者将其视为最不喜欢的邻国。另两个值得关注的现象是：其一，除了韩国与俄罗斯，国人对几个主要邻国的讨厌多于喜欢；其二，在10个邻国中，人们最讨厌的是日本，但也将其列为第二"最喜欢国家"；韩国虽位居"最喜欢国家"之首，但也被列为第三"最不喜欢国家"。

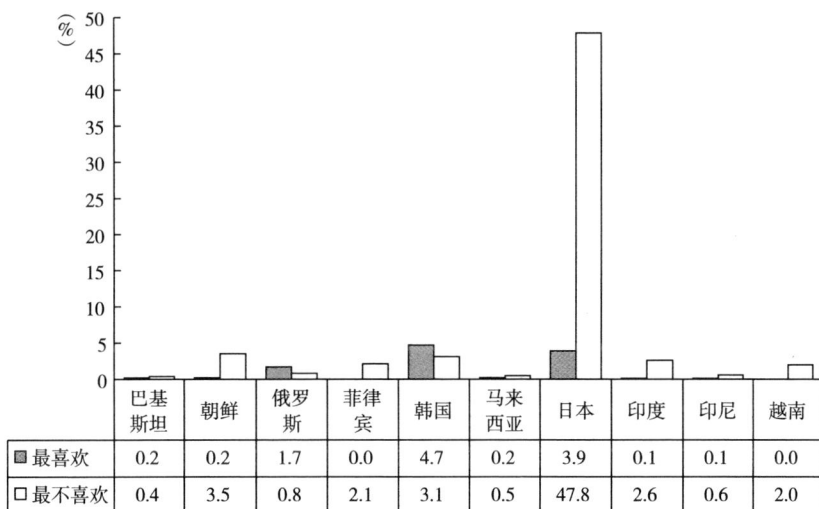

	巴基斯坦	朝鲜	俄罗斯	菲律宾	韩国	马来西亚	日本	印度	印尼	越南
■最喜欢	0.2	0.2	1.7	0.0	4.7	0.2	3.9	0.1	0.1	0.0
□最不喜欢	0.4	3.5	0.8	2.1	3.1	0.5	47.8	2.6	0.6	2.0

图7　被访者对周边10个主要邻国的态度

（四）欧洲观：全球化时代的遥远想象

本文中，我们还希望描述中国人的"欧洲观"，力图回答的是，国人对欧洲的兴趣、关于欧洲的文化体验，以及对欧洲的亲近程度。采用四个开放式问题来体现：①看到媒体常报道哪些国家？②对哪些国家发生的事情感兴趣？③曾去过哪些国家？④愿意推荐亲友去哪些国家旅游？虽然欧洲国家很多，我们只统计被访者关于德、法、英三国的答案。

由图8分析，国人对三国感兴趣的程度均不高，约为2%。在对媒体报道的观察方面，被访者感觉到三国被媒体关注的概率为3%左右。就亲身文化体验而言，有略超 2% 的被访者表示他们去过这三个国家。不过，更多的人愿意去这三国旅游，16.7% 的被访者愿意前往法国旅游，9.3% 的被访者愿意去英国，5.7% 的被访者愿意去德国。可见，对于国人而言，欧洲是一个他们缺少兴趣和体验但向往的遥远世界。

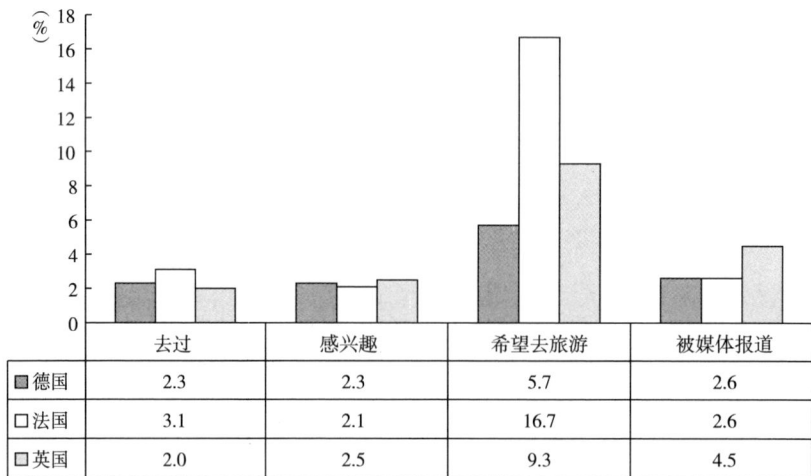

	去过	感兴趣	希望去旅游	被媒体报道
德国	2.3	2.3	5.7	2.6
法国	3.1	2.1	16.7	2.6
英国	2.0	2.5	9.3	4.5

图 8   被访者关于欧洲三国的兴趣、文化体验和亲近程度

四   讨论与启示

基于全球化时代中国国力快速上升的现实，以及中国与世界话语互构和形象互现的逻辑，我们考察了当前中国人的"世界观"，即对世界大格局和各主要国家的基本认知和态度。本文的发现主要有如下几点。

第一，作为第二号世界大国的中国，对外传播应展现大国风范与大国气度。结合当前我国对外传播的现实状况，有两方面值得注意。首先是文化产业的体量和规模问题，也即，需要加强中华文化在全球范围内的传播力和渗透力。中国需要注重从政治、经济、科技大国实现向文化大国的转变。当前，我国文化产业经济规模约占 GDP 的 4%，美国的比例已超过20%，差距十分明显。其次是文化内容的创意和表现问题，也就是要强化中华文化传播的吸引力和影响力。除了在新闻报道方面的"硬性"传播外，需要在国际传播中加强文化产品如影视、动漫等"软性"内容，将传统文化以富有吸引力的方式呈现给西方，提高国外公众对中国的关注与兴趣，加强对中国的认知，尤其要展示新时代中国和谐、开放、富强的国家形象。① 在对外传播实践中，面临的常见问题包括：如何讲述一个古老而又现代的东方大国？这个大国是如何崛起的？这个大国与其他大国尤其是美国之间，发生了什么样的故事？

第二，媒体须全面立体地讲述他国，构造引导国人客观看待外部世界的传播话语。我们的研究表明，国人关于外部世界的直接经验很少，即使是对于世界的头号大国美国，国人对其了解也非常匮乏。新闻媒体作为人们认知外部世界的窗口，需要多方位、立体化、全面性地阐释人们生活于其中的世界，包括我们的友邦和敌人，也包括我们的诸多近邻和远在万里之外的欧洲、非洲诸国。对于新闻传播的实践而言，媒体需要注意的一些问题则包括：如何客观地讲述美国这个当今的世界头号大国？如何讲述国人不喜欢的强邻日本？如何讲述被国人低估了的大国印度？

第三，对于全球化进程中的"遥远"国度，以跨文化的话语协商寻求"最大公约数"。全球化虽是明显事实，但对于相对遥远的世界（譬如欧洲），人们的文化体验仍然极少。因此，对外传播需要注重跨文化传播的适应或调整（acculturation or adjustment），有目的地在传播过程中进行话语协商，取得跨文化接受和理解的最大意义空间，获得跨文化沟通的"最大公约数"。② 比如，同为世界大国，我们应该如何向国际社会，甚至包括国内公众讲述"中国梦"和"美国梦"的联系与区别？其背后的历史、文化、社会的意义有何异同？再如，我们的媒体应该如何向欧洲国家讲述中国的故事，表现其真实的样貌？其中必然涉及话语协商和转换的问题，不了解和解决这些问题，沟通效果将会大打折扣。

第四，对于不受国人喜欢的邻国，要通过协商和对话实现"与邻为善、以邻为伴"。在地缘政治越来越重要的当今，信息传播的地缘政治与

---

① 张艳秋、刘素云主编《国际传播策划》，中国传媒大学出版社，2011，第30~31页。

② Vijai N. Giri, "Intercultural Communication Theories," *Encyclopedia of Communication Theory*, Stephen W. Littlejohn & Karen A. Foss (ed.), Sage, 2009, pp. 533-536.

地缘经济活动相互融合①，"一路一带"倡议就是如此。因此，建构地缘政治传播秩序中的政治—经济话语，是国家必须考虑的一个重要问题。中国有 20 个陆上或海上邻国，与其中不少国家有着悠久的历史、文化渊源，然而，国人对许多邻国的感受比较复杂，尤其对于日韩等国更是如此——尽管中日、中韩之间的文化、经济、社会往来极为频繁。因此，不论在对内还是在对外传播实践中，媒体需要以诚恳的协商和对话，建构良好的地缘政治传播秩序，做到"与邻为善、以邻为伴"②，服务于国家的外交战略。

[本文由张昆教授与张明新教授共同撰写，以《中国公众的世界观念调查（2015）》为题发表于《人民论坛·学术前沿》2015 年第 19 期，是国家社会科学基金重大项目"跨文化传播中的中国国家形象建构研究"（项目编号：11&ZD024）的阶段性研究成果之一。《新华文摘》2016 年第 3 期全文转载]

---

① 朱振明：《传播世界观的思想者》，上海交通大学出版社，2011，第 213 页。

② 《习近平：中国坚持与邻为善、与邻为伴》，人民网-中国共产党新闻网，http://cpc. people. com. cn/n/2014/0521/c164113-25046180. html，2014 年 5 月 21 日。

政治领袖的形象变迁

　　所谓领袖，即英文 Leader，通常泛指能够为人表率的政治领导人，或者是同类人物中的杰出代表。政治领袖，则泛指国家、政党或其他群众组织的领导人，包括皇帝、国王或民选的总统、总理等。自有政治以来，在国家治理和政治运行中，政治领袖扮演着重要的角色。政治领袖角色的成功与否，直接关系对其政治生涯的历史性评价。一般而言，成功的政治领袖往往会展现出良好的社会形象，在国际社会、在国内民众心中享有很好的口碑。而失败的政治领袖则恰恰相反。正是好的口碑、风评，使得政治领袖能够赢得国际社会的好感，赢得国民的认同、理解和支持。所以古往今来，历朝历代的政治领袖无不重视其形象的塑造，希冀以此营造坚实的合法性基础，获得天下的认同。对形象的重视，古今一理。但是在不同的时代、不同的社会环境下，政治领袖对其应然形象的理解和追求，则存在相当的差异；同时，不同时空环境下的传播技术及媒介手段，也给政治领袖塑造自己的形象提供了现实的条件。愚意以为，在历史进化的语境下，政治领袖形象的变迁大体上可以划分为农耕时代、工业时代、信息时代三个阶段。此处的阶段划分，与一般历史学意义上的做法不同，本文所谓的工业时代指的是 17 世纪初至 20 世纪 40 年代三百多年的历史。此前的历史是农耕时代，此后则属于信息时代。这主要是根据传播技术发展的尺度来划分的。

一　农耕时代的领袖形象

在农耕时代，东西方各民族各国家基本上处于社会发展史上奴隶社会、封建社会，虽然在欧洲的部分地区（如古希腊、罗马）的特定阶段实行的是奴隶制民主制，但是世界文明的绝大部分地区在政治治理上采取的是君主专制制度，而其理论基础便是君权神授的政治理念。君主专制，用柏拉图的话来说就是一个人的统治。在东西方各君主专制国家，国家的全部权力集中于最高统治者一人之手，整个国家的命运、人民的生死杀伐皆取决于君主一人。在古代中国，有所谓"朕躬有罪，无以万方！万方有罪，罪在朕躬"[①] 之说。在这种情况下，君主意志的贯彻虽然很少受到其他因素的阻挠，言出法随，令行禁止，但是，为了统治的合法性和上下一体，提升管理绩效，君主还是十分在意自己的社会形象，希望以理想的形象赢得臣民的认同和绝对服从。这一点，马基雅维里看得十分清楚。

马基雅维里认为，政治领袖要实现自己的统治目标，离不开人民的理解、支持和好感。如果人民对政治领袖心怀不满，政治领袖是永远得不到安全感的。所以政治领袖必须想方设法使"曾经信仰他的人们坚定信仰"，同时使那些"不信仰的人们信仰"[②]。建立并且保持与人民的友谊，培养人民对自己的好感，这样政治领袖不仅能保证自己的安全，而且能得到人民的支持。在他看来，人民对于政治领袖的好感、友谊主要取决于领袖的政治形象。

在农耕时代，政治领袖的形象主要是由其道德品质和政治行为决定的。各国的政治领袖都很注意道德的感召力。孔子曰："为政以德，譬如北辰，居其所而众星共之。"[③] 在历史上常常看到东西方政治领袖自觉不自觉地以美德示人。《三国演义》中刘备从赵云手中接过阿斗时的惺惺作

---

① 《论语·尧曰》。

② 〔意大利〕尼科洛·马基雅维里：《君主论》，潘汉典译，商务印书馆，1985，第27页。

③ 《论语·为政》，《论语译注》，中华书局，1980，第11页。

态，欧洲国王的慈善行为等，都是他们刻意经营形象的努力。政治领袖具备各种美德固然是再理想不过的，但是，由于生活在他周围的尽是些自私自利、背信弃义之徒，完美的品德反而会成为他的拖累。所以，对于一个领袖来说，事实上没有必要具备完美的品德，"但是却很有必要显得具备这一切品质"。马基雅维里断言：统治者"要显得慈悲为怀、笃守信义、合乎人道，清廉正直，虔敬信神，并且还要这样去做，但是你同时要有精神准备作好安排：当你需要改弦易辙的时候，你要能够并且懂得怎样作一百八十度的转变"。① 也就是说，作为一国之君必须学会并且善于伪装，不管他是否具有好的品德，都要显得像真正具备；不管他的行为是否符合公认的道德准则，都要把它装扮成善行。在可能的情况下，他应该用美德善行去实现的目标。但是他还必须时刻准备着取得"邪恶的权力"，并且按照必然性的命令去运用它，不过，他还必须时刻小心谨慎，不要因此"获得一个邪恶者的名声"。

一般而言，农耕时代的政治领袖特别在意权力来源的合法性，由于君权神授是社会公认的政治通则，所以，我们常常看到皇帝、国王与神的各种沾亲带故的联系。很多君主都具备不同于凡人的"半人半神"的属性。譬如汉高祖刘邦，历史上这样记载："高祖，沛丰邑中阳里人，姓刘氏，字季。父曰太公，母曰刘媪（ao）。其先刘媪尝息大泽之陂，梦与神遇。是时雷电晦冥，太公往视，则见蛟龙于其上，已而有身，遂产高祖。高祖为人，隆准而龙颜，美须髯，左股有七十二黑子。仁而爱人，喜施，意豁如也……好酒及色。常从王媪、武负贳（shi 出借）酒，醉卧，武负、王媪见其上常有龙，怪之。"② 所谓的真龙天子身份，不同于凡人的神秘性，在这段叙述中展露无遗，而其统治的合法性基础也就源于此。无独有偶，在古希腊，对马其顿国王亚历山大三世的身世，当时的谣言和后来阿蒙神谕都显示，人们普遍相信亚历山大是天神宙斯之子。据说在亚历山大出世之前，他的母亲奥林匹亚斯梦见雷电。虽然在法律上或事实上他是马其顿国王菲力二世和奥林匹亚斯的儿子。这两个故事的发生地相距万里，其内

① 〔意大利〕尼科洛·马基雅维里：《君主论》，潘汉典译，商务印书馆，1985，第85页。
② 司马迁：《高祖本纪第八》，载《史记》第二册，中华书局，1959，第341~343页。

涵却有异曲同工之妙。

在古希腊，政治领袖常常同时还具有宗教教主的身份，亚里士多德在其《政治学》中就说明："照宗教惯例，城邦公祭并无专管的教士，它由掌管圣火的人主持。此人或被称为君主，或被称为院长，或被称为长官。"① 古代罗马的第一个国王罗慕路斯就"精通占术"，并依照宗教礼节建成了罗马。其第二位国王努马也"尽了大部分宗教职务"。在斯巴达，国王的合法性每隔一段时间还需要得到神迹的证明。普鲁塔克说："每隔九年，监察官选择一个无月的晴夜，他们向天静坐。若看见有流星穿过整个天空，则表明他们的国王对神有罪。国王即告被废黜，直到德尔菲降下谶语，方能复王位。"② 这一切，无疑在相当程度上增强了政治领袖的神秘性和庄严感。

农耕时代的政治领袖大多还焕发着英雄的气质和不容置疑的绝对权威，古代北非迦太基的著名统帅汉尼拔在向强大的罗马军团发起进攻之前，这样鼓舞他的士兵："士兵们，你们已在这里同敌人初次交锋，你们必须战胜，否则便是死亡；命运使你们不得不投身战斗，它现在又站在你们面前。""……你们在胜利和覆灭之间绝无回旋余地，或者战胜，或者死亡。如果命运未卜，与其死于逃亡，毋宁亡于沙场。如果这就是你们大家确定不变的决心——我再说一遍——你们就已经战胜了；这是永生的众神在人们夺取胜利时所赐予的最有力的鼓励。"③ 他的自信、他的勇敢、他的权威及其飞扬喷涌的英雄气概，让士兵对他绝对服从和顶礼膜拜，强大的战斗力由此被激发出来。

在农耕时代，政治领袖希望在臣民面前展现出既令人尊敬又令人畏惧的形象。当然要同时兼具这两者是很难的。如果两者必取其一，那么选择被人畏惧比选择被人爱戴要安全得多。马基雅维里认为，这是因为"人

---

① 转引自〔法〕库朗热《古代城邦——古希腊罗马祭祀、权利和政制研究》，谭立铸等译，华东师范大学出版社，2006，第 162 页。
② 〔法〕库朗热：《古代城邦——古希腊罗马祭祀、权利和政制研究》，谭立铸等译，华东师范大学出版社，2006，第 163~164 页。
③ 王玲主编《影响你一生的精彩演讲》，北京工业大学出版社，2011，第 24~27 页。

民爱戴君主，是基于他们自己的意志，而感到畏惧则是基于君主的意志"①。爱戴是靠恩义维系的，由于人性的恶劣，在任何时候，只要对自己有利，他们便会将这条纽带斩断；可是畏惧则由于害怕遭受绝不放弃的惩罚而始终保持着。在一般的情况下，人们冒犯一个自己爱戴的人比冒犯一个自己畏惧的人有较少顾忌。因此，一个明智的政治领袖应当立足于自己的意志之上，而不是立足于他人的意志之上；应该选择被人畏惧，而不是被人爱戴的形象。

农耕时代政治领袖理想的形象，可以简短地归结为一句话：负有（上天）使命，具有道德、智慧和勇气，令人敬畏的神化统治者。这种形象的形成，一方面是由于信息传播水平的低下，另一方面则是源于权力与信息传播的高度一体化，即权力中心与信息传播中心合为一体。农耕时代主要的传播媒介是文字，在其早期阶段，文字载体主要是石头、泥版、青铜器、龟甲、竹简，后来才广泛使用便宜、轻便的纸张。用传播学者伊尼斯的话说，早期阶段的传播媒介主要是偏向时间的媒介，易于保存却不易扩散；而后期则是偏向于空间的媒介，便于扩散却不易保存。② 即便是后者，在文化教育被上层社会垄断的情况下，其普及和覆盖的范围也十分有限。在时空辽阔，传播速度慢、成本高，社会动员不易的背景下，政治领袖与普通大众之间存在严重的信息不对称。权力越大，其掌握的信息资源越多，而孤陋寡闻的人则毫无例外地处于权力的边缘。政治领袖不仅消息灵通，而且直接掌控着信息的传播，决定着信息扩散的范围与节奏。在这种情况下，信息基本上是沿着自上而下、从点到面的方向传播。权力者自始至终处于主导地位。一般民众能够获取的关于政治领袖的直接信息很少，其清晰度也很低，而且基本上没有选择的余地，领袖与臣民之间的距离遥远，彼此之间基本上没有交流互动，以至存在认知的空白，增强了想象的空间。于是统治者在人民心目中形成带有距离感、神秘感、庄严感和敬畏感的政治形象。

---

① 〔意大利〕尼科洛·马基雅维里：《君主论》，潘汉典译，商务印书馆，1985，第82页。
② 〔加〕哈罗德·伊尼斯：《帝国与传播》，何道宽译，中国人民大学出版社，2003，第5页。

二　工业时代的领袖形象

工业时代不同于农耕时代的重要特征，在经济上是商品经济、城市化、全球化。商品经济的发展，一方面促进了大规模的城市化，越来越多的人口聚集在都会地区，教育及信息传播的成本不断降低。在政治上，则是专制制度为代议民主制所取代。由于君权神授思想的崩解，社会契约理论和人民主权学说深入人心。伴随着平等意识、自由权利的发展，政府的权力受到越来越大的制约，政府对信息传播的控制力则受到很大的削弱，在一些代议制民主国家，新闻媒体取得了相对独立于政府权力的"第四权力""第四等级"的地位。人民对社会、对政治、对政治领袖比过去任何时候知道的都要多，而且能够在一定程度上通过民意的力量制衡权力。这就在很大程度上改变了过去农耕时代统治者与人民之间的信息不对称状况，消减了专制政治的神秘色彩，同时也在一定程度上减少了人民与统治者的距离感。在新闻传播领域，由于新的传播科技的发展，报刊的普及，电报、电话的出现，加上后来的广播电视的发展，世界范围内的时空距离大大压缩，各国家各地区的联系日趋紧密，人民对于外部信息的渴求日益强烈。而人民对现实政治的评价、对政治领袖的态度，在周期性的政治选举中直接地影响他们的选择。在这种情况下，政治领袖比农耕时代更加重视自己的形象呈现，以争取人民的好感和认同。

由于神秘感的消除，政治时空的压缩，人民在政治过程中主体地位的强化，政治领袖与人民的互动越来越频繁。在正常的情况下，领袖权力的获得，取决于人民的信任和授权。而基于宪政的政治选举，按照法定的节奏进行。每一次公民投票，都是对政治领袖（当然还包括政党）形象的综合评价，都有可能导致政治权力的合法更替。基于胜选的现实考虑，每个政治领袖都会把形象经营放在压倒一切的位置。怎样才能获得选民的支持呢？政治领袖们几乎不约而同地选择了魅力战略。因为魅力与形象呈明显的正相关。领袖的个性魅力对其政治形象的形成的影响越来越大。马克斯·韦伯把魅力理解为"一个人的被视为非凡的品质"。因为这种品质，他被视为"天分过人"，具有超自然的或者超人的，或者特别非凡、任何其他人无法企及的力量或素质，或者被视为神灵差遣的，或者被视为楷模，因此也被视为"领袖"①。一个政治领袖，如果具备了这种超凡的或超自然的其他人难以企及的品质，那他就会产生特别能够吸引社会大众的魔力，就会拥有无数的信徒和追随者。

在工业时代，政治魅力可以表现为沉着冷静、不怕困难的意志品质，敢为人先的首创精神，无人匹敌的领导能力，高尚的道德，卓越的演讲才能，优雅的风度，学识渊博，多谋善断，幽默与机智及其对复杂政治局面的正确判断，等等。意大利民族英雄加里波第之所以能够得到人们的爱戴，因为他是"一位具有非凡的军事天才而且英勇超群和足智多谋的人物"②。他"既具有一颗火热的心，又兼有某些只有在但丁和马基雅维里身上才能发现的灵敏的意大利天才"③。美国黑人奴隶解放者林肯总统则是"一个不会被困难所吓倒，不会为成功所迷惑的人物；他不屈不饶地迈向自己的伟大目标，而从不轻举妄动，他稳步前进，而从不倒退；他既不因人民的热烈拥护而冲昏头脑，也不因人民的情绪低落而灰心丧气……总之，他是一位达到了伟大境界而仍然保持自己优良品质的罕有的人物"④。法国大革命时期激进革命领袖罗伯斯庇尔就是当时最富魅力的演说家。"他可以在那里随便发表演说，不用担心自相矛盾和人们不满的议论声，他可以博得并欣赏广大听众长时间的鼓掌声。"罗伯斯庇尔一直表现得平易近人。人们在散步时可以碰见他。他常去咖啡店，而咖啡店也把他当作一个普通的常客。为了革命，他很少顾及私人生活。他曾两次恋爱，但因重任在身，至死未顾得上结婚。因此，他获得了"不可腐蚀者"的美名。据当时的报道，就连那些默默无闻、素不相识的普通老百姓，只要听到了"不可腐蚀者"的声音，就觉得自己有义务向他表示敬意。他的政敌卢韦曾无可奈何地承认，每当罗伯斯庇尔做完长达数小时的演讲走下讲台时，"爆发出来的已不再是掌声，而是抽疯似的跺脚声，这是一种

---

① 〔德〕马克斯·韦伯：《经济与社会》（上卷），林荣远译，商务印书馆，1997，第269页。
② 《马克思恩格斯全集》第13卷，人民出版社，1962，第403~404页。
③ 《马克思恩格斯全集》第15卷，人民出版社，1963，第199页。
④ 《马克思恩格斯全集》第16卷，人民出版社，1964，第108~109页。

宗教的热情，一种神圣的狂热"①。这段话，折射了罗伯斯庇尔的领袖形象，也在一定程度上反映了当时法国民众对罗伯斯庇尔充分的信赖和崇拜之情。

政治魅力虽然具有超凡脱俗的特质，但毕竟与农耕时代政治领袖的神性不能同日而语。这期间政治领袖不再刻意编造与神灵种种联系的故事，血统和神性在政治形象方面的影响力大大下降。政治领袖虽然不再是天神之子，但是其在芸芸众生之中，绝对是富有政治魅力和道德责任感、具有高超的说服力和执行力的政治领导人。这种形象不限于选举一时，而是贯穿于领袖政治生涯的全过程。所以，在工业时代，政治家虽然还是高高在上，但离大众不再遥不可及。亲民随和，多才多艺，严格自律，与民同乐，勤政敬业，开放包容，是政治人物拉近与民众距离，赢得民众理解、认同的不二法则。他们虽然人格伟大、品行卓越、智慧超群，但还是可以亲近、可以信赖的人。相较于农耕时代的疏离，政治领袖与普通民众距离更近，更加亲密，虽然不再有"半神半人"的特质，但是对于一般民众而言，还是别具一种独特的魅力。

和农耕时代一样，工业时代的政治领袖也重视形象的塑造，力图在民众间营造和谐的氛围，彰显其政治魅力。为此，他们探索了在工业时代成功地控制和利用大众媒介，包括报纸、杂志、广播、电影的种种策略。罗伯斯庇尔就"了解报刊的重要性，预见到报刊的作用和所能造成的影响"②。他知道，在革命的准备阶段，报纸、记者能在多大程度上帮他的忙。因此，他利用各种机会和新闻记者交朋友，尽可能地利用报纸的版面以宣传自己的主张。同时，罗伯斯庇尔自己还创办了一系列的报刊，如《宪法保卫者》《马克西米利安·罗伯斯庇尔给选民的信》等，这些报刊作为他自己的喉舌，对宣传雅各宾派激进的主张、树立自己的形象，起到了很大的作用。随着近代政党政治的日趋完善，各个政党，包括在野党、执政党都高度重视建设属于自己的媒介系统，以将其作为自己的喉舌。俄国十月革命前后，布尔什维克的主要领袖列宁、斯大林；中国资产阶级革

---

① 〔法〕热拉尔·瓦尔特：《罗伯斯庇尔》，姜靖藩等译，商务印书馆，1983，第200页。

② 〔法〕热拉尔·瓦尔特：《罗伯斯庇尔》，姜靖藩等译，商务印书馆，1983，第118页。

命和新民主主义革命期间，重要的政治领袖孙中山、陈独秀、李大钊、毛泽东等，也是名噪一时、影响卓著的宣传家。即便有些国家的政党没有自己的党报党刊，也会在尊重和利用传播规律的基础上，利用民间传媒服务于自己的需要。"一切政党几乎毫无例外地以魅力型的追随者开始"① 的。而平民表决民主——领袖民主的最重要类型——"按其原意是一种魅力型统治"。实际上，领袖（煽动者）的统治是由于他的政治追随者对他本人的忠诚和信赖，这种信赖首先来自领袖的正面形象。意大利的墨索里尼在就任总理之前就是一个成功的报人。德国纳粹党领袖希特勒的崛起，在很大程度上得益于新闻媒介的宣传造势。美国罗斯福的炉边谈话广播节目，让他在美国公众面前塑造了一个从容、睿智、大度、坚定的政治家形象。这也是他能够连续多次当选美国总统并成为美国任期最长总统的重要原因之一。

三　信息时代的领袖形象

信息时代的到来，彻底地颠覆了农耕时代、工业时代的生产方式、生活方式和社会治理形式。由于传统媒介的全面普及，及官方监控的放松，特别是 20 世纪 90 年代以来网络新媒体的崛起，一个几乎不受权力系统管控的社会媒体系统突飞猛进，迅速普及。传播领域的去中心化成了一种明显的趋势。② 在工业时代，信息传播的"传—受"关系是"主—从"关系，"传者"主要是政党、政府和其他的政治组织，"受者"一般是隶属于某种政治组织的个体和群体。"主—从"关系在工业时代呈现为"强—弱"关系，即"主"为强，"从"为弱。现在，由于网络媒体的迅猛发展，信息传播领域的"传—受"关系实现了身份互换与角色融合，"主—从"关系开始向"主—主"关系转换，强弱差别也在缩小，"强—弱"关系有向"强—强"关系转变的趋势。由于人人都有摄像头，人人都有麦

---

① 〔德〕马克斯·韦伯：《经济与社会》（下卷），林荣远译，商务印书馆，1997，第468页。
② 〔美〕詹姆斯·卡伦：《媒体与权力》，史安斌、董关鹏译，清华大学出版社，2006，第74页。

克风，传统的传—受对立的传播关系，被彻底解构。信息传播无所不至，无孔不入，渗透到社会系统的各个层面、各个角落，不仅影响到个体的思想、意识和行为，更是直接影响到社会系统的运行。政治生活越来越平凡，越来越透明。政治领袖与人民大众在信息资源占有与传播方面日益趋向于对称，某些时候，民众掌握的有关信息甚至比领袖更全面。由于时空的极度压缩，信息传播速度加快，政治主体及其行为以特写的方式呈现在大众面前，政治议程以连续剧的方式展现，充满了戏剧色彩，却毫无神秘可言。

在这个信息无所不至、传播权利日趋平等化的时代，政治过程越来越去神圣化，政治领袖及其行为越来越归于平凡。一般民众越来越不相信神鬼，更不愿意接受神的启示。对于自己热衷、喜好的政治领袖，民众在越来越大的程度上变成"追星族"或者粉丝。他们爱起来快，聚结起来快，但是一旦受到意外的刺激，一旦接收到某种不能接受的真相，溃散起来也快。政治领袖虽然越来越像明星，却也不再是高不可攀，而是与民众平等的平凡人。从他们的身上，也可以找出不少毛病。他们也像一般人那样有喜怒哀乐，一样有七情六欲，也有自己兴趣偏好，但是在其中某些方面表现得尤为卓绝。在这个背景下，政治领袖的形象策略发生了改变。领袖们比过去更在意一般大众的喜好，更愿意与民众零距离接触，愿意制造在镜头前亮相的机会。通过亮相，展示自己的个性、勤勉、博爱、责任和才华，以增强民众对自己的亲近感，提升人民对自己的好感度。

对于一般公众而言，他们乐于接受并且欣赏的政治领袖的形象，与农耕时代、工业时代相比表现出相当大的区别。在现实政治生活中，公众对政治领袖的期待，表现在不求完人（道德完美），但是必须要有个性；他们能够容忍政治领袖犯这样或那样的错误，但是这个领袖必须对民众坦诚，不能说假话，欺骗大众；他们理解政治领袖在竞选时的承诺不可能完全兑现，但是要秉持积极的态度继续努力；他们也理解，在有限的时间里，政治领袖未必能够消除人民的苦难，但是他至少要对人们怀有同情心。总之，信息时代公众对政治领袖的理解和宽容大大增强，理想性色彩淡化。在他们心目中，理想的政治领袖既不是兼具人性、神性的令人敬畏的威权统治者，也不是洋溢着魅力和道德感、具有超能力的政治领导人，而是虽有瑕疵，但仍可亲可爱、勤奋努力的值得信赖的公仆。

在现实的政治过程中，可以看到很多政治领袖成功地在大众面前塑造了理想的政治形象。俄罗斯总统普京刻意表现的赤膊肌肉秀，驾驶战斗机，与柔道高手过招，以及以迅雷不及掩耳之势收复克里米亚的行为，在很大程度上满足了俄罗斯民众对一个振兴祖国的强人总统的期待；对于国外公众而言，更是彰显了令人敬畏的形象特征，与俄罗斯作为一个军事帝国的历史传统和现实国力是相适应的。习近平执政以来的强势反腐，访贫问苦，挽裤腿打雨伞视察，庆丰包子铺的亲民身影，与"彭麻麻"的恩爱出访，在国际舞台上的高调发声，"一带一路"的布局等，在大众面前展现了大国元首的高瞻远瞩和铁汉柔情、亲近感和责任感。一声"习大大"，表明了普通民众对他的高度认同。2015 年 3 月 15 日上午，李克强在人民大会堂举行记者招待会。"近两个小时的记者会上，总理不时展现出'克强幽默'，也摆出许多吸睛手势。每当快门劈里啪啦响成一片的时候，总是总理又摆手势了。喜怒哀乐，人之性也。总理有幽默，有自信，有伤心，有严峻，有神情，有认真，有大气，有温情，有愤怒，有痛心，这是中国的总理。"① 这里不仅看到了"克强幽默"，更展示了"克强智慧"和"克强自信"，从而一扫民众对中国经济担忧的阴霾。

信息时代政治领袖的形象，不仅取决于政治家自身的品质操守、形象意识和政治行为，还在一定程度上依赖于各种媒介的传播，而且后者的影响越来越大。首先，新闻传媒能够在一定程度上压缩时空，聚焦政治人物，从而拉近人们与政治领袖的距离。在这个意义上，广播电视不仅是一种极具"亲密性"的媒体②，更是一种感情型媒体。电视上政治明星与观众的距离更近、更熟悉，而且几乎是天天进行例行性接触，加上电视经常采用特写的方式和角度，加强了观众对政治人物的亲近感。由于"电视新闻沉溺于可见的东西，这使得电视与其他媒体相比，内在地成为了更加感情化的媒体。电视报道能绕过人们大脑的思考而直指人的内

---

① 《中评现场：中国总理手势多展自信》，中评网，http://www.crntt.com/crn-we-bapp/doc/docDetailCreate.jsp? coluid = 182&docid = 103665704，2015 年 3 月 16 日。
② 张锦华：《传播批判理论》，台湾黎明文化事业公司，1994，第 93 页。

心，这就是它巨大力量之所在"①。网络媒体更是拉近了政治人物与人们的心灵距离。不少政治领袖开设自己的博客、微信、微博，或通过其他的网络渠道，敞开自己的心扉，实现与民众的心理沟通，这不仅拉近了与民众的距离，而且增进了与民众的感情。其次，新闻传媒发掘政治人物自身的魅力因素，加以放大、张扬。如周恩来办公室窗户深夜透出的灯光，朱镕基就任国务院总理后首次记者招待会上的慷慨陈词等，将政治人物的奉献、坦诚、阳光、正义感、使命意识及悲天悯人的情怀，集中地展现出来，在民众中产生了极大的震撼力。再次，通过与普通人或对立性指标人物的比较，彰显政治领袖的独特个性。20世纪60年代初，当尼克松和肯尼迪竞逐美国总统时，本来尼克松有作为现任副总统的优势，但是一场直播的电视辩论葬送了尼克松的总统梦。因为出现在电视屏幕上的尼克松，因不适应摄像机前强烈的灯光照射，大汗淋漓，脸色苍白，相对于充满朝气、自信、活力的年轻的竞争者肯尼迪，尼克松显得被动、弱势，而他自己的经验、沉稳优势，没有表现出来，自然是败下阵来。最后，通过巧妙的包装，掩饰政治领袖的弱点。领袖也是人，是人就有凡夫俗子的优缺点。优点固然是人人所期盼的，聚焦或放大这些优点，有利于展现领袖的魅力和个性。弱点则不同。虽然说人人都有弱点，但是弱点的呈现方式、时间、角度的差异，会直接影响他人的总体评价。如果弱点是处于强势优点的背影下，通过媒体再现的弱点比客观存在的弱点在程度上大为减轻，将有利于突出优点，从而展现正面的政治形象。反之，如果弱点被聚焦、放大，而他的优点被相应地虚化，那么政治领袖的形象就会大打折扣。

四　结论

总之，在不同的历史时期、不同的政治环境下，政治领袖的形象呈现是大不相同的。而这种形象呈现大体上来自于当时臣民或公众的政治期

---

① 〔美〕迈克尔·罗斯金等：《政治科学》第6版，林震等译，华夏出版社，2001，第179页。

待、信息传播生态和政治治理形式。笔者尝试着将农耕时代、工业时代、信息时代的政治领袖形象置于当时的传播生态和政治环境中并做了一个简单的比较（见表1）。从表1中可以看出政治领袖形象、传播生态和治理形式及政治理念三个变量间的关系。

表1 不同时代政治领袖形象、传播生态和治理形式及政治理念的关系

	政治领袖形象	传播生态	治理形式及政治理念
农耕时代	神性 血统合法性 道德与智慧 令人敬畏	权力中心与信息中心合一 知识、信息垄断 自上而下，点对面 视觉	君权神授，朕即国家 中央集权或封建专制 秘密政治、神秘感 远离民众，空间距离大 稳定度高
工业时代	去神化与政治魅力 政见论述力 道德感 超能力	权力与媒介若即若离 知识信息垄断开始打破 自上而下与自下而上 视角与听觉并用	人民主权，社会契约 代议民主、政党政治 权力周期更替 政治趋向公开化 政治形象决定政治生命
信息时代	平凡化 有亲和力 有瑕疵 诚实	权力中心与媒介中心分离 传播去中心化 人人都有麦克风、摄像头 上下内外多向互动、横向 拓展、海量信息、超链接	民众参与与协商民主 透明政治化 权力周期合法更替 时空压缩，政治变动剧烈 政治形象折损快

从政治领袖形象演进的历史过程来看，无论是什么时代，什么国家，或者在什么制度之下，政治领袖都有同样的一个愿望，即在国内外公众面前树立理想的社会形象，以增强自己的权威性、感召力和影响力，但并不是所有的人都能如愿。心地良善的政治领袖，不一定有好的形象；而狡诈枭雄的形象，也不一定那么坏。政治领袖的形象呈现取决于四个重要的因素。一是政治领袖本人的人品和行为，好的品质及符合社会期待的杰出行为，会给人们留下好的印象。二是媒介的报道，正是媒介的报道决定了公

众认识世界的深度和广度，人们意识中的环境主要是基于媒介报道而形成的虚拟环境，而媒介的报道并非全然客观公正的，正是这些报道决定了人们的接受和理解，由于媒介的高度普及和对政治过程的深入渗透，媒介报道对政治领袖的形象特质有着一定的放大效应。三是民众的判断力，政治领袖建构形象的努力，媒介呈现的政治形象，能够在多大程度上为民众所接受，得到大众的认同，取决于民众基本的价值观、欣赏趣味，受到民众刻板印象的影响，只有与民众喜好的最大公约数保持契合，政治领袖形象的传播才能实现效果的最大化。四是当时的治理形式和政治理念。很显然，在中央集权和代议民主两种截然不同的国家治理形式下，人民的政治理念的差异，会在很大程度上规范政治领袖的执政行为，也会决定民众对理想政治领袖的期待。信息时代截然不同于工业时代、农耕时代的特征，也会从根本上影响政治领袖形象的呈现。可见，政治领袖的形象塑造是一个极其复杂的系统工程，要实现预期的目的，政治领袖首先要有形象意识，自觉地遵从传播规律；其次，政治领袖要与传播媒介保持建设性的合作关系，在情感上得到媒介及其从业者的理解和认同，如今政治领袖还可以通过社交媒体与民众沟通；再次，政治领袖要关心民众之所思所想、所忧所乐、所喜所恶，主动与民众喜好的公约数保持一致。只有这样，他才能在纷繁复杂的政治世界，独树一帜，呈现出理想的政治形象。

［本文系国家社会科学基金重大课题"跨文化传播中的中国国家形象建构研究"（项目编号：11&ZD024）的系列成果之一。文章以《时代变化与政治领袖的形象变迁》为题发表于《中州学刊》2017年第1期，总第241期］

图书在版编目（CIP）数据

张昆自选集. 卷三, 政治传播研究 / 张昆著. -- 北
京：社会科学文献出版社, 2021.2
（喻园新闻传播学者论丛）
ISBN 978-7-5201-7915-7

Ⅰ.①张… Ⅱ.①张… Ⅲ.①政治传播学-中国-文
集 Ⅳ.①G219.2-53

中国版本图书馆 CIP 数据核字（2021）第 018379 号

喻园新闻传播学者论丛
张昆自选集(全四卷)
卷三：政治传播研究

著　　者／张　昆

出 版 人／王利民
责任编辑／周　琼
文稿编辑／韩欣楠

出　　版／社会科学文献出版社·政法传媒分社（010）59367156
　　　　　　地址：北京市北三环中路甲 29 号院华龙大厦　邮编：100029
　　　　　　网址：www.ssap.com.cn
发　　行／市场营销中心（010）59367081　59367083
印　　装／三河市东方印刷有限公司

规　　格／开　本：787mm×1092mm　1/16
　　　　　　本卷印张：28　本卷字数：445 千字
版　　次／2021 年 2 月第 1 版　2021 年 2 月第 1 次印刷
书　　号／ISBN 978-7-5201-7915-7
定　　价／698.00 元（全四卷）